PRÉHISTOIRES DU CHEVAL NOIR

Origines chrétiennes .2.

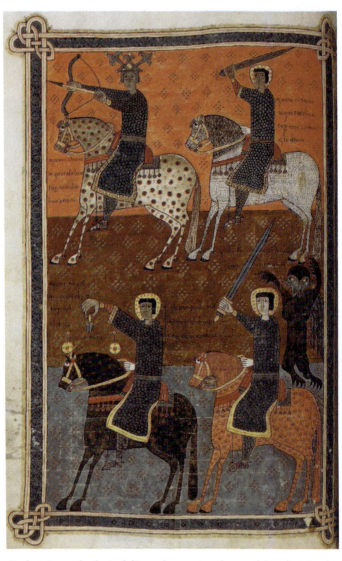

En bas à gauche la troisième des quatre chevauchées du Messie
(Manuscrit Add. Ms. 11695 de la British Library, folio 102 verso, 1109)

BERNARD GINESTE

PRÉHISTOIRES
DU CHEVAL NOIR

APOCALYPSE 6$^{5-6}$
ET LE PRINTEMPS DU CHRISTIANISME

Origines chrétiennes

© Bernard Gineste, première édition, 2022

Édition : BoD — Book on Demand
  12/14 rond-point des Champs-Élysées, 75008 Paris

Impression : BoD — Books on Demand, Norderstedt, Allemagne

IBSN: 9782322407118
Dépôt légal: mai 2022

ΚΑΙ ΟΤΕ ΗΝΟΙΞΕΝ ΤΗΝ ΣΦΡΑΓΙΔΑ ΤΗΝ ΤΡΙΤΗΝ ΗΚΟΥΣΑ ΤΟΥ ΤΡΙΤΟΥ ΖΩΟΥ ΛΕΓΟΝΤΟΣ ΕΡΧΟΥ ΚΑΙ ΕΙΔΟΝ ΚΑΙ ΙΔΟΥ ΙΠΠΟΣ ΜΕΛΑΣ ΚΑΙ Ο ΚΑΘΗΜΕΝΟΣ ΕΠ ΑΥΤΟΝ ΕΧΩΝ ΖΥΓΟΝ ΕΝ ΤΗ ΧΕΙΡΙ ΑΥΤΟΥ ΚΑΙ ΗΚΟΥΣΑ ΩΣ ΦΩΝΗΝ ΕΝ ΜΕΣΩ ΤΩΝ ΤΕΣΣΑΡΩΝ ΖΩΩΝ ΛΕΓΟΥΣΑΝ ΧΟΙΝΙΞ ΣΙΤΟΥ ΔΗΝΑΡΙΟΥ ΚΑΙ ΤΡΕΙΣ ΧΟΙΝΙΚΕΣ ΚΡΙΘΩΝ ΔΗΝΑΡΙΟΥ ΚΑΙ ΤΟ ΕΛΑΙΟΝ ΚΑΙ ΤΟΝ ΟΙΝΟΝ ΜΗ ΑΔΙΚΗΣΗΣ

6⁵ *Et lorsqu'il ouvrit le sceau troisième, j'entendis le troisième vivant dire : « Viens ! »*

Et je vis, et voici un cheval noir, et celui qui siégeait sur lui, tenant une balance dans sa main.

6⁶ *Et j'entendis une sorte de voix au milieu des quatre vivants qui disait : « Une mesure de blé à un denier, et trois mesures d'orge à un denier. Et l'huile et le vin, ne t'y attaque pas !»*

SOMMAIRE

En l'an 33 de notre ère, le christianisme tel que nous le connaissons n'existe pas encore. Ce n'est qu'une petite secte juive parmi d'autres, vouée comme tant d'autres à une disparition rapide. Deux ans plus tard cependant, il se lance à la conquête de l'Empire romain.

Cet événement totalement imprévu, l'un des plus importants de l'histoire de l'humanité, nous est raconté par deux ouvrages généralement incompris de ce point de vue : les *Actes des Apôtres*, et l'*Apocalypse de Jean*.

On y voit s'accomplir à marche forcée un plan prévu de toute éternité, que Dieu avait annoncé par avance, d'abord par la bouche de Moïse, puis des autres Prophètes et Sages d'Israël.

SUMMARY

In 33 AD, Christianity as we know it did not yet exist. It was only a small Jewish sect among others, destined like so many others to disappear quickly. Two years later, however, he set out to conquer the Roman Empire.

This totally unforeseen event, one of the most important in human history, is recounted in two works that are generally misunderstood from this point of view: the *Acts of the Apostles*, and the *Revelation of John*.

We see there the forced accomplishment of a plan foreseen from all eternity, which God had announced in advance, first through the mouth of Moses, then through the other Prophets and Wise Men of Israel.

TABLE DES MATIÈRES

1. Introduction

I. Les quatre étapes de l'explosion chrétienne

2. Bref résumé de notre ouvrage précédent
3. Ce que signifie *Préhistoires du cheval noir*
4. L'ouverture aux non-juifs selon les *Actes des apôtres*.
5. Première section : Philippe va vers le nord, en Samarie
6. Deuxième section : Pierre et Jean suivent Philippe en Samarie
7. Troisième section : Philippe vire vers le sud
8. Philippe comme nouvel Élie.
9. Quatrième section : Pierre circule à travers le pays
10. Structure parallèle à celle de *Zacharie* 6^{6-7}
11. Signification originelle de *Zacharie* 6
12. Un *pesher* chrétien de *Zacharie* 6

II. Le présage de Lydda

13. Pierre à Lydda et la guérison d'Énée
14. Notoriété de la figure d'Énée
15. Énée, une figure respectable
16. La guérison d'Énée comme présage
17. La figure d'Énée comme outil symbolique
18. De la guérison de Lydda au rêve de Troas
19. Paralysé depuis huit ans
20. Une controverse latente contre le polythéisme romain

III. Le présage de la Gazelle

21. Le miracle de Joppé
22. Le nom de Tabitha
23. Tabitha et le *Cantique des cantiques*
24. Le Saron

25. Tabitha et le bourgeonnement du monde à venir
26. Le chœur des veuves de Joppé
27. Tabitha filandière, tisserande et couturière
28. Arrière-plan symbolique du filage et du tissage
29. Les filles de Jérusalem comme brodeuses
30. Signification traditionnelle du palanquin de Salomon
31. Identification traditionnelle des *Filles de Jérusalem*
32. Incohérence de l'exégèse traditionnelle
33. Sens de ce deuxième présage

IV. Encore des présages

34. Le port de Joppé, troisième présage
35. Simon le tanneur, quatrième présage
36. Le rêve de Pierre, cinquième présage
37. Visions de linges
38. Fauves, reptiles et volatiles
39. Une méditation sous-jacente du *Livre d'Osée*
40. *Osée* 2, un chapitre longuement médité par Pierre et par Paul
41. Le voile retiré révèle Dieu, et volatilise le péché
42. Excursus : ce qu'Origène disait de ce voile
43. *Osée* 2^{18} et Genèse 9^{8-13}
44. *Osée* 2 et *Nombres* 4 dans la liturgie synagogale
45. La résurrection de Tabitha

V. Portraits croisés de Philippe et de Pierre

46. Pierre comme nouvel Élisée
47. Pierre et Simon dit le Mage
48. Pierre était déjà un nouvel Élisée en Samarie
49. Supériorité d'Élisée sur Élie
50. Le thème de la double puissance d'Élisée
51. Deux ans environ, ou bien trois ans et demi ?
52. Élisée, serviteur supérieur à son maître ?
53. Cornélius, nouveau Naaman
54. Retour sur l'évangélisation de la ville de Samarie
55. Quelques lectures allégoriques du siège de Samarie
56. Qui sont les quatre lépreux ?
57. Simon le Mage et Guéhazi comme disciples

58. Guéhazi comme prototype du disciple chrétien
59. Guéhazi au nombre des quatre lépreux de Samarie
60. La cavalerie invisible
61. Élie et Élisée comme cochers
62. Désuétude de la métaphore du char de guerre
63. Philippe comme cocher
64. En arrière-plan, le char de Joseph le patriarche
65. Philippe en nouveau Joseph
66. Le char de Joseph, son intendance et son épouse
67. De l'exaltation de Joseph à celle de Jésus
68. Pierre, l'Arche, l'Homme vêtu de lin et le Palanquin
69. L'épée comme parole de Dieu qui circoncit les cœurs
70. Pierre et l'édification du nouveau Tabernacle
71. Unanimité des premiers chrétiens sur cette question
72. Pierre comme nouveau Moïse
73. Le nom de Philippe
74. Les *testimonia* équestres

VI. Le verset 6[6] de l'*Apocalypse*

75. Retour au cheval noir de l'*Apocalypse*
76. L'impasse littéraliste
77. L'impasse astrologique
78. Une parabole agraire ?
79. Un calendrier allégorique
80. Que signifie « *causer du tort* » à l'huile et au vin ?
81. Remarque de botanique biblique
82. Triple arrière-plan scripturaire du verset 6[6]
83. Ce que représentent le blé et l'orge
84. Ce que représente le vin
85. Ce que représente l'huile, c'est-à-dire l'olivier
86. Le thème scripturaire de la greffe et de l'adoption
87. Deux oliviers et un chandelier
88. Démultiplication du chandelier originel
89. Foisonnement mondial de l'arbre monothéiste
90. Métamorphose chrétienne de l'olivier monothéiste
91. Conclusion sur le verset 6[6]

VII. Le verset 6^5 de l'*Apocalypse*

92. Le Messie à la balance
93. Jérémie comme figure christique
94. Jérémie comme figure apocalyptique
95. Jérémie, le prix du sang et le champ du Potier
96. Qui est ce Potier ?
97. La sépulture des étrangers
98. Le Champ du Potier, l'Église
99. Conclusion
100. Annexe : Table des triangles

1. Introduction

Nous cherchons ici à comprendre de quoi parle un verset extrêmement dense et difficile de l'*Apocalypse de Jean*, auquel personne n'a donné d'explication satisfaisante à ce jour, depuis les presque deux mille ans qu'on le lit et qu'on essaie en vain de le comprendre.

Cette enquête va nous plonger rétrospectivement dans les archives des toutes premières communautés chrétiennes, auxquelles s'adresse l'auteur. C'est le seul moyen de nous faire une idée nette des préoccupations de la première génération chrétienne et des codes qu'elle adopta et utilisa pour les exprimer. Un récit surtout retiendra notre attention, tel qu'il nous a été conservé par le seul *Livre des Actes des Apôtres*. C'est celui de la fondation des deux premières assemblées messianiques non-juives, qui furent le premier bourgeon du christianisme mondial tel que nous le connaissons.

Ce détour sera long, sans doute, et peut-être parfois fastidieux, mais, à ce que nous espérons, il ne sera pas moins instructif et riche en surprises. En examinant attentivement ces narrations d'apparence parfois naïve, telles qu'elles nous sont parvenues sous une forme évidemment résumée et simplifiée, nous leur trouverons un arrière-plan symbolique en réalité extrêmement riche et condensé. Il s'agit de tout un réseau de réminiscences des saintes Écritures hébraïques, organisées en faisceaux d'une manière étonnamment cohérente et concertée. Nous y verrons comment la mémoire commune de la toute première génération chrétienne s'est construite sur la base d'une méditation continuelle et méthodique des saintes Écritures hébraïques, selon des principes relativement simples, uniformes et constants.

Tout y prend sens, y prend forme, et y prend place dans la mémoire, comme l'accomplissement d'oracles de la Torah eux-mêmes interprétés allégoriquement par des oracles des Prophètes d'Israël, parfois complétés par d'Autres Écrits comme les *Psaumes* et le *Cantique des Cantiques*. L'intelligence et la mémoire des événements fondateurs s'organisent autour de textes des Écritures connectés entre eux et mémorisés par petit paquets de trois ou quatre, comme autant de neurones du cerveau collectif de la communauté chrétienne en voie de formation.

On comprendra vite que cette enquête, comme certains romans policiers, vaut moins par son intrigue, par son suspense, et par sa chute finale, que par l'univers qu'elle va nous faire traverser et découvrir. D'un certain point de vue, en effet, on consacre ici des recherches d'une ampleur plutôt disproportionnée, soit plus de 430 pages, à une seule toute petite phrase de l'*Apocalypse de Jean*, à savoir ses seuls versets 6[5-6].

Mais chemin faisant, nous découvrirons quelle image avaient d'elles-mêmes ces toutes premières communautés et comment elles se racontaient à elles-mêmes leurs origines. Autrement dit comment elles comprenaient et se remémoraient les événements tout à fait inattendus qui avaient marqué leurs naissances.

Il s'avèrera que plusieurs des représentations allégoriques sous-jacentes à ces narrations sont attestées par d'autres écrits des premiers chrétiens. C'est spécialement le cas de l'*Apocalypse de Jean*, qui en recycle un grand nombre, de sorte que leur mise à jour est de nature, par ricochet, à éclaircir certains de ses passages des plus énigmatiques, comme celui autour duquel est tissé le présent ouvrage.

Voici le verset en question, qui va donc nous occuper tout du long, et que le lecteur se gardera de perdre de vue, au cours des longues pages qui vont suivent, souvent à travers des détours inattendus.

Apocalypse 6⁵ *Et lorsque [l'Agneau] ouvrit le sceau troisième, j'entendis le troisième vivant dire : « Viens ! » Et je vis, et voici un cheval noir, et celui qui siégeait sur lui, tenant une balance dans sa main.* [6] *Et j'entendis une sorte de voix au milieu des quatre vivants qui disait : « Une mesure de blé à un denier, et trois mesures d'orge à un denier. Et l'huile et le vin, ne t'y attaque pas !»*[1].

2. Bref résumé de notre ouvrage précédent

Nous ne partons pas de rien. Nous avons déjà étudié le contexte de ces deux versest dans un ouvrage précédent, beaucoup plus bref et intitulé *Les quatre chevaux du Messie*. Il n'est pas absolument nécessaire de l'avoir lu pour comprendre celui-ci, et pour nous en assurer, résumons-en brièvement les conclusions.

Ce contexte, c'est la section de l'*Apocalypse* où l'on voit l'Agneau de Dieu se manifester pour la première fois au milieu de la cour céleste, et y ouvrir un livre mystérieux qui est évidemment celui des destinées humaines. Jusqu'à l'avènement de l'Agneau, c'est-à-dire jusqu'au commencement de la prédication chrétienne, ce grimoire céleste était resté impénétrable, parce qu'il était scellé de sept sceaux, que l'Agneau vient enfin briser, l'un après l'autre. Nous nous intéressons ici surtout aux quatre premiers de ces sceaux, qui sont marqués chacun par une mystérieuse chevauchée symbolique, à chaque fois différente.

L'auteur de l'*Apocalypse* reprend, en la remaniant librement, une vision de son prédécesseur le prophète Zacharie, qui mettait déjà en scène quatre chars, tirés chacun par un attelage de couleur différente. Cependant, Jean y introduit certaines modifications, ainsi que de nouveaux

---

[1] *Apocalypse* 6⁶ : Καὶ ὅτε ἤνοιξεν τὴν σφραγῖδα τὴν τρίτην, ἤκουσα τοῦ τρίτου ζῴου λέγοντος Ἔρχου. καὶ εἶδον, καὶ ἰδοὺ ἵππος μέλας, καὶ ὁ καθήμενος ἐπ' αὐτὸν ἔχων ζυγὸν ἐν τῇ χειρὶ αὐτοῦ.

détails extrêmement précis, délibérément énigmatiques, dans l'intention manifeste d'évoquer, de manière codée, un processus bien déterminé et bien connu de ses premiers lecteurs et auditeurs.

Ce dessein l'oblige à modifier notamment la robe des chevaux qu'il emprunte au *Livre de Zacharie*, ainsi que l'ordre dans lequel ils apparaissent successivement. Il les fait en l'occurrence et pour sa part se succéder selon cette série chromatique bien déterminée : blanc, rouge, noir et vert.

Pour comprendre ce code, il faut se tourner vers les saintes Écritures hébraïques, qui constituaient pour Jean, comme pour tous les premiers chrétiens, la source de toute vérité et de toute légitimité. Pour tous les monothéistes du premier siècle, c'était la pierre de touche de toute l'histoire humaine, et la clef du plan divin. Cette histoire en effet était à leurs yeux secrètement dirigée par Dieu, selon un dessein préétabli connu de lui seul, et que les Écritures n'annonçaient que de manière voilée.

Cette conception des choses est formulée explicitement et fort clairement par la *Lettre de Barnabé* : « Car le maître de maison (δεσπότης, *despotès*) nous a fait connaître les choses qui se sont déjà produites (τὰ παρεληλυθότα, *ta parélèluthota*) et celles qui sont en cours (τὰ ἐνεστῶτα, *ta énéstôta*), en nous donnant aussi un avant-goût (ἀπαρχὰς γεύσεως, *aparkhas geuseôs*) de celles qui sont encore à venir (τῶν μελλόντων, *tôn méllontôn*). Et comme nous les voyons en train de se réaliser (ἐνεργούμενα, *énergouména*) l'une après l'autre, selon ce qu'il avait annoncé, nous lui devons une révérence toujours plus grande et plus profonde. »[2]

Le propos de Jean dans l'*Apocalypse* est précisément de relire dans cette perspective l'histoire de sa communauté en pleine expansion. Il veut mettre en lumière le fil directeur de

---

[2] *Barnabé* 1[7] : ἐγνώρισεν γὰρ ἡμῖν ὁ δεσπότης διὰ τῶν προφητῶν τὰ παρεληλυθότα καὶ τὰ ἐνεστῶτα, καὶ τῶν μελλόντων δοὺς ἀπαρχὰς ἡμῖν γεύσεως, ὧν τὰ καθ' ἕκαστα βλέποντες ἐνεργούμενα, καθὼς ἐλάλησεν, ὀφείλομεν πλουσιώτερον καὶ ὑψηλότερον προσάγειν τῷ φόβῳ αὐτοῦ.

cette aventure, qui est l'accomplissement progressif et méthodique d'un plan qui avait été décidé par avance, depuis l'origine même du monde, par Dieu et son Messie. Dans ce cadre, comme l'a montré notre premier ouvrage, tout commence par ces quatre chevauchées, reflétant un processus initial en quatre étapes, marqué par un code chromatique qui ne peut avoir de sens que dans le cadre d'une réminiscence des Écritures.

Or, dans toute la Bible hébraïque, où les notations de couleur sont extrêmement rares, il n'existe en tout et pour tout que deux autres passages présentant une quelconque série de trois ou quatre couleurs. Ce sont d'une part le chapitre 13 du *Lévitique* et par ailleurs les versets 5^{10-12} du *Cantique des cantiques*. Ainsi, l'auteur de l'*Apocalypse* s'arrange pour composer un texte savamment tissé d'extraits tirés de chacune des trois parties de la Bible hébraïque : la Loi ou Torah[3], représentée par le *Livre du Lévitique* ; les Prophètes[4], représentés par le *Livre de Zacharie* ; et enfin les Autres écrits[5], autrement appelés Hagiographes,

Le premier de ces textes, tiré du *Lévitique*, servait pour les sacrificateurs à identifier les lépreux, en observant leurs plaies et notamment les couleurs qu'elles présentaient. Le deuxième, tiré du *Livre de Zacharie*, y annonçait un sous une forme voilée le déroulement d'un processus en quatre étapes ayant trait à une effusion spirituelle à venir dans une région située du côté du nord. Le troisième, tiré du *Cantique des*

---

[3] La Loi ou Torah, ou Pentateuque, composée de cinq livres : la *Genèse*, l'*Exode*, le *Lévitique*, les *Nombres* et le *Deutéronome*.

[4] Les Prophètes ou *Nébiim*, constitués des livres de *Josué*, des *Juges*, de *Samuel*, des *Rois*, d'*Isaïe*, de *Jérémie*, d'*Ézéchiel* et des *Douze petits prophètes*

[5] Les Hagiographes ou *Kétoubim*, constitués des livres des *Psaumes*, des *Proverbes* et de *Job*, du *Cantique des cantiques*, de *Ruth*, des *Lamentations de Jérémie*, de l'*Ecclésiaste* et d'*Esther*, de *Daniel*, d'*Esdras*, de *Néhémie* et des *Chroniques*.

cantiques, était une description par la Bien-Aimée de son Bien-Aimé dans laquelle la tradition unanime reconnaît un portrait allégorique du Messie.

Par une coïncidence remarquable, qu'avaient visiblement remarquée les premiers chrétiens, le *Lévitique* et le *Cantique* mentionnent les mêmes quatre couleurs, qui plus est dans le même ordre. Or ce sont encore ces mêmes quatre couleurs, et à nouveau dans le même ordre que l'auteur de l'*Apocalypse* choisit de donner à ses quatre chevaux, sans craindre pour parvenir à cet effet de modifier à la fois la nature et l'ordre de celles que Zacharie attribuait de son côté à ses quatre attelages.

D'un point de vue rigoureusement mathématique, pour peu qu'on ait la moindre notion du calcul des probabilités, il est absolument impossible de considérer cette double coïncidence comme fortuite. On est au contraire obligé d'en conclure que l'auteur de l'*Apocalypse* a délibérément modifié la configuration originelle de la vision de Zacharie dans le dessein d'évoquer lui aussi un processus en quatre étapes, analogue à celui qu'avait en vue son prédécesseur et confrère *Zacharie*, maintenant combiné, dans sa propre vision, avec le code chromatique commun au *Lévitique* et au *Cantique*.

Par ailleurs le contexte immédiat de l'épisode des quatre chevauchées nous renvoie à un passage du *Livre du prophète Isaïe* qui annonce la venue d'un personnage mystérieux et incompris qui sera traité comme un lépreux et égorgé comme un agneau, bien qu'il soit en fait envoyé par Dieu, de manière à prendre sur lui les péchés de son peuple. De la sorte, les quatre chevauchées du Messie se présentent à nous très clairement comme une vision rétrospective de la carrière terrestre de Jésus de Nazareth, qui a été rejeté comme un pestiféré et mis à mort comme un agneau par les autorités religieuses de son peuple, avant d'être cependant finalement reconnu comme Messie et accepté comme époux par la sainte Église de Dieu.

Il faut donc en conclure que la quadruple chevauchée dont nous parle l'*Apocalypse* ne renvoie pas à autre chose qu'aux quatre années de la carrière publique de Jésus (en fait trois et demie), années considérées comme un déploiement, dans le temps de l'histoire humaine, de la gloire divine du Verbe de Dieu préexistant : il s'agit évidemment de Jésus de Nazareth, rejeté comme un pestiféré par les uns et accepté comme le Messie par les autres.

Dans sa gloire céleste préexistante, le Verbe de Dieu est représenté par l'*Apocalypse* comme siégeant sur un trône véhiculé par quatre entités angéliques où l'on reconnaît tant les Chérubins de la vision du prophète Ézéchiel que les Séraphins de la vision du prophète Isaïe. Personne n'a jamais contesté ce point. Ce que nous avons mis en lumière, et qui avant nous n'avait été que pressenti par certains auteurs, c'est que l'*Apocalypse* les identifie également aux quatre chars successifs de la vision du prophète Zacharie, que ce prophète présente explicitement comme envoyés en mission pour visiter le Pays, après s'être tenus *devant le Seigneur de tout le pays*.

Résumons brièvement ce que représentent sans doute possible ces quatre chevauchées du Messie. L'année du cheval blanc et de la couronne renvoie à la proclamation originelle de l'avènement de la Royauté de Dieu pendant l'année 29-30[6]. L'année du cheval rouge et de l'épée correspond à la montée des oppositions en l'an 30-31. L'année du cheval noir et de la balance correspond aux prodromes d'une ouverture de la prédication chrétienne aux non-juifs, et donc à l'acquisition par Dieu d'un nouveau peuple, dans le courant de l'année 31-32. De fait ce cavalier se porte acquéreur de blé et d'orge, qu'il doit payer fort cher, en argent bien pesé. Enfin l'année du cheval vert et de la

---

[6] Ces années commencent en automne dans le calendrier liturgique du temps.

Mort, et du Séjour des morts, correspond à celle de la mort et de la résurrection du Messie au printemps de l'an 33.

Dans ce cadre très précis, nous avons montré que chacun des détails dont Jean surcharge la vision de Zacharie trouve sans difficulté, et le plus naturellement du monde, un sens extrêmement clair et précis, corroboré tant par d'autres passages de l'*Apocalypse* que par le fonds commun des autres écrits du Nouveau Testament. Il n'y a pas à y revenir ici, sauf sur un point, qui va nous occuper tout au long du présent ouvrage.

3. Ce que signifie *Préhistoires du cheval noir*

Le seul point qui présente encore une quelconque obscurité dans cette affaire autrement parfaitement limpide se trouve au verset 6[6], lors de la troisième chevauchée du Messie, lorsqu'il monte le cheval noir, portant une balance à la main, pour peser, selon l'usage du temps, l'argent avec lequel il va payer ses achats.

Ce qui reste obscur, pour être plus précis, ce n'est pas le fait que le Messie nous soit ici présenté en train d'acquérir du grain, bien au contraire. Ni même qu'il doive pour cela payer fort cher, bien au contraire. Ce grain, c'est évidemment l'Assemblée messianique qu'il va s'acquérir au prix fort, celui de son sang versé. Mais ce qui reste en revanche très obscur, c'est d'une part la mention par une voix divine de *blé*, d'*orge*, d'*huile* et de *vin* ; d'autre part la tarification anormale qu'on y trouve des deux premières de ces denrées ; et enfin l'ordre qui est donné au Messie de ne pas s'attaquer aux deux dernières, à savoir ni à l'*huile* ni au *vin*.

Ceci considéré, il faut garder à l'esprit la clarté et la cohérence du symbolisme, pourtant complexe et surchargé, que l'auteur utilise par ailleurs dans toute cette section des quatre chevauchées. Par voie de conséquence, il est raisonnable de penser que ce verset faisait lui aussi appel à une logique entièrement compréhensible par le public auquel était originellement adressée le *Livre de l'Apocalypse du Messie Jésus,* même si cette logique s'est depuis et très vite perdue, et n'a plus été comprise des générations suivantes, jusqu'à nos jours.

Tout le contexte indique que nous sommes ici encore en présence d'une allégorie, dont cependant le code précis nous échappe. Que signifient ici le blé, l'orge, l'huile et le vin ?

Par ailleurs une autre énigme subsiste. Comment la communauté à laquelle s'adresse Jean était-elle en mesure de comprendre tout le symbolisme relativement complexe, non seulement de ces versets précis, mais encore de leur contexte, c'est-à-dire de l'ensemble des quatre chevauchées du Messie qui marque l'ouverture des quatre premiers sceaux ?

Notre premier ouvrage s'appelait : *Les quatre chevaux du Messie. Un conte initiatique.* Nous y avons montré en effet que le récit fantasmagorique de ces quatre chevauchées est en réalité une fable totalement saturée de réminiscences bibliques, et pourtant parfaitement cohérente, et pourtant intégralement compréhensible dans ses moindres détails. C'est un conte, une parabole. C'est avant tout une histoire.

Mais si cette histoire était parfaitement compréhensible de son premier public, c'est parce que ce public était déjà familier de ce genre de narrations, par lesquelles, en milieu juif, chaque secte se racontait son histoire, sur la base de réminiscences bibliques entremêlées et structurées selon des lois précises et des principes constants[7]. À cet égard les histoires que nous raconte l'*Apocalypse* ne sont que l'aboutissement d'une tradition qui a laissé bien d'autres traces dans plusieurs autres écrits du Nouveau Testament.

C'est pourquoi nous intitulons cet ouvrage-ci *Préhistoires du cheval noir.* Confrontés à un passage difficile de

---

[7] C'est ce qu'on voit notamment dans la littérature retrouvée au XXe siècle dans les grottes de Qumrân, mais aussi bien dans la littérature rabbinique postérieure, héritière d'une autre secte juive : c'est le fond culturel commun des sectes essénienne, pharisienne et chrétienne.

l'*Apocalypse*, celui où est décrite la mission du Messie lors de sa troisième chevauchée, sur le cheval noir, aux versets 6[5-6], nous partons à la recherche d'autres histoires du même genre dans le tout petit corpus que constitue le Nouveau Testament. Nous tentons ici une archéologie de la pensée monothéiste du premier siècle de notre ère.

Il faut bien dire en effet, et reconnaître franchement que la fable des quatre chevauchée du Messie, telle que nous l'avons élucidée, est racontée par l'*Apocalypse* d'une manière assez ramassée, et plutôt énigmatique. Comment son public aurait-il été en mesure de comprendre ce symbolisme complexe emprunté au *Livre de Zacharie*, s'il n'en avait pas déjà une connaissance préalable ? Et si c'était bien le cas, comment se fait-il qu'on n'en ait pas d'autre trace dans quelque autre écrit du Nouveau Testament ?

Précisément, nous allons maintenant montrer qu'on en a bien conservé une autre trace, extrêmement claire et reconnaissable, et même indubitable, bien que jusqu'ici elle soit restée à ce qu'il semble totalement inaperçue. Nous allons commencer par là. Le seul récit que nous ayons de la toute première prédication à des non-juifs, dans les *Actes des apôtres*, est en effet clairement et indubitablement structuré lui aussi comme un accomplissement de la vision du prophète Zacharie et des chevauchées de ses quatre mystérieux attelages aux différentes robes.

Après l'avoir démontré, nous reviendrons périodiquement au texte même de l'*Apocalypse*, qui, au fil de ces confrontations, retrouvera tout son sens, jusque dans les moindre détails, dans le cadre de cette tradition interprétative qui remonte aux tout premiers commencements de la communauté chrétienne.

C'est à cette lumière que nous espérons trouver la solution de l'énigmatique verset 6[6], en fouillant dans la préhistoire de ce conte initiatique, dans d'autres récits des origines chrétiennes.

On verra par-là que, dès l'origine, les chrétiens, sous l'influence de la tradition juive et de la liturgie synagogale, ont lié le thème du Messie lépreux, et de ses adeptes, également considérés comme des lépreux, à celui du cheval noir, symbole de l'expansion de l'évangile en dehors Judée et symbole de l'effusion de l'Esprit saint au-delà même du monde judéen.

4. L'ouverture de la prédication aux non-juifs selon les *Actes des apôtres*

Le seul récit que nous ayons de la toute première prédication adressée à des non-juifs se trouve au livre dit des *Actes des apôtres*, du verset 8[4] au verset 11[18].

Disons quelques mots de la manière dont ce récit nous a été conservé et transmis. Dans le Nouveau Testament tel qu'il est édité actuellement, le livre des *Actes des apôtres* suit immédiatement la série des quatre *Évangiles* qui ouvre le recueil. Cependant il est clair pour tout le monde, et incontesté, qu'originellement c'était le deuxième tome d'un ouvrage attribué à saint Luc, disciple de Paul, dont le premier était le troisième de nos évangiles actuels, dit *selon saint Luc*. Tous deux sont dédicacés à un certain Théophilos, dont l'identité reste obscure, ce qui est d'ailleurs en soi un bon signe de l'ancienneté de cet ouvrage en deux tomes.

Leur composition est visiblement antérieure et à la guerre qui a ravagé la Judée entre 66 et 74, qui n'y trouve absolument aucun écho. De fait le récit de Luc s'arrête abruptement à Rome vers l'an 59. Ce faisant il laisse totalement en suspens le déroulement de la procédure qui vise le personnage central, pourtant en danger de mort. La seule raison qu'on puisse en donner est toute simple : c'est que ce sort est toujours en suspens au moment où Luc compose son récit. Toute autre hypothèse demanderait des arguments extrêmement solides, que personne n'a jamais pu fournir[8].

Les deux tomes de cet ouvrage sont munis de préfaces dans le goût et la tradition de l'historiographie hellénistique. Personne ne conteste ce point. L'auteur s'y présente très clairement et délibérément comme un enquêteur, dans la tradition inaugurée dans la littérature grecque par l'historien Hérodote vers 450 avant notre ère. Autre point remarquable, l'aisance avec laquelle il s'exprime en grec quand il ne suit pas une source sémitique préexistante, spécialement dans les passages où il se présente implicitement comme témoin direct des événements qu'il raconte. Tout cela s'accorde merveilleusement avec la tradition qui attribue l'ouvrage à un collaborateur de Paul dénommé Luc qui aurait été médecin et donc pétri de littérature grecque, à la différence de tous les autres auteurs du Nouveau Testament.

Luc n'a pas assisté personnellement aux tout premiers commencements du phénomène chrétien, et il dit clairement que pour cette période il s'appuie sur de premiers essais de rédaction dont il ne cite pas les auteurs, ainsi que sur des témoignages directs. Quant à lui il intervient implicitement comme témoin direct seulement à partir d'un certain moment du récit, où il utilise la première personne du pluriel lorsqu'il parle de l'équipe de Paul, ce qui s'accorde très bien avec certains passages des lettres du dit Paul qui parlent d'un certain Luc, médecin de profession, rangé parmi ses collaborateurs.

Ceci considéré, Luc nous dit clairement dans ses préfaces, sans qu'il y ait lieu d'en douter, bien au contraire, qu'il a fait usage de récits déjà élaborés par la communauté chrétienne avant qu'il ne la rejoigne. C'est spécialement le cas,

---

[8] À cet égard il ne faut pas se laisser impressionner par le consensus en vigueur dans le monde exégétique, qui n'a que les formes extérieures d'une communauté scientifique.

évidemment, pour le premier tome qu'on a coutume d'appeler l'*Évangile selon saint Luc*.

Dans le deuxième, traditionnellement dénommé *Actes des apôtres*, il en va de même, du moins pour la première partie, avant que l'auteur n'y intervienne lui-même comme protagoniste, comme témoin direct et comme tout premier rédacteur. Ce moment crucial est discuté. Généralement on considère qu'il s'agit du verset 16[10], alors que Paul arrive à Troas et s'apprête à passer pour la première fois d'Anatolie en Europe, vers l'an 49. D'après certains manuscrits ce serait plutôt dès le verset 13[1], quelques années plus tôt, alors que Paul est encore à Antioche de Syrie, juste avant le commencement des premières missions d'évangélisation concertées. Quoi qu'il en soit, la toute première expansion du phénomène chrétien en dehors de la sphère strictement juive se place très nettement avant cela, en Palestine, et il est clair que l'auteur ne fait que nous en transmettre un récit dont il n'est pas le premier auteur.

La question des sources utilisées par Luc pour composer son récit, spécialement dans la première partie des *Actes des apôtres*, a été extrêmement discutée depuis le XIXe siècle, et ne sera jamais absolument et complètement résolue, vu qu'on n'en a pas conservé d'autres versions, comme c'est le cas par exemple pour l'*Évangile de Luc*, qu'on peut comparer à ceux *de Marc* et *de Matthieu*.

Le récit de la toute première intégration de non-juifs à la communauté chrétienne va donc du verset 8[4] au verset 11[19]. Il commence à Jérusalem, d'où part Philippe pour prêcher aux premiers non-juifs, et il finit à Jérusalem, où Pierre revient pour justifier d'avoir admis dans la communauté messianique un groupe de personnes incirconcises avec lesquelles la loi mosaïque lui interdisait même d'avoir le moindre contact.

Au sein de cet ensemble homogène et nettement délimité du point de de la logique narrative et du cadre géographique, Luc a inséré, par souci de synchronisme, l'épisode de la conversion de Paul, qui y intervient comme un corps étranger, mais prépare la suite de l'ouvrage où le personnage de Paul va progressivement éclipser tous les autres.

Dégagé de cette insertion secondaire, le récit de la tout première proclamation de la Parole à des non-juifs, dans la seule Palestine, se compose d'une étrange rapsodie de quatre morceaux narratifs bien distincts, dont le protagoniste principal change à chaque fois. Nous suivrons ici la traduction œcuménique de la Bible (T.O.B.), pour ne pas prêter au soupçon de traduire le texte à notre guise, mais en sautant les passages qui font mention de Paul.

5. Première section : Philippe va vers le nord, en Samarie

Actes des apôtres 8[1] *(…) En ce jour-là éclata contre l'Église de Jérusalem une violente persécution. Sauf les apôtres, tous se dispersèrent dans les contrées de la Judée et de la Samarie.* [2] *Des hommes pieux ensevelirent Étienne et firent sur lui de belles funérailles. (…)* [4] *Ceux donc qui avaient été dispersés allèrent de lieu en lieu, annonçant la bonne nouvelle de la Parole.* [5] *C'est ainsi que Philippe, qui était descendu dans une ville de Samarie, y proclamait le Christ.* [6] *Les foules unanimes s'attachaient aux paroles de Philippe, car on entendait parler des miracles qu'il faisait et on les voyait.* [7] *Beaucoup d'esprits impurs en effet sortaient, en poussant de grands cris, de ceux qui en étaient possédés, et beaucoup de paralysés et d'infirmes furent guéris.* [8] *Il y eut une grande joie dans cette ville.* [9] *Or il se trouvait déjà dans la ville un homme du nom de Simon qui faisait profession de magie et tenait dans l'émerveillement la population de la Samarie. Il prétendait être quelqu'un d'important,* [10] *et tous s'attachaient à lui, du plus petit jusqu'au plus grand. « Cet homme, disait-on, est la Puissance de Dieu, celle qu'on appelle la Grande. »* [11] *S'ils s'attachaient ainsi à lui, c'est qu'il les maintenait depuis longtemps dans l'émerveillement par ses sortilèges.* [12] *Mais, ayant eu foi en Philippe qui leur annonçait la bonne nouvelle du Règne de Dieu et du nom de Jésus Christ, ils recevaient le baptême, hommes et femmes.* [13] *Simon lui-même devint croyant à son tour, il reçut le baptême et ne lâchait plus Philippe. À regarder les grands signes et miracles qui avaient lieu, c'est lui en effet qui était émerveillé.*

Il ne nous est pas possible naturellement de savoir précisément à quel point cette section du récit a été remaniée par l'auteur des *Actes des apôtres*. Mais il nous faut noter que pour l'essentiel il n'a certainement rien inventé. Tout a commencé par une mise à mort et par une persécution qui a provoqué la dispersion des disciples, jusqu'alors concentrés à Jérusalem. De façon paradoxale cela a entraîné la diffusion du phénomène chrétien non seulement aux alentours immédiats de Jérusalem, c'est-à-dire dans la province de Judée dont elle est le chef-lieu, mais encore au-delà de ses frontières septentrionales, dans la province voisine de Samarie. Voyons la suite.

6. Deuxième section : Pierre et Jean suivent Philippe en Samarie

Actes des apôtres **8**[14] *Apprenant que la Samarie avait accueilli la parole de Dieu, les apôtres qui étaient à Jérusalem y envoyèrent Pierre et Jean.* [15] *Une fois arrivés, ces derniers prièrent pour les Samaritains afin qu'ils reçoivent l'Esprit Saint.* [16] *En effet, l'Esprit n'était encore tombé sur aucun d'eux ; ils avaient seulement reçu le baptême au nom du Seigneur Jésus.* [17] *Pierre et Jean se mirent donc à leur imposer les mains, et les Samaritains recevaient l'Esprit Saint.*

Carte de la Palestine au Ier siècle. En orangé, les villes citées par les *Actes* : Jérusalem, Samarie, Gaza, Azot, Lydda, Joppé, Césarée.

[18] *Mais Simon, quand il vit que l'Esprit Saint était donné par l'imposition des mains des apôtres, leur proposa de l'argent.* [19] *« Accordez-moi, leur dit-il, à moi aussi ce pouvoir, afin que ceux à qui j'imposerai les mains reçoivent l'Esprit Saint. »*[20] *Mais Pierre lui répliqua : « Périsse ton argent, et toi avec lui, pour avoir cru que tu pouvais acheter, avec de l'argent, le don gratuit de Dieu.* [21] *Il n'y a pour toi ni part ni héritage dans ce qui se passe ici, car ton cœur n'est pas droit devant Dieu.* [22] *Repens-toi donc de ta méchanceté, et prie le Seigneur : la pensée qui t'est venue au cœur te sera peut-être pardonnée.* [23] *Je vois en effet que tu es dans l'amertume du fiel et les liens de l'iniquité. »* [24] *Et Simon répondit : « Priez vous-mêmes le Seigneur en ma faveur, pour qu'il ne m'arrive rien de ce que vous avez dit. »* [25] *Pierre et Jean, après avoir rendu témoignage et annoncé la parole du Seigneur, retournèrent alors à Jérusalem ; ils annonçaient la Bonne Nouvelle à de nombreux villages samaritains.*

Si l'on veut bien y prêter attention, ce rebondissement a quelque chose d'étrange. On commence par nous dire que tous les disciples ont été chassés de Jérusalem, et que par suite le phénomène chrétien s'est répandu dans toute la Judée et la Samarie. On s'attend à qu'il soit ensuite question de ces différentes courses de divers personnages à travers la Judée et la Samarie, mais ce n'est pas exactement le cas. Le récit au contraire se concentre sur l'évangélisation de la seule Samarie, et il s'attarde même à en distinguer deux étapes de longueur à peu près égale, et de structure parallèle.

On nous précise avec insistance que l'effusion de l'Esprit n'a eu lieu que lors la deuxième de ces courses missionnaires. N'est-ce pas étrange ? Pourquoi le récit a-t-il été stylisé et mémorisé de cette manière ? Mais laissons cette question en suspens et voyons la suite.

7. Troisième section : Philippe vire vers le sud

Le récit abandonne maintenant Pierre et Jean, qui avaient suivi les traces de Philippe en direction du nord, et il revient à ce dernier qui se dirige cette fois nettement vers le sud[9], sur la route de l'Égypte et du royaume de Méroé, où s'en retourne aussi, sur un char, un eunuque éthiopien. Philippe monte sur ce char et y trouve l'eunuque en train de lire le passage du *Livre d'Isaïe* qui annonce un Messie qui sera égorgé comme un agneau, texte auquel, comme on s'en souvient, se réfère aussi l'*Apocalypse* juste avant d'emprunter au prophète Zacharie sa vision des quatre chevauchées sur des chevaux de couleurs variées.

Actes des apôtres (T.O.B.) 8[26] *L'ange du Seigneur s'adressa à Philippe : « Tu vas aller vers le midi, lui dit-il, sur la route qui descend de Jérusalem à Gaza ; elle est déserte. »* [27] *Et Philippe partit sans tarder. Or un eunuque éthiopien, haut fonctionnaire de Candace, la reine d'Ethiopie, et administrateur général de son trésor, qui était allé à Jérusalem en pèlerinage,* [28] *retournait chez lui ; assis dans son char, il lisait le prophète Esaïe.* [29] *L'Esprit (τò πνεῦμα) dit à Philippe : « Avance et rejoins ce char (ἅρματι). »* [30] *Philippe, accourant (προσδραμὼν), entendit l'eunuque qui lisait le prophète Esaïe et lui dit : « Comprends-tu vraiment ce que tu lis ? »* [31] *— « Et comment le pourrais-je, répondit-il, si je n'ai pas de guide ? » Et il invita Philippe à monter s'asseoir près de lui.* [32] *Et voici le passage de l'Ecriture qu'il lisait : Comme une brebis que l'on conduit pour l'égorger, comme un agneau muet devant celui qui le tond, c'est ainsi qu'il n'ouvre pas la bouche.* [33] *Dans son abaissement il a été privé de son droit. Sa génération, qui la racontera ? Car elle est enlevée de la terre, sa vie.*

---

[9] J. A. Fitzmyer, *The Acts of the Apostles* (New York, 1997) 410 : « The preceding episode told of the Hellenist Philip's evangelization of Samaria to the north of Jerusalem; now Philip is told to turn his attention to the south, to the road that goes from Jerusalem to Gaza. »

[34] *S'adressant à Philippe, l'eunuque lui dit : « Je t'en prie, de qui le prophète parle-t-il ainsi ? De lui-même ou de quelqu'un d'autre ? »* [35] *Philippe ouvrit alors la bouche et, partant de ce texte, il lui annonça la Bonne Nouvelle de Jésus.* [36] *Poursuivant leur chemin, ils tombèrent sur un point d'eau, et l'eunuque dit : « Voici de l'eau. Qu'est-ce qui empêche que je reçoive le baptême ? »* [37] *Il donna l'ordre d'arrêter son char (ἅρμα, harma) ; tous les deux descendirent dans l'eau, Philippe et l'eunuque, et Philippe le baptisa.* [38] *Quand ils furent sortis de l'eau, l'Esprit du Seigneur (πνεῦμα Κυρίου, pneuma Kuriou) emporta (ἥρπασεν, hèrpasén) Philippe, et l'eunuque ne le vit plus (καὶ οὐκ εἶδεν αὐτὸν οὐκέτι, kaï ouk eïdén auton oukéti), mais il poursuivit son chemin dans la joie.* [39] *Quant à Philippe, il se retrouva à Azot et il annonçait la Bonne Nouvelle dans toutes les villes où il passait jusqu'à son arrivée à Césarée.*

Cette troisième section du récit est d'une longueur analogue aux deux précédentes, mais d'un style tout différent. Elle baigne dans une atmosphère spécialement onirique. Rien ne la rattache clairement au fil des événements qui précèdent ni à ceux qui suivent : aucune indication ne la date ni même ne la situe clairement dans le cours du récit général[10]. Aucun lien non plus de cause à effet avec ce qui précède, ni avec ce qui

---

[10] F. J. Foakes-Jackson, *The Acts of the Apostles* (Londres, 1931) 75 : « La conversion et le baptême du trésorier de la reine Candace est un incident séparé du reste du récit et complètement isolé du reste de l'histoire ; il ne semble pas probable que Luc ait eu l'intention, en le relatant, de marquer la progression de l'histoire de l'approche de ceux qui se trouvent en dehors de l'alliance juive. » — D. G. Dunn, *The Acts of the Apostles* (Grand Rapids, 1996) 103-104 : « Le récit de l'eunuque est ajouté de manière plutôt maladroite (…) ; tout cela reste plutôt vague, ne mène nulle part et n'a pas de suite. ». — S. D. Butticaz, *L'identité de l'Église dans les Actes des apôtres* (Berlin, 2011) 225 : « récit au caractère privé, dont les conséquences immédiates en termes de publicité et d'ecclésialité sont nulles. » 227 : « épisode dramatique, aux liens lâches avec son environnement littéraire. » — Avis contraire de F. F. Bruce, *The Acts of the Apostles* (Leicester, 1952) 195 : « Que l'eunuque soit prosélyte ou non, sa conversion marque un pas en avant dans l'évangélisation des païens. »

suit. L'action du personnage principal n'est pas motivée par quelque circonstance historique concrète que ce soit. Elle lui est dictée, à un moment et dans un lieu indéterminés, directement par Dieu, qui d'ailleurs l'arrache au monde ordinaire à sa guise, en le transportant miraculeusement d'un lieu à un autre.

En revanche les notations de lieu y abondent et en premier lieu la direction de cette nouvelle course, *vers le midi*, c'est-à-dire vers le sud, à l'opposé de la première. Cette orientation est ensuite largement développée et explicitée par la mention de lieux précis, sur la route de Jérusalem à Gaza, avec une mention en conclusion de la ville d'Azot, par laquelle passe cette route, et depuis laquelle Philippe s'en retourne finalement vers le nord en suivant la côte jusqu'à Césarée-sur-Mer, de ville en ville. Elle est également développée par la mention de la destination finale de l'eunuque, qui se trouve au sud même de l'Égypte, à la frontière méridionale du monde connu. L'eunuque après cela, quant à lui, poursuit son chemin vers le lointain royaume de Méroé.

Cette insistance étrange à marquer la direction prise par le personnage a tellement étonné le grand Eberhard Nestle, qu'il suppose de comprendre le texte différemment que l'on ne fait généralement : « La locution que nous traduisons par *vers midi*, à l'heure de midi, était rendue dans nos anciennes versions par *vers le midi*, dans la direction du sud. Mais cette indication eût été oiseuse, puisque Philippe avait ordre de se rendre sur le chemin de Gaza. Dans les Septante cette expression est toujours employée pour désigner le temps. »

Cependant personne n'a suivi Nestle sur ce point, et à juste titre. En effet c'est bien au contraire l'indication d'une heure de la journée qui serait ici oiseuse et bizarre, dans une péripétie par ailleurs aussi totalement dépourvue de quelque indication temporelle que ce soit.

On doit plutôt considérer cette indication initiale, *vers le sud*, d'une certaine manière, comme le titre ou le fil directeur de cette troisième aventure. Car précisément le seul lien narratif qu'on puisse relever entre cette péricope et le reste du récit, outre le retour du personnage initial, c'est un lien d'opposition radicale en matière de lieu. Philippe, que des circonstances historiques précises avaient au départ conduit à se diriger vers la Samarie, à savoir la lapidation d'Étienne et la persécution qui s'ensuivit, se dirige maintenant vers le sud, sur la seule initiative de Dieu lui-même. En contact direct avec le monde angélique, il échappe désormais aux contingences de ce monde, au point même que le Messager du Seigneur peut très bien l'arracher soudain d'un lieu pour le transporter dans un autre, sans autre raison claire, apparemment, qu'une manifestation de puissance surnaturelle.

Philippe sur le char de l'eunuque éthiopien
(Manuscrit grec 1613 de la Bibliothèque vaticane, folio 107, vers l'an 1000)

Ceci considéré, une question se pose, dont la réponse est loin d'être évidente. Pourquoi ces événements sont-ils rapportés à ce point du récit plutôt qu'ailleurs ? En effet cette troisième étape du récit met en scène à nouveau le seul Philippe, et elle se termine par la mention de son arrivée à Césarée-sur-Mer. Or à l'étape suivante du récit, étape dont Philippe va disparaître à nouveau pour laisser à nouveau toute la place à Pierre, ce dernier sera lui aussi conduit à Césarée, sans que Philippe paraisse encore y être arrivé.

Ainsi donc, du simple point de vue narratif, et en dehors de toute question d'historicité, rien n'imposait à Luc ni à sa source de disposer les quatre étapes de ce récit dans l'ordre où elles se présentent à nous. La deuxième course de Philippe aurait pu aussi bien être racontée après la première, ou bien encore après les deux voyages de Pierre, ainsi que nous l'avons fait remarquer. Pourquoi ces quatre étapes ont-elles donc été rassemblées dans cet ordre précis ? Pourquoi l'ensemble du récit a-t-il été stylisée et mémorisé d'une manière en apparence aussi décousue[11] ?

Nous laisserons aussi en suspens cette question-là, pour l'instant. Par ailleurs, avant de passer à la quatrième et dernière section de notre récit, il nous faut relever certains aspects de la figure de Philippe dans notre récit. Cette figure d'autant plus importante qu'elle est à l'origine d'un processus déterminant pour toute la suite de l'histoire humaine, à savoir l'extension du phénomène chrétien en dehors du seul monde juif. Or il est absolument indubitable que Philippe est implicitement comparé au prophète Élie dans cette troisième péripétie[12].

---

[11] Selon É. Trocmé, *Le Livre des Actes et l'Histoire* (Paris, 1957) 89, « Les deux blocs de tradition étaient sans lien entre eux et l'auteur *ad Theophilum* n'a pas remédié à cet état de choses. »

[12] Ce point a été souligné par bien des auteurs dont au moins par R.B. Rackham, *The Acts of the Apostles*. 7e édition (Londres, 1901) 121 ; J.

8. Philippe comme nouvel Élie

Le prophète Élie, comme son disciple et successeur le prophète Élisée, sont des figures importantes du monothéisme palestinien à l'époque qui nous occupe, et cela pour différentes raisons. D'abord sans doute parce que l'imagination populaire s'empare plus facilement de personnages pittoresques que d'ennuyeux auteurs dont on n'a conservé que les grimoires. Ces deux-là en effet n'ont pas laissé d'écrits mais un souvenir très vivace dans le folklore palestinien. Leur aventures miraculeuses y formaient un cycle qui nous a été conservé par les deux *Livres des Rois.*

L'épisode de ces aventures qui frappait le plus les imaginations est sans nul doute la fin mystérieuse de la carrière du prophète Élie. Soudain surgissent entre lui et son disciple Élisée un *char de feu (ἅρμα πυρὸς, jarma puros)* et des *chevaux de feu (ἵπποι πυρὸς, hippoï puros)*, et le prophète est entraîné dans le ciel par un tourbillon : *il a été enlevé (ἀνελήμφθη, anélèphthè)*, laissant à son disciple son manteau ainsi qu'une double part de son esprit[13]. Il en a découlé d'innombrables spéculations dont déjà se fait écho le livre assez tardif du prophète Malachie, dans les deux tout derniers versets de la Bible hébraïque, qui annoncent un mystérieux retour de ce prophète à la fin des temps, *avant la venue du jour du Seigneur, jour grand et redoutable.* Ce retour à venir d'Élie devient dès lors un dogme pour la plupart les sectes judéennes du premier siècle, dont les premiers chrétiens, ainsi qu'on le voit par exemple dans les Évangiles, mais aussi dans la tradition juive ultérieure, jusqu'à nos jours.

Munck, *The Acts of the Apostles* (Garden City, 1967) 79 ;. Scott Spencer, *The Portrait of Philip in Acts. A Study of Roles and Relations* (Londres, 1992) ; J.G.D. Dunn, *The Acts of the Apostles* (Valley Forge, 1996) 115 ; J. Jervell, *Die Apostelgeschichte* (Göttingen, 1998) 274 ; Rick Strelan, « The Running Prophet (Acts 8 :30) », *Novum Testamentum* 43 (2002) 31-38 spéc. 32-33.

[13] *Deuxième livre des Rois* 2[1-15].

Un autre trait caractéristique de ce prophète est sa faculté miraculeuse de disparaître soudain d'un lieu pour réapparaître dans un autre lorsqu'il est saisi par le souffle divin. C'est ce que lui dit un officier royal chargé de l'arrêter : *Si je m'écarte de toi, l'esprit du Seigneur (πνεῦμα κυρίου, pneuma Kuriou) t'emportera (ἀρεῖ, areï) dans un pays que je ne connais pas.*[14] De même après sa disparition définitive, une troupe de prophètes se lance en vain à sa recherche dans cette pensée : *Peut-être l'Esprit du Seigneur l'a-t-il emporté (ἦρεν, èrén) et jeté dans le Jourdain ou sur quelque mont ou dans quelque vallon.* Notons encore comment sa disparition est évoquée du point de vue de son disciple Élisée : *et il ne le vit plus (καὶ οὐκ εἶδεν αὐτὸν ἔτι, kaï ouk eïdén auton eti).* Une autre fois[15], il conseille au roi Achab d'atteler son *char (ἅρμα, harma)* et de s'en aller pour éviter l'orage qui arrive. Le roi s'exécute et part pour Itzréel. Mais soudain *la main du Seigneur (χεὶρ κυρίου, Kheïr Kuriou)* est sur Élie, qui *court (ἔτρεχεν, étrékhén)* derrière Achab jusqu'à Itzréel, d'ailleurs sans raison claire, ce passage du récit étant plutôt obscur.

Troisième trait d'Élie, sa docilité immédiate à la parole du Seigneur, régulièrement soulignée au début de ses aventures. *1 Rois 17²⁻⁵ Et il y eut une parole du Seigneur (κυρίου, Kuriou) à l'adresse d'Élie : « Va depuis ici vers l'orient (πορεύου ἐντεῦθεν κατὰ ἀνατολάς, poreuou kata anatolas), etc. » Et Élie fit selon la parole du Seigneur. (…) 18¹⁻² Et il y eut après de nombreux jours encore une parole du Seigneur (κυρίου, Kuriou) à l'adresse d'Élie trois ans plus tard qui disait : « Va (πορεύθητι, poreuthèti) et montre-toi à Achab etc. » Et Élie alla (ἐπορεύθη, époreuthè) se faire voir d'Achab. (…) 2 Rois 1³⁻⁴ Et le messager du Seigneur (καὶ ἄγγελος κυρίου) parla à Élie le Tishbite en lui disant (ἐλάλησεν πρὸς Ηλιου τὸν Θεσβίτην λέγων) : « Lève-toi d'ici (ἀναστὰς δεῦρο, anastas deuro) à la rencontre des messagers*

---

[14] *Premier livre des Rois* 18¹².
[15] *Premier livre des Rois* 18⁴⁴⁻⁴⁶.

36

d'Ozochias roi de Samarie et dis-leur, etc. » Et Élie y alla (ἐπορεύθη, époreuthè) et le leur dit. (...) 1^{15} Et le messager du Seigneur (καὶ ἄγγελος κυρίου, kaï angélos Kuriou) parla à Élie et lui dit (ἐλάλησεν ἄγγελος κυρίου πρὸς Ηλιου καὶ εἶπεν, élalèsén angélos Kuriou pros Èliou kaï eïpén) : « Descends avec lui etc. » Et Élie se leva (ἀνέστη, anestè) et descendit avec lui etc.

On retrouve tous ces traits d'Élie chez Philippe tel qu'il apparaît dans cette aventure, qui plus dans les termes précis des deux *Livres des Rois* : c'est presque du copié-collé, comme on dit aujourd'hui. Lui aussi se déplace avec docilité sous l'impulsion directe de Dieu et dans la direction qui lui est précisée. *Et le messager du Seigneur (καὶ ἄγγελος κυρίου) parla à Philippe en lui disant (ἐλάλησεν πρὸς Φίλιππον λέγων, élalèsén pros Philippon légón): « Lève-toi et pars vers le midi (Ἀνάστηθι καὶ πορεύου κατὰ μεσημβρίαν, anastèthi kaï poreuou kata mésèmbrian), etc. » Et, s'étant levé, il partit (καὶ ἀναστὰς ἐπορεύθη, kaï anastas époreuthè).*

Lui aussi court[16] derrière un char transportant non certes un roi mais du moins un fonctionnaire royal. Lui aussi est enlevé

---

[16] Pour évoquer cette course les *Actes* usent du terme προσδραμὼν, « ayant accouru », participe aoriste du verbe προστρέχω, « accourir », composé du même verbe τρέχω, « courir » qu'on trouve dans la version des Septante pour évoquer la course d'Élie derrière le char du roi Achab. Il est notable que ce verbe προστρέχω, « accourir », visuellement expressif, ne se retrouve ailleurs que deux fois dans le Nouveau Testament, également au participe, à savoir dans l'*Évangile de Marc* (9^{15} et 10^{17}), dans des passages où il est absent des récits parallèles de *Matthieu* et de *Luc*. C'est un tic caractéristique de ce narrateur, comme d'autres mots visant à accélérer la narration en donnant un effet de vivacité, tels que l'adverbe « aussitôt », εὐθέως, ou bien εὐθέως, qu'on ne trouve que 7 fois dans l'*Évangile de Luc*, 7 fois dans celui de *Jean* et 18 fois dans celui de *Matthieu*, contre 42 fois dans le seul *Évangile de Marc*, pourtant de très loin le plus bref de tous. Marc est également le seul de tous les auteurs du Nouveau Testament à user de l'adverbe ἐξάπινα, « soudain », précisément pour marquer la soudaineté avec laquelle disparaissent Élie et Moïse après être apparus aux côtés de Jésus aux yeux de trois de ses disciples (*Marc* 9^8).

par Dieu sous les yeux de son disciple, *et il ne vit plus (καὶ οὐκ εἶδεν αὐτὸν οὐκέτι, kaï ouk eïdén auton oukéti)*. Lui aussi il est transporté soudain et sans raison bien claire dans un autre lieu : *quant à lui, Philippe se retrouva (εὑρέθη, euréthè) à Azot*. Les mêmes verbes d'ailleurs sont utilisés par les Évangiles pour clore leur récit de la Transfiguration, lors de laquelle Élie et Moïse viennent de se manifester aux côtés de Jésus. Ainsi dans l'*Évangile de Marc* 9[8] : *et soudain ils levèrent les yeux et ils ne virent plus personne (οὐκέτι οὐδένα εἶδον, oukéti oudéna eïdon) sinon le seul Jésus avec eux*. Et dans celui de *Luc* : *Jésus se retrouva (εὑρέθη, euréthè) seul*.

Il y aurait beaucoup à dire encore sur cette section du baptême de l'Éthiopien et sur les spéculations théologiques et scripturaires qu'elle reflète au sein de la toute première communauté chrétienne. Mais la plupart de ces observations seraient ici prématurées, et nous nous contenterons pour conclure de relever cursivement un denier parallèle entre la seconde course de Philippe et l'une de son prédécesseur Élie.

Nous avons vu en effet que Philippe, après avoir fui Jérusalem pour l'ancien royaume du nord, qui en son temps s'appelle Samarie, reçoit l'ordre de se diriger *vers le sud (πορεύου κατὰ μεσημβρίαν, poreuou kata mésèmbrian)*, alors que son prédécesseur avait reçu celui de se porter *vers l'orient (πορεύου... κατὰ ἀνατολὰς, poreuou kata anatolas)*.

Il faut noter qu'il est arrivé également au prophète Élie lui aussi de fuir *vers le sud*. Et c'était déjà en conséquence d'une persécution, dont le menaçait la femme d'Achab roi de Samarie, à savoir la fameuse Jézabel.

Que fait alors Élie ? *Voyant cela, Élie se leva et partit pour sauver sa vie. Il arriva à Bersabée en Juda et y laissa son serviteur. Lui-même alla dans le désert à un jour de route, etc.*[17] On sait bien que dans les Écritures et la tradition la ville

---

[17] *1 Rois* 3[9sqq].

de Bersabée représente l'extrémité méridionale de la Terre Sainte, qui va comme le dit le proverbe, *de Dan à Bersabée*.

Philippe et l'eunuque éthiopien
(Manuscrit 190 de la Bibliothèque municipale de Cambrai, folio 73 verso, 1266)

Par ailleurs, au terme de ce voyage, Élie finit par rebrousser chemin pour remonter vers le nord triomphalement, avec pour mission d'y instituer deux rois et un prophète[18], de même que Philippe rebrousse chemin à partir d'Azot en évangélisant les villes de la côte jusqu'à Césarée, c'est-à-dire pour lui aussi instituer en tout lieu les prêtres, rois et prophètes que sont tous les chrétiens, individuellement et collectivement[19].

Et en effet c'est le programme divin jadis énoncé par le prophète Joël et récemment encore rappelé par Pierre à Jérusalem le jour de la Pentecôte de l'an 33 : « Alors, dans les derniers jours, dit Dieu, je répandrai de mon Esprit sur toute chair, vos fils et vos filles seront prophètes. » Or c'est bien c'est ce qui se passe au moins à Césarée, où vingt ans plus tard, au printemps de l'an 55, arrivent Paul et ses compagnons, dont l'auteur lui-même des *Actes des Apôtres* 21, 8-10 : *Repartis le lendemain* [de Ptolémaïs], *nous avons gagné Césarée où nous nous sommes rendus à la maison de Philippe l'Évangéliste, l'un des Sept, et nous avons séjourné chez lui. Il avait quatre filles vierges qui prophétisaient. Alors que nous passions là quelques jours, il est arrivé un prophète de Judée, nommé Agabus*, etc.

Mais les chrétiens sont tous également rois et prêtres, selon la promesse du *Livre de l'Exode* 19[6], *Je vous tiendrai pour un royaume de sacrificateurs (mamlekhet kohanim), une nation sainte*, promesse qui ne s'est vraiment réalisée que la par la constitution de l'Assemblée messianique, c'est-à-dire de l'Église chrétienne, comme l'enseignent expressément Pierre dans sa *Lettre* et Jean dans son *Apocalypse*[20].

---

[18] *1 Rois* (T.O.B.) 19[15-16] : *Va, reprends ton chemin en direction du désert de Damas. Quand tu seras arrivé, toi oindra Hazaël comme roi sur Aram. Et tu oindras Jéhu, fils de Nimshi, comme roi sur Israël ; et tu oindras Élisée, fils de Shafath, d'Avel -Mehola, comme prophète à ta place.*

[19] Y. Congar, « Sur la trilogie Prophète-Roi-Prêtre », *Revue des Sciences Philosophiques et Théologiques* 67 (1983) 97-116.

[20] *1 Pierre* 2[9] *Mais vous, vous êtes la race élue, la prêtrise (la sacrificature) royale, la nation sainte du peuple que Dieu s'est acquis ; Apocalypse* 1[6] *il a fait de nous une royauté, des prêtres (des sacrificateurs) pour Dieu son Père ;* 5[10] *Tu as racheté pour Dieu, par ton sang, des*

Ainsi donc, de même qu'Élie après s'être enfui vers le sud, avait fini par remonter triomphalement vers le nord, où il devait sacrer le nouveau roi de Syrie, le nouveau roi d'Israël, et le prochain prophète qui devait lui succéder, à savoir Élisée, de même Philippe remonte triomphalement vers Césarée, siège officiel de la puissance d'occupation romaine, évangélisant et baptisant en route tous ceux qu'il rencontre, pour en faire une royauté de prêtres, tous destinés à devenir des prophètes

Mais en voilà assez sur ce point. Nous avons établi que les faits et gestes de Philippe sont continuellement racontés en des termes empruntés au cycle du prophète Élie, sans pour autant calquer aucun épisode précis du dit cycle, ce qui, soit dit entre parenthèses, est un excellent indice d'historicité pour les faits qui sont ainsi stylisés. De même, le caractère à la fois implicite et extrêmement cohérent de tout ce symbolisme nous permet de remonter à des spéculations et à des vues théologiques extrêmement anciennes dans la communauté chrétienne originelle des années 30 et 40 de notre ère.

9. Quatrième section : Pierre circule à travers le pays

Nous en venons donc maintenant à la quatrième et dernière section de notre récit, qui est aussi de loin la plus longue, puisqu'elle se divise elle-même en quatre sous-sections de taille inégales[21].

---

hommes de toute tribu, langue, peuple et nation. Tu en as fait, pour notre Dieu, une royauté et des prêtres (des sacrificateurs, et ils règneront sur le pays.

[21] Le récit de la première course de Philippe occupe 12 verset, celui du voyage de Pierre et Jean 12 versets, celui de la deuxième course de Philippe 15 versets. Total provisoire : 37 versets. Le deuxième voyage de Pierre occupe quant à lui 65 versets. L'étape de Lydda occupe 4 versets, celle de Joppé 8 versets, celle de Césarée 48 versets, et le discours final de Pierre à Jérusalem 18 versets.

Il s'agit maintenant d'un nouveau voyage de Pierre. On commence par nous dire que Pierre parcourt tout le pays, avant de nous raconter les quatre étapes finales de son voyage. Il arrive d'abord à Lydda, où il guérit un certain Énée paralysé depuis huit ans. De là il passe en continuant vers l'ouest au port de Joppé, où il ressuscite une jeune fille appelée Gazelle. Il vire ensuite vers le nord jusqu'à Césarée où il baptise un centurion de la cohorte italique et toute sa famille, avant de s'en revenir vers le sud-est jusqu'à Jérusalem où il doit se justifier de cette dernière initiative.

Il y aurait beaucoup à dire de ces pérégrinations de Pierre, dont le récit a été clairement stylisé et mémorisé sur la base de méditations très précises des Écritures et de l'actualité du temps, au sein d'une communauté chrétienne en pleine métamorphose. Mais nous nous contenterons ici et pour l'instant de reprendre les premiers mots de cette section, qui suffiront à notre propos : *Il arriva que Pierre, circulant partout (διερχόμενον διὰ πάντων, diérkhoménon dia pantôn), arriva aussi chez les saints qui résidaient à Lydda, etc.*

Pourquoi le récit de ce dernier voyage, important surtout pour ce qui s'y passe à Césarée, commence-t-il précisément à Lydda, à partir d'où Pierre va faire une boucle qui le ramènera à Jérusalem ?

10. Structure parallèle à celle de *Zacharie* 6[6-7]

Récapitulons. Premièrement Philippe part de Jérusalem vers le nord, jusqu'en Samarie. Deuxièmement Pierre et Jean partent aussi de Jérusalem, dans la même direction, ce deuxième voyage se distinguant du premier par une effusion de l'Esprit saint qui n'avait pas eu lieu lors du premier. Troisièmement Philippe se dirige en sens inverse, vers le sud, route sur laquelle il rejoint un char, sur lequel il monte même quelque temps et annonce l'Évangile. Quatrièmement et dernièrement Pierre traverse le pays en tous sens, et finit ce périple par une boucle jusqu'à Césarée avant de s'en revenir à Jérusalem où il est appelé à rendre compte de ce qui s'est passé. Voilà un bon résumé des allées et venues de ces tout premiers évangélisateurs de non-juifs, ou du moins un résumé dont aucun point n'est contestable.

Par ailleurs, on a également noté que l'ordre de ces quatre épisodes aurait parfaitement pu être différent sans nuire à la clarté du récit, loin de là. Par exemple on aurait très bien pu d'abord raconter successivement les deux courses de Philippe, puis celles de Pierre. Ou encore, et plus simplement, placer en dernier lieu l'épisode la conversion de l'eunuque éthiopien. Cet épisode-là se passe en effet dans un secteur éloigné des autres. Il n'a aucun lien narratif clair avec eux, et il a clairement une tonalité très particulière. Bien plus il se termine par l'arrivée à Césarée de Philippe, qui pourtant ne semble pas y être encore arrivé dans le récit suivant. En effet c'est à Pierre que le centurion Cornélius demande de bien vouloir venir depuis Joppé. Enfin Pierre se présente à la fin des fins comme le premier qui ait jamais baptisé un non-juif, comme si Philippe n'avait pas encore baptisé l'eunuque éthiopien. Pour toutes ces raisons, il est difficile de comprendre et de justifier l'ordre dans lequel se présente à nous ce récit d'apparence assez décousue.

Voyons maintenant, à titre de comparaison, un récit quelque peu obscur et parfois légèrement incohérent qu'on peut lire au *Livre du prophète Zacharie*, chapitre 6, versets 1 à 8.

C'est celui de quatre chevauchées, dont s'est inspiré aussi de son côté l'auteur de l'*Apocalypse*. Nous suivrons ici le texte grec traditionnel des Septante, qui ne présente avec l'hébreu que de minimes différences sans importance pour ce qui nous occupe.

Zacharie 6[1] *Et je me retournai et je levai les yeux et je vis et voici quatre chars (ἅρματα, harmata) sortant du milieu de deux montagnes et ces montagnes étaient des montagnes de bronze.* [2] *Au premier char (ἅρματι, harmati) des chevaux rouge-feu, et au second char (ἅρματι, harmati) des chevaux*

43

noir, [3] et au troisième char (ἅρματι, harmati) des chevaux blancs, et au quatrième char (ἅρματι, harmati) des chevaux tachetés gris. [4] Et je pris la parole et je dis au messager (ἄγγελον, angélon) qui parlait en moi : « Que sont ces choses, monsieur ? » [5] Et le messager (ἄγγελος, angélos) qui parlait en moi me répondit et dit : « Ce sont les quatre vents (ἄνεμοι, anémoï) du ciel. Ils se tiennent devant le Seigneur (τῷ κυρίῳ, tô kuriô) de tout le pays (πάσης τῆς γῆς, pasès tès gès).

[6] Celui où étaient les chevaux noirs, ils sortirent vers le pays du nord (ἐπὶ γῆν βορρᾶ, épi gèn borrha).

Et les blancs sortirent derrière eux.

Et les tachetés sortirent vers le pays du sud (ἐπὶ γῆν νότου, épi gèn notou).

[7] et les gris sortirent et ils envisagèrent d'aller (πορεύεσθαι, poreuésthaï) parcourir (περιοδεῦσαι, périodeusaï) le pays (τὴν γῆν, tèn gèn). Et il dit : « Allez (πορεύεσθε, poreuésthé) et parcourez (περιοδεύσατε, périodeusaté) le pays (τὴν γῆν, tès gèn) », et ils parcoururent (περιώδευσαν, périôdeusan) le pays (τὴν γῆν, tèn gèn).

[8] Et il s'écria et me parlant en disant : « Voici, ceux qui sortent vers la terre du nord (ἐπὶ γῆν βορρᾶ, épi gèn borrha) font reposer mon enthousiasme (θυμόν, thumon) sur le pays du nord (ἐν γῇ βορρᾶ, én gè borrha).

11. Signification originelle de *Zacharie* 6

Voyons d'abord d'où partent nos chevaux. Ils viennent d'auprès de Dieu, c'est-à-dire de ce lieu mystérieux où s'exerce le culte, et où se compénètrent le ciel et la terre. La Cour céleste invisible et le Temple matériel de Jérusalem, comme avant lui le Tabernacle itinérant, se reflètent l'un l'autre, ainsi que leur mobilier cultuel, leurs collèges d'officiers et leur cérémonial liturgique. Tout cela est bien connu.

Nos montagnes de bronze correspondent donc, au niveau cosmique, aux deux colonnes qui ornaient l'entrée du Temple de Salomon[22]. C'est d'autant plus évident lorsque l'on compare cette vision de Zacharie à celle du prophète Ézéchiel, qui voit le char divin quitter le Temple de Salomon après s'être arrêté sur son seuil[23].

Voyons maintenant quelle est la mission divine des premiers chevaux, qui se dirigent en deux groupes successifs vers le pays du nord. Dans le grec de la Septante, dit le Seigneur, « ils font reposer mon enthousiasme (θυμόν, *thumon*) sur le pays du nord ».

À la vérité le mot grec θυμός, *thumos*, que nous avons rendu par « enthousiasme », pourrait être aussi rendu par « passion », ou même par « colère », mais il faut savoir qu'il rend ici l'hébreu רוחי, « ma *rouah* », c'est-à-dire très clairement « mon souffle » ou « mon esprit »[24]. Or ce mot hébraïque de רוח, *rouah*, est plus usuellement rendu par le grec πνεῦμά, *pneuma*, et par le latin *spiritus*, comme par exemple en *Ézéchiel* : « Je vous donnerai un cœur nouveau,

---

[22] Joyce. G. Baldwin, *Haggaï, Zechariah, Malachi* (Downers Grove, 1972) 131 : « The two pillars, which stood on either side of the entrance of the Temple (1 Ki. 7:13-22), grew in the vision to the fabulous size of mountains, guarding the presence of God. » De même Marvin A. Sweeney, *The Twelve Prophets. Vol. 2* (Collegeville, 2000) 624 : « Although YHWH is clearly not mounted in any of the four chariots described in this vision, they signify divinely ordained movements from the heaven. This is clear from the references to the mountains of bronze from which the chariots emerge. The identification is sometimes disputed, but they must be equated with the two pillars of bronze, Jachin and Boaz, that were placed at the entrance to the Temple of Salomon (1 Kgs 7:15-22, 2 Chr. 3:15-17). Insofar as the Temple represents the center of the cosmos and the place where heaven and earth are conjoined, the pillars at the entrance to the Temple define the entryway both to the Holy of Holies of the Jerusalem Temple and to the heavenly throne of YHWH. »

[23] *Ézéchiel* 10[18] et 11[22-23]. La question de l'équivalence symbolique des quatre chars de Zacharie et des quatre chérubins du char divin d'Ézéchiel a déjà été soulevée par Lena-Sofia Tiemeyer, « Zechariah's Spies and Ezekiel's Cherubim »,in M. J. Boda et M. Floyd (éd.), *Tradition in Transition* (Londres, 2008) 104-127.

[24] Saint Jérome dans la Vulgate porte plus exactement que les Septante : *requiescere fecerunt spiritum meum in terra aquilonis*.

et je mettrai en vous un *esprit* nouveau, j'ôterai de votre corps le cœur de pierre, et je vous donnerai un cœur de chair, je mettrai en vous mon *esprit*. »[25]

Il s'agit bien en effet d'une effusion de l'Esprit divin comparable à celle qu'avait annoncée aussi de son côté le prophète Joël : « Je déverserai *mon esprit* sur toute chair »[26].

Très clairement la mission conjuguée et successive des chevaux noirs et blancs est donc bien de provoquer une *effusion de l'esprit* dans le pays du nord.

Il ne s'agit donc pas du tout, comme l'ont parfois compris certains, tant juifs que catholiques ou protestants, d'un *déferlement de colère*, voire, interprétation encore plus biscornue, d'un *apaisement* de cette prétendue *colère*.

Pourquoi a-t-on parfois envisagé ces deux dernières interprétations à la fois extrêmement forcées[27], bizarrement alambiquées[28] et totalement inappropriées au contexte ? C'est qu'on ne sait pas quoi faire de ces quatre chars ni de leurs chevauchées successives. Par suite on fait comme d'habitude en pareil cas : on essaie de trouver le sens de ce passage obscur en le rapprochant vaille que vaille de textes plus clairs qui lui soient vaguement parallèles. En l'occurrence il se trouve une autre allégorie animalière à quatre termes au *Livre du prophète Daniel*, qui dépeint très clairement et de l'aveu de tout le monde, la succession dans l'histoire de quatre empires oppresseurs. On suppose donc qu'ici aussi il s'agit de politique internationale. Et c'est pourquoi on introduit artificiellement dans le texte l'idée de *colère*, en prêtant à

---

[25] mon esprit (hébreu רוּחִי, grec τὸ πνεῦμά μου, latin *spiritum meum*)

[26] *Joel* 2[28-29] : Je déverserai mon esprit, אֶשְׁפּוֹךְ אֶת־רוּחִי, ἐκχεῶ ἀπὸ τοῦ πνεύματός μου, effundam spiritum meum.

[27] Le sens littéral et obvie du texte est « déposent mon esprit » et non pas « font se reposer ma colère ». Symptomatiquement, même J. Walther, qui croit qu'il s'agit ici de la colère divine, traduit pourtant fidèlement « feront demeurer mon esprit », *Commentaire* (Genève, 1882) 73-76.

[28] On nous propose de comprendre : « apaisent ma colère » et d'imaginer vaguement que cette colère va être satisfaite par l'administration d'on ne sait quel châtiment, dont le texte ne fait pourtant aucune mention.

Dieu non moins artificiellement la volonté de châtier ces *supposés oppresseurs*, dont pourtant le texte ne fait aucune mention.

Ce texte est pourtant très clair, et la plupart des traducteurs, de nos jours, n'osent plus le tordre aussi bizarrement pour y introduire artificiellement la possibilité de cette interprétation très contournée[29]. Même la Bible Segond, parfois si conservatrice, est revenue récemment à ce sens littéral parfaitement clair et tout à fait adapté au contexte[30], à l'instar de la plupart des traducteurs récents de toutes confessions[31]. Il s'agit bien en effet, tout simplement, d'une effusion de l'Esprit divin comparable à celle qu'avait annoncée et prédite les prophètes Ézéchiel et Joël.

D'ailleurs l'ange explique au prophète que ces quatre chars de sa vision représentent sont « les quatre *esprits* du ciel ». Là encore le grec ἄνεμοι, *anémoï*, « vents », est une traduction très libre de l'hébreu, qui porte en fait à nouveau רחות, *rouot*, pluriel de רוח, *rouah*. On peut donc tout aussi bien et même plus naturellement comprendre « les quatre souffles du ciel », ou encore « les quatre esprits célestes », et cela d'autant plus que l'ange dit clairement qu' « ils se tiennent devant le Seigneur (hébreu אדון, *Adôn*) », ce qui s'entend plus naturellement d'êtres spirituels que de simples vents. Il était donc tout naturel de les identifier, comme le fait d'ailleurs

---

[29] Ainsi Jérôme dans la *Vulgate* : « requiescere fecerunt spiritum meum ». Reina-Valera 1569 : « hizieron reposar mi Espiritu ». Martin 1744 : « ont fait reposer mon Esprit ». Ostervald 1744 : « font reposer mon Esprit ». Bible de Lausanne 1872 : « vont faire reposer mon Esprit ». J. Walther, *Commentaire*, 1882 : « feront demeurer Mon esprit ».

[30] La version Segond de 1910 portait : « font reposer ma colère », tandis que son édition révisée de 2002 porte : « font reposer mon souffle » et celle de 2007 : « font reposer mon esprit ».

[31] Chouraqui 1985 : « déposent mon souffle ». Anchor Bible 1987 : « they have placed my spirit ». T.O.B. 1988 et Bible de Jérusalem 1996 : « vont faire descendre mon esprit ». T.O.B. 2010 : « font reposer mon Esprit ». Traduction officielle liturgique 2013 : « font descendre mon Souffle ».

nettement l'auteur de l'*Apocalypse*, avec les quatre chérubins du prophète Ézéchiel, eux-mêmes identifiés par l'*Apocalypse* aux deux séraphins du prophète Isaïe, ainsi que nous l'avons démontré dans notre précédent ouvrage et comme tout le monde le reconnaît.

De fait la suite de la prophétie de Zacharie se réfère immédiatement après cela, et en termes explicites, à des membres du peuple venus de la diaspora babylonienne, et donc *du nord*, ou par le nord, pour faire des offrandes destinées au Temple alors en reconstruction. Jérémie ne s'exprimait pas autrement lorsqu'il envisageait bien avant Zacharie le retour à venir des exilés en Terre sainte *depuis le nord (ἀπὸ βορρᾶ, apo borrha)*[32]. La suite des idées est donc bien parfaitement claire, telle que la signale justement en note la *Bible de Jérusalem* de 1996 : le « pays du nord », c'est celui « où sont les exilés. Poussés par l'esprit de Yahvé, ils reviendront et rebâtiront le Temple ».

Surtout le verset qui conclut tout ce chapitre est extrêmement clair[33]. Il donne la clef de toute la vision, et tout le monde le comprend de la même manière, aussi bien parmi les exégètes juifs[34], que protestants[35] ou catholiques[36] : « Et ceux qui sont au loin viendront, et ils construiront le temple de Yahweh ».

---

[32] *Jérémie* 31[8] : « Voici je les conduirai depuis le nord (ἀπὸ βορρᾶ) et je les assemblerai depuis les confins du pays, (…) une grande foule, et ils reviennent ici. »

[33] Zacharie 6, 15a : : ורחוקים | יבאו ובנו בהיכל יהוה, καὶ οἱ μακρὰν ἀπ' αὐτῶν ἥξουσιν καὶ οἰκοδομήσουσιν ἐν τῷ οἴκῳ κυρίου, et qui procul sunt venient et aedificabunt in templo Domini.

[34] Bible du Rabbinat 1899 : *Et on viendra de loin pour prendre part à la construction du temple de l'Éternel.* Chouraqui 1987 : *Les éloignés viendront. Ils bâtiront le palais de IHVH-Adonaï.*

[35] Segond 1910 : *Ceux qui sont éloignés viendront et travailleront au temple de l'Eternel.*

[36] Crampon 1938 : *Des hommes qui sont au loin viendront et travailleront à la construction du temple de Yahweh* ; Bible de Jérusalem : *Alors ceux qui sont au loin viendront reconstruire le sanctuaire de Yahvé.*

C'est clairement là le sens originel de la prophétie de Zacharie en son temps, soixante-dix ans après la destruction du Temple de Salomon. Et même si l'on en était pas convaincu, on est bien forcé ici d'admettre qu'il était tout à fait loisible aux tout premiers chrétiens de l'entendre ainsi.

Les quatre chars de la vision de Zacharie 6
(Manuscrit latin 6 de la Bibliothèque nationale de France, folio 92, XIe siècle)

12. Un *pesher* chrétien de *Zacharie* 6

En fait nous avons de nombreux indices que les tout premiers chrétiens ont ainsi compris et interprété le chapitre 6 du *Livre de Zacharie*, et que c'est sur cette base qu'ils y ont vu une prophétie valable aussi pour leur propre époque. On peut même reconstituer assez facilement le *pesher* qu'il en faisaient, sur la base de quatre réminiscences de ce chapitre qu'on trouve dans trois écrits différents du Nouveau Testament.

Ce qu'on appelle *pesher*, depuis la découverte des manuscrits dit de Qumrân au milieu du siècle dernier, c'est un genre littéraire jusqu'alors non identifié, dont le propos est de trouver dans les Saintes Écritures la prophétie de certains événements récents touchant spécialement à l'histoire de la communauté à laquelle on appartient[37].

Quatre passages du Nouveau Testament, correctement lus, gardent donc la trace du *pesher* que faisait la première communauté chrétienne de ce chapitre de *Zacharie*, et ceci avec assez de netteté pour qu'on puisse en retracer les grandes lignes, extrêmement cohérentes.

Tout d'abord on lit dans la *Lettre aux Hébreux* un développement qui nous dit que nous avons désormais libre accès au Saint des saints, à la partie la plus sacré du Temple, grâce au sacrifice sanglant de *Jésus (Ἰησοῦ, Ièsou)*. Ce chemin *tout frais et vivant*, il l'a inauguré pour nous à travers le rideau transpercé de sa nature humaine (rideau qui fermait comme on sait le dit Saint des saints du Temple de Jérusalem). Et ainsi nous avons en lui un *grand prêtre (ἱερέα μέγαν, hiéréa mégan)* établi sur *la maison de Dieu (τὸν οἶκον τοῦ θεοῦ, ton oïkon tou théou)*[38]. Tous les annotateurs et

---

[37] Pour s'en faire une idée le plus simple est de parcourir cursivement les quelques commentaires de ce genre qu'on a retrouvés à Qumrân, textes somme toute assez brefs, tels que les peshers de Nahum, d'Habacuc et du Psaume 37, et autres fragments.

[38] *Hébreux* 10[19-21].

commentateurs de ce passage y reconnaissent une réminiscence de Zacharie, qui nous parle lui aussi en effet d'un certain *Jésus (Ἰησοῦ, Ièsous) fils de Josedek, le grand prêtre (τοῦ ἱερέως τοῦ μεγάλου, tou hiéréôs tou mégalou),* dont il nous dit qu'il est destiné à construire *la maison de Yahweh (τὸν οἶκον κυρίου, ton oïkon tou théou)*[39].

Par ailleurs on lit dans la *Lettre aux Éphésiens* 2[13-22] deux réminiscences successives du même verset 6[15] qui conclut ainsi la vision des quatre chars : *Et ceux qui sont loin (καὶ οἱ μακρὰν, kaï hoï makran) viendront et ils construiront (οἰκοδομήσουσιν, oïkodomèsousin) en la maison de Yahweh (ἐν τῷ οἴκῳ κυρίου, én tô oïkô Kuriou)*[40].

Paul estime cette prophétie réalisée par l'évangélisation en cours des nouveaux chrétiens d'Asie d'origine païenne, auxquels il s'adresse ainsi :

Éphésiens 2[13] *Mais maintenant, dans le Messie Jésus, vous qui naguère étiez loin (οἵ ποτε ὄντες μακρὰν, hoï poté ontés makran), vous êtes devenus proches par le sacrifice sanglant du Messie (...)* 2[17] *et il est venu annoncer l'avènement de la paix à vous qui étiez loin (τοῖς μακρὰν, toïs makran), et de la paix à ceux qui étaient proches,* 2[18] *car à travers lui nous avons accès, les uns comme les autres, par le moyen d'un seul Esprit, auprès du Père, (...)* 2[20] *ayant été bâtis (ἐποικοδομηθέντες, époïkodomèthéntés) sur la fondation des apôtres et des prophètes, la pierre d'angle étant le Messie Jésus,* 2[21] *en lequel toute la construction croît harmonieusement jusqu'à former un temple saint dans le Seigneur,* 222 *lui en qui vous aussi êtes intégrés à la construction jusqu'à former un habitacle de Dieu par le moyen de l'Esprit.*

Généralement, les annotateurs et commentateurs de la *Lettre aux Éphésiens* ne relèvent ici qu'une réminiscence

---

[39] *Zacharie* 6[11-12].

[40] Paix, paix à celui qui est loin et à celui qui est près! dit l'Éternel. Je les guérirai.

d'*Isaïe* 57[19] : *Paix, paix à celui qui est loin et à celui qui est près ! dit Yahweh. Je les guérirai.*

Mais c'est mal comprendre comment fonctionne la mémoire textuelle de Paul, qui agglutine ici indissociablement *Zacharie* 6[15] et *Isaïe* 57[19] sur la base d'un accrochage verbal tout à fait remarquable entre ces deux textes, en l'occurrence l'idée que Dieu a souci de *ceux qui sont loin (τοῖς μακρὰν, toïs makran).*

En réalité, sans éprouver le besoin de le dire, comme souvent, Paul s'appuie sur l'un *et* l'autre de ces deux textes sources, et c'est ce qui explique d'ailleurs ici la suite de ses idées. Il commence par développer l'idée d'une annonce de la *paix* en faveur de ceux qui sont loin en s'appuyant implicitement sur *Isaïe* 57[19]. Puis il passe abruptement à l'idée de l'intégration des mêmes, *qui étaient loin*, à la construction du nouveau temple inauguré par Jésus, en quoi il s'appuie non moins évidemment sur *Zacharie* 6[15].

On doit noter d'ailleurs ici au passage à quel point la façon de penser et de raisonner de Paul, telle qu'on peut la constater dans la *Lettre aux Éphésiens*, et dans plusieurs autres de ses lettres, est profondément analogue à celle de l'auteur de l'*Apocalypse*[41].

Venons-en à la troisième réminiscence de *Zacharie* 6 qu'on trouve dans le Nouveau Testament. Il s'agit de la quadruple chevauchée du Messie qui dans l'*Apocalypse de Jean* prend place à l'occasion de l'ouverture par l'Agneau des quatre premiers sceaux. Nous y avons consacré notre précédent ouvrage, dans lequel nous avons démontré qu'il s'agit d'une

---

[41] On ne développe pas sa pensée en l'illustrant par des références scripturaires piochées de-ci de-là individuellement comme on construirait un mur avec des briques. Il s'agit plutôt d'un système neuronal. Chacun de ces textes en effet a été médité, assimilé et mémorisé en lien avec d'autres textes analogues, avec lesquels il résonne désormais chaque fois qu'il se présente à la mémoire textuelle de l'auteur, qu'il s'agisse d'un *docteur* comme Paul ou d'un *prophète* comme Jean.

histoire rétrospective de l'événement chrétien à partir de l'an 29.

Seulement il ne s'agit pas ici à proprement parler d'un *pescher*. Jean ne s'y comporte pas en effet comme un commentateur ou un interprète de la vision de Zacharie. Il sait très bien que sa communauté applique *Zacharie* 6 aux événements qui virent pour la première fois la communauté messianique intégrer des non-juifs incirconcis. Mais ce n'est pas du tout ici ce qu'il a en vue, et c'est pourquoi il se permet d'imaginer un scénario totalement différent de celui de son prédécesseur, auquel il emprunte seulement son langage symbolique, légèrement modifié pour les besoins de sa propre vision.

On peut comparer ce procédé littéraire à celui des poètes grecs dit *cycliques*, qui entreprirent en divers temps de donner des suites ou des préludes à l'*Iliade* et à l'*Odyssée* d'Homère, et qui pour ce faire empruntaient à ce grand génie classique autant son style que ses personnages. Ou encore à celui des scénaristes de films ou de séries télévisées qui de nos jours développent des *sequels* (c'est-à-dire des suites) ou des *prequels* (autrement dit des épisodes précédents réalisées après coup).

De même, le prophète Jean appartient à une communauté pour laquelle la vision des quatre chars en *Zacharie* 6 est un grand classique du *pesher* chrétien, l'une des prophéties les plus lumineuses de la constitution d'un nouveau peuple transnational. C'est pourquoi il lui est donné, à l'intention de sa communauté, une vision nouvelle et originale qui dévoile, si l'on peut dire, l'*épisode précédent*. Cet épisode précédent, c'est la carrière publique de Jésus de Nazareth, retracée du même point de vue céleste qui sait reconnaître dans la réalité historique le déploiement merveilleux de la puissance divine, et de sa mystérieuse cavalerie invisible.

La quatrième et dernière des réminiscences de *Zacharie* 6 qu'on trouve dans le Nouveau Testament se trouve également au livre de l'*Apocalypse*, peu après la précédente, lors de l'ouverture du sixième sceau :

Apocalypse 7[1] *Après cela je vis quatre messagers debout aux quatre coins du pays, détenant les quatre vents (τοὺς τέσσαρας ἀνέμους) du pays (τῆς γῆς) en sorte que ne souffle pas de vent sur le pays ni sur la mer ni sur tout arbre.*

Tous les annotateurs et commentateurs de l'*Apocalypse*, sans pour autant l'expliquer, relèvent justement ici une réminiscence de *Zacharie* 6[5] où il est clairement expliqué par un ange au prophète ce que représentent les quatre chars. Et que dit-il ?

Ce sont les quatre esprits (רחות, rouot) du ciel. Ils viennent de leur poste en présence du seigneur de tout le pays (הארץ, erets). Ou, comme l'entend la version grecque traditionnelle de ce passage, d'une manière parfaitement légitime : *Ce sont les quatre vents (οἱ τέσσαρες ἄνεμοι, hoï tessarés anémoï) du ciel. Ils sortent de se tenir devant le seigneur de tout le pays (τῆς γῆς, tès gès).*

Cette réminiscence-ci de *Zacharie* 6, à la différence de la précédente, renvoie directement au *pesher* chrétien de ce chapitre, qui l'applique à la constitution d'un nouveau peuple de Dieu transnational. Voyez en effet la suite du texte.

7[1] *Après cela je vis quatre messagers debout aux quatre coins du pays, détenant les quatre vents du pays en sorte que ne souffle pas de vent sur le pays* (sur le peuple juif) *ni sur la mer* (sur le peuple non-juifs) *ni sur tout arbre* (sur les prosélytes).* [2] *Et je vis un autre messager montant depuis le levant du soleil, détenant le sceau du Dieu vivant, et il criait d'une grande voix aux quatre messagers à qui il leur avait été donné (sic) de s'en prendre au pays et à la mer, disant :* [3] *« Ne vous en prenez pas au pays ni à la mer ni aux arbres jusqu'à ce que nous ayons marqué du sceau les serviteurs de notre dieu sur leurs fronts ».*

Après quoi Jean entend le nombre des ceux qui sont marqués du dit sceau d'entre toutes les tribus des fils d'Israël, soit 144 000, 12 000 de chacune des douze tribus du peuple hébraïque. Puis il voit s'y joindre une foule immense et impossible à dénombrer issue *de n'importe quelle nation (ἐκ παντὸς ἔθνους, ék pantos éthnous)*[42]. On ne peut pas figurer plus clairement la constitution d'un nouveau peuple messianique réunissant juifs et non-juifs.

Rappelons ici ce qu'a démontré notre premier ouvrage, à savoir que l'ouverture des sept sceaux est dans l'*Apocalypse* une rétrospective de la première semaine d'années du christianisme. Les quatre premiers correspondent à la carrière terrestre du Messie de l'an 29 à l'an 33. Le cinquième évoque nettement la première persécution sanglante qui s'abattit sur la communauté messianique dès l'année suivante, qui culmina par la lapidation d'Étienne et qui entraîna la dispersion hors de Jérusalem de la plus grande partie de cette communauté.

Dans ce cadre l'ouverture du sixième sceau, vers l'an 35, correspond à l'extraordinaire révolution qu'entraîna cette dissémination des premiers chrétiens, à savoir la diffusion du nouveau culte au-delà du seul monde juif. Preuve en est justement cette vision céleste accordée à Jean après l'ouverture du sixième sceau. Ce qu'il voit alors en effet, c'est la réunion grandiose dans un même culte, *devant le trône et devant l'Agneau*, de 144 000 israélites et d'une foule innombrable issue *de toute nation*.

Cette vision de Jean correspond d'ailleurs très étroitement à celle qui fut accordée à Pierre dans la ville de Joppé, vers la même année 35, selon le récit des *Actes des Apôtres*. Vision extrêmement importante, racontée deux fois de suite très minutieusement, et très clairement interprétée ensuite, à deux reprises également, notamment par la sentence qui conclut officiellement et expressément tout cet épisode.

Pierre voit réunie dans une même nappe gigantesque tombée du ciel une foule d'animaux, les uns purs et les autres

---

[42] *Apocalypse* 7⁹.

impurs, qu'il lui est demandé d'immoler et de consommer, en dépit de la législation religieuse juive.

Pierre résume lui-même ainsi cette vision : *Dieu m'a montré qu'il ne fallait déclarer interdit ou impur aucun être humain*[43]. Et toute cette section du récit, à savoir des quatre courses missionnaires de Philippe, Pierre et Jean, est conclue par la communauté mère de Jérusalem ces termes : *Ainsi donc c'est aussi au non-juifs que Dieu a donné la conversion qui donne la vie (εἰς ζωὴν, eïs zôen) !*[44]

C'est également la conclusion finale de la scène de l'ouverture du sixième sceau, au sujet de la foule innombrable issue de toutes les nations qui vient de rejoindre les 144 000 Israélites : *L'Agneau qui est au milieu du trône les fera paître et les conduira aux sources des eaux de la vie (ζωῆς, zôès)*[45].

On reconnaît bien donc une même structure narrative de base dans le récit de l'ouverture du sixième sceau et celui des quatre premières courses missionnaires de Philippe, Pierre et Jean, malgré la différence des genres littéraires. Il s'agit dans les deux cas de raconter une révolution qui a pris tout le monde de court, à savoir l'administration du baptême à des non-juifs incirconcis, et leur intégration de plein droit à la communauté messianique.

Ceci établi, il nous revenir maintenant au récit des *Actes des Apôtres*, que nous avons laissé en plan au début de la seconde course missionnaire de Pierre.

13. Pierre à Lydda et la guérison d'Énée

Actes (T.O.B) 9[31] *L'Église, sur toute l'étendue (καθ' ὅλης, kath' holès) de la Judée, de la Galilée et de la Samarie, vivait donc en paix (εἰρήνην, eïrènèn), elle s'édifiait (οἰκοδομουμένη, oïkodomoumένè) et marchait dans la*

---

[43] *Actes* 10[28].
[44] *Actes* 11[18].
[45] *Apocalypse* 7[17].

crainte du Seigneur et, grâce à l'appui du Saint Esprit, elle s'accroissait. [32] Or il arriva que Pierre, qui se déplaçait (διερχόμενον, diérkhoménon) continuellement, descendit aussi chez les saints qui habitaient Lydda. [33] Il trouva là un homme du nom d'Enée, allongé sur un grabat depuis huit ans ; il était paralysé. [34] Pierre lui dit : « Énée, Jésus Christ te guérit. Lève-toi et fais toi-même ton lit ! » Et il se leva aussitôt. [35] L'ayant vu, toute la population de Lydda et de la plaine de Saron se tourna vers le Seigneur.

Notre récit de la première expansion du christianisme arrive maintenant à sa quatrième et dernière étape, centrée sur l'activité de Pierre. Et comme le remarquait jadis incidemment Andrew Fausset, sans se rendre compte lui-même de l'extraordinaire pertinence de sa métaphore : « Désormais, nous perdons de vue le zélé et distingué Philippe, comme bientôt nous perdrons de vue Pierre lui-même. *À mesure que s'ébranle le char de l'Évangile surgissent de nouveaux acteurs*, chacun adapté à sa tâche. »[46]

On nous donc dit donc que la persécution qui a été à l'origine de cette première expansion est maintenant terminée et qu'on entre dans une nouvelle phase du processus où quelqu'un prend l'initiative de patrouiller en tous sens à travers les nouvelles communautés, à savoir Pierre[47]. Les termes employés pour décrire ce parcours d'inspection en temps de paix sont clairement empruntés à la première vision équestre de Zacharie (quoi que ce ne soit pas à la version grecque traditionnelle de ce passage). Et en effet, voici quel rapport y font au Seigneur les chevaux qu'il a envoyés explorer la terre. *Zacharie* (T.O.B.) 1^{11} *« Nous avons parcouru (περιωδεύκαμεν, périôdeukamén) la terre et voici*

---

[46] A. R. Fausset, *A commentary* (Hartford, 1878) 182 : « Henceforth we lose sight of zealous and honored Philip, as by and by we shall lose sight even of Peter. As the chariot of the Gospel rolls on, other agents are raised up, each suited to his work. »

[47] C'était du reste déjà le cas lors de sa première course, en Samarie.

que toute (πᾶσα, pasa) la terre est tranquille et en repos (שׁבת יושׁבת, κατοικεῖται καὶ ἡσυχάζει). »

Puis, abruptement, sans nous dire d'où vient Pierre, on nous le montre en peu de mots arrivant dans la ville de Lydda, et y guérissant un certain personnage totalement inconnu par ailleurs, dont on ne nous dit que deux choses, à savoir qu'il s'appelait Énée et qu'il était frappé de paralysie depuis huit ans.

Or nous sommes dans une section du récit qui va bientôt se concentrer très longuement et se conclure spectaculairement sur un événement aussi inattendu que lourd de conséquence pour l'avenir. Cet événement, c'est la conversion, le baptême et l'acceptation officielle dans communauté messianique de tout un groupe de personnes qui, a priori, n'avaient rien à y faire. Et de qui s'agit-il ? D'*un homme du nom de Corneille, centurion à la cohorte appelée Italique* (*Actes* 10[1]) ainsi que *sa parenté et ses amis* (10[24]), qui forment *une nombreuse assistance* (10[27]). Tous ces gens-là résident qui plus est dans une ville portuaire fondée deux générations plus tôt par le roi Hérode sous le nom de *Caesarea Augusta* (10[1]), c'est-à-dire ville de César Auguste, en hommage à Jules César, première souche de la dynastie impériale régnante, et à son fils adoptif l'empereur Auguste.

Il faut donc nous demander pourquoi le récit très détaillé et insistant de cet événement fondateur et capital dans l'histoire du salut est précédé de ce tout petit hors-d'œuvre, où Pierre commence par guérir un obscur personnage, dénommé Énée et alité depuis huit ans. Cette question, à ce qu'il semble, et sauf erreur, ne semble jusqu'ici pas avoir intéressé grand monde : il ne s'agirait là que d'une simple cheville narrative en elle-même insignifiante, d'un simple matériau de récupération sans lien réel avec le contexte dans lequel il aura été inséré presque par hasard[48].

Pour répondre malgré tout à cette question, plutôt que de l'écarter aussi artificieusement, il faut remarquer la nature même du récit que nous sommes en train d'étudier. C'est très clairement un récit de fondation. C'est le récit de fondation de la communauté chrétienne de Césarée. Au-delà de cet ancrage purement local, cette fondation a également valeur d'archétype puisqu'elle sera bientôt suivie de beaucoup d'autres à travers tout l'empire romain. Le récit que nous étudions ici a donc forcément, d'une manière ou d'une autre, une valeur mythique. Ceci dit, naturellement, sans préjuger le moins du monde de la question totalement distincte de son historicité, dont on n'a aucune raison spéciale de douter.

De par sa place même dans ce récit, l'épisode de la guérison d'Énée à Lydda prélude à une alliance fondatrice entre deux communautés, l'une juive et l'autre non-juive, l'une dirigée ou du moins représentée par Pierre, disciple éminent de Jésus de Nazareth, venu de Jérusalem, et l'autre par Cornelius, centurion de l'armée romaine d'occupation, d'origine italienne, entouré de sa famille et de ses amis.

Pourquoi le très bref épisode de la guérison d'Énée a-t-il donc été remarqué et choisi parmi d'autres péripéties, et pourquoi a-t-il été mémorisé, stylisé et placé en tête de ce très ancien récit des origines chrétiennes ? Les paroles mêmes de Pierre nous en donnent la clef en des termes aussi brefs que limpides. *Et Pierre lui dit : « Énée, il te guérit, l'oint Jésus »[49].*

---

[48] Pour A. Harnack, *The Acts of the Apostles* (Londres, 1909) 151, c'est seulement « une anecdote isolée dont la seule conséquence est une puissante propagation de l'Évangile dans Lydda et le Saron » ; É. Trocmé, *Le 'Livre des Actes' et l'Histoire* (Paris, 1957) 169 : « Conformément à son habitude, l'auteur *ad Theophilum* paraît avoir groupé ici des traditions isolées en les incorporant à un récit de voyage. »

[49] *Actes* 9³⁴ : Αἰνέα, ἰᾶταί σε Ἰησοῦς Χριστός (Aïnéa, iataï se Ièsous Christos).

Ceci nous indique clairement, tout d'abord, que Pierre n'est ici qu'un instrument. Il n'est lui-même que la pierre sur laquelle le Christ en personne, par le ministère de son Esprit, entreprend de bâtir l'assemblée messianique, qui est alors selon le mot très précis qu'on trouve dès la première phrase de notre récit, *en cours de construction (οἰκοδομουμένη, oïkodomouménè)*. Et avec quels matériaux va-t-elle être désormais bâtie ? Avec une assemblée de personnes d'origine païenne regroupées autour d'un citoyen romain d'origine italienne.

La guérison d'Énée a donc ici valeur de présage et de symbole. Et si, avant d'envoyer son Esprit sur la famille et les amis du centurion Cornélius, Jésus commence par guérir Énée, c'est parce qu'Énée passe alors pour le premier ancêtre de tous les Latins, de tous les Romains, et spécialement de la dynastie impériale julio-claudienne alors au pouvoir. Et en effet, le paralytique de Lydda portait le même nom que l'ancêtre mythique de tous les Romains[50].

Autrement comment expliquer que ce nom d'Énée ait été jugé digne d'être mentionné ici ? Peu d'exégètes semblent s'être arrêtés à cette question cruciale. En fait nous n'en avons trouvé que quatre. Nicolas de Lyre paraît être le premier à se l'être posée, vers 1325[51]. Sauf erreur, elle ne ressurgit après

---

[50] Selon R.J. Knowling, *The Expositor's Greek Testament* (Londres, 1897) 245, ces deux Énée ne porteraient pas en fait le même nom, parce qu'Homère écrit Αἰνείας tandis que les *Actes* portent Αἰνέας. C'est pourquoi aussi sans doute A. Jacquier, *Les Actes des apôtres* (Paris, 1926) 305-307, l'appelle bizarrement, au lieu du traditionnel *Énée, Ainéas* au verset 9[33], puis *Aeneas* au verset suivant, avec un manque de soin caractéristique de l'intérêt que portent les exégètes à cette question. Knowling doit pourtant reconnaître lui-même que déjà Sophocle use de cette deuxième orthographe pour parler du héros troyen, *fragment* 342. Il oublie de dire que déjà dans l'*Iliade* (XIII 541) on trouve cette orthographe simplifiée. Qui plus est, les Romains eux-mêmes l'ont toujours appelé Æneas (Αἰνέας), et non pas Ænias (Αἰνείας), ce qui clôt la question.

[51] *Postilla super Actus Apostolorum* (éd.) : *Exprimitur autem nomen ejus*, suppose-t-il, *ad majorem historiae certificationem*, « pour mieux prouver la réalité du fait ».

cela qu'au XXIe siècle lorsque se la posent successivement Patrick Reardon[52], Dennis MacDonald[53] et Michael Kochenash[54]. Et c'est tout. Cette question se pose pourtant avec acuité.

On peut en juger par comparaison avec une autre aventure de Pierre racontée précédemment par les mêmes *Actes des Apôtres*. Un ou deux ans plus tôt, à Jérusalem, Pierre avait déjà guéri un infirme à Jérusalem, et nous avons de ce premier miracle-là un récit fort long, fort détaillé et plein de rebondissements[55]. Pour autant le nom de ce premier miraculé, qui y joue un très grand rôle, puisqu'il y est mentionné six fois[56], ne nous pas été transmis, parce qu'il ne présentait visiblement aucun intérêt spécial et n'avait rien qui ait frappé les esprits.

Kochenash démontre méthodiquement et finement à quel point cette question se pose. Ailleurs en effet Luc raconte de nombreux miracles, mais sans jamais donner le nom des personnages de second plan qui en sont favorisés[57]. Dans son *Évangile*, il passe même sous silence le nom de Bartimée, qui est pourtant mentionné par celui de *Marc*[58].

En dehors du chapitre que nous sommes en train d'étudier, la seule exception à cette règle chez Luc se trouve dans le

---

[52] « Homing to Rome : The Aeneid and the Acts of the Apostles », *One in Christ* 38 (2003) 45-55.

[53] *The Gospels and Homer : Imitations of Greek Epic in Mark and Luke-Acts* (Lanham, 2015) 47-48.

[54] « You Can't Hear "Aeneas" without Thinking of Rome », *Journal of Biblical Literature* 136 (2017) 667-685.

[55] *Actes des apôtres* 3^1 à 4^{23}, soit 48 verset, contre 5 pour le miracle de Lydda.

[56] Un certain homme boiteux depuis le sein de sa mère (*Actes* 3^1) ...celui-ci (3^{10}) ... un homme impotent (4^9) ...celui-ci (4^{10}) ... l'homme (4^{14}) ... l'homme sur qui s'était opéré ce miracle de guérison (4^{22}).

[57] *Luc* $4^{31\text{-}37.38\text{-}39}$, $5^{12\text{-}13.18\text{-}25}$, $6^{6\text{-}10}$, $7^{1\text{-}10.11\text{-}17}$, $8^{26\text{-}39.43\text{-}48.49\text{-}56}$, $9^{37\text{-}42}$, 11^{14}, $13^{11\text{-}13}$, $14^{1\text{-}4}$, $17^{11\text{-}19}$, $18^{35\text{-}43}$, $22^{50\text{-}51}$; *Actes* $3^{1\text{-}10}$, $14^{8\text{-}10}$, $16^{16\text{-}18}$, $19^{11\text{-}12}$, $28^{8\text{-}10}$. Naturellement, on ne tient pas compte ici des miracles dont le bénéficiaire est Paul, son personnage principal, *Actes* $9^{17\text{-}18}$, $22^{12\text{-}13}$, $28^{3\text{-}6}$.

[58] *Marc* $10^{46\text{-}52}$; *Luc* $18^{35\text{-}43}$.

récit du miracle de Troas[59]. Alors que Paul y dispense ses enseignements toute la nuit à la communauté du lieu, un de ses auditeurs, assis sur une fenêtre, finit par s'endormir et fait une chute mortelle du troisième étage. Paul le ressuscite. Dans ce contexte on voit bien pourquoi Luc a cru devoir préciser le nom du miraculé, *Eutykhos*, c'est-à-dire *Chanceux*. Ce nom lui a paru prédestiner ce personnage à cette aventure. Et de fait, le dessein constant de Luc est de bien de mettre en lumière le caractère providentiel de tous les événements qu'il raconte.

Il faut donc bien ici aussi nous demander avec quelle intention le récit nous donne par exception le nom de cet obscur habitant de Lydda. En quoi le nom d'Énée a-t-il paru ici mémorable à la communauté chrétienne de Césarée, lorsqu'elle a ressenti le besoin de comprendre et de raconter sa propre histoire[60] ?

Énée, comme nom de personne, sans être des plus courant, est attesté à toutes les époques un peu partout dans le monde grec[61], et de là s'est infiltré très occasionnellement en milieu juif[62]. Il ne revêt en lui-même aucune signification étymologique saillante[63] ni intéressante à mettre en lien avec

---

[59] *Actes* 20[9-12].

[60] C'est-à-dire dès le lendemain des faits. On voit déjà Pierre la raconter aux chrétiens de Jérusalem, dans les mêmes termes où elle vient de l'être du point de vue du narrateur. Nous sommes ici dans le pur monde de l'oralité, où les récits se fixent avec une extraordinaire rapidité, contrairement à ce qu'ont cru souvent dans leur bureaux bien des exégètes des deux siècles passés.

[61] Voir le relevé proposé par Kochenash, *op. cit.* p. 672, qui montre qu'il est surtout en usage dans la région littorale sud de l'Anatolie, de la Carie à la Cilicie.

[62] Voyez Flavius Josèphe, *Antiquités judéennes* 14, 10, 22, § 248 ; *Guerre de Judée* 5, 8, 4, §§ 326-328.

[63] Il a été souvent rapproché du verbe αἰνέω, *aïnéô*, qui signifie « parler de », le plus souvent en bonne part, « louer », d'où les deux sens de ὁ αἶνος, *ho aïnos*, « récit » ou bien « éloge ». Il faut ici bien sûr rejeter les étymologies hébraïques que saint Jérôme s'exerce par jeu à proposer pour

le contexte. Il n'avait donc rien pour frapper l'esprit, ni rien qui justifie que notre récit de fondation en ait gardé mémoire, à moins de supposer qu'il soit ici fait allusion d'une manière ou d'une autre au seul personnage qui jusqu'alors avait illustré ce nom, à savoir ce prince de Troie que tous les Romains tenaient alors pour leur premier ancêtre.

Plusieurs de nos lecteurs en seront surpris, sans doute, parce qu'on n'a pas coutume d'imaginer que les premiers chrétiens aient pu être au fait des croyances des Romains sur leurs propres origines. Et spécialement dans le cas de Simon Pierre, simple fils de pêcheur originaire de Galilée, que les membres du Sanhédrin rangent explicitement parmi les illettrés[64].

14. Notoriété de la figure d'Énée

Mais il n'est pas besoin en l'occurrence de supposer que Pierre lui-même en ait eu l'idée. Il suffit, pour expliquer l'intégration de cette péripétie au récit de fondation de l'assemblée chrétienne de Césarée, qu'un seul membre de cette communauté ait remarqué, après coup, comment s'appelait le paralytique que Pierre avait guéri quelques jours à peine avant son arrivée. Cette communauté en effet était constituée au moins en partie d'Italiens, sinon même de citoyens romains, dont au moins le centurion Cornélius lui-même et les membres de sa famille.

La légende d'Énée, prince troyen fuyant sa ville en flamme et venant fonder une nouvelle nation en Italie, appartient au fond commun des peuples du Latium[65]. Elle avait reçu une forme définitive et officielle en l'an 19 avant notre ère, dans

---

ce nom, comme d'ailleurs pour le nom de latin du centurion Cornélius, dans son ouvrage *De nominibus hebraicis*, dont Richard Simon écrit quelque peu méchamment dès 1691, *Lettres choisies. Tome premier* (Amsterdam, 1730) 309 : « Si quelqu'un s'avisoit aujourd'hui de donner au Public un semblable Ouvrage, il se feroit sifler de tout le monde. »

[64] *Actes* 4[13].

[65] J-A. Hild, *La légende d'Énée avant Virgile* (Paris, 1883).

l'*Énéide* de Virgile. Dès la mort du poète, en effet, le pouvoir impérial favorisa la diffusion de ce chef-d'œuvre impérissable, qui avait été écrit à sa gloire. Le poème devint aussitôt un classique étudié dans toutes les écoles[66], ce qui signifie que dès la fin du règne d'Auguste tous les petits Romains connaissaient par cœur de longs passages des aventures d'Énée, leur commun ancêtre et patriarche, *pater Aeneas*, « le père Énée ». Ce n'était pas seulement d'ailleurs l'ancêtre de les Romains : c'était aussi « un parangon de vertu citoyenne, de piété et de dévotion familiale »[67].

Tout le monde connaissait alors au moins les deux premiers vers de cette grande épopée nationale : *Je chante les combats et le héros qui le premier, chassé par le destin des rivages de Troie, s'en vint en Italie…* L'archéologie ne cesse de le prouver. Rien qu'à Pompéi, enseveli sous les cendres du Vésuve dès l'automne 79, on a retrouvé dix-sept graffiti reproduisant ou parodiant ce seul premier vers de l'*Énéide*[68]. On peut aussi lire au moins deux ou trois citations de l'*Énéide* sur les tablettes de bois de tilleul qui été mises à jour par centaines entre 1973 et 2017 à la frontière nord de l'Angleterre, et il est bien établi que ces tablettes ont été rédigées entre 85 et 105 de notre ère, par des membres de la garnison romaine de *Vindolanda*, leurs familles et leurs esclaves. En Palestine même, sur le fameux site de Massada occupé par une garnison romaine entre 70 et 73, des fouilles israéliennes ont mis à jour entre 1963 et 1965, parmi de

---

[66] Ce qui n'avait rien d'exceptionnel selon H.-I. Marrou, *Histoire de l'éducation dans l'Antiquité* (Paris, 1948) 351 et 373 : « À Rome, en effet, tout poète à succès se voit, dès son vivant, étudié dans les classes. »

[67] Mario Livio, *The Golden Ratio* (Portland, 2003) = *Le nombre d'or* (Paris, 2018) 90. C'est aussi selon la doctorante E. Raymond, *Forsan et haec olim meminisse iuuabit* (Lyon, 2011), « le parangon de la *memoria romana.* »

[68] M. Della Corte, « Virgilio nell'epigrafia pompeiana », *Epigraphica* 2 (1940) 171-178. J. A. R. Kemper, « Littérature au mur : la vie littéraire dans les graffiti de Pompéi », in M.-J. Kardos, *Habiter en ville au temps de Vespasien* (Paris, 2011) 89-99, spéc. 97.

nombreux autres lambeaux de papyrus, un fragment de l'*Énéide*[69].

Il n'est pas donc seulement possible mais quasiment certain que dès la génération précédente, à Césarée, centre administratif et siège principal de la garnison romaine de la province de Judée, le centurion Cornélius, membre de la cohorte Italique, sa famille, ainsi que certains de ses amis connaissaient par cœur le texte de plusieurs aventures d'Énée, telles que Virgile les avaient mises en vers deux générations plus tôt.

Il est très probable, d'ailleurs, qu'on pouvait voir sur le forum de Césarée, malheureusement recouvert aujourd'hui par la forteresse des croisés, une statue d'Énée représenté comme fuyant l'incendie de Troie, portant sur son dos son vieux père Anchise et tenant par la main son fils Iule, souche de la *gens Julia*, et donc de la famille impériale régnante. En effet le temple de Rome et d'Auguste que le roi Hérode y avait fait bâtir, sur une terrasse artificielle surplombant le port, copiait celui de Mars Vengeur qui se trouvait à Rome sur le Forum d'Auguste. Or, à Rome, ce temple s'élevait sur une place flanquée de deux colonnades ornées de statues. Celle de gauche abritait la série des ancêtres de la famille impériale, en tête de laquelle venaient le

Énée, Anchise et Ascagne *dit* Iule.
(Lampe à huile, British Museum, Ier siècle)

---

[69] Papyrus Masada 721.

groupe d'Énée, Anchise et Iule[70]. Cette disposition se retrouve dans plusieurs villes de l'Empire, et pouvait se réduire au seul couple formé par Énée et Romulus, respectivement ancêtre des Romains et fondateur de Rome soit sur le forum et/ou près du temple d'Auguste. Comment n'en aurait-il pas été de même dans une ville officiellement dénommée *Césarée Auguste* et dominée par un temple d'Auguste et de Rome, alors qu'on retrouve partout ailleurs cette iconographie officielle ?

Au reste il n'y avait nul besoin de parler latin ni même de savoir lire pour connaître et reconnaître Énée portant son père infirme et tenant son fils par la main, puissante image de la piété filiale et de la dynastie régnante à travers tout l'Empire. Ce thème iconographique de la fuite d'Énée était classique depuis le VIe siècle dans les beaux-arts, avant même d'être préempté par les Romains et la dynastie julio-claudienne : vases attiques, terres cuites étrusques, monnaies romaines[71], lampes à huile[72], bas-reliefs d'autels, groupes

Énée, Anchise et Iule.
(Monnaie de Troas, fin du Ier siècle)

---

[70] L'autre série, consacrée aux hommes illustres, commençait par Romulus.

[71] En dernier lieu voyez l'étude et les notes bibliographiques de A. A. Kluczek, « Faces of Aeneas. Représentations on Roman coins and medaillions », *Studia Cerana* 6 (2016) 295-321.

[72] Alexandra Dardenay, « Le rôle des ateliers de lampes dans la diffusion iconographique de la fuite d'Énée », *Mélanges de la Casa de Velàzquez* 35 (2005) 161-189.

sculptés monumentaux[73], sans parler des fresques comme celles qui nous été conservées à Pompéi. Rien que dans cette dernière ville, la seule scène de la fuite d'Énée, d'Anchise et de Iule est représentée à ce jour au moins par trois fresques, dont l'une parodique, par le socle d'une statue monumentale sur le Forum, par une terre cuite polychrome, par un médaillon de ciste et par un casque de gladiateur. La figure d'Énée, ancêtre de tous les Romains et souche de la dynastie régnante, modèle aussi de toute piété, était bien donc omniprésente à travers l'Empire, non seulement dans la sphère publique mais encore dans la sphère privée où elle s'était infiltrée durablement par le biais de pièces de monnaies, de lampes, de fresques ornementales, de statuettes, et des vers que récitaient tous les écoliers.

15. Énée, une figure respectable

Il nous reste à démontrer que cette figure familière n'avait rien qui puisse offusquer le monde juif. Certes, les Romains et les Grecs tenaient ce personnage pour le fils d'une déesse. Pour autant ils ne lui rendaient pas de culte officiel ni particulier[74]. Au reste, l'auraient-ils fait, que cela n'aurait

---

[73] L. Espérandieu, *Recueil général des bas-reliefs, statues et bustes de la Gaule romaine. Tome huitième* (Paris, 1922) 398-400, n°s 6534, 6535 et 6537 (à Cologne) ; *Recueil général des bas-reliefs, statues et bustes de la Germaine romaine* (Paris, 1931) 353 n°550 (à Stuttgart) ; R. R. R. Smith, « The imperial reliefs from the Sebasteion at Aphrodisias » (en Carie), *Journal of Roman Studies* 77 (1987) 88-138, spéc. 95-97. J. L. de la Barrera et W. Trillmich, « Eine Wiederholung der Aeneas-Gruppe vom Forum Augustum samt ihrer Inschrift in Mérida (Spanien) » (en Espagne), *Römische Mitteilungen* 103 (1996) 119-138. Cf. W. Trillmich, « Reflejos del programa estatuario del Forum Augustum en Mérida », *Actes, II Reunió sobre Escultura Romana a Hispània* (Tarragona, 1996) 95-113, etc.

[74] Il n'est qu'à Lavinium, ancienne métropole de Latium, qu'on semble l'avoir identifié après sa disparition à une divinité aquatique locale dite *Pater Indiges*.

guère gêné les juifs instruits qui avaient adopté depuis longtemps les théories d'Évhémère.

Énée portant Anchise et tenant Iule.
(Terre cuite de Pompéi, Musée archéologique de Naples, inv. 110338)

Ce mythographe, dès le début du IIIe siècle avant notre ère, avait vulgarisé l'idée que les dieux n'étaient que des hommes du temps jadis. Les uns avaient abusé de leur autorité pour se faire rendre un culte de leur vivant même. Les autres avaient laissé un si bon souvenir qu'on leur avait rendu après leur mort les mêmes honneurs suprêmes[75].

Il suffit pour s'en convaincre de lire un ouvrage de Philon d'Alexandrie écrit vers l'époque qui nous intéresse, peu après la mort de l'empereur Caius dit Caligula, c'est-à-dire en 41 de notre ère, ou peu après. C'est le récit autobiographique de son *Ambassade auprès de Caius*. Il y reproche vivement au défunt d'avoir exigé qu'on lui rende de son vivant même les honneurs divins, sans craindre de revêtir les attributs d'Hercule ou de Bacchus ou encore des Gémeaux. Car, dit-il, au moins ceux-là avaient quelque titre à se voir rendre les honneurs divins. Et, chose très étonnante sous la plume d'un juif aussi pieux, voici qu'il entreprend leur éloge : l'un a fait régner la paix en délivrant l'humanité de monstres affreux, l'autre lui a donné la vigne qui est une source de joie, et les autres sont le symbole même de la victoire de la solidarité fraternelle sur l'égoïsme[76]. Il est tellement évident pour Philon que ce ne sont là que des hommes d'autrefois, de simples bienfaiteurs de l'humanité, voire même des modèles de vertu, qu'il ne ressent même pas le besoin d'exprimer clairement l'idée que c'est par abus qu'on en a fait des dieux après leur mort. De la même manière la figure d'Énée n'avait rien que de sympathique pour un juif à l'esprit ouvert, en tant qu'image de la piété filiale et paternelle.

Au reste les *Actes des Apôtres* nous montrent une grande ouverture d'esprit face aux traditions des peuples non-juifs. Paul lui-même loue les Athéniens de leur piété ; il ne craint pas d'identifier son Dieu à celui des leurs qu'ils appellent *Le Dieu Inconnu*, ni de citer l'un de leurs poètes. De même,

---

[75] Au second siècle de notre ère, par exemple, l'africain Tertullien est persuadé que le dieu égyptien Sérapis n'est autre que la patriarche Joseph divinisé par les Égyptiens en raison des services qu'il avait rendu à l'Égypte.

[76] *Legatio ad Caium*, 81-83.

parlant des Crétois dans sa *Lettre à Tite*, il n'hésite pas à reconnaître à l'un de leurs poètes la qualité de prophète[77].

16. La guérison d'Énée comme présage

L'épisode de la guérison d'Énée semble donc bien faire allusion, d'une manière ou d'une autre, à l'ancêtre mythique de tous les Romains. Mais de quelle manière et en quel sens ? Cette question n'a pas encore été résolue.

Écartons d'abord la thèse de MacDonald qui soupçonne ici une imitation littéraire d'un épisode de l'*Iliade* où notre héros, blessé lors d'un combat sous les murs de Troie, est soigné par le dieu Apollon[78]. Cette supposée réminiscence est très loin d'être démontrée. Elle ne serait pas d'ailleurs dans la manière de Luc, et encore dans moins celle de sa source. Elle serait qui plus est particulièrement saugrenue dans un contexte aussi important pour l'histoire du salut, où il ne s'agit pas de *faire de la littérature*, mais de comprendre et de raconter l'histoire du salut.

Avec plus de vraisemblance Reardon suppose qu'il s'agit qu'il est ici question de la seconde vie d'Énée, après son débarquement en Italie. Mais il expédie la question un peu rapidement et se contente d'y voir, bien vaguement, « une subtile connexion avec le thème *en direction de Rome* des *Actes des Apôtres* »[79]. Après lui Kochenash s'efforce d'arriver à un résultat plus clair, et s'approche sans doute plus

---

[77] *Actes* 17$^{22.28}$; *Tite* 1^{12}.

[78] *Iliade* 5, 302-448 : Énée, bien avant son départ de Troie, est blessé à la hanche lors d'un combat ; il est alors secouru par sa divine mère, qui est elle-même blessée, puis par le dieu Apollon qui le transporte dans son temple et l'y guérit. Comme le fait remarquer Kochenash, *op. cit.,* n. 14, sans creuser suffisamment cette piste, on pourrait aussi bien songer à un épisode analogue de l'*Énéide*, 12, 385-429, lors duquel Énée, à nouveau blessé à la jambe, est à nouveau secouru à la fois par sa mère et par le médecin Iapix.

[79] *Op. cit.*, p. 55 : « In the case of Aeneas, the name already suggests a subtle connection to the Rome-ward motif of the Acts of the Apostles. »

qu'aucun autre avant lui de la solution, comme nous le verrons plus loin. Mais il reste prisonnier de l'idée fondamentale de Reardon selon laquelle le nom d'Énée ne serait ici qu'une sorte de métonymie d'un genre difficile à préciser : « Je soutiens, dit-il, que l'histoire d'épisode d'Énée peut être envisagé comme un panneau indicateur littéraire montrant la direction de Rome »[80]. Autrement, l'auteur ne ferait ici qu'une allusion vague, et pour le moins confuse, au fait que tout cela, à terme, va conduire l'Évangile jusqu'à Rome, où de fait arrive Paul à la fin des *Actes des apôtres*.

Cette solution n'est pas recevable. Tout d'abord, il n'est pas de bonne méthode de détacher une péripétie de son contexte pour lui faire parler d'autre chose, avant même d'avoir compris comment elle s'articule avec le dit contexte, c'est-à-dire avec le récit de la deuxième course de Pierre. N'est-il pas d'ailleurs singulièrement arbitraire et contourné d'imaginer que la mention du nom d'un personnage guéri par *Pierre* aurait ici pour fonction de nous faire penser à la ville de Rome, envisagée comme destination finale de *Paul* ?

C'est d'autant moins vraisemblable que tout cet épisode relève visiblement d'une source de Luc, et que cette source conserve nettement sa propre logique et ses propres perspectives au sein du texte des *Actes* où elle a été insérée.

Enfin, la thèse de Kochenash, telle que la résume le titre de son article : « On ne peut entendre *Énée* sans penser à Rome », cette thèse est, sinon totalement inexacte, du moins très approximative. Énée ne passait pas en effet pour le fondateur de Rome, mais seulement pour le premier ancêtre des Romains. Il aurait donc été plus exact de dire : « On ne peut entendre *Énée* sans penser aux Romains ». Une fois que l'on a vu cela, tout s'éclaircit. Il n'y a ici ni réminiscence littéraire ni vague métonymie. Nous sommes en présence,

---

[80] *Op. cit.* p. : « I argue that the story of Aeneas can be read as a literary signpost for Rome ».

tout simplement, d'une étape presque obligée de tout récit de fondation, qui est celle du *présage*[81].

L'épisode de la guérison d'Énée a été compris par la communauté messianique de Césarée, très peu de temps après sa fondation, comme un présage de son propre salut. Cette guérison miraculeuse à Lydda d'un obscur paralytique portant le nom de l'ancêtre de tous les Romains, quelques jours à peine avant la fondation de la toute première assemblée chrétienne, assemblée constituée de non-juifs réunis autour d'un centurion romain, comment ne pas l'interpréter *a posteriori* comme un présage ?[82]

17. La figure d'Énée comme outil symbolique

On doit noter aussi qu'une longue tradition diplomatique prédisposaient les Romains à donner en cette affaire un rôle symbolique important à leur ascendant mythique, Énée. Ce qui est alors en jeu, en effet, c'est, sinon leur fusion en un seul peuple nouveau, du moins une alliance étroite entre deux communautés tout à fait distinctes, à savoir entre une communauté d'Italiens installés à Césarée, et une communauté de juifs résidant à Jérusalem. Et peut-être, plus largement, à l'horizon, entre le peuple juif et tous les autres peuples de l'Empire romain.

Or la diplomatie internationale de l'Antiquité s'appuyait pour une bonne part, depuis des siècles, sur le principe de *syngénie,* en grec συγγένεια, ou « communauté d'origine »,

---

[81] Voici par exemple selon Renaud Lussier, dans sa thèse *Mémoire des origines : les récits de fondation des cités du Péloponnèse chez Pausanias (II*e *s. ap. J.-C.)* (Québec, 2013) 175, « les éléments constituants d'un récit de fondation coloniale : consultation de l'oracle de Delphes, départ du héros, épisode lié à la résolution de l'oracle, choix du site et opposition des peuples locaux. »

[82] C'est le cas de citer ici le jeu de mots célèbre du dramaturge latin Plaute (254-184 av. J.-C.), *Persa* 624 : *nomen atque omen,* « nom et présage ».

selon lequel les contractants se découvraient opportunément un ancêtre mythique commun[83]. Ce concept avait été spontanément adopté tant par les Romains que par l'État juif hasmonéen[84], lorsqu'ils étaient entrés chacun de leur côté sur la scène internationale. C'est sur cette base purement mythologique que l'État romain avait contracté au cours des âges des alliances durables avec diverses cités du bassin méditerranéens qui prétendaient avoir elles aussi quelque lien généalogique avec Énée. Rome leur accordait alors officiellement la syngénie[85], dont il pouvait découler des avantages comme l'immunité fiscale[86].

Dans le cas qui nous occupe il ne s'agit évidemment exactement de la même chose. Mais nous sommes clairement en présence d'une transposition symbolique du même genre. On fait remonter symboliquement le lien qui se crée entre deux communautés à leur origines respectives, et c'est pourquoi Jésus lui-même guérit symboliquement l'ancêtre de tous les Romains avant que Pierre ne baptise Cornélius, et

---

[83] Cf. O. Curty, « Les parentés entre cités chez Polybe, Strabon, Plutarque et Pausanias », in V. Fromentin et S. Gotteland, *Origines gentium* (Paris, 2001) 49 « Un phénomène, dans l'Antiquité grecque, ne manque pas de frapper l'esprit : c'est, pour ainsi dire, l'incapacité qu'ont éprouvée les gens d'alors de penser les relations entre États sous d'autres rapports que ceux de la parenté ».

[84] Selon le *Premier livre des Maccabées,* $12^{1\text{-}23}$, c'est sur cette base que le nouvel État juif et la cité grecque de Sparte n'avaient pas craint de se reconnaître une origine commune vers 144 avant notre ère.

[85] Dès 282. Lors la première guerre contre Carthage, c'est sur cette base que Rome s'allie en 263 aux Élymes de Sicile, prétendus descendants d'un demi-frère d'Énée. Elle s'allie en 195 contre Sparte aux Arcadiens, pour l'occasion considérés comme descendants en partie d'Énée. Elle conquiert en … la Troade sans coup férir, la population du lieu se réjouissant au contraire du retour des descendants d'Énée. Etc.

[86] Nous voyons encore en l'an 53, à la fin du règne de Claude, le jeune Néron, qui lui succèdera l'année suivante, défendre devant le Sénat la cause des habitants d'Ilion, qui prétendent et obtiennent d'être exemptés d'impôts parce que leur cité passe pour la ville natale d'Énée, souche de tous les Romains (Tacite, *Annales* 12, 58 et Suétone, *Vie de Claude* 7).

avant que sa famille et sa clientèle n'entrent en communion avec l'assemblée fondée par le Messie.

18. De la guérison de Lydda au rêve de Troas

Nous ouvrons ici une parenthèse destinée à montrer que cette interprétation du texte était bien celle que Luc faisait lui-même de sa source. En effet, lors qu'il compose un peu plus loin un récit de fondation de son propre cru, au début de la deuxième partie des *Actes des Apôtres*, il le fait commencer par un présage du même genre.

On considère généralement, comme nous l'avons déjà dit, que Luc suit, dans la première partie des *Actes*, une source préexistante dont le récit était centrée sur la personne de Pierre, tandis que dans la deuxième, où il ne s'intéresse plus qu'aux destinées de Paul, il s'appuie surtout sur ses souvenirs personnels complétés par ceux de ses compagnons. Dans ce cadre il est également reconnu que souvent Luc sélectionne dans la masse des faits ceux qui lui permettent de comparer les exploits de Paul à ceux de Pierre.

C'est seulement à partir du chapitre 16 que Pierre disparaît totalement du récit des *Actes*, et que Paul, échappant vers le même temps à l'orbite de Barnabé, prend son envol en tant qu'apôtre indépendant. Or, après avoir parcouru l'Anatolie sans y avoir rien fait de remarquable, il est conduit de manière inattendue à Troas, par deux impulsions successives de l'Esprit saint qui le détournent de ses projets initiaux. Le récit de ces péripéties étranges est clairement destiné à nous faire comprendre qu'il est alors le jouet de la providence, qui le destine à ouvrir une nouvelle page de l'histoire du salut.

C'est dans le port de Troas en effet que se place un épisode tout à fait analogue à celui de Lydda, et qui prélude cette fois à la fondation de la première assemblée messianique d'Europe, qui sera suivie de plusieurs autres. Voici cet épisode, dans la Traduction Œcuménique de la Bible. Rappelons que c'est à ce moment précis de l'action que Luc commence soudain à parler à la première personne du pluriel, parce qu'il vient alors de rejoindre la nouvelle équipe formée par Paul, Silas et Timothée.

Actes 16⁶ Paul et Silas parcoururent la Phrygie et la région galate, car le Saint Esprit les avait empêchés d'annoncer la Parole en Asie. ⁷ Arrivés aux limites de la Mysie, ils tentèrent de gagner la Bithynie, mais l'Esprit de Jésus les en empêcha. ⁸ Ils traversèrent alors la Mysie et descendirent à Troas. ⁹ Une nuit, Paul eut une vision : un Macédonien lui apparut, debout, qui lui faisait cette prière : « Passe en Macédoine, viens à notre secours ! » ¹⁰ À la suite de cette vision de Paul, nous avons immédiatement cherché à partir pour la Macédoine, car nous étions convaincus que Dieu venait de nous appeler à y annoncer la Bonne Nouvelle. ¹¹ Prenant la mer à Troas, nous avons mis le cap directement sur Samothrace ; puis, le lendemain, sur Néapolis ¹² et de là nous sommes allés à Philippes, ville principale du district de Macédoine et colonie romaine.

Le rêve de Troas, présage de l'Évangélisation de la Macédoine
(Mosaïque récente, église Saint-Nicolas de Kavala, antique Néapolis, 2004)

Ici aussi, nous sommes en présence d'un récit de fondation qui s'ouvre sur un présage. Il faut observer d'abord que ce récit ne nous donne aucun détail sur la nature des impulsions de l'Esprit qui ont conduit Paul malgré lui jusqu'à Troas. En revanche on nous précise pour finir, avec un certain détail que, comme souvent dans les récits de fondation[87], c'est un rêve qui a décidé de la suite. On nous le résume et on nous rapporte l'interprétation qui en fut faite par Paul et son équipe.

Dans les deux cas le présage, bien qu'il mette en scène un seul individu, indique la nouvelle nation qui va être évangélisée. Le nom du miraculé de Lydda indiquait et prophétisait l'ouverture de l'Évangile à des Romains. La nationalité du suppliant de Troas indique et prophétise l'ouverture de ce même Évangile à des Macédoniens.

19. Paralysé depuis huit ans

Il nous reste à expliquer pourquoi notre récit a jugé bon de mentionner que le miraculé de Lydda était paralysé depuis huit ans. Je dirai ici tout de suite ce qu'il faut en penser, pour aider mon lecteur à suivre le fil de la démonstration qui suit, et pour qu'il ne la prenne pas pour une digression.

Ces huit ans correspondent aux huit siècles depuis lesquels existe alors le peuple romain, anniversaire qui fut célébré en grande pompe sous l'empereur Claude au mois de mars de l'an 47[88]. D'où l'on doit supposer que la source suivie par Luc

---

[87] Cf. Lussier, *op. cit.*, 157 (rêve préparant la fondation d'Épidaure Limèra), 206 (de la nouvelle Smyrne par Alexandre), 211-213 (de Mécène par Épaminondas), 275 n. 102 (site de la future fondation de Rome révélé à Énée par un rêve, *Énéide* 8, 36-49).

[88] Tacite († 120 env.), *Annales* 11, 11, 1-3, trad. de J.-L Burnouf (Paris, 1858) 220 : « Sous les mêmes consuls, huit cents ans après la fondation de Rome, soixante-quatre ans après les jeux séculaires d'Auguste, Claude renouvela cette solennité. (…) Aux jeux du cirque, où Claude était présent, les jeunes nobles exécutaient à cheval les courses troyennes, ayant avec eux Britannicus fils du prince, et Lucius Domitius, qui bientôt après devint par adoption héritier de l'empire, et fut appelé Néron. Les acclamations du

dans la première partie des *Actes des apôtres* n'avait elle-même pas été mise par écrit avant cette date. Voilà l'une des conséquences importantes de notre interprétation de ce passage. Et on comprendra qu'il nous faut l'étayer de quelques arguments.

Observons tout d'abord que ce nombre précis de *huit* n'éveille aucun écho spécial dans les saintes Écritures, et qu'il n'a pas non plus le caractère schématique et convenu qu'aurait par exemple le nombre sept si caractéristique des récits de tradition populaire, de sorte qu'on a l'impression d'avoir ici tout simplement une donnée factuelle. Mais cette seule explication, outre qu'elle est invérifiable, est un peu courte. La question est en effet de savoir pourquoi un récit aussi concis, disons même squelettique, nous a-t-il cependant conservé cette donnée numérique précise, aussi inhabituelle que le nom de notre personnage.

Quelle signification symbolique pouvait revêtir ce nombre, dans le cadre d'un présage ? À titre de comparaison, nous trouvons dans la Bible un Pharaon qui rêve de sept vaches grasses et des sept vaches maigres, puis de sept épis gras et de sept épis maigres, présage qui est longuement interprété comme la succession à venir de sept années de bonnes récoltes et de sept années de sécheresse[89].

---

peuple, plus vives en faveur de Domitius, furent regardées comme un présage. On répandait aussi le bruit que des dragons avaient paru auprès de son berceau, comme pour le garder ; prétendu prodige emprunté aux fables étrangères. » Sextus Aurélius Victor († 390), *Livre des Césars* 4, trad. A. Caillot (Paris, 1825) 200 : « Claude avait régné quatorze ans ; la sixième année de son empire, on célébra à Rome, avec une rare magnificence, la huitième année séculaire de la fondation de la ville ; puis apparut en Égypte le phénix, oiseau merveilleux qui, d'un vol rapide, accourt, dit-on, tous les cinq cents ans, des parages renommés de l'Arabie. À la même époque, une île immense surgit tout à coup de la mer Égée, pendant une nuit où il y avait eu éclipse de lune. »

[89] *Genèse* 41.

Énée, Iule et le présage de la truie aux trente gorets
(Marbre, British Museum, IIe siècle)

De même, dans l'*Énéide* de Virgile, il est question à trois reprises d'un présage donné à Énée et constitué par la vision d'une truie blanche entourée d'une portée monstrueuse de trente gorets de la même couleur[90]. On sait qu'au départ ce motif de la truie est plus ancien que Rome même[91]. Il appartenait au récit de fondation de la ville de Lavinium, qui fut la première métropole du Latium avant d'être supplantée par Albe la Blanche, puis par Rome. La truie et ses gorets étaient alors noirs et préfiguraient les trente cités de la confédération latine. Le mythe connaît ensuite plusieurs variations qui nous sont signalées par des auteurs antérieurs à Virgile. La truie et ses gorets deviennent blancs, et leur nombre est rapporté à celui des années qui sépareront la fondation de Lavinium de celle d'Albe la Blanche. Virgile adopte cette nouvelle interprétation et situe désormais le

---

[90] *Énéide* 3, 387-393 ; 8, 36-49 et 8, 81-85. Les portées habituelles des truies comptent de sept à huit gorets.
[91] J. Poucet, « Le motif de la truie romaine aux trente gorets », *Folia Electronica Classica* 7 (2004), bcs.fltr.ucl.ac.be/fe/07/truie/gesine21.htm.

prodige sur les bords du Tibre, où plus tard Romulus viendra d'Albe pour fonder Rome[92].

De même selon Homère, dans son *Iliade*, alors que les Grecs s'étaient rassemblés à Aulis, à la veille de la guerre de Troie, la durée à venir de cette guerre leur fut signifiée par un *grand présage (μέγα σῆμα, méga sèma)*[93]. Un serpent escalada un platane où il avala neuf passereaux avant d'être lui-même changé en pierre. D'où le devin Calchas conclut qu'il faudrait aux Grecs neuf ans de siège avant que de prendre cette ville la dixième année.

Le présage du serpent et des oiseaux à Aulis
(National Gallery, céramique italienne de 1535)

Finissons par le plus célèbre des présages de ce genre. La tradition unanime rapporte que lors de la fondation de Rome par Romulus, il lui fut donné de voir passer au-dessus de lui

---

[92] Il se réfère ainsi au comput exposé par Jupiter lui-même au début de l'*Énéide*, 1, 254-279 : le règne d'Énée sur Lavinium durera 3 ans, puis lui succèdera pendant 30 ans son fils Iule, lui-même fondateur Albe dont 300 ans plus tard sortira Romulus, fondateur de Rome.

[93] *Iliade* 2, 308-332.

douze vautours. L'encyclopédiste Varron nous a transmis une interprétation des plus intéressante de ce présage, qu'il tenait lui-même de la bouche de Vettius, spécialiste alors reconnu dans l'art d'interpréter le vol des oiseaux. *Il l'avait entendu dire : « Si ce que nous ont en transmis les historiens est exact, concernant les augures pris par Romulus lors de la fondation de la ville et les douze vautours, vu que le peuple romain a passé sans encombre le cap des 120 ans, c'est qu'il subsistera 1200 ans »*[94]. En d'autres termes ces douze vautours auraient annoncé que Rome devait durer autant de siècles, soit précisément 1200 ans.

Romulus et les douze vautours
(Manuscrit 777 de la Bibliothèque Ste-Geneviève, folio 7, vers 1370)

Contrairement à ce qu'on en a pu en écrire[95], cette interprétation précise du présage n'a pas toujours régné sans partage, même si elle est attestée à nouveau chez le très chrétien Sidoine Apollinaire, contemporain de la chute de

---

[94] Fragment du livre 18 des *Antiquités* de Varron (116-27) qui nous a été transmis vers 238 par Censorinus, *De die natali* 17, 15 : *Si ita esset ut tradiderunt historici de Romuli Urbis condendae auguriis ad duodecim vulturibus, quoniam CXX annos incolumis praeterisset Populus Romanus, ad mille et ducentos perventur.*

[95] Surtout depuis que Salomon Reinach a attiré l'attention sur la manière dont elle se serait curieusement réalisée lors de la chute de l'Empire d'occident, « Une prédiction accomplie », *Revue de l'histoire des religions* 54 (1906) 1-9.

l'Empire[96]. Sans quoi elle ne nous serait pas présentée par Varron comme l'opinion particulière et quasiment académique d'un seul spécialiste. En fait, au départ, le concept de *siècle*, d'origine étrusque, ne désigne pas pour les Romains un nombre d'années fixe, mais plutôt une période de durée variable dont l'échéance est confirmée par des catastrophes, des prodiges ou d'autres présages. Lorsque par exemple l'empereur Auguste organise à Rome de grandioses et célèbres *Jeux séculaires*, à Rome en l'an 17 avant notre ère, le choix de leur date s'est fait sur des bases tellement complexes qu'elles n'ont jamais pu être totalement élucidées par les historiens, malgré d'interminables discussions[97].

C'est seulement sous Claude, troisième successeur d'Auguste, et lui-même féru d'archéologie, que l'Empire adopte enfin une chronologie, sinon scientifique, du moins claire et invariable. On adopte tout d'abord officiellement la date du 21 mars 753 comme celle de la fondation de Rome, sur la base des calculs de Varron[98]. Puis on décide de considérer une fois pour toutes qu'un siècle est constitué de cent années, ni plus ni moins, selon la définition du même

---

[96] Sidoine, *Carmina* 7, 257-, s'y réfère lors du sac de Rome par Genséric en 455. Cf. L. Desbrosses, « L'Ancien monde chez Sidoine Apollinaire », *Institut des Sciences et Techniques de l'Antiquité* 1332 (2015) 209-226 spéc. 221.

[97] E. Magotteaux, « L'augure des douze vautours », *L'Antiquité Classique* 25 (1956) 106-111 ; G. Freyburger, « Jeux et chronologie à Rome », *Ktèma* 18 (1993) 91-101 ; Ch. Guittard, « Le temps dans l'antiquité : le millénaire étrusque », *Institut des Sciences et Techniques de l'Antiquité* 1079 (2007) 19-26. S. C. Bilynskyi Dunning, *Roman Ludi Saeculares from the Republic to Empire* (Toronto, 2016).

[98] Cicéron lui déclarait déjà dans ses *Académiques* 1, 3 :, « Alors que nous étions errants et voyageurs dans notre propre ville comme des étrangers, tes livres nous ont comme ramenés chez nous, en nous permettant en quelque sorte de d'apprendre à nous connaître et à nous situer. C'est toi qui a découvert l'âge de la patrie (*aetatem patriae*), les décomptes chronologiques (*descriptiones temporum*), etc. », hommage rendu célèbre par saint Augustin, *De Civitate* Dei 50, 6, 2.

Varron dans son *De lingua latina[99]*. Et c'est sur cette base que Claude, considérant que les Jeux séculaires organisés par son prédécesseur ne l'avaient pas été à la bonne date, en recommence la célébration au mois de mars de l'an 47.

C'est alors la première fois de l'histoire romaine qu'on fête clairement un centenaire au sens moderne du mot. Il est bien certain que cet événement a fait date[100] et qu'il a trouvé un écho à travers tout l'Empire, sans quoi il ne serait pas mentionné par tant d'auteurs antiques, dont au moins, pour ceux dont les œuvres nous ont été conservées, Pline l'Ancien[101], Suétone[102], Tacite[103], Dion Cassius[104] et Aurélius Victor[105].

Il est impossible que les festivités de cet anniversaire, qui furent grandioses et mémorables à Rome, n'aient pas eu d'écho partout dans l'Empire et spécialement dans une ville de garnison comme Césarée maritime, siège de l'administration romaine de la Judée. De l'existence même d'un temple de Rome et d'Auguste dans cette ville depuis sa fondation, il découlait nécessairement celle d'un officiant spécial, qu'il ait ou non le titre de flamine de Rome de d'Auguste, célébrant régulièrement par des sacrifices solennels les anniversaires de l'empereur en exercice, en sus

---

[99] *De lingua latin* 6 : *Saeculum spatium annorum centum vocarunt a sene quo longissimum spatium senescendorum hominum id putarunt.*

[100] Selon Aurélius Victor, *Livre des Césars* 15, 4 ; 28, 1 et 28, 2, le 900e anniversaire de Rome fut célébré en 147 sous l'empereur Antonin et le 1000e en 248 sous Philippe l'Arabe ; mais de son vivant, sous Constant Ier, le 1100e ne le fut pas en 348, ce qui marquait bien, selon lui, à quel point on souciait alors de moins en moins de la ville de Rome.

[101] *Histoire naturelle* 7, 159 et 8, 160.

[102] *Vie de Claude* 21, 1-3.

[103] *Annales* 11, 11, mais aussi dans une partie perdue de ses *Histoires* où il racontait le règne de Domitien.

[104] *Histoire romaine* 60, 29.

[105] *Livre des Césars* 4, 14.

de celui Auguste[106]. On voit mal comment il aurait pu ne pas célébrer le 800e anniversaire de Rome en présence de toutes les autorités constituées et des représentants de la garnison romaine de la province. Par suite, c'est spécialement, et sans doute même seulement à partir de mars 47 qu'il devint notoire aux yeux de tout le monde, y compris en Judée, que le peuple romain existait officiellement et précisément depuis huit siècles.

C'est donc également à partir de cette date seulement qu'a pris tout son sens la circonstance du miracle de Lydda qui nous intéresse ici. C'est alors qu'on se souvint que non seulement le miraculé s'appelait Énée comme l'ancêtre des Romains, mais encore on se souvint qu'il avait été paralysé pendant huit ans, de même que le peuple Romains était privé de la connaissance du vrai Dieu depuis les huit siècles qu'il existait.

La guérison d'Énée était bien donc le présage de la conversion à venir de Romains, ainsi arrachés aux mauvaises traditions de leurs ancêtres, comme le dit ailleurs le même Pierre à d'autres chrétiens d'origine païenne, en utilisant le même langage que l'*Apocalypse* : *Vous avez été rachetés de votre comportement ancestral débile (...) par le sang précieux comme celui d'un agneau sans défaut et sans tache, celui du Christ, prédestiné avant la fondation du monde et manifesté à la fin des temps à cause de vous* [107]

Il découle de tout cela avec une assez grande probabilité que la source que Luc suit dans la première partie des *Actes des Apôtres* n'avait pas été mise par écrit, du moins sous sa forme définitive, avant cette date de 47, une douzaine d'années donc après les faits. De là une assez longue durée de maturation, qui explique l'extraordinaire richesse des références

---

[106] C. Jullian, « Flamen », in Ch. Daremberg et E. Saglio, *Dictionnaires des antiquités grecques et romaines* 2/2 (Paris, 1896) 1156-1188 spéc. « Le flaminat provincial de Rome et d'Auguste », 1180-1187.

[107] *Première lettre de Pierre* 1[18-20] : ἐλυτρώθητε ἐκ τῆς ματαίας ὑμῶν ἀναστροφῆς πατροπαραδότου *etc.*

scripturaires sous-jacentes que nous allons découvrir dans la suite du récit.

20. Une controverse latente contre le polythéisme romain

Maintenant, donc, nous comprenons pourquoi le récit de la fondation de la première assemblée messianique non juive commence par la mention du nom d'un obscur personnage, qui est répété deux fois. La première mention de son nom sert à préparer la seconde et à lui donner son plein effet.

Actes 8[33] : Et il trouva là une certaine personne (ἄνθρωπόν τινα, *anthrôpon tina*) du nom d'Énée depuis huit ans gisant sur un grabat, car il était paralysé. [34] Et Pierre lui dit : « Énée, il te guérit (ἰᾶταί, *iataï*), le Messie Jésus (ἰησοῦς, *ièsous*). »

On observe en grec une allitération forte et visiblement délibérée[108] entre *iataï* (guérit) et *ièsous* (Jésus). Or, si l'on remonte à l'hébreu, on doit transcrire le nom de Jésus par יהושע, *iehoshoua*, abrégé en hébreu tardif par ישוע, *ioshoua* ou plutôt *ieshoua*, (d'où le grec ἰησοῦς, *ièsous*, d'où le latin Jesus, d'où le français Jésus). Ce nom de personne hébraïque était notoirement composé de deux éléments, à savoir de la racine יה, *iah*, abrégé de יהוה, *iahweh*, « Dieu, l'Éternel », et de la racine ישה, *iasha*, « délivrer, sauver », de sorte que, comme tout le monde le savait, et spécialement bien sûr les premiers chrétiens, le nom de Jésus signifiait étymologiquement « Dieu sauve ». Il est donc manifeste que le jeu de mots approximatif en grec « Il te guérit (*iataï*), Jésus (*ièsous*) » décalque et adapte un slogan sémitique antérieur de la toute première communauté, יושע ישוע, *Ioshoua iousha*, qui de nos jours encore, en hébreu moderne, se traduit, selon le

---

[108] On a souvent fait observer que le nom de personne d'origine grecque Ἰάσων, *iasôn*, « Jason », apparaît à plusieurs reprises dans le monde juif hellénistique puis Romain, d'une façon qui ne trouve guère d'explication autre qu'une certaine homophonie avec le nom de personne hébraïque ישוע, *Ièshoua*, « Jésus », un peu comme au XXᵉ siècle bien des juifs de France adaptaient Aaron et Moïse en Arnaud et Maurice.

contexte, par « Jésus a sauvé », « Jésus sauve » ou bien encore « Jésus sauvera ».

De fait, qu'avait dit au centurion Cornélius le messager (l'ange) qui lui était apparu à Césarée ? D'après ce qu'en dit Pierre lui-même aux chrétiens de Jérusalem, voici la teneur de ce message, *Actes* 11[12] : *« Envoie à Joppé et fais demander à Simon, surnommé Pierre, qui te dira des paroles au moyen desquelles tu seras sauvé (σωθήσῃ, sôthèsè), toi et toute ta maisonnée. »*

De fait, comment Pierre avait-il lui-même résumé la carrière terrestre de Jésus lors de son discours dans la maison de Cornélius ? *Jésus (Ἰησοῦν, ièsoun) de Nazareth, Dieu l'a oint (ἔχρισε, ékhrisé) du Saint Esprit et de puissance miraculeuse, lui qui a circulé en faisant le bien et en guérissant (ἰόμενος, iôménos) tous ceux qui étaient au pouvoir de l'Accusateur, parce que Dieu était avec lui. »* On retrouve là le même jeu de mots entre le nom de *Jésus (ièsous)* et le verbe *guérir (ἰάομαι, iaomaï)*, reflétant le même jeu de mots hébraïque sous-jacent, ישע יושוע, *Ioshoua iousha*, « Jésus a sauvé, sauve et sauvera ». Et il faut remarquer que dans ces trois passages convergents, c'est Pierre qui parle.

Pourtant, il semble que la stylisation du prélude que constitue le miracle de Lydda ne soit pas, originellement, de son fait, mais bien plutôt qu'elle s'est fait jour dans le cadre d'une réflexion commune entre les deux parties miraculeusement réunies à Césarée pour fonder ensemble la première assemblée messianique non-juive. En d'autres termes, il semble qu'on a ici une allusion polémique très nette à la mythologie officielle romaine, telle qu'elle était connue de tous les Italiens de la garnison romaine de Césarée.

Nous avons déjà fait remarquer qu'aux quatre coins de l'Empire on a trouvé des preuves que les soldats de Rome connaissaient l'*Énéide* et la faisaient apprendre à leurs enfants. On en a retrouvé des fragments tant en Grande Bretagne, sur le site d'une garnison romaine, que dans les ruines du camp de Masada, assiégé par les Romains vers l'an

85

70. Il est à croire que ces soldats étaient spécialement sensibles aux longs récits des combats d'Énée dans le Latium, qui occupent l'essentiel de la deuxième partie de cette épopée. Or on y trouve un extraordinaire parallèle avec notre passage. De la même manière que l'impotent de Lydda, l'ancêtre des Romains avait été miraculeusement guéri d'une blessure qui le faisait boîter. Et surtout, celui à qui il pouvait être tenté d'attribuer le mérite de cette guérison, lui déclare, comme Pierre le fera à Lydda, qu'il n'y est pour rien, et que ce prodige est le fait d'un grand dieu.

Résumons ce long passage du livre XII et dernier de l'*Énéide*. Lors de sa grande bataille finale contre les Rutules, en Italie, Énée est blessé par une flèche anonyme (du vers 310 au vers 323). L'ennemi en profite pour prendre le dessus (324-382). Énée retourne en boîtant (*alternos gressos*) dans le camp, où ses compagnons essaient en vain d'extraire de sa jambe la pointe ferrée de ce projectile (383-390). Alors arrive Iapix le Iaside, ancien amant du dieu Apollon, de qui il avait appris l'art médical. Il faut noter que son nom comme celui de son ancêtre étaient rapprochés par les anciens commentateurs de l'*Énéide*, tels que Servius, du verbe grec ἰάομαι, *iaomaï*, « guérir » (391-397). Mais Iapix déploie en vain tout son art, tandis que l'ennemi approche dangereusement du camp troyen (398-410). Finalement la déesse Vénus, mère d'Énée, se précipite en Crète pour y chercher un simple et s'en revient aussitôt, cachée dans une nuée, pour faire infuser cette plante avec d'autres dans l'eau qu'utilise Iapix (411-419). Aussitôt la douleur et l'hémorragie cessent, la flèche tombe et les forces reviennent (420-424).

Énée blessé au combat, est soigné en présence de sa mère Vénus
(Fresque trouvée à Pompéi, Musée archéologique de Naples, invariant 9009)

Alors Iapix renvoie Énée au combat, non sans lui faire une déclaration étonnamment proche de celle de Pierre à Lydda :
Non haec humanis opibus, non arte magistra,
Proveniunt neque te, Aenea, mea dextera servat :
Major agit deus atque opera ad majora remittit.

Autrement dit :

> « Cela ne découle pas de secours humains, ni d'une savante technique, et ce n'est pas ma main, Énée, qui te sauve (servat). Un grand dieu est à l'œuvre et il fait grâce (remittit) en vue d'un grand dessein ! »

Pierre ne dit pas autre chose :

Αἰνέα, ἰᾶταί σε Ἰησοῦς Χριστός.
Ænea, sanat te Jesus Christus.
Énée, celui qui te guérit, c'est le Messie Jésus.

Qui pourrait voir ici une coïncidence fortuite ? N'est-ce pas là la trace indubitable d'une contribution romaine au récit de fondation de la communauté chrétienne de Césarée ?

Et en effet, de même que les monothéistes palestiniens du Ier siècle étaient capables d'exprimer et de styliser presque toutes choses en des termes empruntés à leurs saintes Écritures, bien des Romains savaient en faire de même avec des vers empruntés à leur épopée nationale[109].

C'était même en ce temps-là un jeu assez commun, comme le démontre entre autres ce graffiti trouvé à Pompéi sur la maison d'un certain foulon dénommé *Marcus Fabius Ululitremulus*, dont le surnom signifiait « Tremble-aux-chouettes » :

Ce graffiti[110] vient commenter la peinture murale dont nous donnons copie ci-après, et qui représente encore une fois Énée, son père et son fils. Il est nécessairement antérieur à l'éruption du Vésuve en octobre 79, et donc à peu près

---

[109] Ainsi par exemple, précisément vers cette époque, dans le *Satyricon* (§ 132), roman qu'on date du Ier siècle, un certain Eumolpe s'adresse pompeusement à son propre membre viril défaillant en combinant plaisamment différents vers de Virgile, à savoir *Énéide* 6[469-470], *Bucoliques* 5[16] et *Énéide* 9[436].

[110] *Corpus Inscriptionum Latinorum* IV 9131.

contemporain, à quelques années près, de la rédaction des *Actes des Apôtres*.

Il parodie le fameux premier vers de l'Énéide, *Arma virumque cano Trojae qui primus ab oris...*, « Je chante les batailles et l'homme qui le premier des rives de Troie... » qu'il modifie ainsi : *Fullones ululamque cano, non arma virumque...*, « Je chante les foulons et la chouette, non les batailles et l'homme... »

Énée, son père et son fils
(maison de Marcus Fabius Ululitremulus à Pompéi)

N'importe quel Romain ayant appris à lire et à écrire était capable, en entendant parler du miracle de Lydda effectué par Pierre au bénéfice d'un certain Énée, de lui appliquer ces trois vers de Virgile, qu'on vient de traduire, *et dans le cas présent sans avoir rien à y changer.*

89

Luc avant d'écrire les *Actes des apôtres* sur la base d'une source plus ancienne, avait passé plusieurs jours à Césarée dans la maison de Philippe. Peu de temps après, il avait même longtemps séjourné dans cette ville où venait d'être emprisonné son maître et compagnon de voyage, Paul, et il avait largement eu le temps de rencontrer des témoins directs de la fondation de l'Église de Césarée.

Il était lui-même *médecin* (ἰατρὸς, *iatros*, « guérisseur », sur ἰάομαι, *iaomaï*, « guérir »), comme le dit explicitement Paul dans la *Lettre aux Colossiens*[111], rédigée pendant cette même captivité de Paul à Césarée.

Peu de temps auparavant, tous deux avaient, depuis le port de Milet, écrit ensemble[112] une *Lettre à Tite* qui se trouvait alors en Crète. Or, nous trouvons dans cette lettre[113] que Paul et Luc ne craignent pas pour parler des Crétois, d'invoquer le témoignage du poète grec et païen Épiménide de Cnossos : *Il a été dit par l'un d'entre eux, leur prophète particulier : « Crétois, toujours menteurs, mauvaises bêtes, simples ventres ! » Ce témoignage est véridique. Etc.*

De même encore, les *Actes des apôtres* nous ont conservé le résumé d'un discours de Paul à Athènes où il était fait allusion à un vers emprunté à deux poètes grecs, Aratos de Soles en Cilicie, province dont Paul lui-même était originaire, étant né à Tarse ; et Cléanthe d'Assos, Assos où Paul fera escale pendant son voyage suivant. Parlant de Dieu, il déclare : *C'est en lui en effet que nous vivons, que nous nous mouvons et que nous existons, comme l'ont dit aussi*

---

[111] *Colossiens* 4,14 : *Il vous salue, Luc, le cher médecin, et Démas aussi* (ἀσπάζεται ὑμᾶς Λουκᾶς ὁ ἰατρὸς ὁ ἀγαπητὸς καὶ Δημᾶς).

[112] Sur le fait que Luc ait été le secrétaire de Paul pour ses trois lettres dites « pastorales », à savoir *1 Timothée*, *2 Timothée* et *Tite*, où on reconnaît tout du long son vocabulaire propre, ainsi que plusieurs images ou préoccupations médicales, références données par B. Gineste, « Genomenos en Rhômè », *Revue Thomiste* 96 (1996) 67-106 spéc. 84 note 75.

[113] *Tite* 1[12] εἶπέν τις ἐξ αὐτῶν ἴδιος αὐτῶν προφήτης Κρῆτες ἀεὶ ψεῦσται, κακὰ θηρία, γαστέρες ἀργαί. [13] ἡ μαρτυρία αὕτη ἐστὶν ἀληθής.

quelques-uns de vos poètes : « Car nous sommes aussi de sa race »[114].

Il n'existait donc aucun obstacle à se référer à un vers de l'épopée nationale des Romains, pour en tirer un *témoignage*, ni pour interpréter un présage aussi clair de la fondation en cours de l'assemblée messianique de Césarée, qui annonçait elle-même, à terme, la conversion de tout l'Empire au culte du vrai Dieu.

21. Le miracle de Joppé

Nous pouvons maintenant reprendre la suite du texte de la deuxième course de Pierre. Elle va nous fournir, à terme et avec un peu de patience, des éléments de réflexion absolument indispensables à la compréhension du texte de l'*Apocalypse* texte dont nous sommes partis et que, malgré les apparences, nous ne perdons pas de vue.

9^{35} (T.O.B.) *Ayant vu cela, toute la population de Lydda et de la plaine de Saron se tourna vers le Seigneur. [36] Il y avait à Joppé une femme qui était disciple ; elle s'appelait Tabitha, ce qui se traduit par Gazelle. Elle était riche des bonnes œuvres et des aumônes qu'elle faisait. [37] Or, en ces jours-là, elle tomba malade et mourut. Après avoir fait sa toilette, on la déposa dans la chambre haute. [38] Comme Lydda est proche de Joppé, les disciples avaient appris que Pierre était là et ils lui envoyèrent deux hommes chargés de cette invitation : « Rejoins-nous sans tarder. » [39] Pierre partit aussitôt avec eux. Quand il fut arrivé, on le fit monter dans la chambre haute, et toutes les veuves se tenaient devant lui en pleurs, lui montrant les tuniques et les manteaux que faisait Dorcas quand elle était en leur compagnie. [40] Pierre fit sortir tout le monde et, se mettant à genoux, il pria ; puis, se tournant vers le corps, il dit : « Tabitha, lève-toi. » Elle ouvrit les yeux, et,*

---

[114] *Actes* 17^{28} : ἐν αὐτῷ γὰρ ζῶμεν καὶ κινούμεθα καὶ ἐσμέν, ὡς καί τινες τῶν καθ' ὑμᾶς ποιητῶν εἰρήκασιν Τοῦ γὰρ καὶ γένος ἐσμέν.

à la vue de Pierre, elle se redressa et s'assit. ⁴¹ *Il lui donna la main, la fit lever et, rappelant les saints et les veuves, il la leur présenta vivante.* ⁴² *Tout Joppé fut au courant, et beaucoup crurent au Seigneur.* ⁴³ *Pierre demeura assez longtemps à Joppé, chez un certain Simon qui était corroyeur.*

L'enchaînement des faits est clairement souligné par le

Tabitha rendue par Pierre à la vie et à ses compagnes
(Sarcophage paléochrétien dit de St-Sidoine,
crypte de la basilique Ste-Marie-Madeleine à St-Maximin, IVᵉ siècle)

récit, et personne ne peut douter que nous soyons ici en présence d'une deuxième péripétie préparatoire à l'événement majeur de Césarée. Mais il existe aussi entre le miracle de Lydda et celui de Joppé trois points communs remarquables qui en accentuent le caractère homogène. Ils ont d'ailleurs déjà été relevés par certains commentateurs[115]

Premièrement les chrétiens des assemblées locales y sont appelés *les saints*, ce qui n'a pas d'autre exemple dans les *Actes des apôtres* hors de ce chapitre[116].

Deuxièmement, Pierre donne à Énée et à Tabitha exactement le même ordre très précis : « Lève-toi (ἀνάστηθι, *anastèthi*) », terme à double sens puisqu'il peut aussi signifier : « Ressuscite ! ». Mais ce qui n'a pas été remarqué, c'est qu'il n'est qu'une seule autre et troisième personne à qui Pierre donne cet ordre[117]. C'est à Cornélius, dès qu'il le rencontre à Césarée[118]. Voilà déjà un bon indice que le miracle de Joppé lui aussi a été perçu par l'auteur de notre récit comme un présage de l'événement de Césarée. Tant la guérison d'Énée que la résurrection de Tabitha anticipent symboliquement la conversion de Cornélius et de sa communauté.

Troisièmement Énée et Tabitha sont les seuls miraculés de Pierre dont on nous donne le nom, et, dans le cas de cette dernière, la chose est d'autant plus remarquable qu'on nous aussi précise ce qu'il signifie en le traduisant d'araméen en grec.

22. Le nom de Tabitha

Pour l'expliquer, on a supposé que dans cette ville portuaire de Judée évidemment bilingue, Tabitha était connue des uns par son nom grec et par les autres sous son nom araméen. La

---

[115] G. Schneider, *Die Apostelgeschichte. II. Teil* (Freiburg, 1982) 49 ; C. K. Barrett, *Acts 1-14* (Edinburgh, 1994) 477.

[116] *Actes* 91$^{3.32.41}$.

[117] Ce tour, pour s'adresser à un impotent, ne se retrouve ailleurs que dans la suite des *Actes*, qui nous fait de Paul un portrait imitant celui de Pierre, lors de la guérison de l'infirme de Lystres, *Actes* 14^{10}.

[118] *Actes* 9^{33} (Énée), 9^{36} (Tabitha) et 10^{26} (Cornélius).

chose en elle-même n'est pas impossible[119]. Cependant ce n'est pas ainsi que sont présentés les autres noms doubles du Nouveau Testament, spécialement dans les *Actes des Apôtres*[120]. Et surtout ce n'est pas du tout ce que dit le texte.

On y lit très littéralement : *Or, à Joppé, il y avait (ἦν, èn) une certaine disciple du nom de Tabitha (ὀνόματι Ταβειθά, onomati Tabeïtha), qui (ἦ), interprétée (διερμηνευομένη, dihermèneuoménè), se dit (λέγεται, legetaï) Gazelle (Δορκάς, Dorcas)*. Comme on le voit cette deuxième dénomination est donnée par un présent de vérité générale.

D'autre part et surtout, le sens premier du verbe *dihermêneuô (διερμηνεύω)* n'est pas « traduire », mais bien « interpréter » et plus précisément « expliquer »[121]. C'est le seul sens en lequel il soit pris par les auteurs du Nouveau Testament. Ainsi chez Luc, lorsqu'il est question de l'interprétation chrétienne des Écritures[122]. Et de même chez Paul[123]. Quand on veut dire « interpréter » au sens de « traduire », on s'y sert toujours d'un autre verbe,

---

[119] C'est bien le cas de Pierre lui-même que le Nouveau Testament lui-même appelle tantôt de son nom de naissance *Simon*, tantôt du surnom que lui avait donné Jésus en araméen, *Képhas*, et tantôt dans sa version grecque *Pétros*.

[120] *Actes* 1²³ : Joseph celui appelé Barsabbas qui fut surnommé Justus (Ἰωσὴφ τὸν καλούμενον Βαρσαββᾶν, ὃς ἐπεκλήθη Ἰοῦστος) ; 13⁹ : Saul celui aussi(appelé) Paul (Σαῦλος δέ ὁ καὶ Παῦλος) ; 15³⁷ : Jean celui appelé Marc (τὸν Ἰωάνην τὸν καλούμενον Μάρκον) ; *Colossiens* 4¹¹ : Jésus celui appelé Justus (Ἰησοῦς ὁ λεγόμενος Ἰοῦστος).

[121] Comme déjà le fait remarquer J. Renié, *Actes des apôtres* (Paris, 1949) 153.

[122] *Luc* 24²⁷ : *Et en commençant par Moïse et les prophètes il leur interpréta (διερμήνευσεν) dans toutes les Écritures ce qui le concernait.*

[123] *Première lettre aux Corinthiens* 12³⁰ ; 14⁵·¹³·²⁷ (cf. 14²⁸), il s'agit du phénomène mal connue de la glossolalie des communautés pauliennes, où les uns « parlent en langues » sous l'influence de l'Esprit, tandis que les autres « interprètent ». Ils ne s'agit pas évidemment d'une traduction littérale, mais de l'interprétation de paroles mystérieuses, considérées comme des oracles, à ce qu'il semble sur le modèle des oracles de la Pythie de Delphes.

μεθερμηνεύω, méthermèneuô[124], spécialement dans la première partie des *Actes des Apôtres*, où nous sont ainsi traduits les noms de Barnabé puis d'Élymas[125].

Ainsi donc le propos n'est évidemment pas ici de nous informer sans raison claire du fait que notre personnage portait deux noms, information en elle-même sans le moindre intérêt pour l'économie générale du récit. Il ne s'agit pas non plus d'une pure et simple traduction, qui constituerait ici une simple digression philologique, voire psychologique[126], ou encore poétique, à supposer que Luc aurait été frappé du caractère pittoresque et grâcieux de ce nom de *Gazelle*. Vraiment, ce n'est pas du tout dans sa manière et encore moins dans celle de sa source. Au lieu de cela il est évidemment ici question d'un sens caché, et qui lui aussi, comme celui d'Énée, avait valeur de présage.

Le seul auteur qui ait entrevu ici une allusion précise est encore Michael Kochenash[127]. Il voit bien comme tout le monde que l'épisode de la résurrection de Tabitha emprunte sa structure narrative à la Bible et spécialement au récit d'un

---

[124] *Matthieu* 1[23] : Et on appellera son nom *Emmanuel*, ce qui, traduit, est (signifie) *Avec nous Dieu*. — *Marc* 5[41] : Il lui dit *Talitha koum !*, ce qui, traduit, signifie *La fillette, je te le dis, debout !* — 15[22] : sur le lieu-dit *Golgothan*, qui, traduit, est (signifie) *Lieu du Crâne*. — 15[34] : Jésus cria d'une grande voix : *Elohi Elohi lama sabachthanei* ce qui, traduit, est (signifie) *Mon Dieu, mon Dieu, dans quel but m'as-tu abandonné ?* — *Jean* 1[38] : Et ils lui dirent *Rabbi*, ce qui, traduit, se dit *Professeur*. — 1[41] : Il lui dit : Nous avons trouvé le *Messie*, ce qui, traduit, est (signifie) *Oint*. — Voyez aussi *Siracide*, préface du traducteur, v. 13.

[125] *Actes* 4[36] : Joseph, qui avait été surnommé *Barnabé* par les apôtres, ce qui, traduit, est (signifie) *Fils de l'Exhortation*. — 13[8] : *Élymas le Mage*, car ainsi se traduit son nom.

[126] Ainsi David Brown, in *A commentary, critical and explanatory, on the Old and New Testaments. Vol. 2* (Hartford, 1871) 185 : « Doubtless the interpretation, as here given, is but an echo of the remarks made by the Christians regarding her—how well her character answered to her name. »

[127] Michael Kochenash, « Political Correction. Luke's Tabitha (Acts 9:36-43), Virgil's Dido, and Cleopatra », *Novum Testamentum* 60 (2011) 1-13.

miracle du prophète Élisée, point que nous examinerons plus loin[128]. Mais comme il ne trouve rien de ce côté-là qui puisse explique ce nom de *Gazelle*, il se rabat un peu vite sur l'*Énéide* de Virgile, dont il croit reconnaître ici une réminiscence[129]. Sa démonstration, plutôt acrobatique, et disons même extrêmement forcée, ne présente aucun caractère probant, singulièrement dans ce passage précis où Luc suit de toute évidence une source très sémitisante bien éloignée de tout souci littéraire profane.

Il n'est pourtant pas très difficile de voir à quel texte biblique il est fait ici allusion car il n'y en a pas beaucoup qui parlent de *gazelle*. C'est un animal qui y est clairement identifié[130], ainsi que classé comme typiquement pur et

---

[128] *2 Rois* 4[32-37] (cf. *1 Rois* 17[17-24], épisode analogue dans le cycle d'Élie), péricope dont s'est déjà inspiré *Marc* 5[21-43] (ainsi que, parallèlement, *Matthieu* 9[18-26] et *Luc* 8[40-56]).

[129] Il part comme on l'a déjà vu, de l'idée que le nom du paralytique de Lydda constituerait, dans l'économie générale de l'œuvre de Luc « une sorte de poteau indicateur littéraire » indiquant la direction que va bientôt prendre l'Évangile, en direction de la ville de Rome. Il relève ensuite un passage de l'*Énéide*, chant IV, où le futur fondateur de Rome, de passage en Afrique sur la route de l'Italie, y rencontre la reine phénicienne Didon en train de fonder Carthage. Il lui inspire un amour passionné que le poète compare (4, 68-73) à la flèche dont un berger aurait atteint une *biche* (latin *cerva*). Mais il finit par la quitter et Didon se suicide. Virgile la décrit alors avec les mêmes traits que la reine d'Égypte Cléopâtre à la veille de son propre suicide (*Énéide* 4, 644 et 8, 709), elle aussi compagne avant cela de Marc-Antoine. Cela suffit à Kochenash pour imaginer que Luc compare ici discrètement Pierre autant à Énée qu'à Marc-Antoine et Auguste. En route vers la gloire, ces Romains machistes ont laissé derrière eux, sans beaucoup de scrupule, bien des cadavres de pauvres biches, ce qui n'est pas le cas de Pierre, qui au contraire ressuscite de son côté une gazelle, quelques années avant que Paul ne se rende à Rome.

[130] L'hébreu *tsebi* (צבי) est régulièrement rendu par le grec *dorcas* (δορκάς). La version des Septante y fait exception en 2[7] et 3[5] où l'hébreu בצבאות, « par les gazelles » est vocalisé de façon aberrante et rendu par le grec aberrant ἐν δυνάμεσι, *én dunamési*, « par les forces armées », mais

consommable[131], ce qui explique qu'on en consommait à la cour de Salomon[132]. Certains guerriers lui sont comparés pour leur agilité[133]. On compare aussi deux situations morales désespérées à celle d'une gazelle entre les mains du chasseur[134]. Rien de tout cela ne convient à notre propos, et il ne nous reste après cela que le *Cantique des Cantiques*.

Remarquons d'ailleurs que toute personne un peu familière des saintes Écritures, si elle cherche dans sa mémoire où il y est question de gazelle, songera d'abord à ce court poème. De fait on y trouve huit fois le mot de *gazelle*, soit autant que dans tout le reste de la Bible[135].

La résurrection de Tabitha. Incipit de la *Première lettre de Pierre*
(Manuscrit 1 de la Bibliothèque municipale de Nice, folio 284 verso, XIIIe siècle)

---

toutes les autres versions grecques anciennes, Aquila, Symmaque, Théodotion et la *Quinta*, reviennent à une traduction plus normale de l'hébreu, ἐν δορκάσιν, *én dorkasin*, « par les gazelles ». Pour autant les modernes ne savent pas avec certitude s'il s'agit bien là de la gazelle, en non pas de l'antilope ou du chevreuil.

[131] *Deutéronome* 12$^{15.22}$, 14^5, 15^{22}.
[132] *1 Rois* 5^3.
[133] *2 Samuel* 2^{18} ; *1 Chroniques* 12^8.
[134] *Proverbes* 6^5 (la dette qu'on contractée en s'étant imprudemment porté caution) ; *Siracide* 27^{20} (la perte d'un ami dont on a trahi les secrets).
[135] *Cantique* 2$^{7.9.17}$, 3^5, 4^5, 7^3, 8$^{4.14}$.

97

Ainsi donc, les premiers chrétiens qui ont entendu du miracle de Joppé, à savoir de la résurrection d'une croyante nommé *Gazelle*, pour peu qu'ils en aient cherché la signification dans les saintes Écritures, se sont immédiatement tournés comme nous allons maintenant le faire, vers le texte du *Cantique des cantiques*.

23. Tabitha et le *Cantique des cantiques*

On sait que ce livre biblique tout spécial se présente comme un chant à voix alternées qui célèbre les amours du roi Salomon et d'une bergère. Son intégration au canon des Écritures a été discutée jusqu'au premier siècle de notre ère en raison même de ce caractère érotique. Il n'a fini par s'y imposer qu'à la faveur d'une interprétation purement allégorique, selon laquelle il évoquerait l'amour de Dieu pour son peuple, ou encore l'attente passionnée du Messie.

Nous avons déjà vu que l'auteur de l'*Apocalypse* s'inscrit dans cette tradition, puisque, pour colorer les quatre chevaux du Messie lépreux, il suit exactement l'ordre des couleurs qu'on trouve à la fois au chapitre de *Lévitique* qui traite des lépreux, et dans le portrait que le *Cantique* fait du Bien-Aimé.

Ce poème est plein d'images gracieuses, parmi lesquelles on trouve naturellement celle de la *gazelle*, animal, ainsi qu'on a pu l'écrire, « célèbre par la délicatesse de ses formes, la grâce de ses mouvements et l'éclat de ses yeux »[136]. La Bien-Aimée elle-même compare à trois reprises le Bien-Aimé à une gazelle mâle[137], et inversement celui-ci s'exclame deux fois : « Tes deux seins sont comme les deux faons jumeaux d'une gazelle qui paissent parmi les lis. »[138] Enfin et surtout nous en arrivons maintenant à un troisième et dernier refrain,

---

[136] A. Crampon, *Les Actes des apôtres* (Paris, 1872) 192.

[137] *Cantique* $2^{9.17}$ et 8^{14}.

[138] *Cantique* 4^5, 7^3.

qui revient lui aussi trois fois [139] : *Je vous adjure, filles de Jérusalem, par les gazelles ou par les biches des champs, n'éveillez pas, ne réveillez pas l'amour avant que cela ne lui plaise !*

Salomon et sa Bien-Aimée. Incipit du *Cantique des Cantiques*
(Manuscrit 18 de la Bibliothèque municipale de Reims, folio 149, vers 1130)

Ce refrain est d'interprétation délicate et discutée. Tout d'abord, comme il arrive souvent dans l'interprétation des chants antiques à voix alternées, il existe un doute sur l'attribution de cette parole. Qui parle ici ? Est-ce le Bien-Aimé, ou la Bien-aimée ? Par ailleurs le mot *amour* est-il pris ici au sens propre, ou bien signifie-t-il par métonymie la personne aimée, « mon amour » ? Il n'existe aucun consensus sur ces deux questions, qui ouvrent donc la voie à quatre

---

[139] *Cantique* 2^7, 3^5, 8^4.

interprétations possibles au moins de ce verset. Toutes ont été défendues par les uns et les autres au cours des âges.

Cependant, comme, deux versets plus loin c'est clairement le Bien-Aimé qui demande à sa compagne de se lever, il paraît plus naturel de comprendre le texte à la manière par exemple de saint Jérôme dans la Vulgate : « Je vous adjure, filles de Jérusalem, par les chevreuils et les cerfs des champs, de ne pas faire se lever ni de faire s'éveiller la Bien-Aimée (*dilectam*) jusqu'à ce qu'elle-même le veuille. »[140]. Notre propos n'est pas ici de trancher cette question dans l'absolu, à supposer que cela soit possible, mais seulement d'établir que le texte a pu être compris ainsi par les premiers chrétiens, qu'ils aient eu tort ou raison.

Ceci considéré, voici comment la T.O.B. traduit ce qui suit la première occurrence de ce refrain :

Cantique 2[7] [Le Bien-Aimé] *Je vous en conjure, filles de Jérusalem, par les gazelles ou par les biches de la campagne : N'éveillez pas, ne réveillez pas mon Amour avant son bon vouloir.*

Du point de vue de l'allégorie, il s'agit ici clairement d'un signal de résurrection, en grec ἀνάστασις, anastasis.

Plusieurs autres éléments du récit de la résurrection de Tabitha s'éclairent alors, à la lumière du *Cantique des cantiques*.

24. Le Saron

On comprend mieux dans cette perspective un détail autrement bizarre de la fin de l'épisode précédent : *Ayant vu cela, toute la population de Lydda et de Saron se tourna vers le Seigneur. Il y avait à Joppé une femme etc.*

---

[140] *Canticum canticorum* 3[5] : Adjuro vos, filiae Jerusalem, per capreas cervosque camporum, ne suscitetis, neque evigilare faciatis dilectam, quoadusque ipsa velit.

Pourquoi nous parle-t-on de *Saron* ici et seulement ici dans tout le Nouveau Testament ? On pourrait croire que c'est pour préparer la suite du récit, du point de vue topographique. En effet, ainsi que le notent tous les commentateurs, ce qu'on appelle *Saron*, c'est la seule plaine côtière de la Terre sainte. Elle était bornée à l'est par la ville de Lydda, aujourd'hui Lod, au sud par le port de Joppé, aujourd'hui Tel-Aviv, et au nord par le petit massif montagneux du Carmel un peu au-delà du port de Césarée. Or précisément Pierre va bientôt être appelé de Lydda à Joppé, puis de là à Césarée.

En réalité cette explication ne tient pas. D'abord il n'est pas bien certain que cette appellation sémitique de *Saron,* ou si l'on préfère, de *Sharon (שׁרון),* ait été à d'un usage général à l'époque qui nous occupe. Le mot n'apparaît que dans trois livres de la bible hébraïque, en tout seulement sept fois[141], et la vieille version grecque ne le traite que deux fois comme un nom propre en le translittérant Σαρών, *Sarôn*[142]. Deux autres fois elle le traduit par un nom commun, soit πεδίον, *pédion*, « plaine »[143] ou δρυμός, *drumos*, « chênaie »[144]. Voilà trois solutions bien différentes, entre lesquelles hésitent aussi les auteurs suivants. La version d'Aquila si on peut l'appeler version semble avoir mis partout « Saron »[145]. Celle de Symmaque traduisait au moins une fois « plaine »[146]. Quant à Flavius Josèphe, qui n'use jamais du terme de *Saron*, il appelle lui aussi ce secteur « la chênaie » ou encore « les chênaies »[147]. Trois siècles plus tard, Jérôme suit en général

---

[141] *Isaïe* 33⁹, 35², 65¹⁰ ; *1 Chroniques* 5¹⁶, 27²⁹ᵇⁱˢ ; *Cantique* 2¹.

[142] *Isaïe* 33, 9 (ὁ Σαρών) ; *1 Chroniques* 5¹⁶ (τὰ περίχωρα Σαρών), cf. *1 Chroniques* 27²⁹ᵇ (Σατραις ὁ Σαρωνίτης). Ailleurs elle l'omet, *Isaïe* 35², ou propose un autre texte, *1 Chroniques* 27²⁹ᵃ (ἐν τῷ Ασιδων).

[143] *Cantique* 2¹ : ἄνθος τοῦ πεδίου, « une fleur de la plaine ».

[144] *Isaïe* 65¹⁰ : ἐν τῷ δρυμῷ, « dans la chênaie ».

[145] Au moins en *Isaïe* 35² : τοῦ Σαρών, « du Saron », et *Cantique* 2¹ : καλύκωσις τοῦ Σαρών, « rose du Saron ».

[146] *Isaïe* 35² : τοῦ πεδίου, « de la plaine ».

[147] *Guerre de Judée* 1, 13, 2 (ἐπὶ τὸν καλούμενον Δρυμὸν) et *Antiquités judéennes* 14, 13, 3 §334 (δρυμοὶ δὲ τὸ χωρίον καλεῖται).

Aquila et se contente de transcrire par *Saron*[148], mais ne s'interdit pas non plus de porter *campus*, « la plaine »[149] ou *campestria*, « les plaines »[150].

Ainsi donc, autant qu'on puisse en juger, l'usage du mot *Saron*, pris comme un nom propre désignant la plaine littorale de la Judée, est très mal assuré à l'époque qui nous occupe. Il n'existe déjà plus qu'à l'état de vestige dans la vieille version grecque des Septante, trois siècles plus tôt. Même s'il a été remis à l'honneur par la suite, dans un contexte d'érudition biblique, par Aquila et Jérôme, et repris de nos jours par l'État israélien dans le cadre de sa mythologie nationale, il semble bien qu'il était sorti de l'usage à l'époque apostolique.

Aussi bien ce renseignement topographique, si c'est était un, ne serait pas clair. Sans quoi il n'aurait pas été nécessaire de nous indiquer encore après cela que Lydda et Joppé sont dans le même secteur : *Comme Lydda est proche de Joppé, les disciples avaient appris que Pierre était là et ils lui envoyèrent deux hommes, etc.* On voit bien par-là que le public auquel est destiné notre récit n'est pas supposé savoir que le secteur du Saron comprend notamment Joppé.

La question reste donc bien entière. Pourquoi cette mention du *Saron* ? Que vient faire ici ce toponyme scripturaire qui ne sert en rien à l'intelligence de l'action ? Il s'agit évidemment avant tout d'une allusion scripturaire. Et elle ne peut viser qu'un seul des rares textes où il apparaisse, à savoir le même passage du *Cantique des cantiques* où le Bien-Aimé, gazelle mâle, s'en vient réveiller sa compagne.

C'est ce fameux verset du *Cantique* où la Bien-Aimée, dans l'attente passionnée de son Chéri s'exclame : « Je suis la rose du Saron ! »

---

[148] *1 Chroniques* 5^{16} (in cunctis suburbanis Saron), 27^{29} (in Sarona... Setrai Saronites) ; Isaïe 33^9 ; 35^2 (Saron).

[149] *Cantique* 2^1 (Ego flos campi).

[150] *Isaïe* 65^{10}.

102

L'épouse sous l'espèce de l'âme individuelle. Incipit du *Cantique*
Manuscrit 7 de la Bibliothèque de Valenciennes, folio 19 verso, XVIᵉ siècle)

25. Tabitha et le bourgeonnement du monde à venir

La Bien-Aimée du *Cantique des cantiques* en effet n'est pas seulement une gazelle, mais encore une « fleur de la plaine » *(ἄνθος τοῦ πεδίου, anthos tou pediou)*, comme l'a compris l'ancienne version grecque dite des Septante. Les érudits se divisent sur l'identification de cette *fleur*, en hébreu בצלת, *batselet*. On a pensé à la rose, au safran des prés, au crocus, au narcisse, à l'amaryllis, etc.[151]. D'autres se cantonnent prudemment à l'idée générale de « fleur », à la suite des Septante et de la Vulgate[152]. Mais la meilleure traduction est sans doute celle du juif Aquila, qui, plutôt qu'une espèce de fleur, reconnaissait ici un moment de la floraison, « le bourgeonnement du Saron » (καλύκωσις τοῦ Σαρών, *kalukôsis tou Sarôn*)[153].

Ce bourgeonnement évoque avant tout le très jeune âge et la fraîcheur virginale de la Bien-Aimée, qui ne devait pas avoir beaucoup plus de douze ans. Tout cela est très explicite dans les allégories sexuelles de l'histoire sainte qu'on trouve par exemple au *Livre d'Ézéchiel*, où Dieu estime arrivé l'âge du mariage quand poussent les seins et le poil.

Ézéchiel (T.O.B.) 16[7] *Je t'ai rendue vigoureuse comme une herbe des champs ; alors tu t'es mise à croître et à grandir et tu parvins à la beauté des beautés ; tes seins se formèrent, du poil te poussa ; mais tu étais sans vêtements, nue.* [8] *En passant près de toi, je t'ai vue ; or tu étais à l'âge des amours. J'ai étendu sur toi le pan de mon habit et couvert ta nudité ; je t'ai fait un serment et suis entré en alliance avec toi,* etc.

Nous sommes au moment des épousailles mystiques de Dieu avec son peuple, ou du Messie et de son Église, ou encore, secondairement et plus tardivement, de la divinité et de l'âme individuelle.

---

[151] Quelques exemples en français : *le narcisse de Saron* (Rabbinat, Crampon, Jérusalem, Darby, Renan, Dhorme), *un narcisse de Saron* (Segond 1910), *un narcisse de la Plaine* (T.O.B.), *la rose de Saron* (Martin), *la rose du Sarone* (Liturgique), *l'amaryllis du Sharôn* (Chouraqui), *un safran de la plaine côtière* (Témoins de Jéhovah).

[152] ἄνθος τοῦ πεδίου (Septante), *flos campi* (Vulgate), *une fleur du Saron* (Français courant).

[153] Voici ce que dit Jérome de cette traduction, dans son propre *Commentaire sur Isaïe* au verset 35[2] : « ...ainsi que le rend d'une manière assez suggestive Aquila, καλύκωσις, ce qu'on pourrait rendre dans notre langue par : 'la rose en train de grossir et les pétales non encore déployés' (*ut significantius expressit Aquila, καλύκωσις, quam nos tumentem rosam et necdum foliis dilatatis possumus dicere*) ».

Le Messie et sa Bien-Aimée. Paraphrase du *Cantique*
(Manuscrit 173 de la Bibliothèque municipale de Mans, folio 33, XIIIe siècle)

Le *Targoum du Cantique des cantiques*, bien qu'il soit de composition très tardive[154], résume bien l'interprétation juive traditionnelle de ce passage, dans la paraphrase araméenne qu'il en fait : « *C'est l'assemblée d'Israël qui a dit : Quand le Seigneur du monde fait habiter Sa Présence parmi nous,* JE SUIS *comme* LE NARCISSE *frais* DU *jardin d'Éden* ET *mes*

---

[154] A.W. Litke, « Following the Frankincense : Reassessing the *Sitz im Leben* of Targum Song of Songs », *Journal for the Study of the Pseudepigrapha* 27 (2018) 289-313, situe sa rédaction en Italie vers le Xe siècle de notre ère.

actions sont belles comme LA ROSE DANS LA VALLEE *du jardin d'Éden.* »[155]

Voilà l'arrière-plan mystique qui accompagne notre récit à partir du moment où l'on parle du Saron, ce *Saron* où vit une *Gazelle*. Mais ce n'est pas tout.

26. Le chœur des veuves de Joppé

Dans le cadre allégorique sous-jacent à notre récit, nous avons donc le lieu de l'action : le Saron. Nous avons également déjà les deux protagonistes principaux, d'une part la Gazelle, et de l'autre le roi Messie, en la personne de Pierre, qui depuis la péripétie précédente ne nous apparaît plus que comme un agent de Jésus de Nazareth.

Mais voici maintenant un groupe supplémentaire de personnages. *On le fit monter dans la chambre haute, et toutes les veuves se tenaient devant lui en pleurs, lui montrant les tuniques et les manteaux que faisait la Gazelle quand elle était en leur compagnie.* Ce collège de veuves est à nouveau mentionné brièvement après le réveil de la Gazelle. *Et, rappelant les saints et les veuves, il la leur présenta vivante.*

Que vient faire ici ce chœur de femmes ? ou, pour le dire autrement et plus précisément, pourquoi a-t-on jugé ici nécessaire de mentionner leur présence ? Pourquoi ce détail a-t-il été retenu dans le cadre du récit de la fondation de la première communauté non juive ?

Depuis longtemps, on a remarqué que le récit de la résurrection de Tabitha ressemblait beaucoup à trois autres récits de résurrection, l'une opérée par le prophète Élie, l'autre par son successeur Élisée, et la troisième par Jésus de Nazareth[156]. Nous y reviendrons dans un prochain ouvrage.

---

[155] Cf. J. C. Treat, *The Aramaic Targum to Song of Songs. English Translation* (Philadelphia 2004), et F. Manns, « Le Targum du Cantique des cantiques. Introduction et traduction du codex Vatican Urbinati 1 », *Studium Biblicum Franciscanum. Liber Annuus* 41 (1991) 223-301.

[156] *1 Rois* 17[17-24] ; *2 Rois* 4[18-37] ; *Marc* 5[22-43] ; *Matthieu* 9[18-26] ; *Luc* 8[40-56].

Tous ces récits effectivement présentent d'étroites similarités qui ne peuvent être le fait du hasard. Ils suivent le même patron. Le récit de la résurrection de Tabitha suit ce même canevas. Mais il est le seul à mettre en scène, autour de la miraculée, un collège de personnes avec lesquelles elle avait vécu[157], en l'occurrence un collège de femmes veuves.

Certains auteurs comprennent ici, non sans contorsions[158], que ces veuves sont des pauvresses, et que les vêtements qu'elles montrent à Pierre sont ceux que Tabitha avait tissés pour elles. Or ce n'est pas du tout ce que dit notre texte. Nous n'y lisons pas en effet que ces veuves montrent les vêtements que Gazelle avait tissés *pour elles*, mais ceux qu'elle tissait *quand elle était en leur compagnie*. Très littéralement : *ceux que faisait (ὅσα ἐποίει) étant avec elles (μετ' αὐτῶν οὖσα) la Gazelle (ἡ Δορκάς)*. C'est très différent. On nous dit ici explicitement que Tabitha vivait *avec (μετά)* ces veuves. C'est d'ailleurs ce que portent toutes les traductions.

---

[157] Dans le récit du miracle d'Élie, aucun témoin sinon la mère du garçon mort. Pour celui d'Élisée, en sus de la mère de l'enfant mort, mention de son serviteur Guéhazi. Pour celui de Jésus, *Matthieu* ne mentionne, outre le père de l'adolescente, que les joueurs de flute et la foule, qui tous sont écartés. *Luc* et *Marc* mentionnent seulement Pierre, Jacques et Jean, ainsi que le père et la mère de l'adolescente.

[158] E. Jacquier, *Les Actes des Apôtres* (Paris, 1926) 308-309 : « Ces veuves étaient probablement les indigentes dont la communauté prenait soin, cf. VI, 1, et qui étaient à la charge de Dorcas, ou peut-être les veuves-qui étaient associées aux bonnes œuvres de celle-ci. Cette seconde hypothèse parait peu probable, puisque les veuves montraient a Pierre *leurs* vêtements (sic) qui étaient l'œuvre de Dorcas. (…) χιτῶνας καὶ ἱμάτια [tuniques et manteaux], sans l'article, indiquent que l'on présentait à Pierre seulement des spécimens des travaux de Dorcas, ceux que portaient les veuves et d'autres destinés à de futures distributions » — C. K. Barrett, *Acts 1-14* (Edinburgh, 1994) 484 : « πᾶσαι αἱ χῆραι: they are mentioned not as an order (as perhaps in *1 Tim.* 5.9-16) but as poor. At a later period they helped to dispense the church's charity; here they are recipients of it. » Ces affirmations sont non seulement gratuites, mais totalement contraires aux données objectives du texte.

Aussi doit-on donner raison sans hésiter à ceux qui repoussent cette hypothèse gratuite, comme J. Renié[159] : « On pense généralement qu'il s'agit des bénéficiaires des largesses de Tabitha et l'on insiste plus que de raison sur le participe présent moyen ἐπιδεικνύμεναι, *épideïknumenaï*, "montrant", pour affirmer que les veuves portaient sur elles les vêtements qu'elles montraient à l'apôtre. Le terme (de veuves) peut aussi bien désigner une manière de communauté religieuse, dont Tabitha aurait été la préfète. »

L'idée qu'il s'agirait ici d'un exemple de charité chrétienne apparaît déjà chez saint Cyprien de Carthage vers 253, qui l'expose avec autant d'éloquence que de subtilité[160]. Mais elle ne repose en définitive que sur une version latine défectueuse de ce passage[161].

Au reste nous savons avec certitude que les toutes premières communautés chrétiennes comprenaient bien déjà des collèges de veuves officiellement reconnues comme telles[162].

---

[159] *Actes des apôtres* (Paris, 1949) 154.

[160] *De opere et eleemosynis* 6, 2-3, dont cette traduction par texte ainsi traduit par Louis-Ellies Du-Pin, *Traité philosophique et theologique sur l'amour de Dieu* (Paris, 1717) 277 : « Une femme, nommée Tabithe, qui s'emploioit à faire des aumônes et de bonnes œuvres, étant morte, on alla aussi-tôt querir saint Pierre. Cet Apôtre rempli de charité vint sans differer. Les veuves l'environnent en pleurant, et lui montrerent les robbes et les habits que la défunte leur avoit donné ; ses actions priant pour elle le plutôt que leurs paroles, S. Pierre crut qu'on pourroit obtenir ce qu'on demandoit de la sorte, et que Jesus-Christ ne manqueroit pas d'exaucer des veuves, en la personne desquelles lui-même avoit été vêtu. »

[161] Le grec ὅσα ἐποίει μετ' αὐτῶν οὖσα ἡ Δορκά, « que faisait étant avec elles Dorcas » devient curieusement en latin *quas faciebat illis Dorcas*, « que faisait pour elles Dorcas ».

[162] *Actes* 6^1 (pour la communauté de Jérusalem) et surtout *1 Timothée* 4$^{9\text{-}16}$ (où Paul définit les conditions d'admission dans ce collège). Nous ne tenons pas compte ici des doutes infondés qu'on a élevés, sans le moindre argument consistant autre qu'idéologique, contre l'authenticité les lettres de Paul à Timothée et à Tite, cf. B. Gineste, *Revue Thomiste* 95 (1995) 251-272 et 96 (1996) 67-106.

En revanche on comprend mal pourquoi Tabitha aurait ainsi réservé ses largesses à des veuves, en les refusant aux orphelins et autres indigents.

La seule chose qui ressorte donc clairement de notre récit, c'est que Tabitha avait vécu au milieu d'un collège de veuves, au sein duquel elle tissait des vêtements. Il s'arrange pour nous présenter une Gazelle entourée de ses compagnes alors qu'elle est plongée dans le sommeil de la mort. Pourquoi a-t-il été ainsi stylisé ?

N'est-il pas évident que c'est pour continuer un pesher du *Cantique des cantiques*, où, après que la Bien-Aimé a déclaré : « Je suis un narcisse de Saron » (2^1), on n'entend le Bien-Aimé s'adresser à ses compagnes en ces termes : *Je vous en conjure, filles de Jérusalem, par les gazelles ou par les biches de la campagne : N'éveillez pas, ne réveillez pas mon Amour avant son bon vouloir* (2^7).

Il nous reste à expliquer pourquoi elle nous est représentée comme tissant des vêtements en compagnie de ces veuves.

27. Tabitha filandière, tisserande et couturière

Nous venons de voir que les veuves de Joppé, réunies autour de la dépouille de leur compagne Tabitha, montrent à Pierre, pour preuve de ses mérites, les vêtements qu'elle tissait en leur compagnie, mais qu'il n'est pas nécessaire de supposer que ces vêtements aient spécialement été destinés à des indigents. En effet, dans l'Antiquité, pour faire l'éloge d'une défunte, il était bien suffisant de dire qu'elle avait passé sa vie à filer et à tisser.

Dans la société athénienne, c'était déjà l'occupation normale d'une mère de famille vertueuse[163].

---

[163] A. Wasowicz, « Miroir ou quenouille ? La représentation des femmes dans la céramique attique », *Collection de l'Institut des Sciences et Techniques de l'Antiquité Année* 377 (1989) 413-438, spéc. 433 : « On

Ève en filandière à côté d'Adam travaillant la terre
(Manuscrit 20 de la Bibliothèque Sainte-Geneviève, folio 1, 1330)

---

admet généralement que le filage, le tissage et la confection de vêtements étaient les principales occupations des femmes de la Grèce antique qui s'y adonnaient à la maison et que, loin d'être une fonction dévalorisante, c'était une fonction noble, symbolisant les vertus de la parfaite maîtresse de maison ».

On en a bien des exemples aussi dans des inscriptions funéraires romaines. Ainsi dans l'épitaphe de Claudia, du IIe siècle avant notre ère : *Elle a gardé la maison, elle a filé la laine*[164]. Ou encore cette autre, du second siècle de notre ère : *Ci-gît Amymoné femme de Marcus, la meilleure et la plus belle, fileuse de laine, pieuse, pudique, économe, chaste, casanière*[165].

L'habitude de travailler la laine était moins considérée comme une simple activité que comme une qualité morale, ainsi que le montrent bien des éloges funéraires, comme celui d'une dénommée Murdia, vers le règne d'Auguste : *Ma mère, que j'aimais plus que tout, méritait grand éloge, tant, par sa réserve, par son honnêteté, par son obligeance, par son travail de la laine (lanificio), par son exactitude, par sa loyauté, elle a été l'égale et l'image de toutes les femmes honnêtes, travaillant la laine (lanifica), pieuse, pudique, économe, chaste, casanière*[166].

L'empereur Auguste lui-même, qui se posait en tout comme modèle de des vertus traditionnelles, était particulièrement attaché à celle-ci, qu'il fit respecter par toutes les femmes de sa propre famille, selon son biographe Suétone : *Sa fille et ses petites-filles furent élevées avec tant de sévérité qu'il les habitua même au travail de la laine (lanificium) (...) Il ne portait guère d'autre costume qu'un vêtement d'intérieur confectionné par sa sœur, sa femme, sa fille et ses petites-filles*[167].

---

[164] *Corpus Inscriptionum Latinarum* I, 2, 1211 : ... domum servavit, lanam fecit... »

[165] *C.I.L.* VI, 11602 = *Inscriptiones Latinae Selectae* 8402 : *Hic sita est* Amymone Marci *optima et pulcherrima, lanifica, pia, pudica, frugi, casta, domiseda.*

[166] *C.I.L.* VI, 10230 : Eo majorem laudem ominum carissima mihi mater meruit, quod modestia, probitate, pudicitia, obsequio, lanificio, diligentia, fide, par similisque cetereis probeis feminis fuit, lanifica, pia, pudica, frugi, casta, domiseda.

[167] Vita Augusti 64 et 73 (traduction Jouhandeau).

Ainsi donc, comme le résume une historienne de la vie religieuse des femmes romaines, « C'est dans l'atrium, jadis unique pièce de la demeure, que la matrone, entourée de ses servantes, se livrait au travail qui témoignait de sa vertu. »[168]

Il n'en allait pas différemment dans le monde juif, s'il faut en croire le tableau que nous fait le *Livre des Proverbes* de la femme idéale.

Qui peut trouver une femme vertueuse ? Elle a bien plus de valeur que les perles. (...) Elle se procure de la laine et du lin, et travaille d'une main joyeuse. (...) Elle met la main à la quenouille, et ses doigts tiennent le fuseau. (...) Elle ne craint pas la neige pour sa maison, car toute sa maison est vêtue de cramoisi. Elle se fait des couvertures, elle a des vêtements de fin lin et de pourpre. Son mari est considéré aux portes [c'est-à-dire au marché], *lorsqu'il siège avec les anciens du pays. Elle fait des chemises, et les vend, et elle livre des ceintures au marchand. (...) Récompensez-la du fruit de son travail, et qu'aux portes* [au marché] *ses œuvres la louent*[169].

N'est-ce pas exactement ce qui se passe pour Tabitha ? Jusque dans la mort *ses œuvres la louent*.

Est-ce à dire que nous aurions seulement ici le portrait d'une bonne chrétienne, comme semble le croire par exemple Martin Dibelius ? À son avis, nous serions ici en présence d'une anecdote édifiante d'origine locale, dotée de sa logique propre. Devant tous ces détails inhabituels, dont il ne perçoit pas la signification ni le lien avec l'évènement qui se prépare à Césarée, il arrive à la conclusion qu'il s'agit là d'un matériel narratif purement local, caractéristique de la bonne bourgeoisie chrétienne, que Luc aura inséré ici un peu par hasard et pour meubler son récit du voyage de Pierre à

---

[168] N. Boëls-Janssen, *La vie religieuse des matrones dans la Rome archaïque* (Rome, 1993) 241-252 : « Le Lanificium » spéc. 241.

[169] *Proverbes* 31[10-31].

Césarée[170]. Plusieurs auteurs le suivent dans cette voie comme en dernier lieu Daniel Marguerat[171]. C'est aller un peu vite en besogne, et c'est là une lecture par trop naïve, non seulement du texte lui-même, mais encore de la réalité historique et humaine sous-jacente, car le filage, le tissage et la couture ne sont pas eux-mêmes des activités purement techniques ni insignifiantes.

28. Arrière-plan symbolique du filage et du tissage

Comme occupation principale de toute femme vertueuse, le tissage revêtait nécessairement une dimension religieuse. On l'associait autant à des représentations mythiques qu'à des pratiques cultuelles.

Dans le monde romain par exemple, on sait[172] que le rituel du mariage comprenait de pieuses invocations à Gaia Caecilia, personnage semi-légendaire qui avait dans le temple du dieu Semo Sancus une statue de bronze qui la représentait en filandière.

On l'identifiait, selon le grammairien Pompeius Festus, « à l'épouse du roi des Romains Tarquin l'Ancien, qui avait été d'une telle probité que les mariées entonnaient ce nom de bon

---

[170] « Style criticism of the book of Acts » (Göttingen, 1923), in *Studies in the Acts of the Apostles* (Londres, 1956) 1-25, spéc. 2-13 : « an independant story ... told in edifying style... a sort of portrait... a 'legend' which has a personal interest in Peter and Tabitha... »

[171] *Les Actes des apôtres* (1-12) (Genève 2015) 355 : « Au total (sic), le portrait de Tabitha est celui d'une femme connue, croyante et aisée, assumant le rôle caritatif du *patron* ou plutôt de la *matrona* dans la société gréco-romaine. » Par suite, comme Dibelius, il considère, p. 358, les épisodes de Joppé et de Césarée comme « deux ensembles traditionnellement indépendants ».

[172] N. Boëls-Janssen, *op. cit.*, 180-182.

augure, car on avait assuré qu'elle avait été la meilleure des filandières. »[173]

Qu'en était-il dans le monde juif ? Évidemment ce qui nous intéresse ici, c'est ce qu'il en était à l'époque qui nous occupe, car on sait bien que les Hébreux n'ont pas toujours été monothéistes. Il y a eu un temps où l'on révérait plus que le seul Yahweh dans le Temple de Salomon, et notamment sa compagne Ashéra, qui n'en fut chassée que vers 630 lors de la réforme opérée par le roi Josias. En ce temps-là des femmes juives tissaient dans une maison attenant au Temple des tentes à l'usage de cette déesse[174].

À partir du règne de ce même Josias, lors duquel on découvre opportunément dans le Temple un mystérieux *sépher ha-torah* ou « Livre de la Loi »[175], il s'impose dans le pays une nouvelle forme de religion. C'est un monothéisme strict qui ne reconnaît plus qu'une seule source de vérité et de légitimité, à savoir la Torah, telle qu'elle consignée dans le cinq premiers livres de la Bible.

Or il ne se trouve dans tout ce corpus sacré qu'une seule mention de filandières. C'est dans le passage du *Livre de l'Exode* où elles contribuent à l'édification du premier sanctuaire d'abord itinérant, qu'on appelle le Tabernacle, et sur le modèle duquel fut ensuite bâti le temple dit de Salomon.

Toutes les femmes qui avaient de l'habileté filèrent de leurs mains, et elles apportèrent leur ouvrage, des fils teints en bleu, en pourpre, en cramoisi, et du fin lin. Toutes les femmes

---

[173] S. Pompeius Festus, *De verborum significatione* 7, éd. Müler (Leipzig, 1839) 71-72 : *uxor Tarquinii Prisci regis Romanorum, quae tantae probitatis fuit ut id nomen boni ominis causa frequentent nubentes, quam summam asseverant lanificam fuisse.*

[174] *2 Rois* 23[7] : Il abattit les maisons des prostitués qui étaient près de la maison de Yahweh, et où les femmes tissaient des maisons pour Ashéra.

[175] *2 Rois* 22[8] (ספר התורה, βιβλίον τοῦ νόμου, librum legis).

dont le cœur était bien disposé, et qui avaient de l'habileté, filèrent du poil de chèvre.[176]

Qu'en fut-il dans le Temple de Jérusalem qui succéda au Tabernacle itinérant ? Nous venons de voir qu'on y employait des filandières ou couturières au moins jusqu'au règne de Josias. Mais cet usage persistait-t-il dans le second Temple, à l'époque qui nous occupe ? C'est bien ce que démontrent les quatre preuves suivantes.

1° La première de ces preuves se trouve dans l'ouvrage apocryphe qu'on appelle l'*Apocalypse de Syriaque de Baruch* et qui, de l'aveu commun, a été composé par un juif non chrétien après la destruction du Second Temple, vers le début du second siècle[177]. On y voit Baruch, compagnon de Jérémie, se lamenter sur la destruction du Premier Temple, en ces termes : *Et vous, prêtres, prenez les clefs du Sanctuaire, lancez-les vers les hauteurs du ciel et donnez-les au Seigneur en disant : « Garde toi-même ta maison, car nous voici devenus des intendants infidèles ». Et vous, vierges, qui tissez le lin et la soie avec l'or d'Ophir, hâtez-vous de prendre ces choses et jetez-les au feu, pour qu'il les rende à celui qui les a faites, pour que la flamme les porte à celui qui les a créées, de peur que les ennemis s'en emparent*[178].

2° La deuxième preuve s'en trouve dans un autre ouvrage apocryphe connu sous le nom de *Protévangile de Jacques*, et qui raconte la naissance et la jeunesse de la vierge Marie en brodant sur les données des Évangiles canoniques de *Matthieu* et de *Luc*. Dans ce récit qu'on date de la deuxième moitié du IIe siècle, et qu'on a pu qualifier de midrash haggadique chrétien, on voit la jeune Marie choisie avec d'autres jeunes filles pour tisser le voile du Temple.

---

[176] *Exode* 35[25-26] (version Segond).

[177] A. Caquot et M. Philonenko, « Introduction générale », *La Bible. Écrits intertestamentaires* (Paris, 1987) CXXII ; J. Hadot, « La datation de l'*Apocalypse syriaque de Baruch* », *Semitica* 15 (1965) 79-95.

[178] *2 Baruch* 10[18-19], traduction de J. Hadot, *op. cit.* (1987) 1488-1489.

Annonciation à la Vierge filant la pourpre
(mosaïque de l'église de Sainte-Marie-Majeure, vers 430)

Or il y eut un conseil des prêtres, disant : « Faisons un voile pour le Temple de Seigneur. » Et le prêtre dit : « Appelez-moi les vierges sans tache de la tribu de David » Et les serviteurs s'en allèrent et cherchèrent, et en trouvèrent sept. (...) Et ils les firent entrer dans le Temple du Seigneur. Et le prêtre dit : « Tirez au sort laquelle filera l'or, l'amiante, le lin, la soie, le bleu, l'écarlate et la pourpre véritable. » Et à Marie échurent la pourpre véritable et l'écarlate ; et, les ayant pris, elle s'en alla dans sa maison. (...) Or Marie, ayant pris l'écarlate, se mit à filer. (...) Et voici qu'un ange de tint devant elle, disant : « Ne crains pas, Marie, car tu as trouvé grâce devant le maître de toutes choses. » (...) Et Marie dit : « Voici la servante du Seigneur devant lui. Qu'il me soit fait selon ta parole. » Et elle travailla la pourpre et l'écarlate et les apporta au prêtre. Et, quand le prêtre les eut reçues, il la bénit et dit : « Marie, le Seigneur a exalté ton nom, et tu seras bénie parmi toutes les générations de la terre. »[179]

3° La troisième preuve s'en trouve dans la *Mishna*, où furent compilées, au début du IIIe siècle, des traditions orales rabbiniques généralement considérées comme fiables et remontant à la fin au Ier siècle. On y trouve, au traité *Shéqalim*[180], la tradition suivante, au sujet du rideau qui fermait le Saint des saints.

Rabbi Shiméon bien Gamaliel disait, au nom de rabbi Shiméon ben ha-Segan : « Le voile était épais d'une palme, et tissé en 72 lots, chaque lot de 24 fils, et long de 40 coudées, et large de 20 coudées, et fait par 82 jeunes filles[181]*et on en faisait deux chaque année, et il fallait 300 prêtres pour le baigner. »*

4° La quatrième preuve s'en trouve dans la *Tosephta*, autre compilation rabbinique de même époque que la *Mishna* ou environ, aussi au chapitre *Shéqalim* : *Les femmes qui tissaient*

---

[179] *Protévangile de Jacques* 10¹-12¹, traduction d'A. Frey in *Écrits apocryphes chrétiens. I* (Paris, 1997) 91-93. — Légende reprise par l'*Évangile du pseudo-Matthieu* 9¹⁻², qu'on date du VIe ou du VIIe siècle, cf. trad. J. Gijsel, in *Écrits apocryphes chrétiens. I* (Paris, 1997) 129.

[180] Mishna, *Shéqalim* 8, 5.

[181] La plupart des manuscrits sont ici fautif, le mot ריבות, « jeunes filles » ayant été lu erronément ריבוא, « myriades », non-sens. Les uns comprennent alors que le voile valait 820 000 *deniers*, les autres qu'il était composé d'autant de *fils*, solutions extravagantes, au point que ce passage est ensuite donné comme l'exemple même des exagérations qu'on trouve parfois chez les pères, Talmud de Jérusalem, traité *Shéqalim* 8, 5 (trad. Schwab, t. V, p. 321) ; Talmud de Babylone, traités *Hullin* 90b et Tammid 29b. Mais il est ici bien inutile de supposer ici une « censure » visant à gommer le rôle des femmes dans le Temple, comme le suppose l'exégète féministe Ṭal Ilan, *Mine and Yours Are Hers : Retrieving Women's History from Rabbinic Literature* (Leiden, 1997) 139-143 : « Women Weaving the Temple Curtain ».

le voile, la famille de Gormi qui faisait les pains de proposition et la famille d'Abtinos qui élaborait l'encens recevaient leur salaire de la salle du Trésor[182].

Il est donc bien établi qu'à l'époque de Tabitha, le filage et le tissage étaient comme l'image de la vertu et de la piété féminine. La figure typique de la femme honnête était celle de la filandière et tisserande du *Livre des Proverbes*. Et comme à Rome le prototype de la bonne filandière était la légendaire épouse du roi Tarquin, l'exemple à suivre pour les femmes juives était celui de leurs ancêtres qui avaient été assez habiles pour tisser le voile du Tabernacle, et celui de leurs contemporaines qui étaient jugées dignes de tisser celui du Temple d'Hérode.

Ce qui le confirme sans l'ombre d'un doute, c'est le midrash chrétien dont on vient de parler et qui sera composé deux ou trois générations plus tard, ce *Protévangile de Jacques*, où l'on voit la mère du Messie filer *la pourpre véritable et l'écarlate* au moment même où un ange vient recueillir son consentement pour la naissance du Messie. Car elle est alors en train de tisser les fils de ce rideau du Temple qui, selon l'*Évangile de Matthieu*, se déchirera au moment même de la mort de son fils[183]. Remarquons qu'elle tisse ce voile au moment même où l'enfant est conçu, ce qui fait résonner ce Psaume : *C'est toi qui as formé mes reins, qui m'as tissé dans le sein de ma mère.*[184] Voilà un bel exemple de Midrash, de récit créé par analogie littéraire autant que spirituelle, de récit qui, d'une part, fait résonner des textes, et qui, d'autre part, cristallise de longues méditations.

---

[182] Tosephta, *Shéqalim* 2, 6, traduction de J. Bonsirven, *Textes rabbiniques des deux premiers siècles chrétiens* (Rome, 1954) 241.

[183] *Matthieu* 27[50-51] : *Jésus poussa de nouveau un grand cri, et rendit l'esprit. Et voici, le voile du temple se déchira en deux, depuis le haut jusqu'en bas.*

[184] *Psaume* 139[12]. Voyez aussi au *Livre de Job* 10[11] : *Tu m'as revêtu de peau et de chair, tu m'as tissé d'os et de nerfs.*

Annonciation à la Vierge filant la pourpre
(Icône russe de Novgorod, dite d'Oustioug, XII\u1d49 siècle)

L'iconographie chrétienne d'Orient s'est emparé de ce récit allégorique d'autant plus facilement que l'art grec classique représentait déjà souvent les matrones athéniennes en filandières ou tisserande. De là le thème de la Vierge à la quenouille dans les scènes d'Annonciation des mosaïques byzantines[185], et des icônes orthodoxes comme la célèbre Annonciation d'Oustioug, du XIIᵉ siècle, où la Vierge touche l'Enfant qui est dans son sein de la même main droite qui tient la pourpre qu'elle est en train de filer.

Mais il nous faut maintenant revenir à Joppé et aux compagnes de Tabitha *alias* Dorcas.

29. Les filles de Jérusalem comme brodeuses

Revenons donc à l'arrière-plan symbolique du récit de la résurrection de Tabitha. Nous avons vu qu'il reprend la scénographie du *Cantique des cantiques*. En premier lieu en effet nous sommes dans le *Saron* (*Cantique* 2^1). En deuxième lieu nous y trouvons une *gazelle* (2^7, 3^5). En troisième lieu cette gazelle est entourée d'un chœur féminin comparable à celui des *filles de Jérusalem* (2^7, 3^5). En quatrième lieu elle est endormie et attend d'être réveillée (2^7, 3^5). En cinquième lieu elle va recevoir l'ordre : « Lève-toi » (2^{10}).

Comment faut-il entendre, dans ce cadre très précis, le portrait rétrospectif d'une Tabitha en train de tisser des vêtements au milieu de ses compagnes ? Éveille-t-elle elle aussi quelque écho dans le *Cantique des cantiques* ?

C'est bien ce qu'il semble, car on trouve aussi dans ce poème mention d'une activité manuelle commune au collège des *filles de Jérusalem*. C'est le passage où l'on voit arriver dans son palanquin le roi Salomon, figure du Bien-Aimé. Voici la traduction qu'en donne la T.O.B. Notons bien que, comme toutes les autres, cette traduction est en partie conjecturale, et en tout discutable.

Cantique $3^{9\text{-}10}$ *Le roi Salomon s'est fait faire un palanquin : de bois du Liban il a fait faire ses piliers ; en argent, son*

---

[185] Par exemple à Sainte-Sophie de Kiev.

appui ; en or, son siège ; en pourpre, son intérieur, arrangé amoureusement par les filles de Jérusalem. [186]

Quelle était l'interprétation allégorique traditionnelle de ce palanquin du roi Salomon ? On peut songer, d'emblée, au Temple de Jérusalem, du seul fait de la mention de *bois du Liban*. On sait en effet que ce prince avait fait venir à cet effet des cèdres de ce pays[187], et que, par la suite, dans la tradition interprétative juive, le seul mot de *Liban* pouvait, par une métonymie à tiroir, évoquer d'abord les cèdres qui y poussaient, puis le Temple qui en avait été bâti à Jérusalem[188].

Mais il reste à prouver que c'était bien le cas ici.

Or l'interprétation du verset 3^{10} du *Cantique des cantiques* est difficile[189]. On y trouve une description de palanquin subdivisée en quatre parties dont chacune a prêté à discussion : 1° les piliers ou colonnes, 2° le dossier ou reposoir, 3° la montée ou accès ou siège, 4° le milieu ou partie médiane ou dedans ou intérieur. On y trouve mention par ailleurs de quatre ou cinq matériaux, ou technique : A. le bois de cèdre, B. l'or, C. l'argent, D. la pourpre, et E. l'amour.

Une des questions qui se posent est de savoir si notre texte dit que tout le palanquin est en bois de cèdre, ou si c'en sont seulement les piliers. Dans le premier cas, l'ensemble du palanquin est constitué de bois de cèdre, ses colonnes

---

[186] C'était déjà en gros celle de J. Winandy, « La litière de Salomon (Ct. III 9-10 », *Vetus Testamentum* 15 (1965) 103-110 spéc. 110 : « Une litière s'est fait <faire> le roi Salomon : 'En bois du Liban seront ses colonettes, d'argent le châlit, en or le brancard, de pourpre l'intérieur, aménagé avec amour par les Filles de Jérusalem' »

[187] *1 Rois* 5^{6-11} ; *2 Chroniques* 2^{7-15}.

[188] G. Vermès, « Lebanon : The Historical Development of an Exegetical Tradition », in *Scripture and Tradition in Judaism. Haggadic Studies* (Leyde, 1961) 26-39.

[189] Au point que certains ne craignent pas de le corriger. La *Bible de Jérusalem* (1956, 1973, 1988), à la suite de H. Grätz, corrige *'ahabah* (אהבה), « amour », en *hobnîm* (הבני), « ébène » et supprime non moins arbitrairement « filles de Jérusalem », supposé doublon des « filles de Sion » du verset suivant]. La *New English Translation Bible* (2016) suppose ici un homographe du mot « amour » qui signifierait « cuir ».

d'argent, son dossier d'or, son siège de pourpre et son intérieur d'amour (sic) Cette interprétation est étrange à première vue, mais pourtant traditionnelle, depuis déjà la version grecque des Septante. De fait elle n'est pas dérangeante dans le cadre d'une interprétation allégorique qu'elle semble au contraire rendre nécessaire.

La deuxième interprétation, beaucoup plus naturelle, est celle qu'adopte la T.O.B. Ce sont plus précisément les piliers du palanquins qui sont en bois de cèdre (effectivement plus solide que l'argent), le dossier qui est en argent et le siège en or, tandis que c'est l'intérieur qui est de pourpre (ce qui là aussi se comprend mieux que dans l'hypothèse précédente). Quant à l'amour ressenti ou exprimé par les *filles de Jérusalem*, il semble expliquer la manière et le motif de cet aménagement intérieur.

La deuxième question qui se pose est le sens exact du mot que la T.O.B. rend par « arrangé » (*arrangé amoureusement par les filles de Jérusalem*). C'est en hébreu *ratsoup (רצוף)*, participe passé qal du verbe *ratsaph (רצף)*, verbe tellement rare qu'on ne le trouve que dans ce passage. Il semble signifier, d'après la comparaison avec d'autres langues sémitiques, « arranger, aligner, joindre, assembler ».

Une première tradition interprétative, déjà attestée par la vieille version grecque dite des Septante, y voit une image précisément minérale. Elle semble inspirée par un rapprochement avec un nom de la même racine, *ritspah (רצפה)*, qui dans toutes ses occurrences scripturaires signifie « pavement ». On arrive alors à des traductions du genre de celle de la Septante : « En son intérieur, un pavement, amour de la part des filles de Jérusalem » (Septante[190]). À partir de

---

[190] Septante : ἐντὸς αὐτοῦ λιθόστρωτον ἀγάπην ἀπὸ θυγατέρων Ιερουσαλημ. — Autre version appelée *Quinta* : τὸ μέσον αὐτοῦ ἐψηφολόγησεν, « le milieu, il l'a mosaïqué » (En ce sens, belle imagination de Giovanni Diodati en 1649 : *E il mezzo di essa figurato a lavoro di mosaico dell'effigie di colei ch'egli ama, Fra le figliuole di Gerusalemme.*

là, l'exégèse grecque se perd dans les nuages. Ainsi le commentaire de Nil d'Ancyre[191] vers 400, et celui de Théodoret de Cyr[192] vers 430, qui fondent en grande partie leurs interprétations allégoriques de ce passage sur le thème de la *pierre* pourtant totalement absent de l'original hébraïque.

Or il est bien imprudent de spécifier autant le sens d'un verbe par ailleurs inconnu sans y être invité par le contexte. C'est comme si, partant du mot français *couvreur*, on en concluait que le verbe *couvrir* signifiait nécessairement « revêtir de tuiles » [193]. Il découle de cette observation une deuxième catégorie de traductions qui usent de verbes moins spécifiques tels que couvrir, agencer, arranger, aménager, orner, parer, décorer, etc.[194]

Enfin, une troisième tradition interprétative prête à ce verbe trop rare une signification d'ordre textile. Ceux qui l'adoptent paraissent l'induire tout simplement du contexte, qui attribue la dite action à des jeunes filles. Autant en effet il est incongru

---

« Et en son milieu une mosaïque à l'image de celle qu'il aime, parmi les filles de Jérusalem. ») — Calmet 1713 : « le dedans est pavé d'amour de la part des filles de Jérusalem ». — Darby 1855 : « son intérieur pavé d'amour par les filles de Jérusalem ». — Roosz 2014 : « son milieu incrusté d'amour venant des filles de Jérusalem », etc.

[191] Commentaire édité par M.-G. Guérard (Paris, 1994) 354-355 (qui imagine par ailleurs que cette litière de Salomon est une allégorie de Paul).

[192] Commentaire réédité par Migne in *PG* 81 (Montrouge, 1864) 125.

[193] J. H. Alsted, *Trifolium propheticum* (Herborn, 1640) 18 : *Stratum.* רָצוּף. Non rectè redditur pavimentatum. Etsi enim רְצוּפָה est pavimentum, tamen רָצַף significat *stravit. Amore ex filiabus Jerusalem.* Sensus est : Medium lecticae stratum est amore filiarum Jerusalem, seu dilectione illarum tesselatum (mosaïqué), i.e. à filiabus Hierosolymitanis egregiè fuit concinnatum (agencé).

[194] Vulgate : *media caritate constravit propter filias Hierusalem*, « Les patries médiane, c'est d'amour qu'il les a jonchées, à cause des filles de Jérusalem ». — Olivétan 1535 : « le millieu d'iceluy assorty de dilection pour les filles de Jerusalem ». — Sacy 1677 : « Et il a orné le milieu de tout ce qu'il y a de plus aimable, en faveur des filles de Jérusalem ». — Rabbinat (Kahn) 1906 : « L'intérieur en a été paré avec amour par les filles de Jérusalem », etc.

d'imaginer des jeunes filles de ce temps en train de procéder à des opérations de pavage, ou même de carrelage, autant il est naturel de se les représenter en train de filer, de tisser, de coudre, de broder ou de tapisser[195].

Maintenant, si l'on revient à la question précédente, relative aux différents matériaux utilisés pour chaque partie du palanquin, on se souviendra que la T.O.B. interprète le texte d'une manière qui satisfait mieux que les autres au contexte et au bon sens. Elle rapporte en effet la mention de la pourpre non pas à ce qui la précède, mais à ce qui la suit. Ce matériau n'aurait donc pas servi, comme on le comprend généralement, à la fabrication du siège, qui était pour sa part d'or, mais bien plutôt à l'aménagement intérieur du palanquin. Ainsi tout devient clair. Il s'agit bien d'une activité textile des *filles de Jérusalem*. Le roi Salomon s'est bâti un palanquin, avec des colonnes de cèdre, un dossier d'argent et un siège d'or, mais ce sont elles qui en ont aménagé l'intérieur, précisément en l'ornant de pourpre. Autant le contexte que le bons sens plaident en faveur de cette interprétation.

Fort bien. Pour autant, est-ce bien ainsi que paraissent l'avoir compris les juifs pieux du premier siècle ? Est-ce sur cette base qu'ils développaient leurs interprétations allégoriques de ce passage ? En tout cas c'est bien ainsi que l'entend le *Targoum du Cantique*, cette paraphrase araméenne dont nous avons déjà fait mention et usage lorsque nous parlions du Saron comme lieu de l'action.

---

[195] Segond 1910, Crampon 1923, Luzzi 1927 : « Au milieu est une broderie, œuvre d'amour des filles de Jérusalem ». — Buzy 1950 : « le milieu est brodé, gage d'amour des filles de Jérusalem », — Dhorme 1950 « Son intérieur fut tapissé avec amour par les filles de Jérusalem ». — Chouraqui 1985 : « son intérieur tapissé d'amour par les filles de Ieroushalaîm », etc. — Cf. J. Winandy, *op. cit.*, (1965) 109.

30. Signification traditionnelle du palanquin de Salomon

Ce targoum, que tout le monde peut désormais consulter facilement[196], présente une particularité très notable. Il s'astreint à reconnaître dans le *Cantique des cantiques* une allégorie absolument continue de l'histoire des Hébreux, depuis leur sortie d'Égypte jusqu'à la fin des temps. Il découle de ce parti pris, naturellement, bien des contorsions, des incohérences dans le traitement du texte et des interprétations qui peuvent paraître très arbitraires au cas par cas, ce qu'il faut bien garder à l'esprit en en utilisant les matériaux.

Ceci considéré, il est tout à fait remarquable de constater que dans ce système très strict, on pourrait même dire millimétré, le verset 3^{10} dont nous sommes en train de parler correspond très exactement dans l'histoire sainte au moment où le roi Salomon édifie le premier Temple de Jérusalem.

Le *palanquin* dans son ensemble y est interprété comme le Temple lui-même. Ses *piliers* évoquent l'Arche d'Alliance qu'il abrite. Le *dossier* d'argent et le *siège* d'or représentent les deux tables de la Loi que Moïse avait rangées dans l'Arche. À cet égard il faut remarquer que le targoum découpe le texte exactement comme propose de le faire la T.O.B., de sorte notamment que la mention de la *pourpre* est rapportée sans aucun doute possible au voile ou rideau qui était tendu entre le Saint et le Saint des saints pour soustraire aux regards profanes l'Arche d'Alliance : *Il les couvrit en étendant un voile de couleur azur et POURPRE* [197].

Le targoum, pour expliquer le mot *pourpre* employé par le *Cantique*, l'insère dans une phrase de sa façon qui reprend un autre récit de l'Écriture, celui de la construction du Temple par Salomon, où apparaît le même mot de pourpre pour

---

[196] On trouvait en ligne, en 2021, au moins les traductions déjà mentionnées, en français de F. Manns, et en anglais de J. C. Treat.

[197] Traduction de F. Manns, *op. cit.*, p. 278.

qualifier de voile du Temple : *Il fit le voile en étoffe d'azur, de pourpre, de cramoisi et de byssus, et y broda des chérubins*[198].

Et ce dernier texte, naturellement, faisait lui-même écho au passage de la Torah où Moïse reçoit de Dieu lui-même des consignes très strictes au sujet de ce rideau originellement destiné au sanctuaire itinérant qu'on appelle la Tente ou Tabernacle : *Tu feras ensuite un voile en étoffe d'azur, de pourpre, d'écarlate et de lin retors ; on le fabriquera artistement, en le damassant de chérubins. Tu le suspendras à quatre piliers de chittîm, recouverts d'or, à crochets d'or, et soutenus par quatre socles d'argent. Tu fixeras ce voile au-dessous des agrafes : c'est là, que tu feras entrer l'arche du Statut, et le voile séparera ainsi pour vous le sanctuaire d'avec le Saint des saints, dans l'enceinte protégée par le voile*[199].

En fait il existait d'autres interprétations allégoriques du palanquin de Salomon. Mais ces applications concurrentes étaient loin d'être contradictoires. Elles nous ont été transmises, au nombre de cinq, par une compilation rabbinique appelée *Midrash Rabbah*[200]. Ce sont, dans l'ordre suivi par ce recueil : 1° le Tabernacle dont Dieu avait ordonné la construction à Moïse ; 2° le Temple construit par Salomon à Jérusalem pour remplacer le dit Tabernacle ; 3° l'Arche d'alliance qu'ils avaient abritée successivement ; 4° le monde créé dans son ensemble ; et enfin 5° le Trône de Gloire sur lequel Dieu règne au milieu de sa cour céleste (trône dont Ézéchiel nous montre qu'il peut se transformer en char).

---

[198] *2 Chroniques* 3[14], traduction de Zadoc Kahn, dite du Rabbinat.

[199] *Exode* 26[31-33], traduction du Rabbinat.

[200] P. R. Junkermann, *The Relationship between Targum Song of Songs and Midrash Rabbah Song of Songs* (Manchester, 2010) 255-267 : « Appendix 3. Midrash Rabbah Song of Songs III :19-23 (Song of Songs 3 :9-10) » (texte et traduction). — M. Simon, *Midrash Rabbah. The Song of the Songs* (Londres, 1939) 164-171.

Dans tous les cas on applique sans difficulté à Dieu ce qui est dit de Salomon[201], dont le palanquin représente une résidence de la gloire divine. Cette variété d'application est loin d'être gênante, parce que tous ces lieux et structures ont toujours été ressentis comme se reflétant les uns dans les autres. Dès qu'il le peut, du reste, le midrash voit dans la mention de la *pourpre* une allusion au voile du Temple[202], exactement comme le targoum, ce qui démontre à quel point cette exégèse était profondément enracinée dans la tradition interprétative du *Cantique*.

31. Identification traditionnelle des *Filles de Jérusalem*

De même que le récit que nous ont conservé les *Actes des Apôtres* nous montre Tabitha-Gazelle entourée d'un collège de veuves jusque dans le sommeil de la mort, de même le *Cantique des cantiques* nous montre la Bien-Aimée entourée du chœur des *Filles de Jérusalem*[203], spécialement quand elle est endormie.

C'est à elles que s'adressent alternativement la Bien-Aimée[204] et le Bien-Aimé[205], chacun trois fois. Ce dernier ne leur demande qu'une chose, c'est de ne pas la réveiller, évidemment parce que c'est à lui qu'il revient de le faire.

---

[201] On le fait sur la double base de ce verset, *2 Chroniques* 22[10] : *Salomon (Shelomoh) sera son nom (shemô), et je donnerai paix (shalôm) et tranquillité à Israël pendant ses jours*, et d'un raisonnement *a fortiori* typiquement rabbinique : Si le nom de Salomon lui a été donné parce que son règne serait paisible et prospère, à plus forte raison convient-il à Dieu.

[202] À savoir dans les trois premiers cas. Lorsqu'il est question du monde dans son ensemble ou du trône de gloire, et qu'on ne peut songer directement à ce voile, on renvoie à son équivalent cosmique traditionnel qui est le ciel, cf. A. Pelletier, « Le grand rideau au décor sidéral du temple de Jérusalem », *Journal des savants* 1 (1979) 53-60.

[203] *Cantique* 1[5] ; 2[7] ; 3[5.10] ; 5[8.16] ; 8[4] בנות ירושלם, θυγατέρες Ιερουσαλημ, filiae Jerusalem) — ou encore : les *Filles de Sion* 3[11] בנות ציון, filiæ Sion).

[204] *Cantique* 1[5], 5[8.16].

[205] *Cantique* 2[7], 3[5], 8[4].

127

Enfin les *filles de Jérusalem* sont mentionnées une septième fois comme ayant participé à la fabrication du palanquin de Salomon. Quelle signification donnait-on à ce collège des *filles de Jérusalem*, à l'époque des premiers chrétiens ? Est-il même possible de le savoir ? Nos sources en matière sont surtout le *Targoum* et le *Midrash* du *Cantique*, qui, malgré leur caractère récent, ont pu nous transmettre quelque chose de l'exégèse juive ancienne.

Le *Targoum*, qui s'efforce d'appliquer le texte du *Cantique* aux différentes péripéties de l'histoire d'Israël, d'une manière à la vérité bien artificielle, est obligé, au fil de cette histoire, de trouver à ces *filles de Jérusalem* des identités extrêmement variables, ou, pour mieux le dire, totalement incohérentes. Il s'agit dans le premier cas de *tous les peuples*, auxquels s'adresse l'Assemblée d'Israël (1⁵). Dans deux autres cas, il s'agirait au contraire des *fils d'Israël*, autrement dit du *peuple de la maison d'Israël*, à qui s'adresseraient successivement Moïse (3⁵) et le Messie (8⁴). Ailleurs il s'agirait plus spécialement des *prophètes* qui tous ont prêché à Jérusalem, et auxquels s'adresserait, à nouveau, l'Assemblée d'Israël (5⁸·¹⁶). Enfin, dans le passage du palanquin, il s'agirait, quatrième expédient, des *villes de la terre d'Israël* auxquelles Jérusalem a été préférée pour l'établissement du Temple (3¹⁰). On voit que l'auteur de notre targoum ne dépend pas en la matière d'une tradition fixe. Il improvise à chaque fois une solution différente, pour arriver à faire parler le texte, autant que possible, des événements successifs de l'histoire sainte auxquels il songe. En résumé on ne peut en tirer rien de sûr en matière d'exégèse ancienne.

Le *Midrash Rabbah*, de son côté, ne s'efforce pas d'ajuster le texte du *Cantique* à un tel lit de Procuste. Son seul propos est de nous transmettre ce que, à sa connaissance, ont pu dire sur chacun de ses versets toutes les autorités anciennes du judaïsme.

Dans le passage qui nous occupe, et qui parle de l'intérieur du palanquin aménagé avec amour par les *filles de Jérusalem*, il n'en transmet qu'une seule interprétation : il s'agirait de ceux qui étudient et pratiquent la Torah[206].

Mais, en dehors de ce cas particulier, il ne connaît guère que la première des quatre interprétations du Targoum : les *filles de Jérusalem* sont, tout simplement, *les nations*, c'est-à-dire les peuples non-juifs.

Il en va de même chez Rashi, ce génial vigneron champenois qui fut au XIe siècle l'un des plus importants rabbins de toute l'histoire juive, et dont aujourd'hui encore les commentaires conservent une très grande autorité, non seulement parmi les juifs mais aussi parmi les chrétiens. Il vaut la peine de citer ici ce qu'en dit Paul Joüon dans son propre commentaire du *Cantique*.

« Rashi n'est que l'écho de la tradition quand il dit (à propos de *Cantique* 1⁵) : *L'Épouse appelle les nations : 'filles de Jérusalem', parce que Jérusalem doit devenir la métropole de toutes les nations, ainsi qu'il est écrit : 'Je te les donnerai comme filles' (Ézéchiel 16⁶¹)*. Pour Rashi, les filles de Jérusalem représentent toujours les nations »[207].

32. Incohérence de l'exégèse traditionnelle

En réalité, Paul Joüon se trompe. C'est bien l'interprétation que donne partout Rashi à cette expression[208], mais, dans le passage qui nous occupe, il est obligé par ses convictions religieuses de lui donner exactement le sens inverse. Il ne peut

---

[206] Cf. P. R. Junkermann, *op. cit* (Manchester, 2010) 262.

[207] *Le Cantique des Cantiques. Commentaire philologique et exégétique* (Paris, 1909) 90.

[208] Voici les gloses de Rashi à *Cantique* 5 : « Elle appelle les nations *fille de Jérusalem*, etc » ; 2⁷ : « *Je vous en conjure* : vous, les nations » ; 3⁵ : « *Je vous en conjure* : vous les nations, pendant que je suis exilé parmi vous » ; 5⁸ : « *Je vous en conjure* : vous les païens » ; 5¹⁶ : « *Je vous en conjure* : Maintenant, la congrégation d'Israël s'adresse aux nations. »

pas en effet imaginer que des non-juifs soient admis à participer à l'édification du sanctuaire, comme semble l'insinuer le verset 3[10].

Il s'en tire donc par une pirouette, en l'occurrence un jeu de mots. Ici, écrit-il, « les filles de *Jérusalem* (יְרוּשָׁלָיִם), ce sont les Israélites qui *craignent* (יְרֵאִים) et sont *de tout cœur* (שְׁלֵמִים) avec le Saint, béni soit-il. » On est là dans la pure logique du judaïsme tel qu'il s'est dessiné à partir du retour d'Exil, autour des seuls exilés revenus de Babylone, étant exclus tous ceux qui étaient restés au pays, accusés d'être purement et simplement des descendants d'immigrés païens, comme le rapportent le *Livre d'Esdras* et la tradition juive ultérieure.

Esdras 4[1] (T.O.B.) *Quand les ennemis de Juda et de Benjamin*[209] *apprirent que les déportés bâtissaient un temple au Seigneur, le Dieu d'Israël,* [2] *ils s'approchèrent de Zorobabel et des chefs de famille et leur dirent : « Nous voulons bâtir avec vous ! Comme vous, en effet, nous cherchons Dieu, le vôtre, et nous lui offrons des sacrifices, depuis le temps d'Asarhaddon, roi d'Assyrie, qui nous a fait monter ici. »* [3] *Mais Zorobabel, Josué et le reste des chefs de famille d'Israël leur dirent : « Nous n'avons pas à bâtir, vous et nous, une Maison à notre Dieu : c'est à nous seuls de bâtir pour le Seigneur, le Dieu d'Israël, comme nous l'a ordonné le roi Cyrus, roi de Perse.*

On notera que ce refus ne s'appuie sur aucune base scripturaire ni théologique explicite. Il ne tire curieusement

---

[209] On voit ici qu'il s'agit d'une opposition héritée de l'ancienne division entre le royaume du sud, dit de Juda, qui intégrait le territoire des seules tribu de Juda et de Benjamin (autour de Jérusalem), et celui du nord, dit d'Israël, ou d'Éphraïm, qui regroupait le territoire des neuf autres tribus (autour de Samarie). La douzième tribu, celle de Lévi, n'avait pas comme on sait de territoire propre, était dispersée dans tout le pays où elle formait la caste sacerdotale des Lévites. On remarque que le *Livre d'Esdras* n'hésite pas à attribuer aux seuls « juifs » ou « Judéens » l'initiative des hostilités avec les futurs « Samaritains », et qu'elle n'a pas d'autre fondement que nationaliste et politique, sans aucun fondement scripturaire ni justification théologique quelconque.

prétexte que de l'ordonnance d'un roi païen. Et cependant le narrateur prend visiblement fait et cause pour cette décision négative, en présentant d'emblée les auteurs de cette requête toute pacifique comme des *ennemis de Juda et de Benjamin.* Il ne conteste en effet ni la sincérité ni même le monothéisme de ces populations qu'on appellera bientôt les samaritains, mais seulement leur ascendance biologique, qui suffit à ce qu'il semble à en faire des *ennemis.*

Pourtant, le Temple de Salomon, selon le *Premier livre des Rois*, avait bien été bâti par des ouvriers de différentes origines, qui n'étaient même pas spécialement monothéistes. Certains avaient été envoyés depuis la Phénicie par Hiram roi de Tyr, et plus particulièrement depuis Guébal, *alias* Byblos, dont les artisans-charpentiers étaient réputés : *Et les bâtisseurs de Salomon et les bâtisseurs de Hiram et les Guébaliens taillèrent les pierres et préparèrent le bois pour construire la Maison*[210].

Mais la tradition judéenne ultérieure, puis juive, tend à gommer ce verset, qui gêne désormais. C'est déjà le cas, à l'époque du second Temple, lorsque l'auteur du *Deuxième livre des Chroniques* remanie ce récit en l'expurgeant de cette mention d'artisans étrangers ayant contribué à la construction du Temple[211]. De même le Targoum du *Premier livre des Rois* élimine du texte le nom propre des *Guébaliens*, rendu arbitrairement en araméen par le nom commun « maçons ».[212]

---

[210] *1 Rois* 5³². Cf. *Ézéchiel* 27⁹.

[211].Comparez *1 Rois* 5²⁰·²³·²⁷⁻³² ; 7¹³⁻¹⁴ avec *2 Chroniques* 2¹·⁶⁻⁹·¹²⁻¹⁷. On supprime la mention d'ouvriers d'Hiram roi de Tyr et de Guébal (Byblos) travaillant à tailler le bois et la pierre de concert avec ceux de Salomon (*1 Rois* 5³²), pour les remplacer par un seul habile artisan d'origine tyrienne, qui a pour lui d'avoir une mère israélite, et donc d'être considéré de droit comme un israélite (*2 Chroniques* 2⁶⁻⁷·¹²⁻¹³, déplaçant et développant *1 Rois* 7¹³⁻¹⁴).

[212] À titre de comparaison, en français, les « maçons de la Creuse » n'ont jamais été appelé les creusois ni avant eux ceux du Limousin, ni les ramoneurs des savoyards.

La tendance sera encore plus forte dans la littérature rabbinique lorsque les chrétiens en viendront à tirer argument de ce verset, ainsi que de son contexte, en faveur de la construction d'un nouveau Temple spirituel ouvert à tous les peuples. C'est ce que fait par exemple Bède le Vénérable (à peu près à l'époque où, du côté juif, on commence à composer le Talmud) : « Si donc Salomon demande à Hiram de participer au chantier du Temple, c'est que, après son incarnation, lorsqu'il a entrepris de bâtir la maison qui lui est chère, à savoir l'Église, le Seigneur a sélectionné pour ce chantier des assistants non seulement parmi les juifs mais encore parmi les non-juifs »[213].

Les anciens exégètes anglo-saxons[214] continuent justement à s'en faire la remarque. Matthew Henry[215] par exemple, dès 1708, fait observer que déjà le prophète Isaïe s'inspirait de cette tradition dans sa prophétie d'une reconstruction à venir

---

[213] Bède le Vénérable († 735), *De Templo Salomonis* 2 (*PL* 91, cc. 739-741) : « Petit ergo Salomon in opere templi auxilium ab Hiram, quia cum veniens in carne Dominus, dilectam sibi domum, videlicet Ecclesiam, aedificare disponeret, non de Judaeis tantummodo, verum etiam de gentibus adjutores operis elegit. (…) Sidonii namque et Tyrii, quia gentilium fuere populi, merito in figura gentium accipiuntur. » — Passage repris mot à mot par Raban Maur († 856), *Commentaria in libros IV Regum* (*PL* 109, cc. 134-136).

[214] J. Gill, *Exposition of the Old Testament* (Londres, [1763¹], 1810) II 690 : « an emblem of the Gentiles concerned in the building of the spiritual temple, the church of Christ. » — *The Miniature Commentary* (Londres, 1840) 355 : « The temple was chiefly built by the riches and labour of Gentiles, which typified their being called into the church. » — Etc.

[215] M. Henry, *Exposition of the Old and New Testaments* (Londres, [1708¹] 1866) II 603 : « The evangelical prophet [Isaïe], foretelling the glory of the church in the days of the Messiah, seems to allude to this story, Isaiah 60:1-22, where he prophesies, 1° That the *sons of strangers* (such were the Tyrians and Sidonians) shall *build up the wall* of the gospel temple, Isaiah 60:10. Ministers were raised up among the Gentiles for the edifying of the body of Christ. 2° That *the glory of Lebanon* shall be brought to it to *beautify it*, Isaiah 60:13. All external endowments and advantages shall be made serviceable to the interests of Christ's kingdom. »

du Temple et de la Nouvelle Jérusalem. Elle nous montre les nations païennes y prendre une part active[216].

Les Filles de Jérusalem selon J. S. Crompton (*The Art Bible*, 1896)

C'est dans ce cadre qu'il faut comprendre le problème que rencontre l'exégèse juive placée face au verset 3^{10} du *Cantique des cantiques*. C'est pour cette raison que Rashi comme avant lui le Midrash sont forcés dans ce passage de donner à l'expression *les filles de Jérusalem* le sens exactement opposé à celui qu'ils lui reconnaissent partout ailleurs, sous peine de reconnaître que des non-juifs pourraient être admis à l'édification du Temple de Dieu, et même, pire que cela, à l'aménagement du Saint des saints.

Mais, pour les premiers chrétiens, confronté à l'évènement de Césarée, et à l'admission pleine et entière de non-juifs dans leur communauté messianique, quelle révélation lumineuse !

---

[216] *Isaïe* (T.O.B.) 60^3 *Les nations vont marcher vers ta lumière (...)* [7] *(...) Oui, je rendrai splendide la maison de ma splendeur. (...)* [10] *Les fils de l'étranger rebâtiront tes murailles, et leurs rois contribueront à tes offices. (...)* [13] *La gloire du Liban viendra vers toi, le cyprès, l'orme et le buis ensemble pour rendre splendide le socle de mon sanctuaire.*

L'Époux, l'Épouse et les Filles de Jérusalem
(Gravure sur bois pour le *Cantique des cantiques*, vers 1460)

Cantique des cantiques 5^9 *Qualis est dilectus tuus* o pulcherrima mulierum, « Comment est ton bien-aimé, ô la plus belle des femmes ? » — 5^{10} *Dilectus meus candidus et rubicundus electus ex millibus*, « Mon bien-aimé est blanc et rougeaud, choisi entre des milliers. » — 2^7, 3^5, 8^4 *Adjuro vos, filiae Jerusalem, per capreas cervosque camporum, ne suscitetis dilectam meam donec ipsa velit*, « Je vous conjure, filles de Jérusalem, par les biches et les cerfs des champs, de ne pas réveiller ma bien-aimée avant qu'elle ne le veuille. »

134

33. Sens de ce deuxième présage

En définitive, les choses sont donc beaucoup plus simples qu'il n'y paraît. Nous voici en présence d'un texte, le *Cantique des cantiques*, qui n'a été admis dans le canon des Écritures juives et chrétiennes qu'en vertu du principe, quoi qu'on puisse en penser, que sa signification véritable était allégorique.

Or, dans ce texte, nous voyons une jeune fille entourée d'un chœur féminin appelée les *filles de Jérusalem*. À partir du moment où cette jeune fille est identifiée dès le départ, du point de vue allégorique, au peuple juif personnifié, que peuvent être ses compagnes, *a priori*, que les autres peuples ? Et c'est bien ainsi que cette expression a toujours été interprétée.

Et maintenant, si l'on se place du point de vue des premiers chrétiens, confrontés à l'événement de Césarée, qui voient pour la première fois des non-juifs intégrés à la communauté messianique, comment ne pas interpréter en ce sens le verset du *Cantique des cantiques* qui nous montre non seulement la Bien-Aimée tisser le rideau du nouveau Temple, mais encore ses compagnes ?

Par suite tout devient clair dans le présage que constitue la résurrection de Tabitha à Joppé. Il réalise la prophétie du *Cantique des cantiques*, jusqu'alors inexplicable. Là où pousse le narcisse de Saron, une gazelle dort, entourée de ses compagnes, avec lesquelles elle était occupée à tisser. Et ce qu'elles tissaient, c'était le rideau du nouveau Temple que construit l'Esprit, où seront admis tous les hommes de bonne volonté, qu'ils soient juifs ou qu'ils ne le soient pas.

Tabitha représente dans ce mystère la communauté chrétienne originelle, tandis que ses compagnes, *filles de* la *Jérusalem* céleste à venir, représentent les non-juifs qui vont bientôt s'adjoindre à la communauté messianique, communauté, ainsi que nous l'indique explicitement le tout début de notre récit, *en cours de construction*[217].

Si l'on y regarde bien, le récit de la préhistoire et de la naissance de la communauté messianique de Césarée correspond étroitement à ce schéma. Dès le départ l'Italien Cornélius et les membres de sa maisonnée nous sont présentés comme gravitant dans l'orbite de la nation monothéiste, comme les filles de Jérusalem autour de la Bien-Aimée, *Actes* 10^2 : *Il était pieux et craignant Dieu, ainsi que toute sa maison, faisait au peuple d'abondantes aumônes et priait Dieu constamment* ; 10^{22} : *homme juste et craignant Dieu, de qui toute la nation judéenne rend bon témoignage.*

Ainsi donc les pieux travaux de couture des veuves de Joppé, réunies autour de Tabitha, évoquent bien l'aménagement intérieur du palanquin de Salomon par les *filles de Jérusalem*, compagnes de sa Bien-Aimée, c'est-à-dire la constitution de l'Église, corps du Christ, par les nations païennes réunies à la communauté originelle de Jérusalem. Et en effet, selon le symbolisme que nous a également transmis l'auteur de la *Lettre aux Hébreux* en termes explicites, le rideau du nouveau Temple, c'est bien le corps du Christ[218]. Ceci correspond bien aussi au midrash judéo-chrétien du *Protévangile de Jacques.*

Mais nous n'en avons pas fini sur cette question du « présage de la Gazelle » Le lecteur s'en sera sûrement fait la remarque. Il y subsiste encore deux difficultés.

La première, c'est que le *Cantique des cantiques* n'identifie jamais expressément la Bien-Aimée à une gazelle. Elle ne le fait que d'une manière indirecte. Seuls ses seins sont comparés *aux deux jumeaux d'une gazelle* (4^5, 7^3). Seul son

---

[217] *Actes* 9^{31} : οἰκοδομουμένη.

[218] *Hébreux* 10^{20} : *à travers le rideau, c'est-à-dire à travers sa chair (*διὰ τοῦ καταπετάσματος, τοῦτ' ἔστιν τῆς σαρκὸς αὐτοῦ).

Bien-Aimé est comparé lui-même expressément à une gazelle mâle, et d'ailleurs à deux reprises ($2^{7.9}$).

La deuxième de ces difficultés, c'est que notre récit contreviendrait ainsi à son usage constant, qui est de ne jamais renvoyer à un seul texte des Écritures. En d'autres termes, il serait bien étonnant que la communauté chrétienne se soit contentée du seul *Cantique des cantiques* pour reconnaître le dans le nom de Tabitha le présage d'un événement aussi important et fondateur que l'admission de non-juifs dans la communauté messianique. Et c'est pourquoi il nous faut réexaminer à cette lumière ce que la Torah dit des gazelles.

Le mot n'y apparaît que dans le *Deutéronome*, à quatre reprises, et toujours dans la même perspective alimentaire. Tout d'abord, la viande de gazelle est au nombre de celles dont la consommation est permise d'une manière générale[219]. Par ailleurs cette viande est l'exemple-type de celles qu'on peut consommer en dehors du cadre sacrificiel, c'est-à-dire de celles qui ne sont pas offertes en sacrifice au Temple de Jérusalem. Il est alors à chaque fois précisé qu'on peut en consommer sans prendre en considération les lois de pureté. En voici la formule consacrée et presque invariable : « Oui, tu pourras en manger comme on mange de la gazelle et du cerf ; l'homme qui est impur et celui qui est pur en mangeront ensemble. »[220]

Nous trouvons ici une confirmation étonnamment claire de tout ce que nous venons de découvrir. Et nous comprenons aussi par-là ce qui a amené Pierre et ses compagnons à rechercher dans le *Cantique des cantiques* une annonce voilée des événements de Césarée.

---

[219] *Deutéronome* (T.O.B.) 14^5 *Voici les bêtes que vous pouvez manger : le bœuf, l'agneau ou le chevreau, le cerf, la gazelle, le daim, le bouquetin, l'antilope, l'oryx, la chèvre sauvage.* ^{6} *Toute bête qui a le pied fendu en deux sabots et qui rumine, vous pouvez la manger.*

[220] *Deutéronome* (T.O.B.) 12^{22} ; cf. 12^{15} et 15^{22}.

Ce qui a paru profondément nouveau et choquant dans ces événements, aux yeux des premiers chrétiens de Jérusalem, c'est précisément ce point précis, *Actes* 11[3] : « Tu es entré chez des incirconcis et tu as mangé avec eux ! » Pierre lui-même en avait été le premier surpris, d'après ce qu'il en avait dit avant toute chose à la famille de Cornélius, *Actes* 10[28], « Vous savez comme il est illicite pour un juif de frayer avec un *étranger (ἀλλοφύλῳ, allophulô)* ou de l'approcher, mais Dieu m'a montré à moi qu'il ne faut appeler aucun homme *souillé (κοινὸν, koïnon)* ou *impur (ἀκάθαρτον, akatharton).* »

Pierre et ses compagnons se sont vite aperçu que selon le *Deutéronome* il n'est pas interdit à une personne *en état de pureté (καθαρὸς, katharos)* de manger avec une personne *en état d'impureté (ἀκάθαρτος, akathartos)* lorsqu'*on mange (ἔσθεται, ésthétaï)* de la *gazelle (δορκὰς, dorkas)* ou de la *biche (ἔλαφος, élaphos)* ou tout autre viande qui n'a pas été offerte en sacrifice au temple de Jérusalem. Ils ont ensuite remarqué que le *Deutéronome* le répète trois fois. Pour interpréter correctement cette déclaration de la Torah, et spécialement pour comprendre ce que venaient faire ici la viande de gazelle et la viande de biche, ils se sont spontanément tourné vers le reste des Écritures.

Parmi tous les Prophètes, ils n'ont trouvé que ce passage, *1 Rois* 5[3], où il est indiqué tout ce qu'on mangeait à la cour du roi Salomon, sans compter, dit l'Écriture, les *biches (איל, ayal, ἐλάφων, élaphôn)* et les *gazelles (צבי, tsebi, δορκάδων, dorkadôn)*[221].

Dans les Autres écrits, alias Hagiographes, alias *Kétoubim*, ils n'ont trouvé de même qu'un seul livre qui fasse mention à la fois des gazelles et des biches, à savoir le *Cantique des cantiques*, attribué au même Salomon. Et par une autre coïncidence un peu forte, et en tout cas assez forte pour être

---

[221] Dans le texte grec des Septante ce verset est sous le numéro 4[23]. L'hébreu massorétique y ajoute, certainement de manière secondaire, וברברים, ve-yakhmour, « et le daim ».

remarquée, ce tour énigmatique, comme dans le cas du Deutéronome, y est aussi répété trois fois à peu de distance. Il s'agit du refrain suivant, que nous avons déjà mentionné : *Je vous adjure, filles de Jérusalem, par les gazelles (בצבאות, be-tsebaot) ou par les biches (באילות, be-ayelot) des champs, n'éveillez pas, ne réveillez pas l'amour avant que cela ne lui plaise !*[222]

Résumons. Il est permis par la *Torah* à un homme pur de partager le repas d'un homme impur, spécialement quand on mange de la gazelle ou de la biche. Elle le répète trois fois à peu de distance. Par ailleurs, on lit dans les *Prophètes* qu'on mangeait de la gazelle et de la biche à la cour du roi Salomon. Enfin, on trouve dans les *Autres écrits* que le roi Salomon, figure du Messie, lui-même comparé par sa Bien-Aimée à une gazelle mâle, demande solennellement et à trois reprises aux Filles de Jérusalem, figures des nations non juives, de ne pas réveiller avant le temps voulu sa Bien-Aimé qui dort, et qu'il le leur demande bizarrement « par les gazelles ou par les biches ». On peut comprendre aussi : « dans les gazelles ou dans les biches », ou encore « au milieu des gazelles ou des biches », ou encore peut-être « au nom des gazelles ou au nom des biches ». Le sens de la préposition hébraïque *be-* est en effet assez flottant et extensible, et cela ne contribue pas à

---

[222] *Cantique* 2[7], 3[5], 8[4]. Le grec comprend ici le texte différemment, ce qui prouve au passage encore une fois que la source des *Actes* est au moins dans cette section totalement indépendante de la tradition hellénistique, et qu'elle ne suit que l'hébreu tel qu'il a été compris par le targoum araméen. Il comprend צבאות non pas comme le pluriel de צבי, *tsebi*, « gazelle », mais comme celui de צבא, *tsaba*, « armée » (comme dans le nom divin *Yahweh Sabaoth*), et dans la foulée il comprend אילות, *ayelot, non pas comme le pluriel de* איל, ayal, « biche », mais comme celui de איל, eyal, « auxiliaire », et il traduit de la sorte, littéralement, « dans les *forces (armées) (δυνάμεσιν, dunamésis)* et dans les *puissances (ἰσχύσεσιν, iskusesin)* du champ (de la campagne) ». Le Midrash Rabba du Cantique connaît cependant cette double vocalisation, éd. M. Simon, *Midrash Rabbah. The Song of the Songs* (Londres, 1939) 113.

la clarté de ce passage que personne n'a jamais pu expliquer de manière satisfaisante.

Il est donc difficile de savoir exactement quelle interprétation allégorique Pierre et ses compagnons tiraient de ce triangle scripturaire-ci, qui se dessine en tout cas avec une extraordinaire netteté.

Cependant on pouvait notamment en conclure que le réveil de la Bien-Aimé par le roi Messie serait marquée par un festin où tout le monde serait invité, pur ou impur, juif comme non-juif. On pouvait également supposer qu'à ce festin royal on mangerait de la gazelle mâle. On pouvait encore penser que cette viande de gazelle offerte à tous, sans considération de pureté légale, ce serait le corps même du roi-Messie.

À l'appui de ces interprétations étonnantes on pouvait évoquer ce qu'en dit la Bien-Aimée à son Bien-Aimé en des termes qu'il était possible pour les premiers chrétiens d'appliquer allégoriquement au repas eucharistique sous ses deux espèces, le pain et le vin.

Cantique 1[2] : *Tes baisers sont plus doux que le vin (יין, yayin, οἶνον, oïnon),* ou encore, 2[3] : *Son fruit (פרי, peri, καρπὸς, karpos) est doux à mon palais,* et enfin 2[9] : *Mon chéri est comparable à une gazelle ou à un faon de biche* ; 8[14] : *Échappe, mon chéri ! Et sois comparable, toi, à une gazelle ou à un faon de biche, sur des monts embaumés.*

Tout ceci est bien mystérieux à la vérité, et dépasse de loin tout ce que nous pouvons expliquer ou espérer comprendre, pour notre part. Mais c'est pourtant bien très exactement, selon l'*Évangile de Jean*, ce que Jésus de Nazareth aurait enseigné à Capharnaüm, juste après le prodige de la multiplication des pains.

Jean (T.O.B.) 6[26] *Jésus leur répondit : « En vérité, en vérité, je vous le dis, ce n'est pas parce que vous avez vu des signes que vous me cherchez, mais parce que vous avez mangé des pains à satiété.* [27] *Il faut vous mettre à l'œuvre pour obtenir non pas cette nourriture périssable, mais la nourriture qui demeure en vie éternelle, celle que le Fils de l'homme vous donnera, car c'est lui que le Père, qui est Dieu, a marqué de son sceau. »* [28] *Ils lui dirent alors : « Que nous faut-il faire pour travailler aux œuvres de Dieu ? »* [29] *Jésus leur répondit : « L'œuvre de Dieu c'est de croire en celui qu'Il a envoyé. »* [30] *Ils lui répliquèrent : « Mais toi, quel signe fais-tu donc, pour que nous voyions et que nous te croyions ? Quelle est ton œuvre ?* [31] *Au désert, nos pères ont mangé la manne, ainsi qu'il est écrit : « Il leur a donné à manger un pain qui vient du ciel. »* [32] *Mais Jésus leur dit : « En vérité, en vérité, je vous le dis, ce n'est pas Moïse qui vous a donné le pain du ciel, mais c'est mon Père qui vous donne le véritable pain du ciel.* [33] *Car le pain de Dieu, c'est celui qui descend du ciel et qui donne la vie au monde. »* [34] *Ils lui dirent alors : « Seigneur, donne-nous toujours ce pain-là ! »* [35] *Jésus leur dit : « C'est moi qui suis le pain de vie ; celui qui vient à moi n'aura pas faim ; celui qui croit en moi jamais n'aura soif.* [36] *Mais je vous l'ai dit : Vous avez vu et pourtant vous ne croyez pas.* [37] *Tous ceux que le Père me donne viendront à moi, et celui qui vient à moi, je ne le rejetterai pas,* [38] *car je suis descendu du ciel pour faire, non pas ma propre volonté, mais la volonté de celui qui m'a envoyé.* [39] *Or la volonté de celui qui m'a envoyé, c'est que je ne perde aucun de ceux qu'il m'a donnés, mais que je les ressuscite au dernier jour.* [40] *Telle est en effet la volonté de mon Père : que quiconque voit le Fils et croit en lui ait la vie éternelle, et moi, je le ressusciterai au dernier jour. »* [41] *Dès lors, les Juifs se mirent à murmurer à son sujet parce qu'il avait dit : « Je suis le pain qui descend du ciel. »* [42] *Et ils ajoutaient : « N'est-ce pas Jésus, le fils de Joseph ? Ne connaissons-nous pas son père et sa mère ? Comment peut-il déclarer maintenant : "Je suis descendu du ciel" ? »* [43] *Jésus reprit la parole et leur dit : « Cessez de murmurer entre vous !* [44] *Nul ne peut venir à moi si le Père qui m'a envoyé ne l'attire, et moi je le ressusciterai au dernier jour.* [45] *Dans les Prophètes il est écrit : Tous seront instruits par Dieu. Quiconque a entendu ce qui vient du Père et reçoit son enseignement vient à moi.* [46] *C'est que* nul n'a vu le Père, si ce n'est celui qui vient de Dieu. Lui, il a vu le Père. [47] En vérité, en vérité, je vous le dis, celui qui croit a la vie éternelle. [48] Je suis le pain de vie. [49] Au désert, vos pères ont mangé la manne, et ils sont morts. [50] Tel est le pain qui descend du ciel, que celui qui en mangera ne mourra pas. [51] « Je suis le pain vivant qui descend du ciel. Celui qui mangera de ce pain vivra pour l'éternité. Et le pain que je donnerai, c'est ma chair, donnée pour que le monde ait la vie. » [52] Sur quoi, les Juifs se mirent à discuter violemment entre eux : « Comment celui-là peut-il nous donner sa chair à manger ? » [53] Jésus leur dit alors : « En vérité, en vérité, je vous le dis, si vous ne mangez pas la chair du Fils de l'homme et si vous ne buvez pas son sang, vous n'aurez pas en vous la vie. [54] Celui qui mange ma chair et boit mon sang a la vie éternelle, et moi, je le ressusciterai au dernier jour. [55] Car ma chair est vraie nourriture, et mon sang vraie boisson. [56] Celui qui mange ma chair et boit mon sang demeure en moi et moi en lui. [57] Et comme le Père qui est vivant m'a envoyé et que je vis par le Père, ainsi celui qui me mangera vivra par moi. [58] Tel est le pain qui est descendu du ciel : il est bien différent de celui que vos pères ont mangé ; ils sont morts, eux, mais celui qui mangera du pain que voici vivra pour l'éternité. » [59] Tels furent les enseignements de Jésus, dans la synagogue, à Capharnaüm. [60] Après l'avoir entendu, beaucoup de ses disciples commencèrent à dire : « Cette parole est rude ! Qui peut l'écouter ? » [61] Mais, sachant en lui-même que ses disciples murmuraient à ce sujet, Jésus leur dit : « C'est donc pour vous une cause de scandale ? [62] Et si vous voyiez le Fils de l'homme monter là où il était auparavant... ? [63] C'est l'Esprit qui vivifie, la chair ne sert de rien. Les paroles que je vous ai dites sont esprit et vie. [64] Mais il en est parmi vous qui ne croient pas. » En fait, Jésus savait dès le début quels étaient ceux qui ne croyaient pas et qui était celui qui allait le livrer. [65] Il ajouta : « C'est bien pourquoi je vous ai dit : "Personne ne peut venir à moi si cela ne lui est donné par le Père." » [66] Dès lors, beaucoup de ses disciples s'en *retournèrent et cessèrent de faire route avec lui. [67] Alors Jésus dit aux Douze : « Et vous, ne voulez-vous pas partir ? » [68] Simon-Pierre lui répondit : « Seigneur, à qui irions-nous ? Tu as des paroles de vie éternelle. [69] Et nous, nous avons cru et nous avons connu que tu es le Saint de Dieu. »*

Il ne s'agit pas ici, évidemment, d'expliquer ce dernier enseignement, qui d'ailleurs ne le sera jamais d'une manière pleinement satisfaisante. Mais on ne peut que constater que son contenu essentiel est la seule explication que l'on puisse donner au triangle scripturaire que nous venons de mettre en évidence, derrière la mention appuyée que les *Actes des apôtres* font du nom de Tabitha, et de sa signification mystique[223].

Le présage de la résurrection de Tabitha, dans ce contexte, est celui de l'ouverture à tous du banquet messianique, et notamment aux *Filles de Jérusalem*, c'est-à-dire, selon l'interprétation traditionnelle, aux nations païennes.

Ainsi s'accomplit l'antique prophétie du *Deutéronome* 12[15] : *Quand tu en auras le désir, tu pourras tuer ($\theta\dot{\upsilon}\sigma\epsilon\iota\varsigma$, thuseïs) du bétail et manger ($\varphi\dot{\alpha}\gamma\eta$, phagè) de la viande dans toutes tes portes, selon les bénédictions que t'accordera l'Éternel, ton Dieu; celui qui sera impur ($\dot{\alpha}\kappa\dot{\alpha}\theta\alpha\rho\tau o\varsigma$, akathartos) et celui qui sera pur pourront en manger, comme on mange de la gazelle et du cerf.* Et en effet, après avoir ressuscité la Gazelle de Joppé, Pierre va bientôt s'entendre dire par une voix céleste : *Tue ($\theta\tilde{\upsilon}\sigma o\nu$, thuson) et mange ($\varphi\dot{\alpha}\gamma\epsilon$, phagé)*, ainsi que nous allons le voir un peu plus loin, dans notre étude de la vision qui fut donnée à Pierre dans la même ville. D'autant que cette vision sera elle-même

---

[223] Ceci repose la question de l'historicité des enseignements que l'*Évangile de Jean* est le seul à nous avoir transmis. Beaucoup en effet les considèrent comme des compositions tardives, mises sur la bouche du Messie avec une certaine liberté, de même que dans les dernières œuvres de Platon on soupçonne cet ancien élève de Socrate de prêter à son maître toujours plus de ses propres conceptions.

interprétée comme une interdiction de déclarer quelque personne que ce soit *impure (ἀκάθαρτον, akatharton).*

La cohérence secrète de toutes ces réminiscences scripturaires a quelque chose de véritablement étonnant.

34. Le port de Joppé, troisième présage

Maintenant, considérons où la scène se passe. Elle se passe à Joppé. Rien n'imposait absolument de le préciser. On a vu par exemple que le baptême de l'Eunuque éthiopien se place dans un lieu relativement indéterminé. Comme le fait remarquer Kochenash, « si le but d'*Actes* 9[32-43] était simplement de situer Pierre à proximité de Césarée, Luc aurait pu sauter ces récits et commencer 10[1] de la même manière qu'il commence 9[32] : 'Comme Pierre allait çà et là parmi eux, il descendit aussi à Césarée. Il y avait à Césarée un homme, etc.' »

En admettant même que la logique du récit imposait de localiser l'étape précédant celle de Césarée, pour une meilleure compréhension des déplacements du personnage principal, il aurait suffi de mentionner le nom de cette ville au début de l'épisode qui y prend place.

Au lieu de cela le nom de Jaffa est mentionnée *dix fois*, tout au long du récit, d'une manière tout à fait inhabituelle et même sans exemple dans toute l'œuvre de Luc[224]. Quatre fois dans le récit de la guérison de Tabitha à Joppé. Quatre fois dans le récit de la conversion et du baptême de Cornélius à Césarée. Deux fois dans le rapport que fait Pierre de ces événements à Jérusalem[225]. Comment se fait-il que l'importance de ce qui se passe à Césarée ne fasse oublier à aucun moment que tout a commencé à Joppé ? Il y a

---

[224] Kochenash, *op. cit.*, p.682 : « Even accounting for the need to reestablish the setting in a narrative that moves to and fro, "Joppa" is repeated with an uncommonly high frequency compared to other city names in Luke-Acts. »

[225] *Actes* 9[36.38.42.43], 10[5.7.23.32], 11[5.13].

clairement ici un mystère derrière cette extraordinaire insistance, et nous devons nous demander quel écho pouvait soulever ce nom de lieu dans les Écritures, source de toute vérité et de toute légitimité.

Bien que Joppé pendant des siècles ait été le seul port palestinien digne de ce nom, avant que le roi Hérode ne fasse construire plus au nord celui de Césarée, cette ville phénicienne, où la population juive était depuis toujours minoritaire, n'est mentionnée que cinq fois par les Écritures hébraïques. C'est au point qu'elle est plus souvent mentionnée par les sources grecques qui y plaçaient l'épisode mythologique du supplice d'Andromède, livrée à un monstre marin mais finalement délivrée par le héros Persée monté sur le célèbre Pégase.

Dans la Bible, elle est mentionnée d'abord par le *Livre de Josué*, lors de la conquête de la Terre promise, comme touchant au territoire de la tribu de Dan[226]. Cela ne fait pas notre affaire.

Elle est mentionnée ensuite au *Livre de Jonas*. Ce prophète reçoit l'ordre de Dieu d'aller prêcher contre la ville assyrienne de Ninive, en actuel Iraq, sur le Tigre, en face de l'actuelle Mossoul. Mais il s'y refuse absolument et prend alors la direction inverse. Il part à Joppé et s'y embarque en direction de Tarsis. Il s'en explique plus clairement dans la suite du récit : il avait deviné ce qui allait se passer. En annonçant aux Ninivites leur prochaine destruction, il les amènerait au repentir ; Dieu dans sa bonté leur pardonnerait, les prendrait en pitié, et les épargnerait ; ce qui met le prophète en fureur.[227]

Trois exégètes anglo-saxons au moins ont pensé qu'on pourrait bien avoir une réminiscence de cet épisode dans le récit des *Actes*, puisqu'on y voit aussi Pierre passer à Joppé. D'autant que, peu après, il amène lui aussi des païens à la

---

[226] *Josué* 19⁴⁶.
[227] *Jonas* 1³ et 4².

conversion, et spécialement des Romains, ces Romains dont l'empire était en quelque sorte le successeur lointain de celui des Assyriens. Le premier à émettre cette hypothèse paraît avoir été C.S.C. Williams en 1957 ; mais il conclut en disant qu'il n'y croit pas lui-même[228]. Cette thèse a pourtant été reprise trente ans plus tard Robert W. Wall qui a cru pouvoir la défendre par de nouveaux arguments[229]. Cette démonstration a paru convaincante à Michael Kochenash, qui l'a reprise à son compte en la combinant avec son hypothèse générale déjà mentionnée de « panneaux indicateurs littéraires pointant en direction de Rome » au sein du récit de Luc.

Cependant les arguments de Wall sont extrêmement faibles. Ce sont d'une part des parallèles verbaux, et d'autre part des analogies de situation ou d'action. Voyons les premiers. 1°. La mention dans les deux cas de la ville de *Joppé* n'est pas en soi un argument : elle ne fait que légitimer la question. 2°. Pierre d'après l'*Évangile de Matthieu* aurait été le fils d'un certain *Jonas*. Et alors ? Outre que cette donnée est historiquement douteuse, puisque contredite par l'*Évangile de Jean*, Luc n'en dit rien pour sa part [230]. 3° Dieu donnerait à peu près le même ordre à Pierre qu'à Jonas : *Lève-toi et*

---

[228] *A Commentary on the Acts of the Apostles* (New York, 1957) 152 : It could be argued by a typologist, searching the Scriptures of the Old Testament, that the commission of Peter to go to Cornelius, his initial reluctance to do so but his subsequent obedience, leading to the gift of the Holy Spirit being conferred on the Gentiles, had its counterpart in the commission of Jonah to the heathen at Nineveh. Going further, the typologist might stress that Peter was in Aramaic Simon bar Jonah, though Luke refrained from giving him this name, etc. (…) If Luke had wanted to make the 'parallels' more explicit, he could have done so.

[229] « Peter, 'son' of Jonah : The Conversion of Cornelius in the Context of Canon », *Journal for the Study of the New Testament* 29 (1987) 79-90 = in *The New Testament as Canon* (Sheffield, 1992) 129-141.

[230] *Matthieu* 16^{17} : *Simon bar Jona*. Dans l'*Évangile de Jean*, 1^{42} et 21^{15}, il est appelé *Simon fils de Jean*.

va.....[231] Mais c'est là un hébraïsme extrêmement courant dans les Écritures, et c'est ainsi que Dieu s'adresse à de nombreux personnages, autant dans l'Ancien Testament que dans les *Actes des apôtres* eux-mêmes. Ainsi par exemple s'adresse-t-il à Élie, à Jérémie, à Philippe et même à Paul[232]. 4° Pierre annonce à Cornélius et ses compagnons que *celui qui croit* en Jésus sera sauvé, tandis que le *Livre de Jonas* rapporte que les Ninivites *crurent* aux prédiction de Jonas[233]. Voilà à quoi se résument ces prétendues réminiscences verbales, dans le fait absolument inconsistantes.

Venons-en aux parallélismes d'idées.

5° Les hésitations de Pierre sont vaincues par un rêve où se reproduit trois fois la même scène, de même que la fuite de Jonas est contrecarrée par un séjour de trois jours dans le ventre d'un gros poisson. Outre le caractère extrêmement ténu de ce rapprochement, d'une faiblesse vraiment ridicule, on est obligé de faire remarquer ici qu'il n'y a chez Pierre aucune sorte de résistance à la volonté divine, ni même d'hésitation. Il se récrie seulement *en rêve* qu'il n'a jamais mangé d'animaux impurs, avant de comprendre, *une fois éveillé*, la véritable signification de ce rêve.

S'il faut trouver un parallèle à son attitude, on le trouvera plutôt dans la réponse de la Vierge lors de l'Annonciation : « *Comment cela est-il possible puisque je n'ai pas connu d'homme ? »*[234] Et en effet on ne peut donner un véritable consentement qu'à ce qu'on a pleinement compris.

Mais surtout le rêve de Pierre ne fait que reproduire à sa manière le mime prophétique qui avait été prescrit par Dieu au prophète Ézéchiel.

---

[231] *Jonas* 3² : Ἀνάστηθι καὶ πορεύθητι ; *Actes* 10²⁰ : ἀναστὰς...καὶ πορεύου.

[232] *1 Rois* 17⁹ (envoi d'Élie à Sarepta) ; *Jérémie* 13⁴ (envoi de Jérémie vers l'Euphrate) ; *Michée* 2¹⁰ (envoi d'Israël en exil) ; *Actes* 8²⁶ (envoi de Philippe vers le sud) ; 9¹¹ et 22¹⁰ (envoi de Paul à Damas), etc.

[233] *Jonas* 3⁵ : ἐνεπίστευσαν ; *Actes* 10⁴³ : πιστεύοντα.

[234] *Luc* 1³⁴.

Ézéchiel 4[12] *Tu mangeras un pain d'orge cuit sous la cendre ; tu le feras cuire sous de la cendre de merde humaine sous leurs yeux.* [13] *Et tu diras : Voici ce que dit le Seigneur Dieu : c'est ainsi que les fils d'Israël mangeront des choses immondes (ἀκάθαρτα, akatharta) parmi les nations (ἐν τοῖς ἔθνεσιν, en toïs éthnesin).* [14] *Je répondis : En aucune manière (μηδαμῶς, mèdamôs) Seigneur Dieu d'Israël ! Voici, je n'ai pas souillé mon âme, et d'animaux morts de maladie ou tués par des fauves, je n'en ai pas, depuis ma naissance jusqu'à maintenant, et dans ma bouche n'est pas entré toute viande gâtée.* [15] *Il me dit : Voici, je t'ai accordé de la bouse de vache au lieu de bouse humaine, tu feras ton pain dessus.* »

Les prophètes en effet ont toujours négocié avec Dieu, à commencer par Abraham.

6° La conversion des païens rencontrerait dans les deux cas une réaction hostile. Le parallèle est très forcé ici aussi puisque qu'il s'agit dans le premier cas de la réaction de Jonas lui-même, tandis que dans le deuxième cas s'agit de tierces personnes, qui d'ailleurs, à nouveau, ne demandent à Pierre que des éclaircissements.

En conclusion, aucun de ces six prétendus arguments ne porte, et il n'y a en réalité absolument aucune trace d'une quelconque allusion à l'histoire du prophète Jonas dans l'épisode du séjour de Pierre à Joppé, ni la moindre réminiscence du livre biblique qui porte son nom.

D'ailleurs, comment cela serait-il possible, alors que tout oppose ces deux mentions de la ville de Joppé ? Si Jonas y était venu, en effet, c'est parce qu'il refusait d'obéir à Dieu et pour s'y *embarquer* dans la direction inverse de celle qui lui était prescrite. Pierre au contraire est constamment docile aux impulsions de l'Esprit. De plus, loin de s'embarquer depuis Joppé, il y voit au contraire y arriver trois hommes qui le cherchent, eux aussi sous l'impulsion de l'Esprit.

Les *Actes* ne précisent pas explicitement si ce fut par voie de terre (moyennant un voyage d'environ 50 kilomètres) ou bien plutôt par voie de mer sur une distance du même ordre, comme c'est le plus probable, sur l'un des innombrables vaisseaux cabotant sans cesse d'Antioche de Syrie à Alexandrie d'Égypte. Il se présentait en effet pour des Romains résidant à Césarée de nombreuses occasions de gagner Joppé par voie de mer, plutôt que par voie terrestre[235].

Nous avons à cet égard un point de comparaison intéressant lors de l'un des voyages de Paul, alors qu'il s'en retourne de Macédoine en Judée au printemps de l'an 55[236]. Il s'agit du moment précis où Paul et son équipe repartent du port de Troas, où ils ont fait une escale d'une semaine. L'escale suivante, sur la route de Jérusalem, est le port d'Assos, de l'autre côté du cap Lecton. Nos voyageurs ont alors deux

---

[235] Par exemple sur les nombreux navires qui voguaient de Rome à Alexandrie en passant par Brindisii et en longeant l'Anatolie jusqu'aux ports du Levant, selon C.T. Macleroy Obied, *Rethinking Roman Perceptions of Coastal Landscapes : A Case-Study of the Levant* (Southampton, 2016) spéc. 194, se référant à cet égard à plusieurs études récentes s'appuyant elles-mêmes sur des preuves archéologiques sous-marines.

[236] *Actes* 20³-21¹⁷.

possibilités. Ces deux ports en effet ne sont distants, à vol d'oiseau, que de 35 km environ, tandis qu'en cabotant le long du cap Lecton il faut compter au moins 55 km de côtes à longer. Ce cap est de plus traversé par une vallée qui permet de gagner Assos sans encombre sans marcher beaucoup plus que 40 km. Nous sommes dans le même ordre de distance que celle qui séparait en Palestine les ports de Césarée et de Joppé.

Quel moyen de transport va-t-on choisir ? La solution adoptée est étonnante. Les compagnons de Paul s'embarquent sur un navire, tandis que ce dernier leur fixe rendez-vous à Assos, qu'il va de son côté rejoindre par voie de terre[237]. Comment cela se fait-il, en l'occurrence ? C'est très clairement pour déjouer la surveillance et le complot dont il se croit l'objet de la part de ses ennemis, depuis son départ de Corinthe pour Jérusalem[238], d'ailleurs non sans fondement, à ce qu'il semble[239]. Il laisse en tout cas ses compagnons s'embarquer sans lui. Il y ajoute ce qui semble bien un autre stratagème : il laisse ostensiblement chez son hôte son manteau de voyage et d'autres affaires, dont ses livres et ses parchemins[240]. Quoi qu'il en soit, et quelque interprétation que l'on donne à ces faits expressément rapportés par les *Actes*, que nous apprennent-ils sur la question qui nous occupe ? C'est que l'équipe de Paul préfère contourner le cap

---

[237] *Actes* 20[13-14] : Ἡμεῖς δὲ προελθόντες ἐπὶ τὸ πλοῖον ἀνήχθημεν ἐπὶ τὴν Ἄσσον, ἐκεῖθεν μέλλοντες ἀναλαμβάνειν τὸν Παῦλον· οὕτως γὰρ διατεταγμένος ἦν, μέλλων αὐτὸς πεζεύειν.

[238] *Actes* 20[3].

[239] Il sera bien de fait arrêté à Jérusalem par suite des menées de certains juifs de la Diaspora d'Asie venus comme lui en pèlerinage à Jérusalem pour la Pâque, qui le croient à tort encore accompagné par le Grec Trophimos, alors qu'en fait il l'a débarqué lors d'une escale secrète à Milet. Cf. *Actes* 21[27-29], *2 Timothée* 4[11-14.20] et B. Gineste, « Èsan gar proeôrakotes (Actes 21, 29) : Trophime a-t-il été 'vu' à Jérusalem ? », *Revue Thomiste* 95 (1995) 251-272.

[240] Il demandera plus tard à Timothée, depuis Césarée, de les récupérer chez Carpos, lorsqu'il passera lui-même à Troas pour venir depuis Philippes rejoindre Paul désormais captif à Césarée, *2 Timothée* 4[13].

Lecton par voie de mer plutôt que le traverser par voie de terre à travers une vallée pourtant bien dessinée. En d'autres termes, on préfère naviguer sur environ 55 km, que de franchir à pied moins de 40 km sur un terrain pourtant très praticable. Quant au fait que Paul préfère pour sa part rejoindre le port suivant par voie de terre, c'est très nettement pour l'auteur des *Actes* une particularité notable. Il en découle qu'il paraissait normal en ce temps-là de passer d'un port à l'autre par voie de cabotage plutôt que par voie de terre, quand le choix se présentait. Et par suite, puisque l'auteur des *Actes* n'en dit rien, nous avons lieu de supposer que les envoyés du centurion Cornélius arrivèrent eux aussi de Césarée à Joppé par voie de mer, plutôt que par voie de terre. Il s'agissait de distances du même ordre.

Il est vrai que les commentateurs des *Actes* semblent en général supposer que leur voyage se fit par voie de terre[241], sur la base surtout du verbe utilisé par le récit des Actes, *pendant qu'ils faisaient route (ὁδοιπορούντων, hodoïporountôn) et approchaient de la ville*. Le verbe ὁδοιπορέω, *hodoïporéô*, en effet, s'entend souvent d'un voyage à pied. Mais en réalité rien n'impose de le prendre ici dans un sens plus précis que celui de « voyager » ou « être en route ». Ainsi, par exemple, lorsque Luc raconte un voyage antérieur avec Paul depuis le même port de Troas, il écrit : *Prenant le large, nous courûmes droit (εὐθυδρομήσαμεν, euthudromèsamén) vers Samothrace, et le lendemain sur Néapolis*[242], alors qu'il s'agit alors bien évidemment d'une *course sur mer*. Déjà chez Homère par exemple, un nom dérivé de ce verbe, ὁδοιπόριον, *hodoïporion*, littéralement « quelque chose pour le voyage », signifie ordinairement, selon le dictionnaire classique de Liddle et Scott, « le prix du

---

[241] Comme me l'a fait remarquer judicieusement John Finnis
[242] *Actes* 16[11], et de même en 21[1].

billet ou de la traversée payé à un capitaine de navire »[243], ce qui indique bien que le verbe sur lequel il est formé ne suppose que l'idée générale de voyage, que ce soit sur terre ou sur mer.

Au reste, même si l'on n'en était pas convaincu, il nous suffit largement de constater que les trois envoyés de Cornelius viennent rejoindre Pierre au port de Joppé, en provenance de celui de Césarée, à près de cinquante kilomètre au nord, que ce soit par voie de mer ou de terre.

Mais reprenons le fil de notre raisonnement et de la recherche des résonnances scripturaires de notre épisode. Joppé était dans le *Livre de Jonas* le port depuis lequel ce prophète s'embarquait pour désobéir à Dieu, par suite de son refus de prêcher à des non-juifs. C'est au contraire, dans le *Livre des Actes*, celui où arrivent des non-juifs envoyés par Dieu pour que Pierre les intègre à la communauté messianique. Rien ne rappelle donc ici le *Livre de Jonas*.

Des cinq textes de l'Écriture qui faisaient mention de Joppé, il ne nous reste que deux à examiner. Or, précisément, ils n'envisagent pas Joppé pour leur part comme un lieu d'embarquement, mais au contraire de débarquement. Et il vaut la peine de voir les seules choses qui débarquent à Joppé selon les dites Écritures.

Le premier de ces récits se trouve au *Livre d'Esdras* et évoque la construction du second Temple de Jérusalem à l'initiative du grand-prêtre Jésus alias Josué.

Esdras (T.O.B.) 3 [2] *Josué, fils de Yoçadaq, se leva avec ses frères les prêtres, ainsi que Zorobabel, fils de Shaltiel, avec ses frères, et ils bâtirent l'autel du Dieu d'Israël pour présenter des holocaustes, comme il est écrit dans la Loi de Moïse, l'homme de Dieu.* [3] *Ils rétablirent l'autel sur ses*

---

[243] *A Greek-English Lexicon* (New York, 1887[7]) 1027 : « ὁδοιπόριον, τὸ, *the fare or passage-money paid to a ship master*, or *the provision for the voyage*, Lat. *viaticum*, Od. .15.506 [où il s'agit d'un banquet offert par Télémaque à l'équipage qui vient de le ramener à Itaque]; cf. ἐφόδιον. »

fondations. (…) [6] *(…) Pourtant les fondations du temple du Seigneur n'étaient pas posées,* [7] *aussi donnèrent-ils de l'argent aux tailleurs de pierre et aux charpentiers, ainsi que des vivres, de la boisson et de l'huile aux Sidoniens et aux Tyriens pour qu'ils fassent venir par mer du bois de cèdre depuis le Liban jusqu'à Joppé[244], suivant l'autorisation que le roi de Perse, Cyrus, leur accorda.*

Le deuxième de ces récits se trouve au *Deuxième livre des Chroniques* et raconte quant à lui la construction du premier Temple, à l'initiative du roi Salomon.

2 Chroniques 2 [2] *Salomon envoya dire à Hiram, roi de Tyr : « Tu as collaboré avec David, mon père, en lui envoyant des cèdres pour se bâtir une maison d'habitation.* [3] *Or, voici que, moi, je veux bâtir une Maison pour le nom du Seigneur mon Dieu. (...)* [6] *Et maintenant, envoie-moi un spécialiste qui travaille l'or, l'argent, le bronze, le fer, la pourpre, le carmin et le violet, et qui connaisse la sculpture ; il collaborera avec les spécialistes qui sont près de moi en Juda et à Jérusalem et que David, mon père, a préparés.* [7] *Envoie-moi aussi du Liban des bois de cèdre, de cyprès et de santal, car je sais que tes serviteurs savent couper les arbres du Liban, et mes serviteurs iront avec tes serviteurs,* [8] *pour me préparer des bois en quantité, car la Maison que je veux bâtir sera grande et admirable.* [9] *Et voici que pour les bûcherons qui couperont les arbres j'ai donné en nourriture pour tes serviteurs vingt mille kors de blé, vingt mille kors d'orge, vingt mille baths de vin et vingt mille baths d'huile. »* [10] *Hiram, roi de Tyr, répondit par écrit à Salomon : (...)* [12] *Je t'envoie donc maintenant un spécialiste doué d'intelligence, Hiram-Abi,* [13] *fils d'une femme danite et d'un père tyrien, qui sait travailler l'or, l'argent, le bronze, le fer, la pierre, le bois, la pourpre, le violet, le lin et le carmin, exécuter toute sculpture et réaliser tout projet qui lui sera confié, avec tes spécialistes et avec les spécialistes de mon seigneur David, ton père.* [14] *Le*

---

[244] La T.O.B. adopte la graphie *Jaffa* qu'on harmonise ici en *Joppé*.

blé et l'orge, l'huile et le vin, dont a parlé mon seigneur, qu'il les envoie maintenant à ses serviteurs. [15] Nous, nous couperons des arbres du Liban selon tous tes besoins et nous te les amènerons en radeaux par mer à Joppé ; toi, tu les feras monter à Jérusalem. »

On sait que les deux *Livres des Chroniques* sont essentiellement une réécriture de l'histoire sainte depuis l'époque d'Adam jusqu'à celle de Zorobabel au retour de l'exil de Babylone. Dans le fait c'est essentiellement une reprise des deux *Livres des Rois*, qui sont par endroits résumés et par endroits augmentés de nouvelles traditions souvent centrées sur l'histoire du Temple, comme ici la mention de Joppé, qui n'apparaissait pas dans le texte original.

1 Rois 5[16] (T.O.B.) Salomon envoya dire à Hiram : [17] « Tu sais que David, mon père (...) n'a pu bâtir une Maison pour le nom du Seigneur, son Dieu (...). [18] Mais à présent (...), [19] (...) j'ai l'intention de bâtir une Maison pour le nom du Seigneur, mon Dieu. (…). [20] Maintenant, ordonne que l'on me coupe des cèdres du Liban : mes serviteurs seront avec tes serviteurs ; je te donnerai le salaire de tes serviteurs, selon tout ce que tu diras, car tu sais qu'il n'y a personne chez nous qui sache couper les arbres comme les Sidoniens. » (...)

[22] Hiram envoya dire à Salomon : « J'ai reçu ton message. Oui, je te donnerai tout le bois de cèdre et le bois de cyprès que tu voudras. [23] Mes serviteurs le feront descendre du Liban à la mer ; moi, j'en ferai des trains de flottage sur la mer jusqu'au lieu que tu m'indiqueras et là, je les démonterai ; tu les emporteras. De ton côté, je désire que tu fournisses des vivres à ma maison. »

[24] Ainsi Hiram fournit à Salomon du bois de cèdre et du bois de cyprès, autant qu'il en voulut. [25] Et Salomon donna à Hiram vingt mille kors de blé comme nourriture pour sa maison, et vingt kors d'huile vierge. C'est ce que Salomon fournissait à Hiram année après année.

Travail en équipe des carriers israélites et des bûcherons libanais
(Manuscrit 78 D 38 I de la Bibliothèque royale de La Haye, folio 195, vers 1430)

On voit que le récit original de la construction du Temple de Salomon, celui du *Second livre des Rois*, précisait seulement que les bois du Liban avaient été livrés quelque part sur le rivage de la Terre sainte. Lorsque cet épisode est réécrit à l'époque du second Temple, dans le *Second livre des Chroniques*, on s'imagine le passé idéalisé du règne de Salomon sur le modèle de la réalité contemporaine, que reflète aussi le *Livre d'Esdras*. À cette époque, où le port de Césarée n'existe pas encore, tout le trafic entre Tyr et Sidon d'une part, et Jérusalem d'autre part, transite par Joppé.

Quant au bois de construction destiné à l'édification du Temple, il y arrivait par des convois de radeaux acheminés depuis le nord, par des équipes postées sans doute tant sur ces radeaux eux-mêmes que sur d'autres embarcations et le long du rivage. Il débarque enfin dans cet ancien port phénicien, qui constituait la seule véritable voie d'accès à la mer du royaume de Salomon.

Ainsi donc, à l'époque du second Temple, où se développe un judaïsme essentiellement centré sur le Temple de Jérusalem, quel est le premier écho qu'éveille la mention de Joppé dans l'esprit d'un juif pieux ? Celui du port par lequel arrivaient en Terre sainte les matériaux nécessaires à l'*édification du Temple*.

C'est ici qu'il faut rappeler la phrase qui ouvre le récit de la deuxième course de Pierre, et qui en est comme le titre : *L'Église, sur toute l'étendue de la Judée, de la Galilée et de la Samarie, vivait donc en paix, s'édifiant (οἰκοδομουμένη, oïkodomouménè) et marchant dans la crainte du Seigneur et, grâce à l'appui du Saint Esprit, elle s'accroissait.*

Pour se joindre à l'assemblée de Jérusalem, les païens doivent donc passer par Joppé, où déjà avait transité à deux reprises le bois du Liban destiné à la construction des deux Temples successifs de Jérusalem. Comme le dit un proverbe français, *jamais deux sans trois*.

35. Simon le tanneur, quatrième présage

À Joppé, Simon Pierre réside chez un autre Simon, dont notre récit nous rappelle à trois reprises qu'il était *tanneur (βυρσεύς, burseus)*, et deux fois qu'il habitait *au bord de la mer (παρὰ θάλασσαν, para thalassan)*. Là aussi il est difficile de ne pas se demander pourquoi ces données, parmi tant d'autres, ont été jugées dignes d'être mentionnées dans ce récit de la fondation de la première assemblée messianique non juive, et non seulement mentionnées mais encore répétées.

Actes 9[43] (T.O.B.) *Pierre demeura assez longtemps à Joppé, chez un certain Simon qui était corroyeur. (...)* 10[5] *« Et maintenant, envoie des hommes à Joppé pour en faire venir un certain Simon qu'on surnomme Pierre.* 10[6] *Il est l'hôte d'un autre Simon, corroyeur, qui habite une maison au bord de la mer. » (...)* 10[32] *« Envoie donc quelqu'un à Joppé pour inviter Simon qu'on surnomme Pierre à venir ici. Il est l'hôte de la maison de Simon le corroyeur, au bord de la mer. »*

Notre récit place donc avec insistance deux personnages homonymes dont l'un est notoirement pêcheur de profession, et l'autre est tanneur ou corroyeur.

Les commentateurs s'accordent en général pour considérer que le métier de tanneur était alors considéré comme impur, sur la base d'un verset du *Lévitique*[245] et surtout de textes ouvertement discriminatoires de la *Mishna*[246] ou du *Talmud*[247]. Mais en fait on ne contactait pas spécialement d'impureté légale en touchant un animal égorgé selon les règles[248]. En fait, le texte du *Lévitique* en question ne concerne évidemment que les animaux morts sans avoir été égorgés selon le rite. Quant aux traditions tardives de la *Mishna* comme du *Talmud*, elles n'ont pas de fondement scripturaire. Elles sont plutôt du genre de celles que critique ouvertement l'*Évangile de Marc* comme étant de simples habitudes sans caractère obligatoire, de pures traditions humaines qui menaient même parfois à des abus, en faisant perdre de vue l'essentiel[249]. Du reste il n'est même pas bien certain qu'elles aient eu court avant le IIIᵉ siècle, vu qu'on trouve même, parmi les docteurs de la Mishna, un rabbin du

---

[245] *Lévitique* (T.O.B.) 11[39] *Si une bête qui sert à votre nourriture vient à crever, celui qui touche son cadavre est impur jusqu'au soir ;* [40] *celui qui mange de ce cadavre doit laver ses vêtements et il est impur jusqu'au soir ; celui qui transporte ce cadavre doit laver ses vêtements et il est impur jusqu'au soir.*

[246] Mishna, *Shabbat* 1, 2 (Ne pas entrer dans une tannerie le jour du sabbat) ; *Megilla* 3, 2 (On peut vendre une synagogue, sauf pour en faire une tannerie) ; *Baba Batra* 2, 9 (Au moins 50 coudées entre une ville et une tannerie, qui doit être à l'orient et en tout cas pas à l'occident) ; *Kétuboth* 7, 10 (Une femme a le droit en tout temps de divorcer d'un tanneur).

[247] Talmud de Babylone, *Pesahim* 65a (Malheur à celui qui est tanneur), *Qiddushin* 82b (Malheureux qui a un ancêtre tanneur), etc.

[248] J. Renié, *Actes des apôtres* (Paris, 1949) 155.

[249] *Marc* 7[1-13].

157

second siècle qui tenait une tannerie à Sepphoris[250]. Il faut donc se garder en la matière de toute conjecture romanesque, voire psychologisante[251]. Il est de même arbitraire de supposer avec Rackham et Hengel que notre récit soulignerait ici une certaine ouverture d'esprit de Simon Pierre[252]. Il en exprime au contraire assez nettement les scrupules persistants en matière de pureté rituelle[253].

Pourquoi précise-t-on deux fois, par ailleurs, que la maison de ce deuxième Simon était située au bord de la mer ? Harnack suggère que Pierre a pu s'y livrer à son métier de pêcheur[254]. Ce n'est pas impossible en soi, mais c'est improbable, au témoignage de Paul[255], et comme notre récit n'en dit rien il faut plutôt penser qu'il s'y est livré surtout à un niveau symbolique, en accomplissement de cette prophétie de Jésus que Luc est le seul à nous avoir transmise : « Alors Jésus dit à Simon: Ne crains point ; désormais tu seras pêcheur d'hommes », ou plus littéralement « tu seras

---

[250] C'est rabbi Yossé ben Halafta, mort vers 160, qui passait pour un disciple de rabbi Akiba († 137), cf. Talmud de Babylone, *Shabbat* 49a.

[251] Cf. K. Lake et H. J. Cadbury, *The Beginnings of Christianity* (Londres, 1933) IV 111-112 : « A psychologist might think that, *etc.* » — É. Trocmé, *Le 'Livre des Actes' et l'Histoire* (Paris, 1957) 172, en pleine vogue freudienne, va jusqu'à proposer sur cette base une analyse du subconscient de Pierre lors de sa vision de Joppé.

[252] R. B. Rackham, *The Acts of the Apostles* (Londres, 1901) 146 : « a sign of the breaking down of Jewih prejudices, and a fit preparation for the following history » ; M. Hengel, *Acts and the History of Earliest Christianity* (Londres, 1979) 93 : « an indication of Peter's broadmindedness » ; D. Marguerat (2015) 358 : « le choix de son hôte à Joppé anticipe la formidable révolution qu'il va faire ».

[253] Au moins dans le domaine alimentaire, et dans celui du contact avec les non juifs.

[254] *Die Apostelgeschichte* (Leipzig, 1908) 79 note 2 : « Wenn Petrus in Joppe in ein Haus an den Meeresstrand zieht und daselbst lange Zeit (ἡμέρας ἱκανάς 9, 43) bleibt, so darf man vielleicht annehmen, dass sein Beruf als Fischer dafür bestimmend war. Gerber war er nicht. » Supposition « inutile » selon Jacquier, *op. cit.*, 310.

[255] *1 Corinthiens* 9[4-7].

capturant des hommes » ou encore : « tu passeras ton temps à capturer des gens. »[256]

Mais pourquoi ce tanneur habitait-il près de la mer ? Plusieurs supposent que c'est parce que le tannage nécessite une grande quantité d'eau[257]. Cette explication ne vaut pas, parce que c'est surtout d'eau douce qu'il est besoin pour rincer les peaux après les différents traitements qu'on leur fait subir. Le sel marin quant à lui abîme très vite le cuir. À ce titre il aurait été plus judicieux pour notre tanneur de s'installer cinq kilomètres plus au nord sur le fleuve Yarkon. Quel intérêt a-t-il donc pu trouver à s'installer *près de la mer* dans la ville portuaire de Joppé ? Aucun[258], à moins qu'il n'en ait tiré sa matière première.

Autrement dit, il est bien probable qu'il tannait la peau des cétacés que les pêcheurs de Joppé ramenaient au port. Ce pouvaient être autant des marsouins que des dauphins ou encore des phoques moines, à l'exclusion toutefois des dugongs qu'on ne trouve dans la Mer Rouge et le golfe persique, sans exclure d'autres mammifères marins communs en méditerranée, plus encore dans l'Antiquité qu'aujourd'hui[259].

De nos jours encore le nom générique de ces mammifères marins est en arabe *tuḥash* (تُخَس), ce qui correspond à l'hébreu *taḥash* (תחש). On utilisait leurs peaux encore au début du XXe siècle pour fabriquer par exemple des courroies ou des sandales. La peau de marsouin est si large, solide et étanche que les Inuits du Groënland en faisaient des kayaks.

---

[256] *Luc* 5[10] : ἀνθρώπους ἔσῃ ζωγρῶν, homines eris capiens.

[257] Jacquier (1926) 314 ; Renié (1949) 157 ; Barrett (1994) 503.

[258] On doit écarter l'hypothèse de J. McConnachie, « Simon a Tanner (βυρσεύς) », *Expository Times* 36 (1924) 90, selon laquelle il aurait tanné des filets de pêche, parce que le nom de sa profession, βυρσεύς, *burseus*, implique très nettement le travail du *cuir (βύρσα, bursa)*.

[259] On y signale encore de nos jours au moins le rorqual commun, le cachalot, le globicéphale noir, le grand dauphin, le dauphin de Risso, le dauphin bleu et blanc, le dauphin commun et le phoque moine ; le dugong ne se trouve qu'en Mer Rouge.

Il n'y a donc pas à s'étonner donc que les Hébreux en aient enveloppé les objets du culte à l'époque semi-légendaire où l'Arche d'Alliance était conservée dans le Tabernacle. Dieu en effet avait prescrit à Moïse de recouvrir cette tente d'une couche finale de peaux de cétacés : *Et tu feras pour la tente une couverture en peaux de béliers teintes en rouge et une couverture en peaux de dauphins (tehashim, תחשים) par-dessus.* [260]

Cette dernière donnée des Écritures posait un problème aux savants juifs, parce que ces animaux marins, qu'il s'agisse de dauphins, de marsouins, de phoques ou de dugongs, étaient sans aucun doute possible à ranger dans la catégorie des animaux impurs. Du point de vue rabbinique en effet, et jusqu'à aujourd'hui, les mammifères marins sont des poissons, et plus précisément des poissons sans écailles. Ce qui en faisait d'office des animaux impurs.

Ainsi donc la couverture du tabernacle était constituée d'une couche interne formée de la peau d'animaux purs, mais aussi d'une couche externe constituée du cuir d'animaux immondes.

Le Talmud de Jérusalem, au traité *Shabbat*, nous a conservé une discussion rabbinique très intéressante à cet égard et particulièrement claire, qu'on peut faire remonter au second siècle de notre ère, d'après les noms des rabbins à qui elle est attribuée. Il s'agit d'une digression au sujet des matériaux autorisés pour constituer les tentes que chaque famille juive doit édifier le jour la fête de *Soukkot*, c'est-à-dire lors de la fête dite des Tentes.

« Rabbi Éléazar demanda si, en couvrant une tente avec une peau d'animal immonde, la constitution légale est la même ? Certes, lui fut-il répliqué, puisqu'il est dit du Tabernacle (*Exode*, 25, 5) : *Au-dessus il y avait des peaux de tahash*[261] ; et bien qu'il s'agît d'impurs, la tente était constituée. » Rabbi

---

[260] *Exode* (T.O.B.) 26[14].
[261] Schwab porte ici entre parenthèse : « Le phoque ? »

Juda, rabbi Néhémie et d'autres rabbins expriment divers avis au sujet de cet animal : le premier le nomme *jacinthe (ιανθίνον, violet)*, à cause de sa couleur[262] ; le deuxième le nomme *glaucin (γλαύκινον, bleu ciel)* ; enfin, selon d'autres sages, c'est un animal sauvage pur, qui vit au désert.[263] Etc.[264]

On voit qu'au deuxième siècle de notre ère les rabbins de Palestine savaient encore très bien que le Tabernacle avait été recouvert de peaux d'animaux immondes. Et, chose étonnante, c'est Dieu lui-même qui avait demandé que soit ainsi conçue la Tente où il venait séjourner dans toute sa gloire. C'est bien plus tard seulement que d'autres rabbins en vinrent à se convaincre qu'il ne pouvait pas en être ainsi, et que commencèrent à se tisser différentes légendes assimilant le *tahash* à divers animaux fantastiques, nécessairement purs[265].

Mais pour les premiers chrétiens, confrontés à l'événement de Césarée, ce passage était la preuve scripturaire que ce qui leur arrivait réalisait un plan de Dieu, plan secret, mais prévu de longue date. Ils étaient juifs. Comme tels ils considéraient tout contact avec des non-juifs comme une source d'impureté. Et voilà que, à l'initiative du saint Esprit, des non-juifs venaient s'agréger à la communauté messianique en formation.

Quelle plus belle prophétie de tout cela, que l'image du Tabernacle, de la Tente, que Moïse avait pour finir couverte de peaux d'animaux immondes, sur l'ordre de Dieu lui-

---

[262] Ceci explique la traduction adoptée par les Septante, qu'on a cru à tort être une simple notation de couleur.

[263] Shabbat 2, 3, traduction Schwab, *Le Talmud de Jérusalem*, IV (Paris, 1881) 32. Toute cette discussion y est traduite de manière lumineuse, ce qui est loin d'être le cas du passage parallèle de Talmud de Babylone (28a), traduit et interprété de manière extrêmement confuse par plusieurs auteurs récents.

[264] Suivent des légendes fantastiques plus tardives.

[265] Elles proposent plusieurs identification de cet animal *pur* imaginaire, qu'on en vient même à identifier à la licorne, dont la légende n'est attestée dans le monde hellénistique qu'à partir du IIIe siècle de notre ère.

même ? Et voilà les poissons impurs qu'était désormais appelé à capturer Pierre, ce pêcheur d'hommes.

36. Le rêve de Pierre, cinquième présage

Quand on a vu cela, on comprend d'autant mieux, au sein de ce contexte, la logique du rêve que Simon le pêcheur fait chez Simon le tanneur, et l'interprétation qu'il en fait, après un moment de perplexité.

Il voit un immense *voile (othonè, ὀθόνη)*[266], suspendu au ciel par ses quatre coins, et contenant une foule d'animaux où sont mêlés indistinctement animaux purs et animaux immondes, et il lui est demandé de les égorger rituellement et de les manger.

Si l'on y réfléchit bien, cette structure céleste est le reflet de la Tente construite sur terre par Moïse, et spécialement de sa couverture constituée du cuir d'animaux purs à l'intérieur et impurs à l'extérieur. C'est donc le même Tabernacle que Jean voit s'ouvrir au ciel dans son *Apocalypse* (11^{19}, 13^6, 15^5) .

C'est d'une manière analogue que de nos jours encore, dans la liturgie juive des épousailles, la tente nuptiale qu'on appelle *houppa* peut se réduire à un simple drap suspendu par ses quatre coins, si possible en extérieur, sous le ciel lui-même. Dans la tradition juive, on y voit à la fois une reproduction symbolique de la tente nuptiale d'Isaac et de la matriarche Rébecca, mais aussi une figure de la Tente de Réunion, c'est-à-dire du Tabernacle.

Ces spéculations sur la Tente édifiée par Moïse, considérée à la fois comme une image du Temple céleste et comme une préfiguration voilée du christianisme, sont sans aucun doute très anciennes dans la communauté chrétienne primitive.

---

[266] Il vaut mieux traduire ce mot par « voile » que par « nappe » comme le font quelques versions française, parce que ce mot pourrait faire naître dans l'esprit du lecteur, bien à tort, l'image d'une de ces nappes qu'on en met en France sur la table des salles à manger.

Rêve de Pierre à Joppé. Incipit des *Actes des Apôtres*
(Manuscrit 411 de la Bibliothèque de Lyon, folio 219 verso, XIIe siècle)

Faut-il rappeler quelle était la profession de Paul, qui nous est précisée par Luc lorsqu'il raconte sa rencontre à Corinthe avec Prisca et Aquila ? *Et du fait qu'ils avaient le même métier, il demeura chez eux et ils se mirent au travail, car ils étaient fabricants de tente de profession (skènopoïoï,* σκηνοποιοὶ).[267] Et pourquoi donc Luc a-t-il attendu ce moment de son récit pour nous donner cette information sur son personnage principal ? Si ce n'est pour jouer sur le double sens de cette collaboration dans la fabrication d'un nouveau Tabernacle, autrement dit dans l'édification de la nouvelle Église de Corinthe ?

Comment imaginer un seul instant que la conversation n'a pas roulé bien souvent sur cette question entre Paul et Aquila quand ils travaillaient toute la semaine à leur atelier, avant de prêcher le jour du shabbat à la synagogue, où peu à peu se constituait une communauté chrétienne ?

Nous en avons un autre exemple, celui-là explicite, et même développé assez longuement par l'auteur de la *Lettre aux Hébreux*

Hébreux **8**[1] *Or, point capital de notre exposé, c'est bien un tel grand prêtre que nous avons, lui qui s'est assis à la droite du trône de la Majesté dans les cieux, [2] comme ministre du vrai sanctuaire et de la véritable tente dressée par le Seigneur et non par un homme. (...) [5] mais leur culte, ils le rendent à une image, à une esquisse des réalités célestes, selon l'avertissement divin reçu par Moïse pour construire la tente : « Vois, lui est-il dit, tu feras tout d'après le modèle qui t'a été montré sur la montagne. »* **9**[1] *La première alliance avait donc un rituel pour le culte et un temple terrestre. [2] En effet, une Tente fut installée, etc. (...) [5] (...) Mais il n'y a pas lieu d'entrer ici dans les détails. (...) [8] Le Saint Esprit a voulu montrer ainsi que le chemin du sanctuaire n'est pas encore manifesté, tant que subsiste la première Tente. [9] C'est là un symbole pour le temps présent : des offrandes et des sacrifices y sont offerts, incapables de mener à l'accomplissement, en sa conscience, celui qui rend le culte. [10] Fondés sur des aliments, des boissons et des ablutions diverses, ce ne sont que rites humains, admis jusqu'au temps du relèvement. [11] Mais Christ est survenu, grand prêtre des*

---

[267] *Actes* 18[3].

biens à venir. C'est par une Tente plus grande et plus parfaite, qui n'est pas œuvre des mains — c'est-à-dire qui n'appartient pas à cette création-ci —, [12] et par le sang, non pas des boucs et des veaux, mais par son propre sang, qu'il est entré une fois pour toutes dans le sanctuaire et qu'il a obtenu une libération définitive.

On notera que cette théologie est déjà extrêmement élaborée, et qu'en plus de cela l'auteur fait allusion à d'autres développements possibles sur lesquels il passe, pour faire bref : *Mais il n'y a pas lieu d'entrer ici dans les détails.*

Même allusion à un enseignement bien connu dans une lettre de Paul aux Corinthiens : *car nous* savons (sic) *que si notre maison terrestre, la Tente, est détruite, nous avons un édifice qui vient de Dieu, une maison éternelle dans les cieux qui n'est pas faite de main d'hommes, etc.*[268]

De même encore dans l'*Apocalypse*, où la Bête se répand *en critiques contre Dieu, pour critiquer son Nom, sa Tente et ceux qui ont leur Tente dans les cieux*[269]. À chaque fois il est fait allusion à ce thème de spéculation comme s'il était déjà bien connu de ceux à qui on s'adresse.

Le dit thème d'ailleurs n'était pas propre aux chrétiens, il avait cours depuis longtemps dans beaucoup de synagogues, dans les sermons qu'on pouvait faire sur l'*Exode*. On trouve aussi vers la même époque une longue interprétation allégorique du Tabernacle et de tout son mobilier dans la *Vie de Moïse* de Philon d'Alexandrie.

C'est donc sur cette base que Pierre a fini par comprendre la signification de son rêve, qu'il résume ainsi à Cornélius : *Dieu vient de me faire comprendre qu'il ne fallait déclarer immonde ou impur aucun homme*[270].

---

[268] *2 Corinthiens* 5^1. Cf. G. Wagner, « Le Tabernacle et la Vie 'en Christ' », *Revue d'Histoire et de Philosophie religieuses* 41 (1961) 379-393 ; cf. surtout *Apocalypse* 15^5. Même construction incomprise. Cf 4QMMT 32-35. Cf *Nombres* 9^{15}.

[269] *Apocalypse* 13^6.

[270] *Actes* 10^{28}.

Vision de Joppé. Incipit du *Livre des Actes des Apôtres*
(Manuscrit 1 de la Bibliothèque de Moulins, folio 342 verso, XIIe siècle)

37. Visions de linges

Mais pourquoi notre récit a-t-il choisi de décrire l'objet que voit Pierre dans son rêve comme un « linge » ? Pourquoi a-t-il utilisé précisément, à chaque fois, le mot grec féminin singulier *othonè (ὀθόνη)*, « linge » ? Ce mot précis est si rare qu'on ne le trouve nulle part ailleurs dans les Écritures, ni dans le grec des Septante, ni dans le Nouveau Testament.

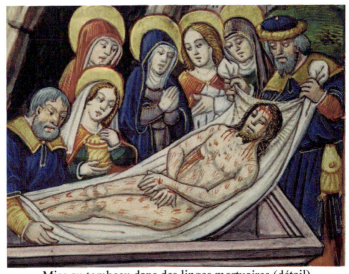

Mise au tombeau dans des linges mortuaires (détail)
Manuscrit 336 de la Bibliothèque de Châlons, folio 71, XVIᵉ siècle)

On n'y trouve que sa forme diminutive au neutre pluriel, de sens équivalent, *othonia (ὀθόνια)*. Dans le Nouveau Testament ce mot n'apparaît qu'en deux occasions, et, ce n'est que décrire un autre objet, *également vu par Pierre*. Cela peut-il être une pure coïncidence ? C'est difficile à croire.

Il s'agit en l'occurrence de ce qui enveloppait le corps de Jésus dans sa tombe, selon l'*Évangile de Luc* et celui de *Jean*.

Jean 19[40] *Ils prirent donc le corps de Jésus (τὸ σῶμα τοῦ Ἰησοῦ, to sôma tou Ièsou) et ils le lièrent de linges (ὀθονίοις, othonioïs) avec des aromates, comme c'est la coutume pour les juifs de mettre au tombeau. (...) 20*[4] *Et ils coururent tous deux ensemble et l'autre disciple prit les devants à la course sur Pierre et il arriva le premier au tombeau,* [5] *et il se penche et il voit les linges qui reposent (κείμενα τὰ ὀθόνια, keïména ta othonia). Cependant il n'entra pas.* [6] *Donc Simon Pierre arrive aussi, qui le suivait, et il entra dans le tombeau, et il contemple (θεωρεῖ, théôreï) les linges étendus (τὰ ὀθόνια κείμενα, ta othonia keïmena).* [7] *et le mouchoir qui avait été sur sa tête non pas étendu avec les linges (οὐ μετὰ τῶν ὀθονίων κείμενον, ou méta tôn othoniôn keïména) mais à part enroulé d'un côté.* [8] *Alors donc entra aussi l'autre disciple qui était arrivé le premier, dans le tombeau, et il vit (εἶδεν, eïdén) et il crut.*

Pierre voit le tombeau vide avec les linges seuls
(Manuscrit 976 de la Bibliothèque Mazarine, folio 110, XVe siècle)

On trouve aussi chez Luc une allusion plus brève mais indubitable à ces mêmes événements, qui utilise le même terme rare.

Luc 24[12] *Pierre se leva et courut au tombeau et il se penche et il voit (βλέπει, blépeï) les linges seuls (τὰ ὀθόνια μόνα, ta othonia mona) et il retourna chez lui s'étonnant de cet événement.*

Il est extrêmement probable que ce se trouvait aussi déjà à la fin aujourd'hui perdue de l'*Évangile de Marc*. Cette toute première constatation de la Résurrection par Pierre est en effet aussi expressément évoquée par Paul comme une donnée traditionnelle[271].

Revenons maintenant à cette nouvelle vision de Pierre qui est encore une fois celle d'un *linge* qu'on *contemple* et qu'on *voit*.

Actes 10[11] *Et il contemple (θεωρεῖ, théôreï) le ciel s'ouvrant et, descendant, un ustensile comme un grand linge (ὀθόνην μεγάλην, othonèn mégalèn) par quatre extrémité pendant sur la terre etc. (...)* 11[5] *Et je voyais (εἶδον, eïdon) (...) descendre un ustensile comme un grand linge (ὀθόνην μεγάλην, othonèn mégalèn) par quatre extrémités pendant depuis le ciel.*

S'agit-il donc du même linge ? La question peut surprendre. Mais nous ne serions pas les premiers à le supposer. Il s'avère que c'est déjà ce que pensait saint Hilaire de Poitiers, selon son *Commentaire sur Matthieu*, qui est antérieur à 353 : « Joseph [d'Arimathie] appartient à la catégorie des apôtres et c'est pourquoi, bien qu'il ne soit pas du nombre des Douze, il est appelé disciple du Seigneur. C'est lui qui a enveloppé le corps dans un *linceul (sindono)* propre. Et c'est *évidemment (quidem)* dans le même *linge (linteo)* que nous trouvons les animaux en tous genres présentées à Pierre. C'est pourquoi il

---

[271] *1 Corinthiens* 15[5] ; cf *Luc* 24[34]. Pierre a-t-il vu Jésus ressuscité, ou bien a-t-il seulement vu la preuve de sa résurrection ? La question reste ouverte.

ne sera peut-être pas inutile de comprendre que sous l'espèce de ce *linge (lintei)* c'est l'Église qui est ensevelie avec le Christ, car, de même *qu'en ce linge (in eo)*, une grande variété d'animaux purs et impurs allait être rassemblée lors de la formation de l'Église. »[272]

On voit que pour Hilaire il n'y a aucun doute : le linceul dans lequel avait été enseveli le Christ et le linge de la vision de Joppé enveloppant tous les animaux purs comme impurs, c'est-à-dire tant les juifs que les non-juifs, ne sont qu'une seule et même chose.[273] On ne sait pas d'où lui vient cette

---

[272] *In Matthaeum* 33, 8, in *PL* 9, cc. 1075-1076 ; éd. Doignon (Paris, 1979) II 258-259 : « Joseph apostolorum habet speciem et idcirco quamquam in duodecim apostolorum numero non fuerit, discipulus Domini nuncupatur. Hic munda sindone corpus involvit. Et quidem in hoc eodem linteo reperimus de caelo ad Petrum universorum animantium genera submissa. Ex quo forte non superflue intelligitur sub lintei huius nomine consepeliri Christo Ecclesiam, quia tum in eo ut in confessione Ecclesiae mundorum atque immundorum animalium fuerit congesta diversitas."

[273] Selon Doignon, p. 259 note 22, Hilaire n'aurait pas ici en tête la dichotomie entre juifs et chrétiens originellement visée par le récit des *Actes*, mais entre les chrétiens restés solides et ceux qui auraient failli pendant les persécutions ariennes. C'est qu'il choisit la leçon de certains manuscrits, *in confessione Ecclesiae* (« en matière de confession de l'Église », tour bizarre) plutôt que la leçon évidemment originelle *in confusione Ecclesiae*, « dans la composition de l'Église », « dans le *melting-pot* de l'Église » (cf. Tite-Live, *Ab Urbe condita* 1, 23, 2, au sujet de l'alliance fondatrice entre les Romains et les Albains : *duo populi in unum confusi*, « deux peuples confondus en un seul »). — A. Candiard, « La vision de Pierre à Joppé (*Ac* 10, 9-16). Esquisse d'histoire d'un commentaire dans l'occident latin », *Revue Biblique* 116 (2009) 527-556 spéc. 536, ajoute à la confusion en adoptant sans le moindre examen l'hypothèse de Doignon, tout en donnant par mégarde en note le texte authentique *in confusione*. Par ailleurs ni l'un ni l'autre ne traduisent correctement le propos d'Hilaire, *non superflue intelligitur*. Doignon comprend : « Il n'est peut-être pas excessif de comprendre que... » et Candiard : « Ce n'est sans doute pas trop solliciter le texte que comprendre que... », alors que *superflue* a évidemment son sens usuel, le même qu'à la page précédente où pourtant Doignon lui-même, p. 185, traduisait *superfluum* par « inutile ».

interprétation, qu'il paraît être le premier à avoir exprimée.[274] Un seul auteur, à ce qu'il semble, paraît la lui avoir empruntée, à savoir Ambroise de Milan, une génération plus tard, dans son *Traité sur l'Évangile de Luc*, mais sur un mode nettement moins affirmatif : « C'est un *linge (linteum)* de bonne qualité qu'a utilisé Joseph [d'Arimathie], cet homme droit, et il se pourrait que ce soit celui que Pierre a vu descendre vers lui depuis le ciel, et dans lequel il y avait différentes espèces de quadrupèdes et de fauves et d'oiseaux représentant figurativement *les non-juifs (nationes).* »[275] Après Ambroise, semble-t-il, personne ne semble plus avoir retenu ni même exploré cette piste. Mais nous nous proposons de l'examiner ci-après à nouveaux frais, sur la base de nouveaux arguments.

38. Fauves, reptiles et volatiles

Maintenant en effet il nous faut considérer le mystérieux contenu du linge de la vision de Joppé. Il ne contient plus en effet à ce qu'il semble *le corps de Jésus (τὸ σῶμα τοῦ Ἰησοῦ, to sôma tou Ièsou),* mais un certain nombre d'animaux répartis en trois catégories. Dans le premier récit il s'agit de « tous les quadrupèdes et reptiles de la terre et les volatiles du ciel ». Dans le deuxième récit, adressé spécialement aux chrétiens de Jérusalem, la liste est légèrement modifiée. « *Et*

---

[274] C'est sans le moindre fondement que Doignon, *ibid.*, fait dériver ce développement d'Hilaire de considération de saint Cyprien sur la tunique sans couture du Christ (*De Catholicae Ecclesiae unitate* 7). Par ailleurs ce commentaire, composé par Hilaire avant son séjour forcé en Orient, est totalement indépendant de la tradition exégétique grecque antérieure.

[275] *Expositio evangelii secundum Lucam* 9, 137, *PL* 15, c. 1839 ; éd. M. Adriaen (Turnhout, 1957) 385 ; éd. G Tissot (Paris, 1958) II « Bonum linteum misit Joseph ille vir justus, et fortasse illud quod Petrus vidit e caelo ad se esse demissum, in quo erant genera quadrupedum et ferarum et volucrum ad similitudinem gentium figurata. Mystico igitur unguento illo pistico consepelitur ecclesia, quae diversitatem populorum fidei suae communione sociavit. »

je regardais dedans et je remarquais et je voyais les quadrupèdes de la terre *et les bêtes* et les reptiles et les volatiles du ciel. On remarque dans la deuxième occurrence de cette liste, son premier membre est dédoublé, de sorte qu'on peut la résumer ainsi : 1° Quadrupèdes / Fauves – 2° reptiles – 3° volatiles.

D'où vient cette liste de catégories zoologiques archaïques clairement empruntées à la tradition hébraïque ? Les commentateurs y voient généralement, comme en dernier lieu Daniel Marguerat, une réminiscence de deux passages du *Livre de la Genèse*, à savoir le récit du sixième jour de la création (1^{24-26}) et celui de l'embarquement des animaux dans l'arche de Noé (6^{20}).

Encore une fois cependant, c'est mal comprendre comment fonctionne la mémoire textuelle, et la mémoire tout court, de la première communauté chrétienne. Rien n'a pour elle de sens clair qui ne soit enraciné *à la fois* dans la Torah *et* dans les Prophètes.

Or justement, s'il est bien certain que ces deux textes de la Torah résonnent en arrière-plan de notre récit, ce n'est pas eux qui sont directement visés mais avant tout un passage du *Livre du prophète Osée*, où l'on trouve une liste animalière de même genre. Voyons cela.

Genèse	1^{24} quadrupèdes – reptiles – fauves
	1^{25} fauves – quadrupèdes – reptiles
	1^{26} poissons – volatiles – quadrupèdes – reptiles
Genèse	6^{20} *volatiles – quadrupèdes – reptiles*
	7^{14} **fauves, quadrupèdes – reptiles – volatiles**
	9^{10} oiseaux – quadrupèdes – fauves
Osée	2^{18} fauves – volatiles – reptiles
Actes	10^{12} : *quadrupèdes – reptiles – volatiles*
	11^{6} : **quadrupèdes, fauves – reptiles – volatiles**.

Si l'on compare attentivement les sept premières de ces listes avec les deux dernières, en tenant compte autant de l'hébreu que du grec[276], on est absolument obligé de constater les faits suivants.

En *Actes* 10[12], où est racontée pour la première fois la vision de Pierre, la liste des animaux que Pierre voit lui apparaître, et que Dieu lui demande de sacrifier et de consommer, reprend *Genèse* 6[20], c'est-à-dire la liste des animaux que Dieu ordonne à Noé d'embarquer avec lui.

En revanche, en *Actes* 11[6], où Pierre fait lui-même à Jérusalem le récit de cette même vision, afin de se justifier de ce qu'il a effectivement fait, on retrouve non moins exactement et sans l'ombre d'un doute la liste de *Genèse* 7[14], c'est-à-dire celle des animaux qui s'embarquèrent effectivement avec Noé et sa famille. Il est donc bien certain que la forme qui a été donnée au deux récits de la vision de Joppé se réfère chacun à sa manière à la liste des animaux embarqués dans l'Arche de Noé.

Cependant, comme nous allons le démontrer, toute réminiscence de cet épisode de la *Genèse* entraînait avec elle, dans la mémoire textuelle des premiers chrétiens, celle d'une prophétie très précise du *Livre d'Osée*, qui faisait elle aussi une claire référence à l'alliance proposée par Dieu à l'époque de Noé, non seulement à toute l'humanité, mais encore à tous les animaux.

---

[276] *Genèse* 1[24] : בהמה, *behemah*, רמש, *remes*, חית, *khaïat* (τετράποδα, *tétrapoda*, ἑρπετὰ, *hérpéta*, θηρία, *thèria*) , [25] : חית, *khaïat*, בהמה, *behemah*, רמש, *remes* (θηρία, κτήνη, *ktènè*, ἑρπετὰ), [26] : דגת, *dagat*, עוף, *oph*, בהמה, *behemah*, רמש, *remes* (ἰχθύων, *ikhthuôn*, πετεινῶν, κτηνῶν, ἑρπετῶν) ; 6[20] : עוף , *oph*, בהמה, *behemah*, רמש, *remes* (πετεινῶν, κτηνῶν, ἑρπετῶν) ; 7[14] : חיה, *khaï*, בהמה, *behemah*, רמש, *remes,* עוף , *oph* (θηρία, κτήνη, ἑρπετὸν, πετεινὸν) ; 9[10] : עוף , *oph*, בהמה, *behemah*, חית, *khaïat* (ὀρνέων, *ornéon*, κτηνῶν, θηρίοις). — *Osée* : 2[18] : חית, *khaïat*, עוף , *oph*, רמש, *remes* (θηρίων, πετεινῶν, ἑρπετῶν). — *Actes* 10[12] : τετράποδα (= בהמה, *behemah*), ἑρπετὰ (= רמש, *remes*), πετεινὰ (=חית, *khaïat*) ; 11[6]: τετράποδα (= בהמה, *behemah*), θηρία (= חית, *khaïat*, ou bien חיה, *khaï*), ἑρπετὰ (= רמש, *remes*), πετεινὰ (= עוף, *oph*).

39. Une méditation sous-jacente du *Livre d'Osée*

Lorsqu'on parle des prophètes, de nos jours, du moins dans la tradition chrétienne, on pense d'abord, en général, aux *Livres* des trois *grands prophètes* Isaïe, Jérémie et Ézéchiel[277], auxquels on joint souvent celui de Daniel, et qu'on oppose aux douze *petits prophètes* qui n'ont de *petit* que la longueur de leurs oracles, comparée à celle des trois autres. Du fait même de leur taille modeste, ces oracles ont été regroupés en un seul livre ou recueil, qui commence par la prophétie d'Osée, réputé le plus ancien de tous. À ce titre, le *Livre d'Osée* occupe parmi les prophètes une place analogue à celle du *Livre de la Genèse* au sein de la Torah, ou encore que les deux premiers des *Psaumes* pour ce qui est de la troisième catégorie des Écritures hébraïques, dite des hagiographes.

Ce n'est pas tout. Ce qui confirme avec une pleine certitude que notre récit de la vision de Pierre renvoie allusivement à ce texte précis du *Livre d'Osée*, c'est que, dans toute la Bible grecque, ce passage est aussi le seul à employer le mot de « linges », *othonia (ὀθόνια)*, qui plus est à deux reprises.

Ce passage du *Livre d'Osée* est très connu. C'est une grande allégorie des amours tumultueuses du Dieu unique et de la nation monothéiste. Cette nation se comporte comme une putain. Elle court après ses amants que sont les faux dieux. Elle est châtiée. Mais finalement Dieu lui conserve son amour et laisse entrevoir une restauration finale. Ce scénario est entièrement repris aussi par l'*Apocalypse* de Jean. Là aussi la Grande Prostituée est châtiée, mais à la fin elle réapparaît transfigurée sous la forme de la Jérusalem nouvelle qui descend du ciel sur le pays.

Apocalypse 21² *Et la cité (πόλιν, polin) sainte Jérusalem nouvelle, je la voyais (εἶδον, eïdon) en train de descendre*

---

[277] Le *Livre de Daniel* est plutôt rangé dans la tradition juives parmi les Autres Écrits.

(καταβαίνουσαν, katabaïnousan) depuis le ciel (ἐκ τοῦ οὐρανοῦ, ék tou ouranou) d'après de Dieu, préparée comme une mariée pour son homme[278].

Actes 11⁵ Moi j'étais dans la ville (πόλει, poleï) de Joppé en train de prier, et je voyais (εἶδον, eïdon) en extase une vision, en train de descendre (καταβαῖνον, katabaïnon), un objet comme un linge immense, par quatre extrémités suspendu depuis le ciel (ἐκ τοῦ οὐρανοῦ, ék tou ouranou).

Actes 10¹¹ Et il voit le ciel (τὸν οὐρανὸν, ton ouranon) en train de s'ouvrir et, en train de descendre (καταβαῖνον, katabaïnon), un objet comme un linge immense suspendu sur le pays.

On voit que ces deux visions sont construites sur le même patron et parlent visiblement de la même chose. Mais de quoi s'agit-il ?

Voyons d'abord, dans le texte du *Livre d'Osée*, cette double mention, d'une part d'un *linge*, et d'autre part de *fauves, reptiles et volatiles.*

Osée 2⁷: Elle a dit : « Je suivrai derrière mes amants qui me donnent mon pain et mon eau et mes vêtements et mes linges (τὰ ὀθόνιά μου, ta othonia mou) et mon huile et tout ce dont j'ai besoin. » (…) ⁹ C'est pourquoi [dit Dieu] je m'en retournerai et je prendrai mon blé à son heure et mon vin en son temps et j'enlèverai mes vêtements et mes linges (τὰ ὀθόνιά μου, ta othonia mou) pour qu'ils ne couvrent pas son indécence. (…) ¹² Et je détruirai sa vigne et ses figuiers dont elle a dit : « Ce sont mes rétributions que m'ont données mes amants », et j'en ferai un exemple (μαρτύριον, marturion)[279], et les dévoreront les fauves (τὰ θηρία, ta thèria) de la

---

[278] Allusion au *voile de l'épousée* dont le prototype est celui de Rebecca s'approchant de son époux Isaac, *Genèse* (T.O.B.) 24⁶⁵ : Elle dit au serviteur : « Quel est cet homme (איש, ish, ἄνθρωπος, anthrôpos) qui marche dans la campagne à notre rencontre ? — C'est mon maître (אדן, adôn, κύριός, kurios) », répondit-il. Elle prit son voile (צעיף, tsahif, θέριστρον, théristron) et s'en couvrit.

[279] Le texte massorétique et la Vulgate portent : « une friche ».

*campagne [et les volatiles du ciel (τὰ πετεινὰ τοῦ οὐρανοῦ, ta
péteïna tou ouranou) et les reptiles du pays (τὰ ἑρπετὰ τῆς
γῆς, ta herpéta tès gès)]*[280]. *(…)* [17] *et j'éliminerai les noms
des Baals [faux dieux] de sa bouche et on ne se souviendra
plus de leurs noms.* [18] *et je contracterai avec eux en ce jour-
là un pacte (διαθήκην, diathèkèn, « alliance »), avec les
fauves (μετὰ τῶν θηρίων, méta tôn thèriôn) de la campagne
et avec les volatiles du ciel (μετὰ τῶν πετεινῶν τοῦ οὐρανοῦ,
méta tôn péteïnôn tou ouranou) et avec les reptiles du pays
(μετὰ τῶν ἑρπετῶν τῆς γῆς, méta tôn herpétôn tès gès) et je
briserai arc (τόξον, toxon) et épée et combat et je te ferai
habiter dans l'espoir,* [19] *et je me fiancerai à toi pour toujours
et je te fiancerai à moi par justice et décret, et compassion et
miséricorde.*

Le sens originel de cet oracle du prophète Osée est
particulièrement clair. La nation monothéiste s'est
compromise gravement avec les peuples polythéistes. Elle va
donc être frappée de deux châtiments. Premièrement, on va
lui enlever le linge qui voilait ses parties intimes.
Deuxièmement elle va être livrée à ses ennemis qui vont
ravager son territoire comme des fauves, des oiseaux et des
reptiles. Car le sens premier du texte est ici évidemment
figuré[281], comme chez les autres prophètes[282], et ce serait en

---

[280] Les mots entre crochets droits sont absents du texte massorétique et
de la Vulgate.

[281] C'est ainsi que l'entendent les pères et les exégètes anglosaxons
anciens : Cyrille — Théodoret de Cyr († v. 458), *Enarratio in Oseam
prophetam* (*PG* 81) 1565 : « Καὶ διδάσκων, ὡς οὐ περὶ θηρίων καὶ
πετεινῶν λέγει, ἀλλὰ περὶ θηριωδῶν ἀνθρώπων καὶ πετεινῶν δίκην
ἐπιπετομένων καὶ ἰοβόλοις ἑρπετοῖς ἐοικότων, ἐπήγαγε. » — W Drake,
Notes Critical and Explanatory on the Prophecies of Joha and Hosea
(Cambridge, 1853) 73 : « By these animals are possibly meant the nations
by whom the Israelites were oppressed and devoured. »

[282] *Isaïe* 56[9-10] ; *Ézéchiel* 34[20-25].

faire une interprétation bien tirée par les cheveux que de la prendre au pied de la lettre[283].

Voyons d'abord ce qu'est le premier de ces châtiments, très énigmatique puisqu'il consiste donc à retirer à la nation monothéiste personnifiée des linges qu'elle considère comme les siens, *mes linges*, mais que Dieu de son côté, appelle lui aussi *mes linges* quand il les lui retire.

Le prophète Ézéchiel quelques siècles après son prédécesseur et collègue Osée, avait repris et longuement développé cette image, dans sa propre allégorie sexuelle de l'Histoire Sainte que nous avons déjà citée en partie : 16[7] *Je t'ai rendue vigoureuse comme une herbe des champs ; alors tu t'es mise à croître et à grandir et tu parvins à la beauté des beautés ; tes seins se formèrent, du poil te poussa ; mais tu étais sans vêtements, nue.* [8] *En passant près de toi, je t'ai vue ; or tu étais à l'âge des amours. J'ai étendu sur toi le pan de mon habit et couvert ta nudité ; je t'ai fait un serment et suis entré en alliance avec toi,* etc. Il est ici question évidemment de l'alliance du Sinaï entre Dieu et son peuple, alliance que la nation monothéiste va très vite trahir en se livrant à l'idolâtrie, c'est-à-dire en revenant au polythéisme. C'est pourquoi, continue Dieu, [36] *parce que ton sexe a été découvert et que ta nudité a été dévoilée, au cours de tes débauches avec tes amants et toutes tes idoles abominables (...),* [37] *eh bien, je vais rassembler tous les amants auxquels tu as plu,* (…) [39] *(…) ils te dépouilleront de tes vêtements et prendront tes splendides bijoux ; ils te laisseront sans vêtements, nue.*

Il n'y a pas à s'étonner de la crudité de cette image comparant la Tente de Réunion et le rideau de séparation à

---

[283] Comme le fait cependant le seul targoum que nous en ayons conservé, où il est difficile de ne pas voir une censure du sens obvie du texte, dont le caractère figuré n'échappe même pas à des fondamentalistes aussi étroits que les Témoins de Jéhovah, qui y voient une prophétie figurée de la bestialité des nations de l'abominable « chrétienté » (site officiel en 2021).

177

des linges féminins. Cette image était claire. Les rabbins ultérieurs n'hésitent pas d'ailleurs à en développer du même genre. Ainsi par exemple Rabbi Simon ben Lakish, mort vers 275, lorsque qu'il explique ce verset relatif aux barres qui servaient à soulever l'arche d'Alliance : *À cause de la longueur de ces barres on voyait leur extrémité depuis le lieu saint qui précède la chambre sacrée, mais on ne les voyait pas de l'extérieur*[284]. Il commente : « Comment se fait-il qu'on commence par dire qu'*elles se voyaient*, puis *on le les voyait pas* ? C'est qu'elles apparaissaient imparfaitement, comme les seins d'une femme se dessinent en relief sous l'étoffe qui les couvre. »[285]

Il est donc bien clair que dans les deux cas, dans l'esprit de ces deux prophètes, Osée et Ézéchiel, le linge dont Dieu couvre l'intimité sexuelle de la nation monothéiste, c'est la Tente de Réunion édifiée par Moïse, c'est-à-dire le Tabernacle qui abrita l'Arche d'Alliance depuis l'époque de Moïse jusqu'à celle de David.

Cette Arche, elle-même cachée par un rideau, était de fait fermée par un *couvercle (כפרת, kapporeth)* sur lequel le Grand prêtre chaque année versait du sang et qui était réputé *couvrir (כפר, kaphar)*, c'est-à-dire *expier* les péchés du peuple.

---

[284] *1 Rois* (T.O.B.) 8[8].

[285] Talmud de Jérusalem, traité *Sheqalim* 6[2], traduction Schwab (Paris, 1882) V 298. On doit aussi noter d'étranges imaginations chez les rabbins du IIIe siècle, selon le Talmud de Babylone, traité *Yoma* 54a : « R. Kattina a dit : Chaque fois qu'Israël montait à la Fête, le rideau était retiré pour eux et on leur montrait les Chérubins, dont les corps étaient entrelacés l'un dans l'autre, et on s'adressait à eux ainsi : Regarde ! Tu es aimé devant Dieu comme l'amour entre l'homme et la femme. (…) Resh Lakish [*alias* rabbi Simon ben Lakish, encore lui] dit : Lorsque les païens entrèrent dans le Temple et virent les Chérubins dont les corps étaient entrelacés les uns avec les autres, ils les emportèrent et dirent : Ces Israélites (…) s'occupent de telles choses ! Et aussitôt ils les méprisèrent, comme il est dit : *Tous ceux qui l'honoraient l'ont méprisée, parce qu'ils ont vu sa nudité* (*Lamentations* 1[8]) ».

Transformée en Temple par Salomon, le Tabernacle va finalement être détruit par les ennemis de la nation monothéiste.

Voyons maintenant le deuxième des châtiments prophétisés par Osée : *Et je détruirai sa vigne et ses figuiers (...), et j'en ferai une friche (*ou *: un exemple* selon le grec*), et ils seront dévorés par les fauves de la campagne.* Le grec ajoute : *et les volatiles du ciel et les reptiles du pays*, anticipant ici la liste que l'hébreu porte un peu plus loin. Quoi qu'il en soit, ces animaux sont évidemment les mêmes que ceux dont il nous est dit quelque versets plus loin que Dieu leur proposera finalement son alliance, en même temps qu'il rétablira le peuple élu dans ses privilèges. Ainsi donc, selon Osée, non seulement donc Dieu rendra pour finir ses faveurs à sa nation monothéiste originelle, mais il étendra son alliance à toutes les autres nations qui en étaient autrefois les ennemies, figurées par le triptyque des fauves, des volatiles et des reptiles.

C'était là encore une prophétie qu'on pouvait facilement appliquer à l'événement de Césarée. C'est ainsi en tout cas que l'interprète Pierre dans le récit qu'il fait de sa vision de Joppé.

Pourquoi les commentateurs des *Actes des apôtres* ne relèvent-ils pas cet arrière-plan scripturaire tout à fait évident du rêve de Pierre ? C'est très surprenant, d'autant plus que, dans l'autre sens, plusieurs commentateurs du *Livre d'Osée* ont bien vu qu'il était l'objet d'une réminiscence dans celui des *Actes* qui considèrent visiblement la vision de Joppé comme le présage d'une réalisation imminente de l'oracle d'Osée, selon lequel Dieu promet de faire alliance avec ces même fauves, volatiles et reptiles.

Ainsi par exemple, dans leurs commentaires de ce prophète, Samuel Horsley, dès 1801 : « Cette alliance avec les bêtes des champs, les oiseaux du ciel et les reptiles de la terre est la conversion finale des païens les plus ignorants et les plus

vicieux à la vraie foi. »[286]. De même Joseph Benson en 1811 :
« Ces mots peuvent s'entendre au sens figuré, comme la
conversion finale des païens les plus ignorants et les plus
vicieux à la vraie foi, ce qui aura pour effet qu'ils vivront en
paix et en amitié avec la nation rétablie des Juifs. »[287] De
même encore Albert Barnes en 1855 : « Toutes les espèces
d'animaux nuisibles sont ici mentionnées : *fauves, oiseaux et
reptiles*. C'est ainsi que Pierre *vit toutes sortes de
quadrupèdes de la terre, des bêtes sauvages, des reptiles et
des oiseaux du ciel [Actes 11[5]]* : tous devaient être mis à mort
quant à leur ancien état et s'intégrer à l'Église. »[288]

C'est bien ainsi que Pierre et sa communauté, visiblement,
avaient interprété son rêve, et c'est sur cette base qu'il avait
été ensuite raconté, formulé, mémorisé et mis par écrit.

40. *Osée* 2, chapitre longuement médité par Pierre et Paul

Il est d'ailleurs indubitable que le dit chapitre 2 du *Livre
d'Osée* a attiré l'attention des premiers chrétiens comme une
prophétie de l'élargissement de la nation monothéiste aux

---

[286] *Hosea translated from the Hebrew* (Londres, 1801) 8 : « This
covenant with the beasts of the field, the fowls of heaven, and the reptiles
of the earth, is the final conversion of the most ignorant and vicious of the
Heathen to the true faith. The effect of which must be, that they will all live
in peace and friendship with the re-established nation of the Jews. » Texte
reproduit exactement par Th. Cook, *A commentary on the Holy Bible.
Volume 4* (Londres, 1803) 463.

[287] *The Holy Bible, containing the Old and New Testaments* (Londres,
1811[1], New York, 1846) IIII 857 : « Or the words may be understood
figuratively, of the final conversion of the most ignorant and vicious of the
heathen to the true faith; the effect of which will be, that they shall live in
peace and friendship with the re-established nation of the Jews. In this sense
the passage is understood by Bishop Horsley. »

[288] *Notes on Minor Prophets* (1855) : « Every kind of evil animal, beast,
bird and reptile, is named. So Peter "saw all manner of fourfooted beasts of
the earth, and wild beasts, and creeping things, and fowls of the air." All
were to be slain to their former selves, and pass into the Church. » = E. B.
Pusey, *The Minor Prophets* (Oxford, 1869) 20.

non-juifs. C'est ce qui se voit notamment dans la *Lettre de Pierre* aux chrétientés d'Anatolie, et dans celle de Paul *aux Romains*. Tous deux, s'adressant aux nouvelles communautés mixtes, leur appliquent expressément un résumé de ce chapitre qui agglutine son premier verset (2^1) et son verset ultime (2^{25}).

Osée 1^9 *Et il dit : « Appelle son nom Mon Non-Peuple (Οὐ-λαός-μου, Ou-laos-mou), parce que vous n'êtes pas mon peuple (οὐ λαός μου, ou laos mou) et que je ne suis pas à vous. »* — 2^1 *Au lieu même où il leur était dit : « Vous n'êtes pas mon peuple (οὐ λαός μου, ou laos mou) », c'est là qu'ils seront appelés fils du Dieu vivant.* — 2^{25b} *Et Je dirai à mon non-peuple (τῷ Οὐ-λαῷ-μου, tô Ou-laos-mou) : « C'est toi qui es mon peuple (λαός μου, laos mou) ».*

1 Pierre 2^{10} *Vous jadis non-peuple (οὐ λαός, ou laos) mais désormais peuple de Dieu (λαὸς Θεοῦ, laos mou), vous non pris en pitié (οὐκ ἠλεημένοι, ouk èléèménoï) mais désormais pris en pitié (ἐλεηθέντες, éléèthéntés).*

Romains 9^{25} *Comme il est dit en Osée : « J'appellerai mon non-peuple (τὸν οὐ λαόν μου, ton ou laon mou) mon peuple (λαόν μου, laon mou) et la non chérie (τὴν οὐκ ἠγαπημένην, tèn ouk ègapèménèn) chérie (ἠγαπημένην, ègapèménèn). »*

Pierre ajoute d'ailleurs aux versets 1 et 25 du chapitre 2 une autre réminiscence du même *Livre d'Osée* contenant l'idée de pitié (ἐλεημοσύνη, éléèmosunè). *Osée* 1^6 *« Appelle son nom Non-prise-en-pitié (Οὐκ-ἠλεημένη, Ou-èléèménè), parce que je ne continuerai plus à prendre en pitié (ἐλεῆσαι, éléèsaï) la maison d'Israël. »* — 2^{25} *« Et je prendrai en pitié (ἐλεήσω, éléèsô) Non-prise-en-pitié (τὴν Οὐκ-ἠλεημένην, tèn Ouk-èléèménèn), et Je dirai à mon non-peuple (τῷ Οὐ-λαῷ-μου, tô Ou-laô-mou) : « C'est toi qui es mon peuple (λαός μου, laos mou) ».*

Paul fait de même mais avec une addition différente et tirée quant à elle du verset suivant (*Osée* 3^1), de telle sorte qu'il

181

fait ici de son côté plutôt résonner la notion d'*amour (ἀγάπη, agapè)*, plus caractéristique de l'allégorie du *Cantique des cantiques*.

Romains 9[25] : *Comme il est dit en Osée : « J'appellerai mon non-peuple (τὸν οὐ λαόν μου, ton ou laon mou) mon peuple (λαόν μου, laon mou) et la non chérie (τὴν οὐκ ἠγαπημένην, tèn ouk ègapèménèn) chérie (ἠγαπημένην, ègapèménèn).*

Osée 3[1] : *Et Dieu me dit : « Va, et chéris (ἀγάπησον, agapèson) une femme chérissant (ἀγαπῶσαν, agapôsan) ce qui est mal et adultère, de même que Dieu chérit (ἀγαπᾷ, agapa) les fils d'Israël, tandis qu'eux regardent du côté des dieux étrangers et qu'ils aiment les gâteaux de raisin. »*

Cantique 2[5] : *Soutenez-moi avec des gâteau de raisin et des pommes parce que je suis blessée d'amour (ἀγάπης, agapès)*

On voit que Pierre et Paul ont médité les mêmes textes, chacun de son côté, et donc avec des nuances, mais exactement dans la même ligne d'interprétation et d'application. Les deux premiers chapitres du premier des prophètes, Osée, sont appliqués à l'événement de Césarée, et plus largement à l'élargissement de la nation monothéiste à tous les peuples autrefois polythéistes. Ces deux premiers chapitres d'*Osée* sont visiblement connus quasiment par cœur tant par Pierre que par Paul, et spécialement le deuxième[289].

41. Le voile retiré révèle Dieu, et volatilise le péché

Dans ce cadre on est fondé à se demander comment était interprété le verset central de ce chapitre, *Osée* 2[11] : *Et je prendrai mon blé à son heure et mon vin en son temps, et je retirerai (ἀφελοῦμαι) mes vêtements (ἱμάτιά, himatia) et mes linges (ὀθόνιά, othonia) pour ne pas voiler (καλύπτειν, kalupteïn) son indécence (ἀσχημοσύνην, askhèmosunèn),* [12] *et*

---

[289] Il n'y a pas lieu ici non plus d'imaginer on ne sait quelle une source littéraire commune, du genre des prétendus *testimonia* dont nous avons déjà parlé.

alors je dévoilerai (ἀποκαλύψω, apokalupsô) son impureté (ἀκαθαρσίαν, akatharsian) aux yeux de ses amants et personne ne pourra la soustraire à mes mains[290].

Cela pouvait s'interpréter de plusieurs manières, et notamment s'appliquer à la nation monothéiste élargie, considéré comme le corps mystique du Messie, envisagé lui-même sous les deux espèces du repas eucharistique. Le *blé* récupéré à son heure symbolise alors la moisson opéré par le Messie lors de sa carrière publique parmi le peuple juif ; tandis que le *vin* recueilli en son temps symbolise la vendange des nations opérée dans un second temps par ses disciples. Ce double symbolisme est de fait bien attesté dans l'*Apocalypse*[291].

Quant à ses *vêtements* et *linges* que Dieu déclare retirer à son épouse infidèle et adultère, on doit sans hésiter y reconnaître la tente qui abritait l'Arche d'alliance et le voile qui la dissimulait aux regards du commun. L'ancien temple doit être détruit avant que d'être reconstruit, et le voile doit être déchiré pour que la gloire de Dieu ne soit plus cachée aux yeux des hommes, ni non plus les noirceurs du péché, que jusqu'alors le culte sacrificiel ne faisait que *recouvrir* et voiler sommairement, à la manière d'un cache-sexe.

C'est la lecture que semble en faire l'*Évangile de Jean*, qui note que le mouchoir qui avait été placé sur le visage du crucifié lors de son ensevelissement fut trouvé dans le tombeau vide *enroulé à part*, signe qu'il avait été enlevé comme jadis le voile couvrant le visage de Moïse était enlevé quand il retournait parler avec Dieu dans le Tabernacle.

---

[290] Chouraqui traduit : « Aussi je retourne, je prends mes céréales en son temps, mon moût à son rendez-vous. J'arrache ma laine et mon lin qui couvraient son sexe. Et maintenant, je découvre son vagin aux yeux de ses amants. Pas un homme ne l'arrachera à ma main »

[291] *Apocalypse* $14^{14\text{-}16}$ (moisson opérée par le Messie en Terre sainte) ; $14^{17\text{-}20}$ (vendange des nations opérée par le Saint Esprit).

Rappelons que cet évangile nous montre deux anges dans la tombe *« assis là où avait reposé le corps de Jésus, l'un à la tête et l'autre aux pieds »* disposition qui évoque clairement les deux chérubins soudés au couvercle de l'Arche d'alliance.

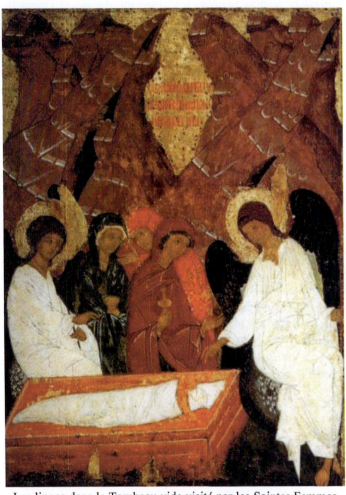

Les linges dans le Tombeau vide visité par les Saintes Femmes
(icône russe de la région de Rostov, collection privée, XVe siècle)

Ce *couvercle* était aussi appelé *propitiatoire* parce qu'il était réputé, comme nous l'avons déjà dit, *couvrir*, c'est-à-dire neutraliser les péchés du peuple par le moyen du sang dont l'arrosait le grand-prêtre.

Dans ce cadre, les linges qui avaient enveloppé le corps du Christ correspondaient à la Tente, et le mouchoir aux voiles qui cachaient la gloire de Dieu, tant celui du Tabernacle qui cachait l'Arche que celui qui couvrait le visage de Moïse.

Exode (T.O.B.) 34²⁹ *Or, quand Moïse descendit du mont Sinaï, ayant à la main les deux tables de la charte, quand il descendit de la montagne, il ne savait pas, lui, Moïse, que la peau de son visage était devenue rayonnante en parlant avec le Seigneur.* ³⁰ *Aaron et tous les fils d'Israël virent Moïse : la peau de son visage rayonnait ! Ils craignirent de s'approcher de lui.* ³¹ *Moïse les appela : alors, Aaron et tous les responsables de la communauté revinrent vers lui, et Moïse leur adressa la parole.* ³² *Ensuite, tous les fils d'Israël s'approchèrent, et il leur communiqua tous les ordres que le Seigneur lui avait donnés sur le mont Sinaï.* ³³ *Moïse acheva de parler avec eux et il plaça un voile sur son visage.* ³⁴ *Et quand il entrait devant le Seigneur pour parler avec lui, il retirait le voile jusqu'à sa sortie. Étant sorti, il disait aux fils d'Israël les ordres reçus.* ³⁵ *Les fils d'Israël voyaient que la peau du visage de Moïse rayonnait. Alors Moïse replaçait le voile sur son visage, jusqu'à ce qu'il retournât parler avec le Seigneur.*

Paul aussi parle de ce voile dans sa *Deuxième lettre aux Corinthiens*, dans un passage dont le caractère apocalyptique n'a pas été suffisamment souligné.

2 Corinthiens 3¹⁴ : *Mais jusqu'à aujourd'hui leurs pensées se sont sclérosées, parce que le dit voile (κάλυμμα, kalumma) demeure lors de la lecture de l'ancien code, sans être dévoilé (ἀνακαλυπτόμενον, anakaluptoménon), parce ce n'est que dans le Messie qu'il est aboli,* ¹⁵ *et au contraire, jusqu'à aujourd'hui, lorsqu'on lit Moïse, ce voile (κάλυμμα, kalumma) repose (κεῖται, keïtaï) sur leur cœur.*

185

Le Christ enlève le voile de Moïse
(Vitrail de la basilique de Saint-Denis, XIIe siècle)

[16] *C'est quand on se tourne vers le Seigneur que le voile (κάλυμμα) est enlevé (…)* [18] *et nous tous qui, sur notre visage dévoilé (ἀνακεκαλυμμένῳ, anakékalummenô), réfléchissons comme en un miroir la gloire du Seigneur, nous sommes transformés en cette même image, allant de gloire en gloire, comme de par le Seigneur, qui est Esprit. (…)*

4^2 *(…) Nous avons rejeté les secrets (κρυπτὰ, krupta) de la honte (αἰσχύνης, aïskhunès), sans marcher dans la ruse ni trafiquer la parole de Dieu, mais au contraire en nous appuyant l'évidence de sa vérité pour que les gens en aient bien conscience devant Dieu.*

³ *Et quand notre annonce de l'avènement est voilé (κεκαλυμμένον, kekalumménon), c'est parmi ceux qui vont à leur perte,* ⁴ *parmi ceux dont le dieu de ce monde a aveuglé les pensées, celles des incrédules, pour que n'éclate pas l'illumination (φωτισμὸν, phôtismon) de cette annonce de la gloire du Messie qui est l'image de Dieu, (...)*
⁶ *car le Dieu qui a dit : « Depuis les ténèbres (σκότους, skotous) la lumière (φῶς, phôs) brillera (λάμψει, lampseï) », c'est lui qui a brillé (ἔλαμψεν, élampsén) dans vos cœurs, pour apporter l'illumination (φωτισμὸν, phôtismon) de la connaissance de la gloire de Dieu sur le visage du Messie.*

Il faut donc bien comprendre que lorsqu'est déchiré ce voile mystérieux entre l'homme et la divinité, ce n'est pas seulement le visage de Dieu qui se révèle à l'homme, mais son regard qui éclaire l'homme et en volatilise les zones d'ombre. Rappelons du *Psaume* 34⁶ : *Qui regarde vers Lui resplendira, sans ombre ni trouble au visage.*

La pensée antique, en effet, ne distingue pas clairement le processus de la vue du phénomène de la lumière. Par suite, on ne considérait pas alors comme on le fait aujourd'hui que c'est la lumière qui vient frapper la rétine au fond de l'œil. On tenait plutôt au contraire le regard pour un rayon émis par l'œil lui-même et illuminant la réalité externe[292].

De ce point de vue, la lumière divine ne se distingue ni du regard de Dieu ni de sa Parole. Lorsque l'homme en est illuminé elle l'informe, le transforme et le conforme à Dieu, selon le titre du *Psaume* 26 : *Le Seigneur est ma lumière*, ou bien, comme le dit le latin, *Dominus illuminatio mea*, « Le Seigneur est mon éclairage ».

---

[292] D. C. Lindberg, *Theories of vision from Al-Kindi to Kepler* (Chicago, 1976) 1-17 : « The Background : Ancient Theories of Vision » (avec citation et commentaire de plusieurs textes importants, notamment de Platon, Euclide, Galien et Claude Ptolémée.

Théorie du rayon visuel, figurée par Johann Zahn
(*Oculus artificialis*, Nuremberg, 1702, p. 210)

Paul écrivait déjà dans sa *Première aux Corinthiens* : 4⁵ *C'est pourquoi ne jugez de rien avant le moment crucial, jusqu'à ce que vienne le Seigneur, qui illuminera (φωτίσει, phôtiseï) les secrets (τὰ κρυπτὰ, ta krupta) de l'obscurité (τοῦ σκότους, tou skotous) et qui manifestera (φανερώσει, phanérôseï) les intentions des cœurs, et c'est alors que chacun recevra l'approbation de Dieu.*

Et plus tard encore dans sa *Lettre aux Éphésiens*, 5⁸ *Vous étiez autrefois obscurité (σκότος, skotos), mais maintenant vous êtes lumière (φῶς, phôs) dans le Seigneur. Comportez-vous comme des enfants de lumière (φωτὸς, photos).* (…) 5¹¹ *Ne vous associez pas aux œuvres stériles de l'obscurité (τοῦ σκότους, tou skotous) ; réprouvez-les plutôt.* ¹² *Ce qui se passe secrètement (κρυφῇ, kruphè) sous leur couvert, il est obscène même de le dire.* [13] *Mais tout ce qui est réprouvé par la lumière (ὑπὸ τοῦ φωτὸς, hupo tou phôtos) est manifesté (φανεροῦται, phanéroutaï), car tout ce qui est manifesté (τὸ φανερούμενον, to phanérouménon) est lumière.* [14] *C'est pourquoi on dit : 'Éveille-toi, le dormant, et lève-toi d'entre les morts, et le Messie commencera à briller (ἐπιφαύσει, épiphauseï) sur toi'.*

Citons enfin sa *Deuxième lettre à Timothée*, qui évoque, 1[9] *la grâce qui nous a été donnée en Jésus Christ avant les temps éternels,* [10] *et qui a été manifestée (φανερωθεῖσαν, phanérôtheïsan) maintenant par l'apparition (ἐπιφανείας, épiphaneïas) de notre sauveur Jésus Christ, qui a détruit la mort et a illuminé (φωτίσαντος, phôtisantos) la vie et l'immortalité par l'Évangile.*

Dominus illuminatio mea (*Psaume* 26[1])
(Manuscrit fr. 5212 de la Bibliothèque nationale, folio 383, XIVe siècle)

Cette enluminure traditionnelle représente le Psalmiste, c'est-à-dire le roi David, contemplant l'Homme-Dieu (au nimbe crucifère) et montrant du doigt son propre œil pour mimer le premier verset de son *Psaume* 26 : « Nostre sires est ma lumiere et mon salut. » *Regard* et *lumière* sont alors une seule et même chose.

C'est pourquoi (comme l'écrit encore Pierre dans sa *Lettre*, 1[13-14]), *mettez une ceinture aux reins*[293] *de votre pensée, soyez parfaitement sobres et espérez dans la grâce qui vous est conférée dans le dévoilement (ἐν ἀποκαλύψει) du Messie Jésus, comme des enfants d'obéissance, et ne vous conformez à vos convoitises d'autrefois, dans l'ignorance où vous étiez.*

La *Lettre aux Hébreux* (6[19]) connaît aussi cette *espérance* chrétienne qui traverse le *voile* mystérieux : *Nous en jouissons comme d'une ancre de l'âme inébranlable et ferme et bien fermement fixée et pénétrant à l'intérieur du rideau (καταπετάσματος, katapétasmatos) où en précurseur est pour nous entré Jésus devenu sacrificateur-en-chef à la manière de Melchisédek, à jamais.*

Voilà donc toutes les harmoniques qu'éveillait chez les premiers chrétiens l'image violente développée par le prophète Osée du cache-sexe arraché par Dieu à son épouse infidèle. Ce voile représente le culte ancien qui ne donnait de Dieu qu'une connaissance indirecte, et qui, par-là même, ne faisait que faire connaître et pallier le péché des hommes sans pour autant jamais le vaincre, ainsi que l'explique longuement Paul dans sa *Lettre aux Romains* (3[1-20]), et comme on le lit aussi dans la *Lettre aux Hébreux* (10[1.11]).

---

[293] Les reins passaient pour le siège de la puissance sexuelle et notamment de la production du sperme. Le médecin Galien (203 ap J.-C.), *De sanitate tuenda* VI, 446 , témoigne d'une croyance de son temps très intéressante à cet égard : « J'ai observé, écrit-il, un des maîtres de gymnastique chargés de surveiller les athlètes qui plaçait une lame de plomb sous les *reins (ψόαις)* de l'athlète pour lui éviter une pollution nocturne. » Origène († 253 env.) dans un traité perdu sur le *Psaume* 16 (15) cité par Jérome, *Epistula* 133, 3 à propos du verset 16, 7 (*insuper et usque ad noctem increpauerunt me renes mei*) ; Jérôme lui-même († 420), *Tractatus de Psalmo XV*, éd. G. Morin (Turnhout, 1958[2]) 377 ; et Jean Cassien († 435), *Collationes* 12, 8, considèrent aussi les reins comme le siège de la production du sperme, et de la concupiscence même involontaire qui envahit les rêves et s'exprime par les pollutions nocturnes.

42. Excursus : ce qu'Origène disait de ce voile

Tout cela a été expliqué depuis longtemps, plus nettement que nous ne saurions le faire, et plus clairement que nous ne venons de le faire, par Origène, comme le montre cet extrait de sa *Cinquième homélie sur Jérémie*[294], prononcée à Césarée-sur-Mer vers 242 de notre ère. Nous n'avons découvert cet exposé qu'après avoir laborieusement rédigé ce qui précède, sans savoir que cela n'avait rien de nouveau. Nous en donnons ci-après le texte, que le lecteur pressé pourra sauter sans encombre pour la logique de notre propre exposé.

« Après quoi ces gens qui confessent leurs fautes disent (*Jérémie* 3[25]). : *Nous nous sommes couchés dans notre honte (αἰσχύνῃ, aïskhunè)*, et après cela ils disent : *Notre déshonneur nous a voilés (ἐπεκάλυψεν, épékalupsén).*

« Nous avons souvent parlé *du voile (περὶ τοῦ καλύμματος)* placé sur le visage de ceux qui *ne se convertissent pas au Seigneur* (*2 Corinthiens* 3[16]). À cause de ce *voile, quand on lit Moïse*, le pécheur ne le comprend pas, car *un voile (κάλυμμα, kalumma) est posé sur son cœur* (*2 Corinthiens* 3[15]). À cause de ce *voile,* quand on lit l'Ancien Testament, celui qui entend ne comprend pas ; à cause de ce *voile (κάλυμμα, kalumma)* l'Évangile lui-même *est voilé (κεκαλυμμένον, kekalumménon) pour ceux qui se perdent* (*2 Corinthiens* 4[3]). Nous disions donc, *à propos du voile (περί τοῦ καλύμματος, péri tou kalummatos)*, que *ce voile (τὸ κάλυμμα, to kalumma)*, c'est *la honte (ἡ αἰσχύνη, hè aïskhunè)*. Aussi longtemps en effet que nous avons les œuvres de la *honte,* il est évident que nous avons le *voile (κάλυμμα, kalumma),* selon ce qui est dit quelque part au

---

[294] *Homélies sur Jérémie* V, 8-9, édition de P. Nautin (Paris, 1976) I 299-303, traduction ici très légèrement adaptée. Pour leur datation, voyez Nautin, p. 21.

Psaume XLIII : *Et la honte de mon visage m'a voilé (ἐκάλυψέν με, ékalupsén mé)*(*Psaume* 44[16]).

« J'ai dit par analogie que celui qui n'a pas d'œuvres de *honte* n'a pas de *voile (κάλυμμα, kalumma)*. Tel était Paul qui dit : *Nous tous, le visage dévoilé (ἀνακεκαλυμμένῳ, anakékalumménô), nous contemplons comme en un miroir la gloire du Seigneur.* Paul a donc le visage *dévoilé (ἀνακεκαλυμμένον, anakékalumménon),* car il n'a pas d'œuvre de *honte.* Celui qui n'est pas comme Paul a le visage *voilé (κεκαλυμμένον, kékalummenon).* De même donc qu'il était dit là, au psaume XLIII : *La honte de mon visage m'a voilé (ἐκάλυψέν, ékalupsén),* de même il est dit ici : *Notre déshonneur nous a couverts d'un voile (ἐπεκάλυψεν, épékalupsén)* (*Jérémie* 3[25]). Tant que nous faisons des œuvres *déshonorantes,* nous avons un *voile (κάλυμμα, kalumma)* posé sur le cœur. Si nous voulons ôter le *voile (κάλυμμα, kalumma)* provenant du *déshonneur,* tendons aux œuvres de l'honneur et gardons à l'esprit la parole bien connue du Sauveur : « *Afin que tous honorent le Fils comme ils honorent le Père* », ayons aussi à l'esprit la parole de l'Apôtre : « *En transgressant la Loi tu déshonores Dieu* ». Le juste, *comme il honore le Père, honore le Fils* ; le *déshonneur,* quand je déshonore le Fils, ce déshonneur dont je déshonore aussi bien le Père que le Fils, devient un *voile (κάλυμμα, kalumma)* sur mon visage, et je dis alors : « *Le déshonneur nous a voilés (ἐπεκάλυψεν, épékalupsén)* ».

« Aussi, comprenant ce qu'est le *voile (κάλυμμα, kalumma)* qui vient des œuvres de la *honte,* des actions *déshonorantes,* ôtons le voile (κάλυμμα, *kalumma*). Il est en notre pouvoir d'ôter le voile (κάλυμμα, *kalumma*), cela n'appartient à personne d'autre. En effet, *lorsque Moïse se tournait vers le Seigneur, il enlevait* en effet *le voile (κάλυμμα, kalumma)* (*Exode* 34[34]).

« Tu vois comment Moïse représente parfois le peuple : tant qu'il ne se tournait pas vers le Seigneur, étant la figure du peuple qui ne se tourne pas vers le Seigneur, il avait un *voile*

192

(κάλυμμα, kalumma) placé sur le visage, mais quand il *se tournait vers le Seigneur,* devenant figure de ceux qui se tournent vers le Seigneur, alors *il enlevait le voile* (*Exode* 34[34]). Et ce n'est pas que Dieu lui donnait cet ordre : Enveloppe-toi du *voile (κάλυμμα, kalumma),* — car Dieu n'a pas dit à Moïse : Enveloppe-toi du *voile (κάλυμμα, kalumma),* — mais quand Moïse voyait que le peuple ne pouvait voir sa gloire, alors il mettait le *voile (κάλυμμα, kalumma) sur son visage* (*Exode* 34[33]) ; et il n'attendait pas non plus que Dieu lui dise : Enlève le *voile (κάλυμμα, kalumma),* chaque fois qu'il *se tournait vers le Seigneur.* Cela a donc été écrit pour que toi aussi, qui as mis le *voile (κάλυμμα, kalumma)* sur ton visage par des œuvres de *déshonneur* et de *honte,* tu travailles à ton tour à ôter le *voile (κάλυμμα, kalumma)* ; si tu te *tournes vers le Seigneur,* alors tu ôtes le *voile (κάλυμμα, kalumma),* et tu ne diras plus : *Notre déshonneur nous a voilés (ἐπεκάλυψεν, épékalupsén).*

« Par exemple, la colère contre quelqu'un, posée sur notre âme, y est posée comme un *voile (κάλυμμα, kalumma)* sur le visage ; c'est pourquoi, si nous voulons dire dans notre prière : *« La lumière de ton visage s'est manifestée sur nous, Seigneur »,* enlevons le *voile (κάλυμμα, kalumma)* et mettons en pratique cet ordre de l'Apôtre : *Je veux que les hommes prient en tous lieux en levant des mains pures, sans colère, ni mauvaises pensées* (*1 Timothée* 2[8]). Si nous enlevons la colère, nous enlevons le *voile (κάλυμμα, kalumma),* et de même pour toutes les passions. Mais tant que celles-ci sont dans notre esprit, dans nos pensées, le *voile (κάλυμμα, kalumma)* et le *déshonneur* sont posés sur notre visage intérieur, sur notre faculté directrice, en sorte que nous ne voyons pas briller la gloire de Dieu. Ce n'est pas Dieu qui nous cache sa gloire, mais c'est nous, en mettant sur notre faculté directrice le *voile (κάλυμμα, kalumma)* provenant du péché. »

43. *Osée* 2[18] et Genèse 9[8-13]

Alliance entre Dieu et Noé au sortir de l'Arche d'Alliance
(Manuscrit fr. 5112 de la Bibliothèque nationale, folio 316 verso, XIVe siècle)

Nous avons déjà remarqué à plusieurs reprises que nul texte prophétique ne pouvait avoir d'écho profond dans la pensée des premiers chrétiens s'il ne présentait pas de liens clairs et nets avec un passage correspondant de la Torah. Si donc la prophétie par Osée d'une alliance à venir entre Dieu et de mystérieux animaux a revêtu pour eux une si grande importance qu'elle a nourri leur interprétation du rêve de Joppé, il est presque nécessaire que cette prophétie ait entretenu un rapport étroit avec quelque passage analogue de la Torah, c'est-à-dire de l'un des cinq premiers livres de la Bible.

Or, c'est bien le cas, puisqu'on trouve au *Livre de la Genèse* le récit d'une alliance du même genre entre Dieu d'une part, et d'autre part non seulement Noé et sa descendance, mais encore tous les animaux qui étaient avec lui dans l'Arche ainsi qu'avec leurs descendances.

Osée 2[18] Et je contracterai avec eux en ce jour-là un pacte (διαθήκην, « alliance »), avec les fauves (μετὰ τῶν θηρίων, méta tôn thèriôn) de la campagne et avec les volatiles du ciel (μετὰ τῶν πετεινῶν τοῦ οὐρανοῦ, méta tôn péteïnôn tou ouranou) et avec les reptiles du pays (μετὰ τῶν ἑρπετῶν τῆς γῆς, méta tôn herpétôn tès gès) et je briserai arc (τόξον, toxon) et épée et combat.

Genèse 9[8] : Dieu dit à Noé accompagné de ses fils : [9] « Je vais établir mon alliance (διαθήκην, diathèkèn) avec vous, avec votre descendance après vous [10] et avec tous les êtres vivants qui sont avec vous : oiseaux (ὀρνέων, onéôn), bestiaux (κτηνῶν, ktènôn), toutes les bêtes sauvages (θηρίοις, thèriois) qui sont avec vous, bref tout ce qui est sorti de l'arche avec vous. [11] J'établirai mon alliance (διαθήκην, diathèkèn) avec vous[295] : aucune chair ne sera plus exterminée par les eaux du Déluge, il n'y aura plus de Déluge pour ravager la terre. » [12] Dieu dit : « Voici le signe de l'alliance (διαθήκης, diathèkès) que je mets entre moi, vous et tout être vivant avec vous, pour toutes les générations futures. [13] J'ai mis mon arc (τόξον, toxon) dans la nuée pour qu'il devienne un signe d'alliance (διαθήκης, diathèkès) entre moi et la terre. »

Il est bien évident qu'il n'y a là aucune sorte de coïncidence fortuite. Et en effet, lorsque la communauté-mère de Jérusalem acceptera officiellement, en l'an 49 d'intégrer des

---

[295] Remarquons incidemment que la catégorie animalière des *reptiles*, manquante dans ce passage précis de la *Genèse* était cependant bien représentée juste avant cela dans le catalogue des animaux qui sortent de l'Arche (8[17]) : *Tous les fauves (θηρία) qui sont avec toi et toute chair d'entre les oiseaux (πετεινῶν), les bestiaux (κτηνῶν) et tout reptile (ἑρπετὸν) se mouvant sur le pays.*

non-juifs sans qu'ils aient à adhérer à la règlementation mosaïque, on les renverra pour leur part aux termes de l'alliance dite noachique, jadis passée entre Dieu, Noé et tous les êtres vivants, quadrupèdes, oiseaux et reptiles : il leur sera interdit de manger aucune viande qui n'ait été préalablement vidée de son sang.

Genèse 9[4] :*Mais la chair (בשר, basar, κρέας, kréas, carnem) avec son son sang (דמו, damow, αἵματι, haïmati, sanguine) d'âme (נפש, nefesh, ψυχῆς, psukhès) point ne mangerez.*

Actes 15[20] : *Écrivons-leur simplement de s'abstenir des souillures de l'idolâtrie, de la prostitution, de ce qui a été étouffé et du sang (αἵματος, haïmatos). (…)* 15[29] *(…) de vous abstenir des choses offertes aux idoles et du sang (αἵματος, haïmatos) et des animaux étouffés et de la prostitution (...)* 21[25] *ce qui a été offert aux idoles et le sang (αἷμα, haïma) et ce qui a été étouffé et la prostitution.*

Ainsi donc, la mystérieuse vision animalière donnée à Pierre dans la ville de Joppé, au moment même où y arrivent les trois envoyés de Cornélius — comme y débarquait autrefois le bois de cèdre dont on allait bâtir le Temple de Jérusalem — et avant cela encore les dauphins dont le cuir tanné devait couvrir le Tabernacle originel —, cette mystérieuse vision animalière réactualisait, quant à elle, l'antique alliance jadis passée au lendemain du Déluge avec Noé et ses trois fils tout juste débarqués de l'Arche.

Car, selon la Torah autant que selon les Prophètes — selon le *Livre de la Genèse* autant que selon le *Livre du prophète Osée* —, Dieu n'avait pas craint alors de passer alliance avec tous les êtres vivants qui avaient trouvé place dans l'Arche de Noé : non seulement donc avec toute la nouvelle humanité en germe dans la famille de Noé, mais encore même avec tous les animaux, *bestiaux, oiseaux et reptiles*, sans aucune distinction que ce soit entre le pur et l'impur.

Au reste tout cela n'a rien d'étonnant de la part de Pierre, qui, dans sa lettre aux nouvelles chrétienté d'Anatolie, enseignera bientôt ouvertement que l'Arche qui avait sauvé du Déluge Noé et sa famille n'était que le prototype du baptême chrétien.

L'alliance passée par Dieu avec Noé et toute la création
(Manuscrit 1562 de la Bibliothèque Mazarine, folio 22, XVe siècle)

1 Pierre 3[20], aux jours de Noé, lorsque se préparait l'Arche, dans laquelle peu de gens, à savoir huit âmes furent sauvés à travers l'eau, [21] baptême qui est le prototype de celui qui vous sauve aujourd'hui, et qui ne consiste pas en l'enlèvement d'une souillure du corps, mais en la revendication d'une bonne conscience tournée vers Dieu au travers de la résurrection du Messie Jésus.

Cette alliance noachique, que Dieu avait encore promis de réactualiser à l'époque du prophète Osée, il s'apprêtait maintenant à la renouveler une fois pour toutes, en fondant à Césarée la toute première succursale de l'Assemblée messianique mondiale que certains appellent encore aujourd'hui l'Église catholique.

44. *Osée* 2 et *Nombres* 4 dans la liturgie synagogale

Il nous reste encore à examiner dans quel contexte liturgique on lisait cet intéressant chapitre 2 du prophète Osée, dans les synagogues où s'était formée la mémoire textuelle de ceux qui devaient devenir les premiers chrétiens.

La liturgie juive, comme on l'a déjà dit, associe dans ses cycles annuels de lecture des Écritures hébraïques, un texte tiré des Prophètes à chaque section de la Torah. Elle le faisait et le fait encore sur les mêmes bases que de nos jours la liturgie catholique associe à chaque passage des *Évangiles* un texte de l'Ancien Testament, c'est-à-dire sur la base d'accrochages ou de parallélismes verbaux ou thématiques.

Or, dans ce cycle liturgique palestinien très ancien, et toujours en vigueur, notre passage du *Livre d'Osée* (2[1-22]) est associé à une section du *Livre des Nombres*, qui n'est pas des plus passionnante à la vérité, parce qu'on y trouve surtout une très fastidieuse série d'énumérations (1[1]-4[20]). Mais si l'on recherche quel lien entre ces deux textes peut expliquer qu'on les ait ainsi rapprochés, on n'en trouvera qu'un. À la fin de cette section du *Livre des Nombres* (4[1-20]), il nous est en effet rapporté comment était décroché le voile lorsqu'on démontait la Tente de Réunion, c'est-à-dire le Tabernacle, à chaque fois que les Israélites au désert levaient le camp.

Nombres 4[5] : *Quand on lève le camp, les fils d'Aaron viennent décrocher le voile de séparation et ils en recouvrent l'Arche d'Alliance. Ils mettent dessus une housse en peau de dauphin*, etc. De même pour la table d'offrande et la vaisselle sacrée : [8] *il la recouvrent d'une housse en peau de dauphin.* De même pour le chandelier : [10] *ils le mettent avec tous ses accessoires dans une housse en peau de dauphin.* Et ainsi de suite.

Le point qui nous paraît ici important c'est celui du démontage de la Tente et du décrochage périodique du voile de séparation qui fermait le Saint des saints et cachait aux yeux de tous la sacro-sainte Arche d'Alliance. C'était sur cette Arche, faut-il le rappeler, que se manifestait Dieu, et c'était par son couvercle qu'étaient *recouverts*, c'est-à-dire *expiés* les péchés du peuple. Lorsque le peuple campait au désert, l'Arche était conservée dans le Saint des saints, cachée derrière le voile, dans le Tabernacle qui était lui-même protégée extérieurement par une couverture de peaux de dauphins. Ainsi donc, lorsqu'on levait le camp et qu'on démontait le Tabernacle, on décrochait le voile et on en enveloppait l'Arche, avant d'enrouler le tout à nouveau dans une housse de peaux de dauphins.

C'est vraisemblablement sur cette base textuelle que le prophète Ézéchiel, dans sa propre allégorie des amours tumultueuses de Dieu et de son peuple, fait dire à Dieu qu'il a vêtu sa Bien-Aimé de broderies et qu'il l'a chaussée de *peau de dauphin*[296]. C'est aussi dans ce contexte, à ce qu'il semble, qu'il faut comprendre une affirmation autrement mystérieuse et mal expliquée de la *Lettre aux Hébreux*, 10[19-20], selon laquelle : *Nous avons, frères, libre accès au Sanctuaire dans le sang (αἵματι, haïmati) de Jésus, voie qu'il a inauguré, pleine de fraîcheur et de vie, au travers du rideau (καταπετάσματος, katapétasmatos), c'est-à-dire de sa chair (σαρκὸς, sarkos)*. Nous avons vu, dans la même optique, que, selon le *Protévangile de Jacques*, le Messie a été conçu et *tissé* dans le ventre de sa mère, au moment même où elle était en train de tisser le voile du Temple. Toutes ces spéculations remontent visiblement aux origines mêmes de la première communauté chrétienne.

Dans cette optique, c'est bien le même linge mystique que voit Pierre dans ses deux visions. Lors de la Résurrection, il voit les *linges* qui avaient contenu le corps de Jésus, c'est-à-

---

[296] *Ézéchiel* 16[10]. La tradition rabbinique est unanime sur le fait qu'il s'agit ici du même cuir que celui dont aurait été recouvert le Tabernacle (cf. Talmud de Babylone, traité *Yebamoth* 102b).

dire l'enveloppe du Temple à venir. À Joppé, il voit un *linge* enveloppant fauves, oiseaux et reptiles, vision qui sera interprétée comme le prodrome d'une admission de non-juifs au sein de la nation monothéiste.

Cette dernière vision, indubitablement, a été racontée, méditée puis stylisée pour l'essentiel dans le cadre d'une relecture du *Livre d'Osée*, où l'on trouve aussi la mention d'un *linge* retiré, ainsi que la trilogie des fauves, oiseaux et reptiles avec lesquels Dieu annonce vouloir faire alliance.

Enfin cette prophétie d'Osée était elle-même, originellement et notoirement, une méditation du *Livre de la Genèse* et plus particulièrement du récit de l'alliance primordiale entre Dieu et tous les descendants de Noé, c'est-à-dire toute l'humanité. Le lien entre ces deux derniers textes, évident et délibéré, n'échappait à personne, car il ne reposait pas seulement sur cette catégorisation animalière tripartite[297], et sur l'idée d'alliance[298], mais encore sur l'image de l'arc-en-ciel considéré comme l'arc de guerre de Dieu, qu'il avait remisé dans le ciel en signe de paix[299].

Mais en voilà assez sur les tisserandes de Joppé, sur le voile du Tabernacle et sur les linges des deux visions de Pierre. Il nous faut maintenant revenir à Tabitha.

45. La résurrection de Tabitha

Passons maintenant au septième et dernier point de contact qu'on puisse relever entre le récit de résurrection de Tabitha et celui du *Cantique des cantiques*. Rappelons-en la liste : 1° Nous sommes dans le Saron. 2° Il est question d'une gazelle. 3° Cette gazelle est entouré d'un collège de femmes. 4° Elle est occupée avec elles à tisser. 5° Elle dort. 6° Elle est

---

[297] *Genèse* 8^{17} et 9^2 ; *Osée* 2$^{14.20}$.

[298] *Genèse* 9^9 ; *Osée* 2^{20}.

[299] *Genèse* 9$^{12-17}$; *Osée* 2^{20}.

visitée dans son sommeil par un personnage masculin. 7° Ce personnage lui demande de se lever, dans les termes suivants :

Cantique 2[10] *Mon bien-aimé parle et me dit : Lève-toi (קוּמִי, koumi ; ἀνάστα, anasta ; surge), mon amie, ma belle, et viens !* [11] *Car voici, l'hiver est passé ; la pluie a cessé, elle s'en est allée.* [12] *Les fleurs paraissent sur la terre, Le temps de chanter est arrivé, et la voix de la tourterelle se fait entendre dans nos campagnes.* 2[13] *Le figuier embaume ses fruits, et les vignes en fleur exhalent leur parfum. Lève-toi (קוּמִי, koumi ; ἀνάστα, anasta ; surge), mon amie, ma belle, et viens !*

Selon le targoum c'est ici Dieu qui par la bouche de Moïse demande à son peuple *se lever*, c'est-à-dire de *prendre son départ* de l'Égypte, au lendemain de la première Pâque, et de prendre la route de la Terre promise. C'est d'ailleurs pourquoi, aujourd'hui encore, la liturgie juive place la lecture du *Cantique des cantiques* lors de la célébration de cette fête. On la célèbre en effet au printemps[300], saison qu'on trouve bien en arrière-plan de ce passage du *Cantique*. Rashi conserve cette interprétation pascale et renvoie ici à cette promesse de Dieu : *Je vous ferai monter (אעלה) depuis l'oppression l'Égypte*[301].

Mais pour les chrétiens, qui ne voient dans l'Égypte qu'une figure des ténèbres du péché et des ombres de la mort spirituelle, la célébration de la Pâque revêt une nouvelle dimension. On y commémore la résurrection du Christ, à laquelle chaque chrétien est associé par le baptême. C'est de là que provient un très ancien chant baptismal chrétien cité par la *Lettre aux Éphésiens* en ces termes : « *C'est pourquoi l'on dit : « Réveille-toi, le dormeur, et lève-toi (ἀνάστα, anasta) d'entre les morts, et sur toi luira le Christ* », chant

---

[300] À cet égard, il faut prendre garde à cette mention de la *vigne en fleur* : nous y reviendrons lorsque nous reviendrons au texte de l'*Apocalypse* dont nous sommes partis.

[301] *Exode* 3[17].

qui était une évidente réminiscence du *Cantique des cantiques*.[302]

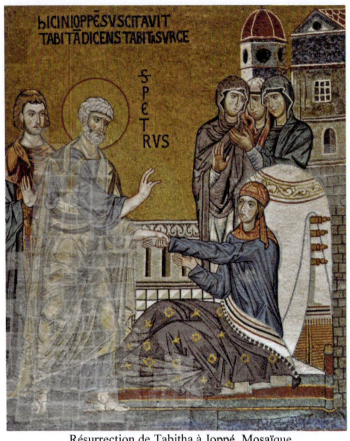

Résurrection de Tabitha à Joppé. Mosaïque
(Chapelle du palais des Normand à Palerme, XIIe siècle)

---

[302] *Éphésiens* 5[14] : διὸ λέγει Ἔγειρε, ὁ καθεύδων, καὶ *ἀνάστα* ἐκ τῶν νεκρῶν, καὶ ἐπιφαύσει σοι ὁ Χριστός. Cf. *Cantique* 2[7.10] : ὥρκισα ὑμᾶς … ἐὰν *ἐγείρητε καὶ ἐξεγείρητε* τὴν ἀγάπην (…) λέγει μοι *ἀνάστα*…

L'hébreu קומי, *koumi*, « lève-toi » se traduit indifféremment en grec par ἀνάστα, *anasta,* ou par ἀνάστηθι, *anastèthi*[303]. C'est sous cette deuxième forme qu'on le retrouve dans la bouche de Pierre, à trois reprises, comme un fil directeur de notre récit, de Lydda à Joppé et de Joppé à Césarée. C'est la première chose que Pierre dit à Énée, à Tabitha, et à Cornélius, comme nous l'avons déjà noté. *Actes* 9³⁴ : *Et Pierre lui dit : Énée (...), lève-toi (ἀνάστηθι, anastèthi)... 9⁴⁰ : et s'étant tourné vers le cadavre il dit : Tabitha, lève-toi (ἀνάστηθι, anastèthi)... 10²⁴ : mais Pierre le releva (Cornélius) et lui dit : Lève-toi (ἀνάστηθι, anastèthi).* Aucun autre personnage terrestre n'utilise ce tour dans le Nouveau Testament, avant Pierre[304].

De fait sa majesté est telle qu'il est obligé de préciser à Cornélius qui s'était prosterné devant lui : *Moi aussi je suis un homme (ἄνθρωπός, anthrôpos)*[305].

La nécessité de cette précision, on la retrouve au début de l'*Évangile de Jean* au sujet de Jean le Baptiste : *Il y eut un homme (ἄνθρωπός, anthrôpos) envoyé par Dieu, nommé Jean. Il vint en témoignage (εἰς μαρτυρίαν, eïs marturian), pour témoigner (ἵνα μαρτυρήσῃ, hina marturèsè) au sujet de la Lumière. Celui-là n'était pas la Lumière, mais pour témoigner (ἵνα μαρτυρήσῃ) au sujet de la Lumière*[306].

C'est aussi le rôle que se donne Pierre explicitement : *Et nous nous sommes témoins (μάρτυρες, martures) de tout ce*

---

[303] On le voit bien dans le grec des Septante, au *Premier livre des Rois*, 19⁵⁻⁷, où l'hébreu *koumi* (קומי), « lève-toi », est traduit d'abord *anastèthi* (ἀνάστηθι), impératif aoriste moyen du verbe anistèmi (ἀνίστημι), « se lever » ; puis deux versets plus loin *anasta (ἀνάστα),* impératif présent actif du même verbe.

[304] Ce tour, pour s'adresser à un impotent, ne se retrouve ailleurs que dans la suite des *Actes*, dans un portrait de Paul imitant nettement celui de Pierre, *Actes* 14¹⁰.

[305] *Actes* 10²⁶. La même aventure arrivera à Paul et Barnabé à Lystres, *Actes* 14¹⁵, et, *mutatis mutandis*, à l'ange qui apparaît à Jean en *Apocalypse* 19¹⁰.

[306] *Jean* 1⁶⁻⁷.

qu'il a fait[307]. Ceci pose la question de savoir quel est le statut de Pierre dans tout ce récit.

46. Pierre comme nouvel Élisée

Le récit du miracle de Joppé en effet tisse deux réseaux distincts mais très précis de références bibliques. Nous venons de montrer que c'est d'abord un *pesher* du *Cantique des cantiques* pris comme présage de l'éveil imminent de la communauté messianique.

Mais par ailleurs, comme l'ont déjà vu depuis longtemps tous les commentateurs des *Actes*, ce récit suit également d'assez près le canevas d'une aventure du prophète Élisée, celle où il guérit le fils d'une brave femme de la ville de Sunem, son hôtesse.

Il nous faut ici dire un mot du couple que forment les prophètes Élie et Élisée dans les deux *Livres des Rois*. Cet ouvrage en deux tomes a intégré à son récit les aventures de ces deux personnages qui ont un caractère folklorique prononcé et qui par ailleurs se ressemblent beaucoup. On sent bien qu'à l'origine des légendes qui les concernent il s'est produit un phénomène qu'on rencontre à l'aurore de plusieurs civilisations. En divers lieux proches on raconte les aventures de personnages locaux qui se ressemblent beaucoup. Les légendes se contaminent l'une l'autre. Puis, au bout d'un certain temps, on les réunit dans un cycle où l'un succède à l'autre, avec ce résultat étrange qu'ils commettent à peu près les mêmes exploits. Le phénomène se retrouve par exemple dans la mythologie grecque où Hercule, Thésée, Persée et quelques autres triomphent tous de monstres qui se ressemblent parfois beaucoup. De même, au commencement de la France, on voit des saints mérovingiens faire à peu près tous les mêmes miracles et triompher des mêmes ordalies avant d'être parfois réunis dans un cycle où l'un succède à

---

[307] *Actes* 10^{39}.

l'autre[308]. De même encore Élie et Élisée, dont le premier a fini par être considéré comme le prédécesseur et le maître du second.

Si l'on compare leurs aventures, on remarque par exemple que tous ces deux prophètes font des miracles non seulement analogues mais encore dans le même ordre, malgré des variantes de détail Ainsi, après avoir ravitaillé une veuve à l'aide d'une cruche miraculeusement inépuisable, tous deux ressuscitent l'enfant décédé de leur hôtesse, en procédant pratiquement au même rituel[309]. Les récits scripturaires de ces deux résurrections sont très proches.

On pourrait donc s'attendre à ce que, pour raconter le miracle de Joppé, on aura pioché indifféremment des traits dans chacune de ces deux récits parallèles. Mais il n'en est rien. C'est clairement au seul Élisée que Pierre emprunte ici ses traits. Il vaut la peine de le prouver.

La mort de Tabitha a lieu en l'absence de Pierre, comme pour Élisée, et non pas en sa présence, comme pour Élie. On vient chercher Pierre à Lydda, comme la mère de l'enfant était venu chercher Élisée au Carmel, tandis qu'Élie est déjà sur place. Le corps est conservé *dans une chambre haute (huperôon, ὑπερῷον)*, comme pour Élisée, et déjà chez Élie, mais le trait selon lequel Pierre fait sortir tout le monde de la pièce où est conservé le corps est repris du miracle d'Élisée, qui ferme la porte sur lui et le cadavre. Surtout on nous précise qu'à la fin Tabitha ouvrit les yeux : *et elle ouvrit (ἤνοιξεν, ènoïxén) les yeux (τοὺς ὀφθαλμοὺς αὐτῆς, tous ophthalmous autès)*, détail repris mot pour mot du seul miracle d'Élisée : *et l'enfant ouvrit (ἤνοιξεν, ènoïxén) les yeux (τοὺς ὀφθαλμοὺς αὐτοῦ, tous ophthalmous autou)*. Enfin, une fois le miracle accompli, Pierre appelle les veuves et les saints à les

---

[308] Ainsi dans la région du Mans, cf. B. Gineste, « Rimé et Ténestine. Enquête sur un miracle survenu à Palaiseau vers 512 », *Essonne et Hurepoix* (2021) spéc. 29-32.

[309] *1 Rois* 17[8-24] ; *2 Rois* 4[1-37].

rejoindre, de même qu'Élisée faisait appeler la mère par son serviteur Guéhazi[310].

Maintenant, si l'on veut bien considérer ce fait remarquable, à savoir que notre récit prend garde de ne prêter à Pierre que les traits d'Élisée, et non pas ceux d'Élie, pourtant si proches, on ne peut que se souvenir qu'il en allait de même dans le passage où l'aventure de Philippe avec l'eunuque éthiopien était tout entière écrite avec des traits piochés de-ci de-là dans les différentes aventures d'Élie, mais jamais dans celles d'Élisée.

Or, si nous revenons en arrière, nous allons constater que c'était déjà le cas lors de la première course de Pierre en Samarie.

47. Pierre et Simon dit le Mage

Lorsque nous avons étudié les deux premières courses de Philippe, puis de Pierre et Jean en Samarie, nous avons passé assez vite sur un personnage qui apparaît dans chacun de ses deux premiers épisodes, à savoir Simon dit le Mage.

Il faut d'abord nous débarrasser, au sujet de ce personnage, d'une tradition légendaire sans intérêt qui a trop souvent obnubilé les anciens exégètes. Des romans du second siècle, ou du troisième, en font un personnage folklorique auquel Pierre aurait été à nouveau confronté à Rome, voire même avant cela à Antioche. On y trouve des concours de magie d'une rare puérilité, qui n'ont plus grand-chose à voir avec la majestueuse simplicité des récits évangéliques.

On a encore identifié encore ce Simon à un hérésiarque gnostique certainement beaucoup plus tardif qui aurait lui aussi été samaritain. De là une multitude de discussions oiseuses et de références savantes complètement inutiles à la compréhension du texte des *Actes des apôtres*, fatras de

---

[310] Tandis qu'Élie descendait lui-même l'enfant au rez-de-chaussée pour le rendre à sa mère.

fausse science qui trop souvent ne fait que distraire les commentateurs des vraies questions que pose cet épisode.

Reprenons ce qu'en disent les *Actes* à l'occasion de la première course de Philippe. *Actes* (T.O.B.) 8[9] *Or il se trouvait déjà dans la ville un homme du nom de Simon qui faisait profession de magie et tenait dans l'émerveillement la population de la Samarie. Il prétendait être quelqu'un d'important,* [10] *et tous s'attachaient à lui, du plus petit jusqu'au plus grand. « Cet homme, disait-on, est la Puissance de Dieu, celle qu'on appelle la Grande. »* [11] *S'ils s'attachaient ainsi à lui, c'est qu'il les maintenait depuis longtemps dans l'émerveillement par ses sortilèges.* [12] *Mais, ayant eu foi en Philippe qui leur annonçait la bonne nouvelle du Règne de Dieu et du nom de Jésus Christ, ils recevaient le baptême, hommes et femmes.* [13] *Simon lui-même devint croyant à son tour, il reçut le baptême et ne lâchait plus Philippe (ἦν προσκαρτερῶν, èn proskartérôn) Philippe. À regarder les grands signes et miracles qui avaient lieu, c'est lui en effet qui était émerveillé.*

Voyons la suite, lors de la première course de Pierre. *Actes* (T.O.B.) 8[18] *Mais Simon, quand il vit que l'Esprit Saint était donné par l'imposition des mains des apôtres, leur proposa de l'argent.* [19] *« Accordez-moi, leur dit-il, à moi aussi ce pouvoir, afin que ceux à qui j'imposerai les mains reçoivent l'Esprit Saint. »* [20] *Mais Pierre lui répliqua : « Périsse ton argent, et toi avec lui, pour avoir cru que tu pouvais acheter, avec de l'argent, le don gratuit de Dieu.* [21] *Il n'y a pour toi ni part ni héritage dans ce qui se passe ici, car ton cœur n'est pas droit devant Dieu.* [22] *Repens-toi donc de ta méchanceté, et prie le Seigneur : la pensée qui t'est venue au cœur te sera peut-être pardonnée.* [23] *Je vois en effet que tu es dans l'amertume du fiel et les liens de l'iniquité. »* [24] *Et Simon répondit : « Priez vous-mêmes le Seigneur en ma faveur, pour qu'il ne m'arrive rien de ce que vous avez dit. »*

Les manuscrits qui relèvent de la recension dite occidentale, ajoutent ici cette tradition, qui a beaucoup plus de titre à notre créance que les divagations postérieures relatives à ce personnage : *et il ne cessait de verser de grands pleurs*[311].

Qui est ce Simon ? Il faut d'abord remarquer qu'il ne se présentait pas lui-même comme une émanation de Dieu mais comme *quelqu'un de grand (τινα μέγαν, tina mégan)*. C'est à ses adeptes qu'est rapportée son identification à une puissance divine. Encore faut-il la nuancer. On le considérait comme une puissance divine appelée *Mégalè (Μεγάλη)*, ce qui en grec signifie « Grande », mais aussi en araméen « Révélatrice », ce qui ouvre la porte à plusieurs interprétations.

Par ailleurs, après sa conversion, il nous est présenté d'une manière non seulement neutre[312], mais encore très positive. Le tour que la T.O.B. rend par *il ne lâchait plus Philippe* est certainement impropre et en tout cas ambigu. Plus littéralement, il était *fermement attaché (proskarterôn, προσκαρτερῶν)* à Philippe, terme toujours pris en bonne part dans le portrait des premiers chrétiens que nous font les *Actes des apôtres*[313]. Cette expression place clairement Simon en position de disciple ou même de serviteur de Philippe.

Dans la deuxième péripétie où il intervient, il est très violemment réprimandé par Pierre. Mais Pierre lui-même n'avait-il pas été rabroué plus violemment encore par son

---

[311] Texte porté par le *codex Bezae* et d'autres témoins très anciens : ὄς πολλὰ κλαίων οὐ διελίμπανεν, *hos polla klaîôn ou diélimpanén*.

[312] Cf. R. Pesch, *Die Apostelgeschichte* (Zürich, 1986) 275 ; C. K. Barrett, *Acts 1-14* (Edinburgh, 1994) 409 : « There is nothing (…) to suggest that Simon, in his believing and his receiving baptism, was less sincere or in any way less satisfactory convert than the other Samaritans. »

[313] *Actes* 1[14] : *Tous étaient fermement attachés d'un seul cœur à la prière* ; 2[42] : *ils étaient fermement attachés à l'enseignement des apôtres etc.* ; 2[46] : *jour après jour fermement attachés au Temple* ; 6[4] : *nous nous attacherons fermement à la prière et au service de la parole* ; 10[7] : (Cornélius envoie à Pierre) *deux serviteurs et un soldat, du nombre de ceux qui lui étaient fermement attachés*.

maître, qu'il venait pourtant tout juste de reconnaître comme le Messie[314] ?

Au reste Pierre signale expressément à Simon que le repentir lui est encore permis, et notre récit nous montre ce dernier s'y livrer aussitôt et sans la moindre ambiguïté[315]. Selon certains manuscrits il le fait même d'une manière très démonstrative, en pleurant comme l'avait fait Pierre lui-même après avoir renié son maître[316].

Ainsi donc il faut rompre définitivement avec la tendance ancienne des commentateurs à diaboliser ce personnage, considéré dans la tradition postérieure à la fois comme un effroyable sorcier et le père de toutes les hérésies chrétienne ultérieures.

48. Pierre était déjà un nouvel Élisée en Samarie

Mais alors pourquoi nous avoir conservé cette péripétie, qui n'est marquée par aucun miracle, par aucun châtiment, par aucun événement remarquable, ni par aucune conséquence sur le suite du récit, puisqu'il ne s'agit en somme que d'une simple velléité, suivie d'une simple réprimande ?

Encore une fois, nous avons là un événement qui a été sélectionné dans la masse des faits, puis mémorisé et stylisé en fonction du sens profond qu'on lui a trouvé en méditant les Écritures. Or depuis longtemps il a été remarqué un étroit parallèle *mutatis mutandis*, entre le comportement en cette occasion de Pierre envers Simon et celui du prophète Élisée avec son serviteur Guéhazi. Il vaut la peine de relire cet

---

[314] *Marc* 8[33] (Matthieu 16[23]) : *Mais lui, se retournant et voyant ses disciples, réprimanda Pierre ; il lui dit : « Retire-toi ! Derrière moi, Satan, car tes vues ne sont pas celles de Dieu, mais celles des hommes. »*

[315] J. A. Fitzmyer, *The Acts of the Apostles* (New York, 1997) 407 : « Contrary to the later tradition about the apostasy of Simon, Luke's story of him ends on a favorable note. »

[316] *Marc* 14[72] ; *Matthieu* 26[75] ; *Luc* 22[62].

épisode biblique, qui conclut le récit de la guérison miraculeuse du général syrien Naaman.

2 Rois (T.O.B.) 5^{15} *Il retourna avec toute sa suite vers l'homme de Dieu. Il entra, se tint devant lui et dit : « Maintenant, je sais qu'il n'y a pas de Dieu sur toute la terre si ce n'est en Israël. Accepte, je t'en prie un présent de la part de ton serviteur. »* 5^{16} *Élisée répondit : « Par la vie du Seigneur que je sers, je n'accepterai rien ! » Naamân le pressa d'accepter mais il refusa. (...)* 5^{19} *Élisée lui répondit : « Va en paix ! »*

Après que Naamân se fut éloigné à une certaine distance d'Élisée, 5^{20} *Guéhazi, serviteur d'Élisée, l'homme de Dieu, se dit : « Mon maître a ménagé cet Araméen Naamân, en refusant les présents qu'il avait apportés. Par la vie du Seigneur, je vais courir après lui, pour en tirer quelque chose ! »* 5^{21} *Guéhazi s'élança à la poursuite de Naamân.*

Quand Naamân le vit courir après lui, il descendit en hâte de son char pour aller à sa rencontre et dit : « Comment vas-tu ? » 5^{22} *Il lui répondit : « Ça va ! Mon maître m'envoie te dire : 'À l'instant, il m'arrive de la montagne d'Éphraïm deux jeunes gens des fils de prophètes ; je t'en prie, donne-moi pour eux un talent d'argent et deux vêtements de rechange.' »*

5^{23} *Naamân dit : « Prends donc deux talents. » Il insista auprès de lui, serra deux talents d'argent et deux vêtements de rechange dans deux sacs qu'il remit à deux de ses serviteurs pour les porter devant Guéhazi.* 5^{24} *Arrivé à l'Ofel, Guéhazi prit de leurs mains les sacs, les déposa chez lui et renvoya les deux hommes, qui s'en allèrent.*

5^{25} *Quant à lui, il vint se présenter à son maître. Élisée lui dit : « D'où viens-tu, Guéhazi ? » Il répondit : « Ton serviteur n'est allé nulle part. »* 5^{26} *Élisée lui dit : « N'étais-je pas là en esprit quand un homme est descendu en hâte de son char pour venir à ta rencontre ? Est-ce le moment de prendre de l'argent, de prendre vêtements, oliviers, vignes, brebis et bœufs, serviteurs et servantes,* 5^{27} *quand la lèpre de*

210

Naamân va s'attacher à toi et à ta descendance pour toujours ? »

Guéhazi quitta Élisée : il était lépreux et blanc comme la neige.

Guéhazi extorquant de l'argent à Naaman puis puni par Élisée
(Manuscrit français 1753 de la Bibliothèque nationale, folio 103, vers 1350)

Déjà en 390, Jérôme de Stridon, dans sa biographie romancée de saint Hilarion, rapproche ces deux personnages. Un riche personnage qui a été exorcisé par le saint vient le trouver dans son monastère et lui propose une riche rétribution. Mais il s'entend répondre : « N'as-tu pas lu ce qui est arrivé à Guéhazi et à Simon, dont l'un a reçu de l'argent et dont l'autre en a offert, l'un pour vendre la grâce de l'Esprit Saint, et l'autre pour l'acheter ? »[317] Par le biais de ce classique de la littérature monastique, lorsque sous la houlette de Grégoire VII les moines prennent le pouvoir dans l'Église d'Occident, au XIe siècle, Guéhazi devient avec Simon le Mage le prototype de l'hérésie simoniaque contre laquelle

---

[317] *Vita Hilarionis* (Bethléem, 390) lib. III : « Non legisti, inquit, quid Giezi, quid Simon passi sint, quorum alter accepit pretium, alter obtulit, ut ille venderet gratiam Spiritus Sancti, hic mercaretur ? »

lutte la réforme dite grégorienne[318]. Dans cette perspective le premier représente la corruption ecclésiastique passive, et l'autre la corruption active comme l'explique de façon détaillée Thomas d'Aquin au chapitre de la *Somme théologique* qu'il consacre à la simonie[319].

En revanche les exégètes peinent à préciser la nature du lien qui existe entre ces deux récits. C'est que, malgré parfois de fines et précieuses observations, ils en restent à des analogies de structure ou de thème relativement vagues et toujours incertaines, parce qu'ils se cantonnent à une approche purement littéraire et formelle de la manière de Luc[320]. C'est

---

[318] Missive pontificale de Grégoire VII à Otton évêque de Constance (Rome, 1074) 10. — Concile de Rome (1074) canon 63 — 3e concile de Latran (1179) canon 7. — Concile de Londres (1200) canon 8. — 4e concile de Latran (1215) canon 63. — Concile d'Oxford (1222) canon 11. — G. Fox, « Here People may see the bad Examples of Gehazi and Simon Magus, are to be shun'd » (sermon du 2 février 1690), in *Several Treatises* (Londres, 1691) 28-30.

[319] *Somme théologique* II.2, question 100, article 1 : Il examine l'objection suivante (n° 4) : « Le mot de simonie (*simonia*) est venu de Simon le Mage (*Simon magus*) dont il est dit qu'il offrit aux apôtres de l'argent pour acheter leurs pouvoirs spirituels, c'est-à-dire afin que tous ceux auxquels il imposerait les mains reçussent le Saint Esprit. Mais on ne lit pas qu'il ait voulu vendre quelque chose. La simonie n'est donc pas la volonté de vendre quelque chose de spirituel. » Il répond : « Simon le Mage a voulu acheter la puissance spirituelle pour la vendre ensuite. Car nous voyons que Simon le Mage voulut acheter le don de l'Esprit-Saint, pour gagner beaucoup d'argent, en vendant les prodiges qu'il opérerait par son moyen. Par conséquent ceux qui vendent les dons spirituels ont la même intention que Simon le Mage, tandis que ceux qui veulent les acheter l'imitent en acte. Les vendeurs imitent en acte Guéhazi (*Giezi*), le disciple d'Élisée, dont il est rapporté qu'il reçut de l'argent du lépreux qui avait été guéri. Par conséquent ceux qui vendent les choses spirituelles peuvent être appelés non seulement des simoniaques (*symoniaci*), mais encore des guéhazites (*giezitae*).

[320] J. B. Shelton, *Naaman and the Centurion (2 Kings 5 et Luke 7)* (Limerick, 2013) ii : « A methodology for establishing literary dependence was submitted. This methodology included categories of plausibility, similarities, and classifiable and interpretable differences. »

ce qui les a empêché de trier clairement entre tous les rapprochements textuels possibles ceux qui sont réellement délibérés et significatifs[321], au point que certains s'y sont même perdus à jamais dans un labyrinthe dit *intertextuel* de suppositions de plus en plus abstraites et informes, voire schizophréniques[322]. Il ne faut pas perdre de vue en effet que, tout stylisé qu'il soit, c'est bien à un récit que nous avons affaire, et à un récit remontant en dernier ressort à des événements historiques réels. C'est le récit de faits qui étaient en réalité sans véritable précédent, et dont la nouveauté fait craquer de toutes parts les coutures du vieux midrash dont on veut les habiller.

Guéhazi court après Naaman pour lui extorquer une rétribution
(Manuscrit 78 D 38 I de la Bibliothèque royale de La Haye, folio 216, vers 1430)

---

[321] Ainsi par exemple R. B. Rackham, *The Acts of the Apostels* (Londres, 1901) 120 : « There is a contrast between Simon Magus and this Ethiopian treasurer wich recalls the contrast between Gehazi and the stranger Naaman who was baptized in the Jordan. » Certes, l'Éthiopien vient de l'étranger et il est baptisé, mais cela est très insuffisant pour faire de lui un nouveau Naaman. »

[322] Cf. J. Murphy-O'Connor, *Revue Biblique* 120 (2012) 292-295.

Il nous faut donc constater seulement que cet événement précis, bien qu'il n'ait eu aucune conséquence dans la suite du récit, y a été retenu parce qu'il posait Pierre en nouvel Élisée — tout en lui permettant il est vrai également d'exprimer une doctrine qui lui était chère, à savoir la gratuité des dons spirituels à côté desquels l'argent et l'or sont des biens putrescibles[323].

La source de Luc n'a pas pu pousser plus avant le parallèle entre Guéhazi et Simon le Mage, parce que la matière tout simplement ne s'y prêtait pas. À moins de considérer que Guéhazi, pour finir, — si du moins on accepte de l'identifier avec la tradition juive à l'un des quatre lépreux de Samarie, comme nous le verrons plus loin —, s'était bien finalement lui aussi déjà racheté par un véritable mouvement de repentir, qui l'avait conduit à annoncer à ses compatriotes samaritains la bonne nouvelle de leur libération.

La suite montre bien que c'est bien à Guéhazi qu'on pensait dès ce moment, et que Pierre est donc bien considéré tout du long, tant dans sa première course que dans la deuxième, comme un nouvel Élisée, de même que Philippe est simultanément représenté comme un nouvel Élie.

49. Supériorité d'Élisée sur Élie

À ce titre, Pierre, nouvel Élisée, forme clairement un binôme avec son avant-coureur Philippe, nouvel Élie, et ce binôme est étroitement analogue à celui que forment dans les *Évangiles* Jean-Baptiste et Jésus.

Les *Évangiles* en effet ne présentent en effet absolument jamais Jésus en nouvel Élie quoi qu'aient pu en dire certains

---

[323] *Actes* 8^{20} : *Que ton argent (ἀργύριόν) s'en aille avec toi à sa perte (εἰς ἀπώλειαν), puisque le don de Dieu, tu as pensé l'acheter avec des richesse !* Cf. *1 Pierre* 1^7 *C'est pour que soit évalué par le feu la valeur de votre foi plus précieuse que l'or périsssable (ἀπολλυμένου).* (…) 1^{18} *Ce n'est pas par une rançon périssable (φθαρτοῖς), argent (ἀργυρίῳ) ou or, que vous avez été libérés du mode vie futile que vous aviez hérité de vos aïeux.*

auteurs du XXᵉ siècle sur des bases très confuses[324], mais seulement en nouvel Élisée, le rôle d'Élie étant purement et simplement réservé à Jean le Baptiste.[325]

Faut-il rappeler qu'Élisée avait demandé à Élie, alors que tous deux se trouvaient au bord du Jourdain, d'obtenir une double part de l'Esprit d'Élie ?

2 Rois 2⁹ Et Élie dit à Élisée : « Demande ce que je ferai pour toi avant que ne sois enlevé d'auprès de toi ? » Et Élisée dit : « Qu'il y ait le double (δίπλᾶ, dipla) de ton esprit (ἐν πνεύματί, én pneumati) sur moi ! »

Faut-il rappeler ce que, au bord du même Jourdain Jean-Baptiste disait de Jésus, qui y voit tomber sur lui le même Saint Esprit ? *« Il arrive après moi, celui qui est plus puissant que moi (...) Moi je vous ai baptisé d'eau, mais lui il vous*

---

[324] Faute d'avoir clairement distingué les allusions claires que font les *Évangiles* à l'un ou bien à l'autre de ces prophètes (notamment en *Luc* 4²⁵⁻²⁷ ; 7¹²⁻¹⁵ et 8⁵¹⁻⁵⁵), tout ce qui s'est écrit des plus confusément sur le sujet de Jésus, prétendu nouvel Élie, tombe à plat, comme les recherches de H. Conzelmann, *Die Mitte der Zeit* (Göttingen, 1953) = *The Theology of Saint Luke* (Londres, 1960) ; J.-D. Dubois, « La figure d'Élie dans la perspective lucanienne », *Revue d'Histoire et de Philosophie Religieuses* 53 (1973) 155-176, ; T. L. Brodie, « *Luke-Acts* as an Imitation and Emulation of the Elijah-Elisha Narrative », in E. Richard, *New Views on Luke* and *Acts* (Collegeville, 1990) 78-85 spéc. 82, etc.

[325] R. E. Brown, « Jesus and Elishah », *Perspective* 11 (1971) 85-104 : « Often the discussions of resemblances between Jesus and Elijah recognize, in passing, that some of the parallels cited are more precisely to the Elisha stories. (…) ; R. J. Miller, « Elijah, John and Jesus in the Gospel of Luke », *New Testament Sudies* 34 (1988) 611-622 spéc. 619 : « we find meagre evidence for a Jesus-Elijah typology. (…) Luke's association of John and Elijah is relatively straightforward. » ; M. Richelle, « Élie et Élisée, auriges en Israël : une métaphore militaire oubliée en *2 R* 2,12 et 13, 14 », *Revue Biblique* 117 (2010) 321-336, spéc. 15 note 42 : « la scène du baptême dans le Jourdain, avec la réception de l'Esprit Saint, rappelle la succession Élie/Élisée au Jourdain (avec obtention d'une double part de l'Esprit) ; la liste de miracles de *Mt* 11, 4s montre que Jésus reproduit les mêmes miracles qu'Élisée. »

baptisera d'Esprit Saint (ἐν πνεύματι ἁγίῳ, én pneumati hagiô) »[326].

Cette opposition entre ces deux baptêmes est également explicite et récurrente dans les *Actes des Apôtres*, où elle est d'abord énoncée par Jésus lui-même à Jérusalem, puis rappelée à deux reprises, d'abord par Pierre à Jérusalem au sujet des événements de Césarée[327], et enfin par Paul à Éphèse[328].

Faut-il par ailleurs rappeler la différence analogue que les *Actes* mettent expressément entre Pierre et Philippe ?

Actes 8[15-16] *Quand ils arrivèrent* [Pierre et Jean], *ils prièrent sur eux* [les Samaritains] *pour qu'ils reçoivent l'Esprit Saint (πνεῦμα ἅγιον, pneuma hagion), car il ne se trouvait être encore tombé sur aucun d'entre eux, ils se trouvaient seulement avoir été baptisés* [par Philippe] *au nom du Seigneur Jésus.*

Pareillement, si Philippe est le premier à baptiser un non-juif en la personne de l'eunuque éthiopien[329], il ne fait à nouveau que le baptiser sans que soit mentionnée aucune effusion de l'Esprit sur ce converti, tandis qu'à Césarée l'Esprit tombe sur tous ceux devant qui prêche Pierre, avant même qu'il ne les fasse baptiser par ses compagnons[330].

---

[326] *Marc* 1[7-8] ; cf. *Luc* 3[16] ; *Matthieu* 3[11].

[327] *Actes des apôtres* 1, 5 ; 11, 16, comme le notait finement J.B. Lightfoot († 1889), *The Acts of the Apostles. A Newly Discovered Commentary* (Downers Grove, 2014) 157 : « And this parallelism is still further enforced by a reference to John the Baptist-the baptism of water as contrasted with the baptism of the Spirit, just as the same reference had been made in the contrast brought out with regard to the day of Pentecost *(Acts* 1:5). »

[328] *Actes des apôtres* 19[1-7].

[329] Comme le suppose avec raison Eusèbe de Césarée, *Histoire de l'Église* 2, 1, 13, qui l'appelle *le premier des non juifs (πρῶτος ἐξ ἐθνῶν)* à avoir été converti.

[330] Pour n'avoir pas remarqué cela, bien des exégètes s'interrogent sur ce qu'ils considèrent comme une bizarrerie, à savoir que Pierre ne semble pas ici avoir la priorité, qu'il revendique pourtant en *Actes* 15[7], et certains vont

Effusion de l'Esprit Saint sur Cornélius avant son baptême,
librement figurée par l'imposition des mains, sacrement de confirmation.
(Manuscrit fr. 152 de la Bibliothèque nationale de France, folio 156, XIVe siècle)

Luc reprendra clairement ce schéma dans la deuxième partie des *Actes des apôtres*, lorsqu'il nous racontera la fondation de l'Église d'Éphèse en soulignant une répartition des tâches absolument analogue entre Paul et Apollos. Ce dernier y devance l'Apôtre en tant que prédicateur et en tant que baptiste, mais Paul est contraint de compléter l'œuvre de celui qui l'a précédé.

---

même sur cette base jusqu'à supposer que cet eunuque était en fait un israélite de naissance, ou à tout le moins un prosélyte déjà intégré à la nation juive. Cf. Jacquier (Paris, 1926) 269-270.

Actes (T.O.B.) 19[1] *Ce fut pendant le séjour d'Apollos à Corinthe que Paul arriva à Ephèse en passant par le haut pays. Il y trouva quelques disciples* [2] *et leur demanda : « Avez-vous reçu l'Esprit Saint, quand vous êtes devenus croyants ? » — « Mais, lui répondirent-ils, nous n'avons même pas entendu parler d'Esprit Saint ! »* [3] *Paul demanda : « Quel baptême alors avez-vous reçu ? » Ils répondirent : « Le baptême de Jean. »* [4] *Paul reprit : « Jean donnait un baptême de conversion et il demandait au peuple de croire en celui qui viendrait après lui, c'est-à-dire en Jésus. »* [5] *Ils l'écoutèrent et reçurent le baptême au nom du Seigneur Jésus.* [6] *Paul leur imposa les mains, et l'Esprit Saint vint sur eux : ils parlaient en langues et prophétisaient.*

Bref, il n'y a jamais de confusion entre les rôles respectifs et successifs d'Élie et d'Élisée, ni entre ceux de Jean-Baptiste et de Jésus, ni entre ceux de Philippe et de Pierre, ni entre ceux d'Apollos et de Paul. Et, dans tous les cas, la supériorité est donnée incontestablement au second.

Il est très curieux que ce point ait échappé à l'attention de tant de commentateurs. Ce qui les a empêchés de s'en rendre compte, c'est sans doute le rôle tout spécial qui a été dévolu par ailleurs au prophète Élie du fait de sa disparition mystérieuse et de l'annonce de son retour à venir par les tout derniers verset des Écritures hébraïques. Les spéculations fantastiques qui en ont découlé ont certainement majoré l'importance d'Élie et contribué à minorer, voire à éclipser celle de son disciple et successeur Élisée.

50. Le thème de la double puissance d'Élisée

Pourtant on a aussi la trace très nettes d'anciennes spéculations notables sur le rôle d'Élisée considéré comme supérieur en ses œuvres à son prédécesseur et maître Élie. Et en cela la première communauté chrétienne n'a rien inventé, car on trouve également des spéculations analogues dans les traditions rabbiniques postérieures, fondées surtout sur le même passage des *Livres des Rois* où Élisée demande et obtient une double part de l'Esprit de son prédécesseur[331].

Ainsi la *Baraïta des Trente-deux-règles* du pseudo rabbi Éliézer calcule que pendant sa vie Élisée aurait accompli seize miracles, soit deux fois plus exactement qu'Élie qui n'en aurait réalisé que huit. Il est vrai que cet ouvrage rabbinique est bien tardif, qu'il ne remonte sûrement pas avant le Xe siècle et qu'il est vraisemblablement dû au rabbin babylonien Samuel ben Hofni, mort en 1013[332]. Du côté chrétien, vers la même époque, saint Pierre Damien, mort en 1072, compte 24 miracles d'Élisée contre seulement 12 pour Élie[333]. En 1553, l'humaniste Basilio Zanchi compte comme notre baraïta 16 miracles d'Élisée contre seulement 8 pour Élie[334]. Plus près de nous tel pasteur baptiste en décompte 28 pour Élisée contre 14 pour Élie[335]. On voit bien une fois encore qu'on fait dire aux chiffres ce qu'on veut, et qu'il n'existe clairement pas de tradition précise à ce sujet. Mais les mêmes causes produisent, en divers temps et en divers milieux, les mêmes effets.

C'est ce qu'on appelle aujourd'hui avec une certaine condescendance le concordisme. Il était naturel en effet à l'exégèse ancienne de rechercher dans l'Écriture elle-même les preuves de sa cohérence, et en l'occurrence de se

---

[331] Tout cela a déjà été signalé par R. E. Brown, *op. cit.* (1971) 87-88, quoiqu'un peu trop sèchement et dans une publication qui n'a pas eu suffisamment d'écho.

[332] M. Zucker, « LePitaron Baayat 32 Middot uMishnat R' Eliezer », *Proceedings of the American Academy for Jewish Research* 23 (1954) 1-39.

[333] *Sermon* n° 24 (pour la fête de la nativité de Jean Baptiste), in *PL* 144 cc. 637-640 spéc. 639 : *Atque, ut brevi cuncta concludam, Elias duodecim, Elisaeus, ut Scripturae veritas tradit, viginti quatuor miraculorum signis enituit, quae videlicet quia fastidium devitamus hic enumerare postponimus.*

[334] *In omnes divinos libros notationes* (Rome, 1553) 18.

[335] David Pyles, « A Double Portion of Thy Spirit », *Berean Christian Bible Study Resources*, 2020, en ligne en 2021.

demander comment paraissait s'être réalisée cette curieuse demande par Élisée d'une double ration de l'esprit d'Élie[336].

Remontons maintenant dans le temps jusqu'à l'époque des Pères de l'Église du côté chrétien, qui correspond en gros, du côté juif, à celle des Amoraïm, qui sont les maîtres dont le Talmud entend nous transmettre les traditions.

Le Talmud de Babylone[337] nous a conservé la substance d'une discussion à ce sujet entre rabbi Aha ben Hanina (mort vers 325) et rabbi Papa (mort vers 375). Le premier enseigne qu'on ne doit pas enterrer un méchant à côté d'un juste, sur la base de l'épisode où un cadavre jeté dans la tombe d'Élisée ressuscite. Le second lui demande si cette seconde résurrection opérée par les mérites d'Élisée a eu lieu pour exaucer sa demande d'une double ration de l'esprit d'Élie, étant observé que le dit Élie n'avait pour sa part ressuscité qu'un seul mort. Rabbi Aha répond que non, sur la base d'une tradition légendaire selon laquelle le mort en question n'avait été réanimé que le temps de sortir du tombeau d'Élisée. Cependant, précise-t-il, on peut considérer qu'Élisée avait bien ressuscité un deuxième mort lorsqu'il avait guéri de la lèpre le général syrien Naaman, sur la base de ce qu'en disait rabbi Yohanan (mort vers 280), pour qui la lèpre dont Élisée

---

[336] Elle a reçu plusieurs interprétations que N. Serrurier, *In libros Regum et paralipomenon Commentaria posthuma* (Mainz, 1613) 285, classe selon qu'elles mettent Élisée, par rapport à son maître, en position de supériorité, d'égalité ou d'infériorité. La plus convaincante est celle du réformateur P. Viret, *De la communication des fidèles* (Genève, 1560) 160-165 : Élie demande à avoir une double part d'héritage de son père spirituel en tant que fils aîné, sur la base de *Deutéronome* 21[15-16], et la suite montre que c'est bien le cas puisqu'aussitôt après la disparition de son maître, Élisée, qui l'appelle son père, reproduit un de ses miracles en divisant le Jourdain, qui plus est précisément à l'aide du manteau d'Élie, dont il vient d'hériter.

[337] Traité *Sanhédrin* 47a.

avait guéri Naaman équivalait à la mort[338]. En faisant cette concession à son disciple, rabbi Aha reconnaît qu'il est légitime de présupposer que la puissance miraculeuse d'Élisée était deux fois supérieure à celle d'Élie, sur la base de sa demande clairement exaucé d'une double part de l'esprit d'Élie.

Côté chrétien, Théodoret de Cyr, mort vers 458, se demande pourquoi Élie, lorsqu'Élisée lui demande une double part de son esprit, répond que c'est là *une chose difficile*[339]. Il répond que ce n'est pas par mauvaise grâce envers son disciple, mais par souci pour les autres gens. « En effet, explique Théodoret, c'est par trois ans et six mois de famine qu'il avait châtié les gens qui se livraient à l'impiété. Or il était inévitable que celui qui recevrait le double de grâce ferait voir des miracles doubles, et l'un d'eux était le châtiment de la famine. C'est donc par égard pour lui qu'il a dit : *Tu demandes une chose difficile*, car l'histoire nous apprend bien que les gens ont subi le supplice de la famine sept années durant. »

51. Deux ans environ, ou bien trois ans et demi ?

Ce dernier exemple d'une double puissance miraculeuse d'Élisée, comparée à celle d'Élie, nous permet de remonter maintenant encore plus avant dans le temps et dans l'histoire de l'exégèse ancienne, jusqu'à l'époque apostolique elle-même. En effet, quand on se reporte au récit originel de la sécheresse provoquée par Élie, au *Premier livre des Rois*, force est de constater qu'elle semble avoir duré, non pas trois ans et demi comme le dit Théodoret, mais nettement moins

---

[338] Sur la base de *Nombres* 12[12] (au sujet de la lèpre temporaire dont est frappé Myriam sœur de Moïse et d'Aaron) : « Qu'elle ne soit pas, je Te prie, comme un mort ».
[339] *Questions sur le Quatrième livre des Rois* 7, in *PG* 80 c. 749 (traduction originale).

de trois ans, vu que c'est qu'*au cours de la troisième année* qu'Élie reçoit l'ordre d'y mettre fin[340].

Ceci indique clairement, d'après la manière constante de s'exprimer de la langue hébraïque, une durée nécessairement supérieure à un an, mais non moins nécessairement inférieure à trois, sans quoi l'Écriture aurait au moins porté : « lors de la quatrième année ».

Nous sommes dans le même cas que lorsque l'on nous dit que Jésus est ressuscité le troisième jour, c'est-à-dire en fait le surlendemain de sa mort, c'est-à-dire plus de 24 heures mais moins de 72 heures après son décès. Il est donc resté enseveli tout le samedi, compté de crépuscule à crépuscule ; plus, avant cela, la soirée du vendredi, de sa mort jusqu'au crépuscule ; plus, après cela, les premières heures du dimanche, depuis le crépuscule jusqu'à l'aurore, soit au total pendant une durée nettement inférieure à 48 heures.

Il en va de même lorsque des rabbins s'exercent à quantifier la durée de la sécheresse qui advint à l'époque du prophète Élie. Le *Lévitique Rabba*, qu'on date du Ve siècle, nous a transmis la tradition suivante. Selon rabbi Bérékhia, qui vivait vers 340 et avant lui selon rabbi Halbo, qui vivait vers 300, rabbi Yohanan, mort vers 279, tenait à cet égard le raisonnement suivant[341]. L'Écriture dit d'une part qu'il s'écoula de *nombreux jours*, puis que Dieu ordonna *la troisième année* à Élie d'annoncer la fin de la sécheresse. Rabbi Yohanan en conclut que cette sécheresse dura plus d'un an, cette année étant précédée de quelques mois et suivie de quelques autres. Il remarque par ailleurs qu'au *Livre d'Esther*, la même expression « de nombreux jours » est glosée « 180 jours », qui reviennent à six mois. Il en conclut que la sécheresse survenue à l'époque d'Élie a duré dans le fait 12+6 mois, et il propose de supposer que ces 6 mois sont

---

[340] *1 Rois* 18[1].

[341] *Wayyiqra Midrash Rabbah 19 :* ויהי ימים רבים ודבר ה' היה אל אליהו בשנה השלישית לאמר, רבי ברכיה ורבי חלבו בשם רבי יוחנן שלשה חדשים בראשונה ושלשה חדשים באחרונה ושנים עשר באמצע, הרי שמונה עשר חדשים.

à répartir en deux trimestres, l'un précédant et l'autre suivant l'année centrale de la sécheresse en question, soit 3+12+3 mois, au total dix-huit mois de sécheresse[342]. Dans le passage parallèle du *Esther Rabba*, il n'est question que de 1+12+1 mois soit seulement quatorze mois[343]. Quoi qu'il en soit, nous sommes donc bien loin des trois ans et six mois, soit quarante-deux mois, dont parlent la *Lettre de Jacques*, l'*Apocalypse* et l'*Évangile de Luc*.

Jusqu'au commentaire critique de Meyer[344], les auteurs s'efforcent en général d'harmoniser cette notable divergence par de misérables astuces chronologiques[345], comme si nous avions là d'infaillibles comptes-rendus dont il nous faudrait démontrer vaille que vaille je ne sais quel caractère historique, et non pas des traditions folkloriques fortement stylisées dont il nous faut avant tout comprendre le langage. Depuis, on cherche plutôt et plus justement à comprendre d'où vient la tradition qui surenchérit clairement sur les données de l'Écriture et parle d'une sécheresse de *trois ans et demi*.

Est-elle attestée seulement par ces trois écrits chrétiens du premier siècle ? Ou bien en a-t-on d'autres témoins ? Certains

---

[342] Ce texte paraît mal compris de W. Surenhuys (G. Surenhusius), ספר המשוה *(Sefer ha-meshuvah), sive Βίβλος Καταλλαγῆς (Biblos katallages) in quo secundum veterum theologorum Hebraeorum formulas allegandi, et modos interpretandi conciliantur loca ex V. in N.T. allegata* (« Livre de l'harmonisation, dans lequel sont hamonisés les passages de l'Ancien Testament cités dans le Nouveau d'après les formules de citation et les façons d'interpréter des anciens théologiens hébreux ») (Amsterdam 1713) 679, qui paraît supposer que rabbi Johanan conclut à une sécheresse de trois ans (3+12+3+18).

[343] Esther Midrash Rabbah.

[344] H.A.W. Meyer (Edinburgh, 1880) 29 ; Plummer, *The Gospel according to S. Luke* (New York, 1902) 128 ; etc.

[345] Soit on ajoute au trois années sans pluie les six mois de saison sèche précédant la première, ou encore on suppose que les effets de la sècheresse auront persisté bien après la première pluie (Plummer), ou bien encore on suggère que l'indication « la troisième année » serait à compter à partir du début du séjour d'Élie à Sarepta, et non de la sécheresse.

exégètes l'ont nié expressément[346], mais ils ont tort, parce qu'on en a en réalité bien trace aussi du côté juif. Ainsi le *Yalkut Shimoni* dit expressément que la sécheresse qui a eu lieu sous Élie a bien duré *trois ans et demi*[347]. Il est vrai qu'il s'agit là d'une compilation médiévale qui sans doute ne date que du XIIIᵉ siècle de notre ère. Mais sa source ultime est beaucoup plus ancienne, puisqu'il s'agit visiblement du *Seder Olam Rabba*, chronique juive que tout le monde date des environs de 160 de notre ère. En effet, si la plupart des manuscrits de cette chronique disent que la famine du temps d'Élie aurait duré *trois ans*, donnée aberrante lorsqu'on la compare au texte du *Premier livre des Rois*, un manuscrit londonien donne quant à lui la durée de *trois ans et demi*[348], ce qui a toutes les chances d'être la leçon correcte et originale[349].

Nous sommes donc bien en présence d'une tradition palestinienne qui remonte au moins au premier siècle de notre ère[350] et qui était spécialement chère à la première génération chrétienne. Maintenant, d'où vient-elle ? Nous ne pouvons, comme les anciens exégètes et certains fondamentalistes actuels, supposer naïvement qu'il s'agirait là d'un simple

---

[346] Par exemple Y. Mathieu, *La figure de Pierre dans l'œuvre de Luc* (Paris, 2004) 416 : « il n'existe pas d'autre témoin portant ce chiffre ».

[347] *Yalkut Shimoni II* (sur *1 Rois* 17) : בשנת שלש עשרה לאחב היה רעב בשומרון שלש שנים ומחצה, texte est signalé déjà et traduit par W. Surenhuys (Amsterdam, 1713) 679 : *anno tertio decimo Achabi fames regnabat in Samaria per tres annos, et dimidium anni.*

[348] B. Ratner, סדר עולם רבה, *Seder Olam Rabba, Die grosse Weltchronik* (Wilna, 1897), cité par H.B. Strack et P. Billerbeck, *Kommentar zum neuen Testament aus Talmud und Midrasch. Dritter Band* (Munich, 1926) 760-761 (sur *Jacques* 5[17]).

[349] C'est la *lectio difficilior*, tandis que l'autre leçon s'accorde mieux, du moins sommairement, avec l'Écriture, qui parle de « la troisième année ».

[350] C'est ce que supposent entre autres, du seul fait de son attestation par le Nouveau Testament, F. Godet, *Commentaire sur l'Évangile de saint Luc. Tome premier* (Neuchatel, 1874) 239 ; J. Jeremias, « Ἡλ(ε)ίας » *Theological Dictionary of the New Testament, volume 2* (Grand Rapids, 1966) 934, etc.

renseignement historique qui se serait transmis au cours des âges depuis les faits supposés eux-mêmes.

Mais il ne nous est pas davantage possible de considérer avec trop d'exégètes récents qu'il ne s'agirait là que d'une simple schématisation narrative. Ils supposent[351] que depuis la profanation du second Temple pendant *trois ans et demi* (selon le livre de Daniel[352]), ce nombre serait devenu l'archétype de la durée des catastrophes nationales. Or c'est là une supposition totalement gratuite et même clairement infondée. Si la littérature rabbinique connaît bien dans ses narrations un certain usage stéréotypé de cette durée de *trois ans et demi*, qui y constitue une sorte de chiffre rond, il est bien établi par ailleurs qu'elle ne caractérise pas spécialement les catastrophes[353]. Il faut donc lui chercher une autre explication.

Que cette durée de *trois ans et demi* soit appliquée par trois auteurs différents à un épisode aussi précis de l'Écriture, dans le tout petit corpus que constitue le Nouveau Testament, alors que le texte source hébraïque n'en fait aucune mention, indique clairement non seulement l'importance, mais encore le caractère targoumique de cette précision au sein de la première communauté chrétienne. C'est-à-dire qu'elle appartenait à une version orale de cet épisode très nettement

---

[351] Par exemple J. Lightfoot, *Horae Talmudicae* (Leipzig, 1675) 950-951 ; F. Godet (Neuchatel, 1874) 239 ; H.A.W. Meyer († 1873), *The Gospels of Mark and Luke (...) from the 5th edition of the German. Volume II* (Edinburgh, 1880) 29 ; G. Fohrer, *Elia* (Zürich, 1968) 11 ; Fitzmeyer, *The Gospel according to Luke I-IX* (Garden City, 1981) 537-538 ; M. Öhler, *Elia im Neuen Testament* (Berlin, 1997) 267.

[352] *Daniel* 7^{25} ; 12, 7, cf. *Apocalypse* 11^2 ; $12^{6.\ 14}$.

[353] Après G. Kittel, *Rabbinica* (Leipzig, 1920) 33-34 et G. Dalman, *Jesus-Jeschua* (Leipzig, 1922) 48, Strack et Billerbeck (Munich, 1926) 761 en donnent neuf exemples très divers dont il ne ressort aucune connotation précise ni constante.

fixée dans la mémoire textuelle des monothéistes de langue araméenne[354].

En effet il semble que l'hébreu biblique avait beaucoup reculé à l'époque apostolique en Palestine, où il n'était plus compris du commun du peuple. Dans la plupart des synagogues, on doublait donc la lecture du texte original hébraïque de la récitation d'une paraphrase de ce texte en araméen, qu'on appelle le Targoum.

Or, lorsque le targoum se permet d'infléchir ainsi le texte hébraïque original, voire de le préciser ou même de le modifier, ce que ne peut être que sur la base d'un ou deux autres textes de l'Écriture, comme on le voit par exemple dès le deuxième verset de l'*Évangile de Marc*, qui annonce un verset du *Livre d'Isaïe*, mais cite en fait un centon fusionnant un verset du *Livre de Malachie* (3^1) fusionné avec un verset du *Livre d'Isaïe* (3^{28}), avec en arrière-plan le tout début du *Livre de la Genèse* (1^2).

De même ici, dans l'épisode de la famine provoquée par Élie, l'indication du texte original hébraïque, *la troisième année* (*1 Rois* 18^1), est remplacée dans sa mémorisation en araméen par l'expression *après trois ans et demi,* et cela sur la base de la prophétie ultérieure par Élisée d'une famine de *sept ans* (*2 Rois* 8^1), avec en arrière-plan le texte où Élisée demande et obtient d'obtenir *le double* de l'esprit prophétique d'Élie (*2 Rois* 2^9).

Ce long détour nous a permis de démontrer que la première communauté chrétienne considérait bien Élisée comme un prophète plus puissant en ses œuvres que son maître Élie, et cela parce qu'il avait en lui une double dose d'Esprit saint, comme Jésus par rapport à Jean-Baptiste, comme Pierre par

---

[354] Le seul targoum qu'on ait conservé du *Premier livre des Rois* ne comporte pas cette modification, mais il est tardif et semble avoir été harmonisé avec le texte massorétique. On ne peut d'ailleurs exclure qu'elle en ait été censurée à raison du grand usage qu'en faisaient les chrétiens. Elle a bien disparu aussi de la majorité des manuscrits du *Seder Olam Rabba*.

rapport à Philippe, et comme plus tard Paul par rapport à Apollos.

52. Élisée, serviteur supérieur à son maître ?

Élisée versant de l'eau sur les mains d'Élie
Heures à l'usage des Carmes. Gravure sur bois peinte d'un incunable
(Angers, Université catholique de l'Ouest, folio 87 verso, 1516)

Jésus lave les pieds de Pierre (détail)
(Manuscrit 245 de la Bibliothèque municipale de Lyon, folio 162 verso, 1461)

Ce qui a empêché sans doute jusqu'à présent de remarquer ce thème important de la supériorité d'Élisée sur Élie, qui se reflète aussi dans celle de Jésus par rapport à Jean le Baptiste, de Pierre par rapport à Philippe, et de Paul par rapport à Apollos, c'est probablement le fait qu'Élisée nous est présenté par les Écritures non seulement comme l'élève ou disciple d'Élie, mais encore comme son serviteur, comme celui qui *versait de l'eau sur ses mains* (*2 Rois* 3^{11}).

C'est aussi ce qui explique, sans doute, l'aveuglement des exégètes qui veulent absolument que les Évangiles nous présentent Jésus comme un nouvel Élie, alors qu'en y regardant de près c'est absolument faux, et qu'il n'est jamais présenté que comme un nouvel Élisée.

En définitive, on reste entravé par ce préjugé qui est également énoncé expressément par l'*Évangile de Matthieu*, $10^{24\text{-}25}$: *L'élève (μαθητὴς, mathètès) n'est pas au-dessus de son enseignant (διδάσκαλον, didaskalon), ni l'esclave (δοῦλος, doulos) au-dessus de son maître (κύριον, kurion). À l'élève il suffit bien d'être comme son enseignant, et à l'esclave d'être comme son maître.*

Mais en réalité ce n'est pas du tout ce qu'enseigne l'*Évangile de Matthieu*, qui ne cite ce principe mondain que pour le subvertir par un paradoxe typiquement évangélique. En l'occurrence il ne s'agit ici que des prémisses d'un syllogisme dont la conclusion est la suivante : *Vu qu'ils ont qualifié de Belzéboul le maître de maison (οἰκοδεσπότην, oïkodéspotès), combien plus [qualifieront-ils ainsi] les gens de sa maison (οἰκιακοὺς, oïkiakous) !*

Ainsi donc, se mettre à l'école de Jésus, c'est apprendre à se faire injurier, et se soumettre à son autorité, c'est obéir à quelqu'un qui ne sait pas se faire respecter.

En définitive, cela ne dérange pas Jésus de passer pour inférieur à Jean le Baptiste, et notamment de se faire baptiser par lui plutôt que l'inverse. Cette problématique est développée seulement par l'*Évangile de Matthieu* (T.O.B.), 3^{13} *Alors paraît Jésus, venu de Galilée jusqu'au Jourdain auprès de Jean, pour se faire baptiser par lui.* [14] *Jean voulut s'y opposer : « C'est moi, disait-il, qui ai besoin d'être baptisé par toi, et c'est toi qui viens à moi ! »* [15] *Mais Jésus lui répliqua : « Laisse faire maintenant : c'est ainsi qu'il nous convient d'accomplir toute justice. » Alors, il le laisse faire.*

De même, cela ne dérange pas Paul d'être inférieur à Apollos en matière d'éloquence d'après ce qu'il en dit dans sa *Deuxième lettre aux Corinthiens 1[17], car Dieu ne m'a pas envoyé baptiser, mais annoncer l'Évangile, et cela sans la sagesse du langage etc. (...) [21] Pour moi, quand je suis venu chez vous, frères, je ne suis pas venu vous annoncer le mystère de Dieu avec le prestige de la parole, etc. (...) 4[9] Car Dieu, ce me semble, nous, a , nous les apôtres, exhibés au dernier rang, etc. (...) [12] (...) On nous insulte et nous bénissons, etc.*

Au bout du compte on n'en finit plus de comprendre et de mettre en application cette révolution anthropologique fondatrice du christianisme, cet enseignement et cette puissance divine de l'humilité, telle qu'elle est révélée par l'*Évangile de Jean* (T.O.B.) 13[1] *Avant la fête de la Pâque, Jésus sachant que son heure était venue, l'heure de passer de ce monde au Père, lui, qui avait aimé les siens qui sont dans le monde, les aima jusqu'à l'extrême. [2] Au cours d'un repas, alors que déjà le diable avait jeté au cœur de Judas Iscariote, fils de Simon, la pensée de le livrer, [3] sachant que le Père a remis toutes choses entre ses mains, qu'il est sorti de Dieu et qu'il va vers Dieu, [4] Jésus se lève de table, dépose son vêtement et prend un linge dont il se ceint. [5] Il verse ensuite de l'eau dans un bassin et commence à laver les pieds des disciples et à les essuyer avec le linge dont il était ceint. [6] Il arrive ainsi à Simon-Pierre qui lui dit : « Toi, Seigneur, me laver les pieds ! » [7] Jésus lui répond : « Ce que je fais, tu ne peux le savoir à présent, mais par la suite tu comprendras. » [8] Pierre lui dit : « Me laver les pieds à moi ! Jamais ! » Jésus lui répondit : « Si je ne te lave pas, tu ne peux pas avoir part avec moi. » [9] Simon-Pierre lui dit : « Alors, Seigneur, non pas seulement les pieds, mais aussi les mains et la tête ! »*

Il est donc bien difficile de comprendre d'un point de vue chrétien, qui est supérieur à qui.

Jésus lave les pieds de ses disciples
(Manuscrit 5136 de la Bibliothèque municipale de Lyon, folio 35, 1505)

53. Cornélius, nouveau Naaman

En ce qui concerne Pierre, donc, il est clairement identifié à un nouvel Élisée dès sa première course en Samarie. Nous avons vu que c'est encore le cas lors lorsqu'il arrive à Joppé et y ressuscite Tabitha. Cette résurrection en effet décalque celle du fils de la Sunamite par Élisée, et non pas celle du fils de la veuve de Sarepta par Élie. Enfin, nous allons voir que dans l'épisode de la conversion et du baptême de Cornélius, c'est encore du seul Élisée qu'il suit les traces.

La conversion et le baptême par Pierre du centurion romain Cornélius nous sont racontés d'une manière qui emprunte plusieurs de leurs traits au récit biblique de la guérison et de la conversion par le prophète Élisée du général syrien Naaman. Deux auteurs au moins l'ont déjà remarqué[355].

Le centurion Cornélius
(Manuscrit 107 de la Bibliothèque de Verdun, folio 108 verso, vers 1303)

Comme le *Deuxième livre des Rois* précisait le grade, les antécédents et l'origine ethnique du général Naaman, les *Actes des Apôtres* nous renseignent sur le grade, l'affectation et l'origine ethnique du centurion Cornélius.

Un autre point de rencontre entre ces deux officiers est leur impureté rituelle du point de vue juif, Naaman étant lépreux, et Cornélius tout simplement non-juif et par là-même impur jusqu'à preuve du contraire, autrement dit jusqu'à ce que Dieu en décide autrement et le fasse savoir à Pierre.

La guérison du général Naaman par immersion dans le Jourdain pouvait d'ailleurs facilement venir à l'esprit comme une préfiguration du baptême du centurion Cornélius.

Enfin, Larrimore Crockett a aussi relevé un accrochage verbal intéressant entre ces deux épisodes. Le païen lépreux Naaman, lorsqu'il se baigna sept fois dans le Jourdain sur l'ordre d'Élisée, « fut *purifié* »[356]. Or si de son côté Pierre accepte de baptiser Cornélius et les siens, d'origine païenne,

---

[355] L. C. Crockett, « Luke 4:25-27 and Jewish-Gentile Relations in Luke-Acts », *Journal of Biblical Literature* 88 (1969) 177-183 spéc. 181-182. — Shelton après lui, *op. cit.*, 144-174, n'établit entre ces deux récits que des parallèles si abstraits et vagues qu'absolument aucun n'entraîne la conviction, si nombreux soient-ils, selon le principe bien établi que $0 + 0 = 0$.

[356] *2 Rois* 5^{14} : ἐκαθαρίσθη.

c'est par ce que Dieu lui a dit trois fois : « Ce que Dieu a *purifié*, ne le profane pas »[357].

Mais ces seuls rapprochements ne sont pas décisifs pour établir que notre récit considère bien le personnage de Naaman comme un prototype de Cornélius. Pour y voir plus qu'une série de coïncidences fortuites, il nous faudrait pouvoir relever dans le récit des *Actes* un ou deux détails qui n'aient pas d'autre fonction claire que de renvoyer à ce récit source.

Justement, le début de notre récit présente deux détails très étonnants, si l'on y réfléchit. Cornélius, depuis Césarée, envoie chercher Pierre à Joppé. Le récit aurait parfaitement pu se cantonner à cette information. Au lieu de cela on nous détaille précisément l'effectif et la composition de l'équipe qui va se présenter à Joppé devant la maison où Pierre réside. On nous précise de plus curieusement qu'elle se présente devant *la porte* de cette maison. Pourquoi nous parle-t-on de cette porte ? Que vient-elle faire ici ?

Actes 10[7] *Lorsque s'en fut l'ange qui lui parlait, il appela deux des domestiques et un pieux soldat qui lui étaient attachés,* 10[8] *et après leur avoir tout raconté il les envoya à Joppé. (...)* 10[17]. *Voici que les hommes (ἄνδρες, andrés) qui avaient été envoyés de Césarée, après s'être enquis de la maison (οἰκίαν, oïkian) de Simon, se tinrent devant la porte (ἐπὶ τὸν πυλῶνα, épi ton pylôna) (...)* 10[19] *Alors que Pierre était en train de réfléchir à sa vision, l'Esprit lui dit : « Voici deux[358] hommes (ἄνδρες, andrés) qui te demandent. » (...)*

---

[357] *Actes des apôtres* 10[15] ; 11[9] : Ἃ ὁ Θεὸς ἐκαθάρισεν σὺ μὴ κοίνου.

[358] Pourquoi « deux » ? Cette incohérence a surpris plus d'un copiste et dans certains manuscrits le texte est corrigé, le nombre « deux » étant soit corrigé en « trois », ou supprimé. Mais la leçon « deux » représente évidemment le texte original. C'est ce qu'on appelle en critique textuelle la *lectio difficilior* : elle présente une difficulté, ce qui explique qu'elle ait été éliminée par certains copiste, tandis qu'on ne voit pas comment elle aurait pu apparaître et se répandre, si elle n'était pas originale. Des trois envoyés,

11^{11} « *Et voilà qu'à l'instant même trois hommes (ἄνδρες, andrés) se sont présentés à la maison où nous étions, qui m'étaient envoyés de Césarée.* »

Le nombre et le statut des membres de cette équipe n'a absolument aucune incidence sur le cours des événements, ni non plus cette porte. Pourquoi donc des renseignements d'apparence aussi futile ont-ils été retenus et notés avec minutie dans un récit aussi stylisé ?

C'est évidemment que la composition de l'équipe qui arrive devant la maison où réside Pierre a été comparée, à un moment de la mise en forme de notre récit, avec celle de l'équipe qui était arrivée devant la porte de la maison d'Élisée, selon le *Second livre des Rois*.

Naaman, est également un soldat, et même le « *chef (ἄρχων, arkhôn) de l'armée syrienne* » (*2 Rois* 5^1), arrive en effet lui aussi « *devant la porte (ἐπὶ θύρας, épi thuran) de la maison (οἴκου, oïkou) d'Élisée* » (5^9), accompagné de « *ses serviteurs* » (5^{13}), qui sont appelés plus loin « *ses deux serviteurs* » (5^{23}).

Et voilà pourquoi notre récit a cru devoir mentionner l'effectif et la composition de l'équipe envoyée par Cornélius « chef de cent (ἑκατοντάρχης, *hékaton-arkhès*) ». Cette équipe, elle aussi formée d'un soldat et de « deux domestiques », finit, elle aussi, par trouver « la maison de Simon » et se tient « devant sa porte ».

Nous avons bien donc un début de récit qui a été stylisé sur la base d'une méditation scripturaire de l'épisode de la guérison de Naaman.

---

semble-t-il donc, seulement deux arrivèrent d'abord devant la maison de Simon. Ces notations minutieuses sont de puissants indices d'historicité, comme les précisions curieuses de l'*Évangile de Marc* ($14^{30.66-72}$) sur les reniements de Pierre, qui renie *trois fois* le Christ avant que le coq n'ait chanté *deux fois*, alors que *Matthieu* $26^{34.69-75}$, *Luc* $22^{34.54-62}$ et *Jean* 13^{38}, $18^{18.25-27}$ sont alors beaucoup plus schématiques.

Naaman laissé à la porte de la maison d'Élisée
(Manuscrit 108 de la Bibliothèque d'Amiens, folio 127 verso, année 1197)

Et cela n'a rien d'étonnant car il est question de cet antécédent dès le début de la carrière publique de Jésus, selon du moins l'*Évangile de Luc*, lorsqu'il s'exprime pour la première fois en public, dans la Synagogue de Nazareth, et conclut par ces mots prophétiques.

Luc (T.O.B.) 4²⁴ *Et il ajouta : « Oui, je vous le déclare, aucun prophète ne trouve accueil dans sa patrie.* ²⁵ *En toute vérité, je vous le déclare, il y avait beaucoup de veuves en Israël aux jours d'Élie, quand le ciel fut fermé trois ans et six mois et que survint une grande famine sur tout le pays ;* ²⁶ *pourtant ce ne fut à aucune d'entre elles qu'Élie fut envoyé, mais bien dans le pays de Sidon, à une veuve de Sarepta.* ²⁷ *Il y avait beaucoup de lépreux en Israël au temps du prophète Élisée ; pourtant aucun d'entre eux ne fut purifié* (ἐκαθαρίσθη, *ékatharisthè), mais bien Naamân le Syrien. »*

²⁸ *Tous furent remplis de colère, dans la synagogue, en entendant ces paroles.*

Il paraît assez clair que Luc, ou sa source, en écrivant cela, au tout début de la prédication chrétienne, a déjà en tête l'épisode de Césarée qui sera raconté au dixième chapitre des *Actes des apôtres*, comme l'ont déjà remarqué plus d'un auteur³⁵⁹.

Et de fait, ainsi que l'a lumineusement fait remarquer Robert Tannehill³⁶⁰, dans l'œuvre en deux volumes de Luc, la prédication inaugurale de Pierre à Césarée fait écho très clairement et très littéralement à la prédication inaugurale de Jésus à Nazareth.

Comment en effet Jésus avait-il commencé sa toute première prédication publique selon l'*Évangile de Luc* ? Revenu *à Nazareth (εἰς Ναζαρά, eïs Nazara)*, il y avait lu et commenté dans la synagogue un passage du *Livre d'Isaïe* (61¹⁻²) qui s'ouvre sur ces mots-ci : *L'esprit du Seigneur (πνεῦμα κυρίου, pneuma kuriou) est sur moi. C'est pourquoi il m'a oint (ἔχρισέν, ékhrisén), pour porter la bonne nouvelle aux pauvres, pour guérir (ἰάσασθαι, iasasthaï) etc.* Ce passage se termine ensuite sur les mots suivants : *pour inaugurer l'an du Seigneur, (celui qui Lui est) agréable (δεκτόν, dekton).*

Or, dans les *Actes* (10³⁵⁻³⁸), en quels termes, Pierre commence-t-il précisément sa prédication devant Cornélius et ses gens ? *En vérité je comprends que Dieu ne fait pas de favoritisme, mais qu'en n'importe quelle nation celui qui le révère et pratique la justice lui est agréable (δεκτὸς, dektos) (...) Vous savez vous-mêmes l'histoire qui est survenue dans*

---

³⁵⁹ Cf. L. C. Crockett (1969) 177 ; R.C. Tannehill, *The narrative unity of Luke-Acts* (Philadelphia, 1986) II 70-72 ; C.J. Schreck ; « The Nazareth Pericope : *Luke* 4, 16-30 in Recent Study », in F. Neirynck, *L'Évangile de Luc* (Louvain, 1989) 399-471 spéc. 443-449 ; W. Zhang, *Paul among Jews* (Washington D.C., 2010) 70-72.

³⁶⁰ Tannehill (1986) II 71-72 : « At the point in Acts where the mission begins to spread to the Gentiles, the Nazareth scene is recalled. »

toute la Judée à partir de la Galilée après le baptême prêché par Jean, à savoir que Jésus de Nazareth (ἀπὸ Ναζαρέθ, apo Nazareth), Dieu l'a oint (ἔχρισε, ékhrisé) du Saint Esprit (πνεύματι ἁγίῳ, pneumati hagiô) et de puissance miraculeuse, lui qui a circulé en faisant le bien et en guérissant (ἰώμενος, iôménos) etc.

Le parallèle est notable entre ces deux sermons qui se répondent l'un à l'autre par de nombreux et nets accrochages verbaux. On y retrouve même le thème du binôme prophétique, binôme constitué par Élie et Élisée dans l'*Évangile*, et par Jean et Jésus dans les *Actes*, le second seulement ruisselant de Saint Esprit, comme dans les cas ultérieurs de Philippe et de Pierre en Samarie, puis d'Apollos et de Paul à Éphèse.

Un dernier point commun est encore à remarquer entre Pierre et Élisée. C'est qu'ils ne baptisent pas eux-mêmes. Élisée n'immerge pas Naaman dans le Jourdain, mais lui dit d'aller le faire tout seul[361]. De même, après que l'Esprit soit tombé sur Cornélius et les siens, Pierre ordonne qu'on leur donne le baptême, ce qui revient à dire qu'il ne s'en occupe pas lui-même[362]. De même Jésus, selon l'*Évangile de Jean*, ne baptisait pas, mais c'étaient ses disciples qui le faisaient[363]. De même encore Paul se vante de n'avoir baptisé lui-même pratiquement aucun des Corinthiens[364]. Curieusement ce sont seulement Jean, Philippe et Apollos qui nous présentés comme des baptistes, après lesquels quelqu'un d'autre doit passer pour qu'advienne l'effusion de l'Esprit.

---

[361] *2 Rois* $5^{10,\ 14}$.

[362] Actes 10^{48}.

[363] *Jean* 4^2.

[364] *1 Corinthiens* 1^{14}. De même à Éphèse, *Actes* $19^{5\text{-}6}$, il n'est pas dit qui rebaptise les douze disciples convertis par Apollos, mais on nous précise bien en revanche que c'est Paul qui leur impose les mains et provoque ainsi sur eux une effusion de l'Esprit Saint.

54. Retour sur l'évangélisation de la ville de Samarie

Maintenant que nous avons constaté que Pierre est constamment tenu par notre récit pour un nouvel Élisée, il nous faut revenir encore une fois à l'épisode initial de l'évangélisation de la ville de Samarie, qui va s'en trouver éclairé d'une vive lumière.

En effet il existe un épisode des aventures d'Élisée lors duquel il est question d'une *bonne nouvelle* proclamée aux habitants de Samarie. On y voit quatre personnage se dire l'un à l'autre : *Cette journée est une journée de bonne nouvelle (besorah, בשרה, εὐαγγελίας, évangélias, boni nuntii). Si nous gardons le silence jusqu'à la lumière du matin, le châtiment nous atteindra*[365]. Il est d'ailleurs probable que c'est à ce verset que pense Paul lorsqu'il écrit aux Corinthiens : *Si je porte la bonne nouvelle (εὐαγγελίζωμαι, évangélizômaï), ce n'est pas pour moi un sujet de fierté, car j'y suis obligé, car malheur à moi si je ne porte pas la bonne nouvelle (εὐαγγελίζωμαι, évangélizômaï)*[366] Ce qui rejoint aussi ce que disaient avant lui les Apôtres à ceux qui voulaient les faire taire, *car nous ne pouvons pas quant à nous ne pas dire ce que nous avons vu et entendu*[367].

Mais relisons cette histoire pittoresque du siège de Samarie par les Araméens, ou si l'on préfère, par les Syriens.

2 Rois 6[24] (T.O.B.) *Quelque temps après, Ben-Hadad, roi d'Aram, rassembla toutes les troupes et monta assiéger Samarie.* [25] *Il y eut une grande famine à Samarie. La ville fut*

---

[365] *2 Rois* 7[9] : ἡ ἡμέρα αὕτη ἡμέρα εὐαγγελίας ἐστίν καὶ ἡμεῖς σιωπῶμεν καὶ μένομεν ἕως φωτὸς τοῦ πρωὶ καὶ εὑρήσομεν ἀνομίαν.

[366] *1 Corinthiens* 9[16] : ἐὰν γὰρ εὐαγγελίζωμαι, οὐκ ἔστιν μοι καύχημα· ἀνάγκη γάρ μοι ἐπίκειται· οὐαὶ γάρ μοί ἐστιν ἐὰν μὴ εὐαγγελίσωμαι. Le rapprochement entre ces deux verset est fait par bien des auteurs dont par exemple J. Hayneufve, *Veritates practicae* (Rouen, 1652) 262-263.

[367] *Actes* 4[20] : οὐ δυνάμεθα γὰρ ἡμεῖς ἃ εἴδαμεν καὶ ἠκούσαμεν μὴ λαλεῖν.

assiégée à tel point qu'une tête d'âne coûtait quatre-vingts sicles d'argent et que le quart d'un qab de crottes de pigeon coûtait cinq sicles d'argent. (...) [32] Élisée était assis chez lui, et les anciens étaient assis à ses côtés, quand le roi envoya vers lui l'un de ses serviteurs. (...) 7[1] Élisée répondit : « Écoutez la parole du Seigneur : Ainsi parle le Seigneur : Demain, à la même heure, à la porte de Samarie, un séa de farine coûtera un sicle, et deux séas d'orge un sicle. » (...) [3] Il y avait à l'entrée de la ville quatre lépreux. Ils se dirent entre eux : « Pourquoi rester ici à attendre la mort ? [4] Si nous disons : "Entrons dans la ville", comme la famine y règne, nous y mourrons. Si nous restons ici, nous mourrons également. Allons et passons au camp des Araméens ; s'ils nous laissent en vie, nous vivrons ; s'ils nous font mourir, nous mourrons. » [5] Ils se levèrent au crépuscule pour se rendre au camp des Araméens et parcoururent tout le camp des Araméens. Or, il n'y avait personne. [6] Le Seigneur avait fait entendre dans le camp des Araméens un bruit de chars, un bruit de chevaux, le bruit d'une troupe importante. Alors les Araméens s'étaient dit les uns aux autres : « Le roi d'Israël a pris à sa solde les rois des Hittites et les rois d'Égypte pour nous attaquer. » [7] Ils s'étaient levés et s'étaient enfuis au crépuscule, abandonnant tentes, chevaux, ânes et laissant le camp tel quel : ils s'étaient enfuis pour sauver leur vie. [8] Les lépreux, après avoir parcouru tout le camp, entrèrent sous une tente ; ils mangèrent et burent, puis ils emportèrent de là argent, or et vêtements qu'ils allèrent cacher. Ils revinrent, entrèrent sous une autre tente, emportèrent ce qui s'y trouvait et allèrent le cacher. [9] Ils se dirent entre eux : « Nous n'agissons pas comme il faut. Ce jour est un jour de bonne nouvelle (בשרה, besorah). Si nous ne disons rien et attendons la lumière du matin, nous n'échapperons pas au châtiment. Allons, entrons dans la ville et informons la maison du roi. » [10] Ils vinrent appeler les portiers de la ville qu'ils informèrent, en disant : « Nous sommes entrés dans le camp des Araméens et il n'y avait personne, aucune voix humaine ; il n'y avait que des chevaux et des ânes attelés et des tentes abandonnées. » [11] *Les portiers appelèrent à l'intérieur et informèrent la maison du roi. (...)* [16] *Alors, le peuple sortit et pilla le camp des Araméens : on eut un séa de farine pour un sicle, et deux séas d'orge pour un sicle, selon la parole du Seigneur.*

Les lépreux annoncent la bonne nouvelle aux Samaritains
(Manuscrit 10.B.23 du Musée Meermanno de La Haye, folio 176 verso, 1372)

Il est impossible que les premiers chrétiens, à la nouvelle de l'évangélisation de la Samarie, ne se soient pas plongés dans les Écritures pour y trouver le sens de cet événement stupéfiant et pour en vérifier le caractère providentiel. Et on voit mal comment ils n'y auraient tout d'abord cherché un passage mentionnant l'annonce d'une *bonne nouvelle* aux habitants de Samarie.

En l'occurrence, le passage que nous venons de lire se prête tellement à une lecture allégorique de ce genre, qu'elle s'impose même spontanément de nos jours à des exégètes aussi naïvement fondamentalistes que les Témoins de Jéhovah[368].

55. Quelques lectures allégoriques du siège de Samarie

Il est difficile de déterminer quelle lecture allégorique ont pu faire exactement les premiers chrétiens de l'épisode du siège de Samarie, si tant est qu'il y en ait eu une qui ait eu valeur officielle et définitive, ce qui est bien douteux. Mais il peut être éclairant d'examiner quelques-unes des lectures qui ont en été faites ultérieurement, ne serait-ce que pour se faire une idée de ce qu'on pouvait en tirer.

1° Eucher de Lyon († 449) : « La famine imposée à Samarie représente la pénurie de parole de Dieu, ou bien la faiblesse de la foi, dans laquelle le diable avant la venue du Sauveur avait enfermé le peuple de Dieu. (…) Les quatre lépreux qui, installés hors de la ville, font connaître à Israël qu'il sera défendu, semblent représenter ceux du peuple juif qui ont confessé avant les autres l'impureté de leurs péchés et qui ont ainsi mérité d'atteindre à un tel degré de grâce divine qu'ils ont annoncé aux autres que le diable avait été défait et mis en fuite par la victoire de la croix du Christ. »[369]

---

[368] Site francophone officiel consulté en octobre 2021.

[369] *Commentarii in libros Regum liber IV* (*PL* 50 cc. 1189-1190) : « Fames Samariae illata inopiam significat verbi Dei, sive egestatem fidei, per quam diabolus ante adventum Salvatoris Dei populum concluserat. (…) Quatuor leprosi qui extra civitatem positi futuram Israeli defensionem pronuntiant illos indicasse videntur qui ex populo Judaeorum immunditiam

Pillage du camp des Syriens par les habitants de Samarie
(Manuscrit 1562 de la Bibliothèque Mazarine, folio 101, XVe siècle)

2° Angelome de Luxeuil († v. 855) : « Dans ce passage on peut prendre Benadad et son armée, au sens mystique, comme le diable qui excite par malveillance le cœur des impies à la guerre contre l'Église. (…) Qui donc sont ces lépreux, sinon ceux qui, adonnés à des vices variés ou empêtrés dans différentes erreurs, font voir et montrent sur leur peau la laideur de leur maladie intérieure ? Dieu souvent les purifie et les purge de leurs vices et de leurs erreurs pour en faire des messagers du véritable salut. (…) C'est à bon droit qu'il est

---

peccatorum suorum prius caeteris confessi sunt, et ad tantam pervenire meruerunt gratiam, ut victum atque fugatum diabolum per victoriam crucis Christi caeteris annuntiarent. Quinque equi qui in Samaria prae inopia famis tantummodo remansisse dicuntur, carnalem Judaeorum populum sub quinque libris legis derelictum figurasse certum est. »

dit qu'ils sont quatre, de sorte que, tout pénétrés et instruits des quatre Évangiles, ils prêchent la vraie foi dans les quatre parties du monde. »[370].

Rabban Maur († 856) : « Au sens mystique, Benadad ennemi d'Israël représente le diable ennemi de tous les gens de bien, qui entraîne diverses armées d'esprits malins à renverser le peuple de Dieu ; mais il est vaincu par les enfants des princes d'Israël lorsque l'antique ennemi est mis en fuite par les bons auditeurs des saints enseignants, qui s'efforcent de de mettre en pratique ce que leurs oreilles ont entendu, et quand toutes ses armées sont repoussées par les soldats du Christ. »[371]

Saint Bonaventure († 1274) dans son *Commentaire de l'Évangile de Luc*, compare spontanément, aux lépreux qui s'en retournent à Samarie, les pèlerins d'Emmaüs qui s'en reviennent à Jérusalem annoncer qu'ils ont vu Jésus ressuscité.[372]

Dionysius van Leeuw, dit Denis le Chartreux († 1471) : « Si donc ce jour a été un jour de bonne nouvelle, ou de bonne annonciation, où fut annoncé cette évasion des fils d'Israël de

---

[370] *Ennationes in IV libros Regum* (*PL* 115, cc. 509-510 et le manuscrit latin de la Bibliothèque nationale de France n° 8871, folio 99 au recto) : *Potest hoc loco Benadad cum suo exercitu diabolus mystice accipi, qui corda iniquorum per invidiam contra Ecclesiam bellum gerere excitat. (...) Quid ergo sunt leprosi isti, nisi qui variis vitiis dediti, vel diversis erroribus impliciti, foeditatem ex interna peste educentes ostendunt in cute ? Hos Dominus saepe convertens ad fidem, et mundans ab errore et vitiis verae salutis nuntios efficit. (...) Qui bene quatuor memorantur, ut a quatuor Evangeliorum eruditione imbuti, in quatuor mundi partibus fidei veritatem praedicent.*

[371] *Commentaria in libros Regum* (*PL* 109, c. 215A) : « *Mystice autem Benadad hostis Israel significat diabolum omnium bonorum inimicum, qui diversos exercitus malignorum spirituum ad subvertendum populum Dei contrahit ; sed per pueros principum Israel vincitur, cum per bonos auditores sanctorum doctorum, qui quod aure audiunt, factis implere nituntur, antiquus hostis in fugam vertitur, omnisque suus exercitus a militibus Christi proturbatur.* »

[372] *Opera omnia. t. VII* (Quaracchi, 1895) 598.

ses ennemis et cette acquisition abondante de biens matériels, combien plus ce jour est un jour de bonne nouvelle où l'archange Gabriel envoyé par Dieu a annoncé à la glorieuse Vierge l'incarnation et l'enfantement par elle du Fils de Dieu, incarnation par laquelle tout le genre humain a été libéré de ses ennemis invisibles et rassasié de richesses spirituelles, c'est-à-dire des charismes du Saint Esprit ? »[373]

Cornelissen van den Steen, dit Cornelius a Lapide († 1637) : « Allégoriquement, Benadad est le diable qui assiégeait Samarie, c'est-à-dire l'ancienne Église, et qui faisait régner une grande disette spirituelle de la Parole de Dieu, du salut et des choses célestes. Mais vint Élisée, c'est-à-dire le Christ, qui en prêchant partout, en personne et par le ministère de ses apôtres, a fait cesser cette disette, et a fait en sorte qu'il y ait partout des enseignants qui prêchent la parole de Dieu et qui enseignent la voie du salut, de la vertu et de la perfection. »[374]

Le pasteur presbytérien Matthew Henry († 1714) : « Ceux qui ont trouvé les richesses insondables du Christ ne tarderont pas à en annoncer la bonne nouvelle aux autres. »[375]

---

[373] *Enarratio Epistolarum et Evangeliorum de sanctis. Pars altera* (Cologne, 1542) 125 : « Si ergo dies illa fuit dies boni nuncii, seu bonae annunciationis, in quo nunciata fuit illa evasio filiorum Israel a Syris hostibus suis, atque adeptio rerum temporalium copiosa, quanto magis dies ista, dies est nuncii boni, in qua Gabriel archangelus missus a Deo, nunciavit virgini gloriosae incanationem et partum Filii Dei ex ea, per quam incarnationem totum genus humanum ab invisibilibus liberatum est hostibus, ac spiritualibus repletum divitiis, hoc est, variis charismatibus Sipritus Sancti ? »

[374] *Commentarius in Josue etc.* (Anvers, 1642) 250 ad 7[1] « Alleg. Benadad est diabolus, qui obsidebat Samariam, id est Ecclesiam veterem, faciebatque ut esset magna fames spiritualis verbi Dei, ac salutis, rerumque caelestium. Venit Elisaeus, id est Christus, qui per se et Apostolos ubique praedicando, hanc famem sustulit ; fecitque ut ubique sint doctores, qui praedicant verbum Dei, quique doceant viam salutis, virtutis et perfectionis, ita Eucherius et Angelomus. »

[375] « They who have found the unsearchable riches of Christ, will not long delay to report the good tidings to others. »

Le pasteur baptiste Frederick B. Meyer († 1929) : « Prenons garde à ce qu'un malheur ne nous atteigne, si nous refusons le bienheureux Évangile à un monde mourant. »[376]

Nous avons relevé ces exemples de lecture allégorique de notre épisode, on l'a compris, non pas pour établir la façon précise dont les tout premiers chrétiens l'ont eux-mêmes interprété, mais simplement pour donner une idée de la relative facilité avec laquelle on a pu de tout temps solliciter ce texte dans le cadre d'une lecture allégorique, étant entendu que les premiers chrétiens lisaient de la sorte bien des épisodes de l'Ancien Testament, comme on le voit par exemple dans les lettres de Paul et de Pierre.

Ceci considéré, la comparaison de l'épisode du siège de Samarie brisé par une intervention divine, et celui de l'évangélisation de la même Samarie, quelques siècles plus tard, peut nous suggérer quelques hypothèses, que naturellement il nous faudra ensuite vérifier.

56. Qui sont les quatre lépreux ?

Dans le récit du *Deuxième livre des Rois*, les quatre lépreux forment un groupe homogène où aucun ne se distingue des autres de quelque manière que ce soit. Ils sont pris entre deux feux, exclus d'une part par leur statut de lépreux, qui les repousse à la périphérie de leur cité ; et cernés d'autre part, avec leur nation, par des forces hostiles et polythéistes. Ils sont conduits par les circonstances à se tourner vers l'assiégeant. Et c'est alors qu'ils sont amenés à constater que, par le fait d'une intervention divine le siège a pris fin. Les assiégeant ont disparu, épouvantés par le bruit d'une mystérieuse cavalerie. Nos quatre lépreux commencent par

---

[376] *Our Daily Homily* (New York, 1898) 84 : « Let us take care lest some mischief befall us, if we withhold the blessed Gospel from a dying world. We know that Jesus has died and risen again, and that His unsearchable riches wait for appropriation »

profiter à titre personnel de cette situation, mais se rendent compte ensuite qu'il s'impose à eux de communiquer au peuple, qui se croit encore assiégé, la *bonne nouvelle* de sa libération.

Dans le récit correspondant des *Actes des apôtres*, nous voyons également quatre personnage à l'œuvre dans la ville de Samarie, et cette œuvre c'est la proclamation de la seigneurie de Jésus qu'on appelle l'Évangile, c'est-à-dire la Bonne nouvelle.

On nous rétorquera peut-être que nos prédicateurs chrétiens ne sont qu'au nombre de trois : Philippe d'abord, puis, venus à leur tour de Jérusalem, Pierre et Jean ; et qu'il serait bien artificiel de leur adjoindre Simon le Mage, parce qu'il n'est pas lui-même prédicateur, mais seulement converti de fraîche date et, qui plus est, non sans inspirer une certaine suspicion.

Mais on aurait tort, sans l'ombre d'un doute. Et en effet, comme nous l'avons déjà dit, il faut faire table rase une fois pour toute de la suspicion qui entoure ce personnage dans la tradition exégétique ancienne, parce qu'elle n'a rigoureusement aucun autre fondement que des affabulations tardives. Simon dit le Mage n'a commis aucune faute qui soit plus grave que celles que Pierre avait lui-même autrefois commises. Matthieu alias Lévi n'avait-il pas été lui-même publicain, c'est-à-dire collecteur d'impôts pour l'occupant romain ? Le Christ n'avait-il pas dit à Pierre : « Arrière Satan ? » Pierre n'avait-il pas lui-même ensuite renié le Christ à trois reprises, bien qu'averti à l'avance ? Jean n'avait-il pas, avec son frère Jacques, scandalisé les autres apôtres en réclamant des passe-droit au Messie ? Thomas n'avait-il pas expressément douté de la résurrection ? Paul n'a-t-il pas commencé par persécuter la sainte Église de Dieu ? Barnabé ne déclare-t-il pas que le Messie s'était choisi pour disciples les pires de tous les pécheurs[377] ? Du reste, Simon dit le Mage

---

[377] *Lettre de Barnabé* 5^9 : « Il choisit pour ses apôtres, pour les futurs prédicateurs de son évangile, des hommes coupables des pires péchés. »

245

n'a-t-il pas marqué aussitôt ses regrets, sinon même, selon le recension dite occidentale, versé des larmes, comme Pierre lui-même après ses propres reniements ?

57. Simon le Mage et Guéhazi comme disciples

Et ce n'est pas tout : nous avons vu que Simon dès sa conversion est caractérisé comme un disciple fidèle et attentionné de Philippe. Il faut y insister. Il était, dit notre texte, *fermement attaché (proskartèrôn, προσκαρτερῶν)* à Philippe. Ce verbe « s'attacher à », en grec *proskartèréô (προσκαρτερέω)*, suivi d'un nom de personne au datif, évoque clairement une notion de subordination pleine et entière, caractéristique d'un *serviteur*, d'un *client* (au sens antique du mot) ou plus précisément d'un *disciple*.

Chez Démosthène par exemple il évoque la relation de subordination personnelle et de fidélité qui existe entre des servantes et leur maîtresse, dès avant son mariage avec un citoyen athénien[378]. Chez Polybe, il caractérise la situation d'un diplomate messénien qui s'attache à la suite d'un ambassadeur romain en qui il met toutes ses espérances[379]. Chez Diogène Laërce, il exprime l'idée que des ressortissants de différentes régions de l'Italie se mettent à l'école de Pythagore, c'est-à-dire s'attachent avec admiration à son enseignement, écoutent assidument ses leçons et se font en tous points ses disciples[380]. De même enfin, dans les *Actes des*

---

[378] Démosthène (1386, 6), *Théomneste et Apollodore contre Nééra* 20 : τὰς θεραπαίνας τὰς Νεαίρᾳ τότε προσκαρτερούσας ὅτ᾽ ἦλθεν ὡς Στέφανον ἐκ Μεγάρων, Θρᾷτταν καὶ Κοκκαλίνην.

[379] *Histoires* 24, 5, 3 : Διὸ καὶ παρεὶς τἆλλα προσεκαρτέρει τῷ Τίτῳ καὶ πάσας εἰς τοῦτον ἀπηρείσατο τὰς ἐλπίδας.

[380] *Vies des philosophes illustres* 8, 1, 14 : Τοιγὰρ καὶ προσεκαρτέρουν αὐτῷ καὶ τῶν λόγων ἕνεκα προσῄεσαν καὶ Λευκανοὶ καὶ Πευκέτιοι Μεσσάπιοί τε καὶ Ῥωμαῖοι.

apôtres,[381]ce tour exprime la subordination au centurion Cornélius de deux domestiques et d'un pieux soldat qui lui sont attachés, et en qui il met une telle confiance qu'il s'ouvre à eux de sa vision et les envoie chercher Pierre à Joppé.

Ce tour caractérise-t-il ici Simon dit le Mage comme un serviteur ou comme un disciple de Philippe ? Il n'y a pas lieu de distinguer entre ces deux acceptions, car en milieu palestinien, et plus tard rabbinique, tout disciple est au service de son maître[382]. C'est ainsi qu'Élisée lui-même est caractérisé par les Écritures dans sa relation avec son maître et prédécesseur Élie : *Josaphat* (roi de Juda) *dit : « N'y a-t-il pas ici de prophète du Seigneur, par qui nous puissions consulter le Seigneur ? » Un des serviteurs du roi d'Israël prit la parole et dit : « Il y a ici Élisée, fils de Shafath, qui versait l'eau sur les mains d'Élie. » Josaphat dit : « La parole du Seigneur est avec lui. »*[383]. On ne peut pas mieux dire.

D'ailleurs la tradition rabbinique postérieure a spontanément considéré Guéhazi comme un disciple d'Élisée. Il est vrai qu'à une époque tardive il est totalement diabolisé comme Simon dit le Mage du côté chrétien. Il fait l'objet d'affabulations d'une niaiserie tout à fait analogue, et il est même rangé parmi les quatre grands méchants archétypiques du Talmud[384]. Mais il existe aussi une tradition

---

[381] *Actes* 10[7-8] : φωνήσας δύο τῶν οἰκετῶν καὶ στρατιώτην εὐσεβῆ τῶν προσκαρτερούντων αὐτῷ, καὶ ἐξηγησάμενος ἅπαντα αὐτοῖς ἀπέστειλεν αὐτοὺς εἰς τὴν Ἰόππην.

[382] Talmud de Babylone, traité *Bérakhot* 7b : *Rabbi Yohanan* (mort vers 279) *dit encore au nom de rabbi Shiméon ben Yohay* (mort vers 160) *: Le service de la Torah est plus grand que son étude, car il est dit : Voici Élisée, fils de Shaphat, qui a versé de l'eau sur les mains d'Élie. Il n'est pas dit « qui a appris », mais « qui a versé de l'eau ». Cela enseigne que le service de la Torah est plus important que son étude.*

[383] *2 Rois* 3[11-12].

[384] Talmud de Jérusalem, *Sanhédrin* 10, 2 (29b), traduction Schwab, tome11 (Paris, 1889) 56-57. Pour plus de références rabbiniques, Emil G. Hirsch, « Gehazi », *Jewish Encyclopedia. Volume 5* (New York, 1906) 580-582 ; R.C. Klein, « Gehazi and the miracle staff of Elisha », *Jewih Bible Quarterly* 45 (2017) 103-110.

concurrente qui paraît plus ancienne et qui désapprouve la sévérité d'Élisée, accusé expressément de n'avoir pas su laisser à son disciple la possibilité de se repentir : « Parfois on repousse de la gauche quelqu'un que l'on rapprochera de la main droite. (…) Ce n'est pas ainsi qu'agit Élisée, qui repoussa Guéhazi des deux mains. Aussi, Élisée tomba doublement malade, d'abord comme tout le monde, ensuite pour avoir repoussé Guéhazi. »[385]

Cette tradition est très intéressante pour comprendre la perspective dans laquelle se placent ici les *Actes des apôtres*, où précisément Pierre, malgré son extrême sévérité, laisse *expressément* à son disciple une possibilité de se reprendre. Ainsi donc non seulement l'apôtre se retrouve comme un nouvel Élisée face à un nouveau Guéhazi, mais encore il améliore son modèle scripturaire en « rapprochant de la main droite celui qu'il a d'abord repoussé de la main gauche », pour reprendre l'heureuse expression des rabbins.

58. Guéhazi comme prototype du disciple chrétien

C'est d'autant plus certain que Guéhazi lui-même constitue par ailleurs dans l'Écriture, si l'on y regarde de près, un véritable archétype des apôtres de Jésus à tout égard, singulièrement dans l'épisode où il est envoyé ressusciter l'enfant mort de la Sunamite, mais également dans tous les épisodes de l'histoire d'Élisée où il intervient.

Comme Guéhazi en effet les disciples de Jésus 1° lorsqu'ils tentent de protéger leur maître des solliciteurs importuns, en sont désavoués ; 2° ils peuvent au contraire attirer l'attention de leur maître sur une situation de manque qui va occasionner un miracle ; 3° ils racontent à des tiers les hauts faits de leur

---

[385] Talmud de Jérusalem, *Sanhédrin* 10 2, trad. Schwab t.11 (1889) 56-57. Tradition rapportée aussi trois fois dans le Talmud de Babylone, *Sota* 47a (« Nos rabbins ont enseigné : Il faut toujours que la main gauche repousse et que la droite s'approche. Pas comme Elisée qui repoussa Guéhazi avec ses deux mains ».) ; *Baba Metzia* 87a ; *Sanhédrin* 107b.

maître, qui sont immédiatement confirmés ; 4° ils jouent les intermédiaires entre leur maître et quelqu'un qui l'héberge dans une chambre haute toute meublée ; 5° ils peuvent être envoyés par lui en mission avec juste un bâton et une ceinture ; 6° ils reçoivent alors de lui l'ordre de ne saluer personne en chemin pour ne pas se perdre en salamalecs ; 7° ils peuvent se voir déléguer par lui des pouvoirs miraculeux et notamment celui de ressusciter les morts ; 8° ils peuvent échouer à opérer un miracle, mais alors leur maître y réussit grâce à la prière ; 9° ils peuvent être tentés, enfin, de tirer de leur situation un avantage personnel.

Voyons tous ces parallèles plus en détail.

Guéhazi disciple d'Élisée	Les disciples de Jésus
1° Et elle vint trouver Élisée sur la montagne et elle lui toucha les pieds et Guéhazi s'approcha pour la repousser et Élisée dit : « Laisse-la (ἄφες αὐτήν), car etc. »[386]	Les gens lui apportaient leurs nourrissons pour qu'il les touche, ce que voyant ses disciples les réprimandaient. Alors Jésus les appela et leur dit : « Laissez (ἄφετε) venir à moi les petits et ne les en empêchez pas, car etc. [387]
	Marie prit une mesure de de myrrhe de nard (…) et en oignit les pieds de Jésus (…) Alors Judas dit : « Pourquoi, etc. » (…) Jésus lui dit donc : « Laisse-la (ἄφες αὐτήν), etc.[388]
2° Guéhazi répondit : « Elle n'a pas de fils, et son mari est vieux. »	La mère de Jésus lui dit : « Ils n'ont pas de vin »[389].

[386] *2 Rois* 4[27].
[387] *Luc* 18[15-17] ; cf. *Marc* 10[13-16] ; *Matthieu* 19[13-15].
[388] *Jean* 12[3-8] ; cf. *Marc* 14[2-6] ; *Matthieu* 26[7-10] ; *Luc* 7[37sqq].
[389] *Jean* 2[3].

	Philippe lui répondit : « Les pains qu'on aurait pour 200 deniers ne suffiraient pas pour que chacun en reçoive un peu. »[390]
	« Les Douze s'approchèrent dont et lui dirent : « Renvoie la foule pour qu'elle aille dans les villages et les campagnes des environs pour se loger et se ravitailler. »[391]
3° Et le roi s'entretenait avec Guéhazi le gars de l'homme de Dieu Élisée et lui disait : « Raconte-moi donc les grandes choses qu'a faites Élisée. » Et il arriva que, tandis qu'il racontait au roi comment il avait ressuscité le fils mort, voilà que la femme dont Élisée avait ressuscité le fils cria vers le roi etc.[392]	Corneille dit : « (…) Maintenant donc nous sommes tous ici devant Dieu pour entendre tout ce qui t'a été ordonné par le Seigneur. (…) Alors Pierre ouvrit la bouche et dit : « (…) Vous savez ce qui est arrivé dans la Judée, (…) comment Dieu a oint d'Esprit Saint (…) Jésus de Nazareth (…). Dieu l'a ressuscité. (…) » Comme Pierre disait ces paroles, l'Esprit Saint tomba sur ceux qui écoutaient ce discours. »[393]
	Il racontaient ce qui leur était arrivé en chemin et comment ils l'avaient reconnu à la fraction du pain. Tandis qu'ils parlaient de la sorte, lui-même se présenta au milieu d'eux etc.[394]
4° Et il arriva un jour qu'Élisée passa à Sunem, et il	Jésus envoya Pierre et Jean (…) : « Dites au maître de la

---

[390] *Jean* 6[7].

[391] *Luc* 9[12] ; cf. *Marc* 6[35] et 8[4] ; *Matthieu* 14[15] et 15[33].

[392] *2 Rois* 8[4-5].

[393] *Actes* 10[30-44].

[394] *Luc* 24[35-36].

y avait là une femme riche qui le retint à manger le pain (…) Et elle dit à son mari : « (…) Faisons, je te prie, une petit chambre haute et mettons-lui là un lit, une table, un siège et un chandelier ; quand il viendra chez nous il s'y retirera. (…) Et il dit à Guéhazi, son serviteur : « Appelle cette Sunamite. » (…) Alors il dit à Guéhazi : « Dis-lui, je te prie, etc. ».[395]	maison : Le maître t'envoie demander : Où est le lieu où je mangerai la pâque avec mes disciples ? Et il vous montrera une grande chambre haute toute meublée. »[396]
5° Élisée dit à Guéhazi : « Mets une ceinture ($\zeta\tilde{\omega}\sigma\alpha\iota$) à tes reins, prends mon bâton dans ta main et pars. »[397]	Et il appela les Douze et se mit à les envoyer (…) et il leur prescrivit de ne rien prendre pour le chemin sinon seulement un bâton, pas de pain, pas de sac, pas de monnaie dans la ceinture ($\zeta\acute{\omega}\nu\eta\nu$)[398].
6° « Si tu rencontres quelqu'un, ne le salue pas, et si quelqu'un te salue, ne lui réponds pas. »[399]	« Ne saluez personne en chemin »[400].
7° « Tu mettras mon bâton sur le visage du petit garçon ». Guéhazi (…) avait mis son bâton sur le visage du petit enfant, mais il n'y eut ni voix ni signe d'attention[401].	« Guérissez les malades, ressuscitez les morts, purifiez les lépreux. »[402]

---

[395] *2 Rois* 4[8-13].

[396] *Luc* 22[8.11-12] ; cf. *Marc* 14[13-15] ; *Matthieu* 26[18].

[397] *2 Rois* 4[29a].

[398] *Marc* 6[7-8] ; cf. *Matthieu* 10[5.9-10] ; *Luc* 9[1.3] ; 10[1.4].

[399] *2 Rois* 4[29b].

[400] *Luc* 10[4b].

[401] *2 Rois* 4[29c.31a].

[402] *Matthieu* 10[8].

8° Il revint à la rencontre d'Élisée et le mit au courant en disant : « Le petit garçon ne s'est pas réveillé. » (…) Élisée entra (…) et il pria ($\pi\rho o\sigma\eta\acute{\upsilon}\xi\alpha\tau o$) le Seigneur (…). Alors le petit garçon (…) ouvrit les yeux [403]	Quand Jésus entra dans la maison, ses disciples lui demandèrent en privé: « Pourquoi n'avons-nous pas pu chasser cet esprit ? » Il leur dit : « Cette espèce-là ne peut sortir que par la prière ($\pi\rho o\sigma\epsilon\upsilon\chi\tilde{\eta}$). »[404]
9° Et Guéhazi le serviteur d'Élisée dit : « Voici que mon maître a épargné Naaman, ce Syrien, en ne prenant pas de sa main ce qu'il avait apporté. Vive Dieu, si je ne cours pas après lui et si je n'obtiens de lui quelque chose ! »[405].	« Guérissez les malades, ressuscitez les morts, purifiez les lépreux, chassez les démons. Vous avez reçu gratuitement, donnez gratuitement. »[406]
Et Guéhazi le serviteur d'Élisée dit : « Voici que mon maître a épargné Naaman, ce Syrien, en ne prenant pas de sa main ce qu'il avait apporté. Vive Dieu, si je ne cours pas après lui et si je n'obtiens de lui quelque chose ! »	Or Judas l'Iscariote l'un de ses disciples, celui qui allait le livrer, dit : « Pourquoi n'a-t-on pas vendu cette myrrhe trois cents deniers, qu'on aurait donnés aux pauvres ? » Il disait cela (…) parce qu'il était voleur, et parce que, tenant la bourse, il prenait ce qu'on y mettait.[407]

On voit bien par toute cette série de parallèles, dont certains sont extrêmement étroits, que dans les communautés au sein desquelles ont pris forme tous les récits de la vie de Jésus, le personnage de Guéhazi était loin d'être diabolisé. Au contraire, en tant que serviteur et disciple d'Élisée, il

---

[403] *2 Rois* 4[31b.33.35b].

[404] *Marc* 9[28-29] ; cf. *Matthieu* 17[19-20].

[405] *2 Rois* 5[20].

[406] *Matthieu* 10[8].

[407] *Jean* 12[4-6].

constituait, y compris dans ses insuffisances, le prototype même des disciples du Christ, lui-même nouvel Élisée.

59. Guéhazi au nombre des quatre lépreux de Samarie

En résumé, dans le récit de l'évangélisation de Samarie qui nous a été conservé par les *Actes des apôtres*, on trouve une équipe de quatre chrétiens, dont l'un est assimilé à un nouveau Guéhazi, mais à un Guéhazi transfiguré par la repentance.

Or il se trouve que, par une coïncidence remarquable, la tradition juive identifie à Guéhazi et ses trois fils les quatre lépreux anonymes qui reviennent de leur premier réflexe d'avarice et finissent par annoncer aux habitants de Samarie la bonne nouvelle miraculeuse de la fuite de leurs assiégeants syriens.

Cette légende pittoresque est devenue canonique en milieu juif depuis son adoption par le rabbin champenois Rashi (mort en 1105), et par son intermédiaire elle a infiltré l'exégèse chrétienne au moins à partir de Nicolas de Lyre (mort en 1349). Elle y a suscité un certain intérêt et même des débats animés entre érudits chrétiens, les uns étant plutôt sceptiques et les autres plutôt favorables[408], mais le point de

---

[408] Par exemple chez Jacques Tirin († 1636), *Commentarius in Vetus et Novum Testamentum* (Anvers, 1632) = *In universam Sacram Scripturam commentarius. Tomus primus* (éd. Venise, 1795) 208 : « Leprosi illi, inquit R. Salomon [Rashi], teste Lyrano [Nicolas de Lyre], erant Giezi (servus olim Elisei) et tres illius filii, qui propter foedam lepram exulabant ab urbe regia, sibique in vicinia tentorium fixerant. Sed hoc non placet Abulensi [Alphonse Tostat évêque d'Avila, † 1455], favet tamen familiare quod initio cap. seq. instituitur, colloquium regis cum eodem Giezi, qui forsan occasione tam laeti istius nuntii, cario familiariorque regi factus erat. Neque colloquium cum leprosis lege vetitum erat, neque noxium esse poterat, cum debita distantia. Nauseam vero, quae ex aspectu leprae timeri a delicatulis solet, viri cordati nihil faciunt ; et rei novae atque jucundae voluptas, quae ex alloquio quaeritur, graveolentiam omnem si quae a

vue qui a fini par s'imposer jusqu'à nos jours, depuis au moins le jésuite Jean Colombi, et non sans de bonnes raisons, est qu'il ne s'agit là, si ingénieuses soient-elles, que de pures affabulations rabbiniques[409].

En qui nous concerne, la question se pose seulement de savoir si cette légende avait déjà cours à l'époque des premiers chrétiens, et si le récit des *Actes des apôtres* peut en représenter une réminiscence.

Dans le Talmud de Babylone[410], cette assimilation s'appuie sur l'autorité de rabbi Yohanan, rabbin palestinien mort vers 279. Dans celui de Jérusalem[411], elle est aussi attribuée à rabbi Judah, rabbin babylonien mort vers 299, qui lui-même attestait la tenir de la bouche de son maître rabbi Arikha, dit Rab, rabbin palestinien mort vers 247.

On peut donc ainsi remonter jusqu'au maître commun de Rabbi Yohanan et de Rab, à savoir le rabbi Judah ha-Nassi, dit Rabbi, maître palestinien mort vers 220 qui passe pour le compilateur de la *Mishna*. Et comme par ailleurs ce maître célèbre y a transmis de nombreuses traditions antérieures à la catastrophe de 70, on ne peut exclure que l'identification de nos quatre lépreux à Guéhazi et à ses fils ne soit très ancienne.

---

leprosis est, facile absordebat. » Cf. *Alphonsi Tostati Opera omnia (...) Tomus VII pars altera continens Commentaria in lib IV. Regum* (Cologne, 1613) 128.

[409] Joh. Colombus, *Ad universam S. Scripturam commentariorum tomus I* (Lyon 1656) 983 : « Qui ii fuerint, divinare est, aut cum rabbinis fabulari ; nihil enim super ipsis habet Scriptura, nihil Patres vel antiqui doctores. » —G . SÀnchez (Sanctius), *In quatuor libros Regum et duos Paralipomenon commentarii* (Anvers, 1624) 1436: « perridiculum et merè nugax. »

[410] Traités *Sotah* 47a et *Sanhédrin* 107b : *Et il y avait quatre hommes lépreux à l'entrée de la porte. Rabbi Johanan dit : C'était Guéhazi et ses trois fils.*

[411] Traité *Sanhédrin* X, 2 (trad. Schwab, t. 11, p. 56) : *Il est écrit : Il y avait à l'entrée de la porte quatre hommes lépreux. Ce furent, dit rabbi Juda au nom de Rab, Guéhazi et ses trois fils.*

Sur quelles bases reposait-elle ? Il faut ici considérer deux choses : d'une part les données explicites des textes scripturaires en question, et de l'autre, le cadre liturgique dans lequel on les lisait. Voyons d'abord le premier point.

Guéhazi est mentionné pour la première fois dans l'histoire de la femme qui accueille Élisée dans la ville de Sunem (*2 Rois* 4[11-37]). Chargé par Élisée de s'enquérir de la manière dont il peut remercier son hôtesse, il l'informe qu'elle n'a pas de fils. Plus tard, lorsqu'elle rend visite à Élisée au Carmel après la mort de son fils, Guéhazi tente de l'écarter. Élisée cependant lui confie son bâton avec ordre de gagner Sunem sans saluer personne en chemin et d'y aller poser le dit bâton sur le visage de l'enfant, ce qu'il fait sans résultat, et il s'en revient vers son maître pour l'en informer.

Guéhazi malade de la lèpre dont Naaman avait été guéri
(Manuscrit 108 de la Bibliothèque d'Amiens, folio 128, 1197)

Géhazi est ensuite mentionné au terme de l'histoire de la guérison miraculeuse du général syrien Naaman (5[1-27]). Poussé par la convoitise, il court après cet étranger pour s'assurer une part des cadeaux que son maître avait pourtant catégoriquement refusés. Il invente une histoire pour extorquer au dit miraculé un talent d'argent et deux vêtements de rechange. Naaman lui donne deux talents et deux vêtements que deux serviteurs portent chez Guéhazi. Interrogé par son maître il nie les faits et le prophète le frappe de lèpre lui et sa descendance : il quitte alors la présence d'Élisée.

Dans un troisième épisode (6^{8-23}) on voit Élisée assisté d'un serviteur désormais anonyme, alors que le roi de Syrie essaie de le capturer. Comme ce serviteur-là s'en inquiète, Élisée lui fait voir qu'ils sont entourés d'une armée invisible : « et voici la montagne était pleine de chevaux et de chars de feu autour d'Élisée. » Élysée frappe ensuite de berlue des troupes syriennes et les capture à lui tout seul.

Vient ensuite l'épisode qui nous occupe (6^{24}-7^{20}), celui des quatre lépreux anonymes à qui il est donné de découvrir et d'annoncer que les assiégeants syriens de Samarie se sont enfuis, pris de panique au son d'une mystérieuse cavalerie invisible.

Enfin Guéhazi apparaît une dernière fois (8^{1-6}), comme si de rien n'était, poursuivant une conversation avec le roi Joram au sujet de la résurrection du fils la femme de Sunem, conversation au cours de laquelle la dite femme s'en revient de sept ans d'exil.

Cette dernière péripétie a quelque chose d'étrange. Les exégètes modernes supposent généralement qu'elle n'est pas à sa place et que nous sommes en présence d'une distraction de l'auteur du *Deuxième livre des Rois* qui aurait dû la placer juste après le premier récit où intervienne Guéhazi, c'est-à-dire après le récit de la résurrection de Sunem[412].

---

[412] La Bible de Jérusalem de 1973 note que cet épisode est la « suite naturelle de 4^{37} ». Selon la T.O.B. de 1975, « il ne faut pas chercher de lien logique et chronologique exact entre des récits de caractère haggadique ». Déjà J. Gill, *Exposition of the Old Testament* (Londres, [1763¹] 1810) II 795, notait : « This was before he was dismissed from the service of the

Les exégètes plus anciens, prenant le texte tel qu'il est, avaient recours à d'autres hypothèses. Jacques Tirin par exemple faisait remarquer ingénieusement que cette familiarité étonnante entre un roi et un lépreux s'explique mieux si l'on admet la tradition rabbinique identifiant à Guéhazi et à ses fils les quatre lépreux qui avaient annoncé au roi la bonne nouvelle de la fuite des assiégeants de Samarie[413].

Autre chose encore facilitait cette identification. Dans les deux cas on est présence de personnages dont le premier réflexe est la cupidité et la dissimulation. Voilà qui était bien de nature à fixer dans l'imagination populaire un type de caractère bien déterminé qui l'a toujours frappé, celui de l'*avare*, même si dans le dernier cas on a finalement un clair repentir, qui aboutit à la proclamation d'une bonne nouvelle.

Le premier réflexe de Guéhazi en effet est de convoiter les biens que le général syrien Naaman s'apprêtait à offrit à Élisée, que celui-ci avait refusés. Il s'en empare par ruse en usurpant l'autorité du prophète, et il les dissimule, avant d'opposer aux questions de son maître un hypocrite déni. Le prophète l'accuse d'avoir ainsi voulu *prendre de l'argent, prendre des vêtements, puis des oliviers et des vignes, des brebis et des bœufs, des serviteurs et des servantes.*[414] Énumération bien faite elle aussi pour frapper l'imagination populaire. Il est puni.

De même, le premier réflexe des quatre lépreux, en constatant la fuite des assiégeants syriens, est de s'emparer égoïstement de leur biens et d'aller les cacher, en dissimulant aux assiégés affamés qu'ils peuvent venir en faire autant : *Ils*

---

prophet, and consequently before the affair of Naaman's cure, and so before the siege of Samaria ». De même C. J. Ellicott, *An Old Testament Commentary for English Readers* (Londres, 1897) : « The way, however, in which Gehazi is spoken of as "the servant of the man of God" (comp. *2Kings* 5:20) seems to imply the priority of the present narrative to that of *2 Kings* 5. Etc.

[413] *Commentarius* (Anvers, 1632) : *Forsan occasione tam laeti istius nuntii, carior familiariorque regi factus erat.*

[414] *2 Rois* 5²⁶.

entrèrent dans une tente, et mangèrent et burent, y prirent de l'argent, de l'or et des vêtements, puis s'en allèrent et les cachèrent. Après quoi ils revinrent et entrèrent dans une autre tente, et là aussi ils prirent du butin qu'ils s'en allèrent cacher. Alors ils se dirent : nous ne faisons pas bien. Cette journée est une journée de bonne nouvelle ; si nous gardons le silence et si nous attendons jusqu'à la lumière du matin, le châtiment nous atteindra. » [415] Ils évitent quant à eux la punition.

Le parallèle de ces comportements est frappant, au moins dans un premier temps, où nous trouvons aussi une *énumération* marquante de jouissances et de biens, en sorte qu'il était difficile au populaire de ne pas voir dans ce deuxième épisode une suite du premier, pour peu qu'on les lise l'un après l'autre. Précisément il nous faut maintenant examiner dans quel cadre liturgique on lisait les deux textes en question.

Comme il s'impose à chaque juif, et à chaque communauté juive, de prendre connaissance régulièrement de la Torah dans son intégralité, la liturgie synagogale en a découpé les cinq livres en cinquante-quatre sections hebdomadaires. À chaque section de la Torah, dite *parasha*, était associée une lecture extraite de l'un des livres des Prophètes, dite *haftara*. Rappelons que les juifs mettent les *Livres des Rois* au nombre des livres prophétiques.

Nos textes étaient lus à peu près au milieu de l'année liturgique, aux environs du mois d'avril, où on récitait les chapitres 12 à 15 du *Livre du Lévitique*. La vingt-septième *parasha* allait de *Lévitique* 12^1 à 13^{39}, où il est question d'abord question des lois sur la femme accouchée, puis, beaucoup plus longuement, de la lèpre humaine et de la lèpre des vêtements. La *parasha* suivante allait de 14^1 à 15^{39}, où il est question d'abord de la purification des lépreux et de la

---

[415] *2 Rois* 7^{8-9}.

lèpre des maisons, puis, plus brièvement, des impuretés sexuelles de l'homme et de la femme.

Comme le thème dominant de chacune de ces deux lectures de la Torah avait rapport à la lèpre, thème qui n'est pas des plus courant dans la Bible, on lisait en parallèle deux épisodes du *Deuxième livre des Rois* mettant en scène des lépreux

Le premier, en parallèle à *Lévitique* 12-13, était le récit de la guérison miraculeuse du lépreux syrien Naaman.

Curieusement, on en retranchait la péripétie finale du châtiment de Guéhazi, sans doute considérée comme de mauvais augure (*2 Rois* 5$^{20-27}$), et on y joignait plutôt ce qui précède, à savoir le récit d'un autre miracle d'Élisée (4$^{42-44}$), la multiplication de pains d'orge et du blé nouveau (qui préfigure la multiplication des pains et des poissons par Jésus dans les Évangiles). On lisait donc *2 Rois* 4^{42}-5^{19}. Cependant, il n'est pas bien certain que dans toutes les synagogues on ait suivi ce découpage exact, et il n'est pas interdit de penser qu'en certains cas on continuait cette lecture jusqu'à la fin réelle de cet épisode, qui voit la peste de Naaman transférée sur Guéhazi et sa descendance. À tout le moins il devait en être question dans le prêche qui suivait cette lecture, ne serait-ce qu'en raison des leçons morales qu'on en pouvait tirer.

Le sabbat suivant, on lisait à la synagogue, en parallèle à *Lévitique* 14-15, les deux derniers tiers de l'histoire du siège de Samarie, à partir du moment où y interviennent les quatre lépreux. On ne lisait donc pas le début du récit du siège (*2 Rois* 6^{24}-7^2), qui a surtout rapport à la famine frappant la ville, mais seulement 7$^{3-20}$.

En résumé, tout juif fréquentant régulièrement la synagogue entendait chaque année, deux sabbats de suite, d'abord la lecture des sections du *Lévitique* qui traitent de la lèpre et des lépreux, puis, en contrepoint, le premier sabbat, l'histoire de la guérison de Naaman le lépreux, et le suivant, celle des quatre lépreux de Samarie. On conçoit, dans ce contexte, qu'il était particulièrement naturel d'identifier les quatre lépreux anonymes de Samarie, mentionnés au début de

259

cette deuxième *haftara*, à Guéhazi et à sa descendance, frappés de la peste à la suite de l'épisode lu à la synagogue le sabbat précédent.

En conséquence il est très probable que dans la mémoire textuelle des tout premiers chrétiens, qui était grande, et qui s'était formée dans les synagogues de Palestine, le thème de la lèpre, développé par les chapitres 12 à 15 du *Lévitique*, était associé à deux épisodes du cycle d'Élysée. C'étaient d'une part l'histoire de la guérison miraculeuse du général syrien Naaman, dont la lèpre avait été transférée sur Guéhazi, et d'autre part celle de quatre lépreux, dont faisaient partie Guéhazi, qui avait découvert et annoncé la fuite miraculeuse des assiégeants de la ville de Samarie.

La guérison de Naaman, qui s'était opéré par un septuple bain dans le Jourdain, était pour les chrétiens, faut-il le dire, une figure évidente du baptême.

C'est dans ce contexte précis qu'ont été compris, discutés, interprétés, stylisés, mémorisés puis mis par écrit les événements qui ont accompagné la naissance du christianisme samaritain. Et cela peut expliquer pourquoi notre récit y met en scène précisément quatre disciples, dont l'un se comporte à la manière de Guéhazi.

Il est donc bien clair que, dans le récit originel de la conversion des samaritains dont les *Actes* ne nous ont conservé qu'une version vraisemblablement abrégée, Pierre était considéré comme un nouvel Élisée, et Simon dit le Mage, comme l'un des quatre lépreux de Samarie avec Philippe, Pierre et Jean. Le récit de la proclamation de l'évangile aux samaritains reproduisait typologiquement l'heureuse annonce faite jadis aux mêmes de la fuite de leurs assiégeants épouvantés par le bruit d'une mystérieuse cavalerie invisible.

Panique et fuite de l'armée araméenne assiégeant Samarie
(Gravure de Johann Jacob Scheuchzer, 1731)

60. La cavalerie invisible

Cette mystérieuse cavalerie a bien sûr quelque chose à voir avec celle que nous retrouverons dans l'*Apocalypse de Jean*. Mais n'allons pas trop vite. Dans l'épisode du siège de Samarie, elle n'est évoquée que de façon très elliptique, mais suffisamment claire pour toute personne qui ait lu ou entendu lire les exploits des prophètes Élie et Élisée. Voici le passage en question (*2 Rois* 7[6]) : *Car le Seigneur avait fait entendre au camp des Syriens un bruit de char (רכב, rekeb, ἅρματος, harmatos, curruum), bruit de cheval (סוס, sous, ἵππου, hippou, equorum), bruit d'armée immense (גדול חיל, khayil gadol, δυνάμεως μεγάλης,dunameôs megalès, exercitus plurimi).*

L'hébreu écrit *char* et *cheval* au singulier, en quoi il est suivi par le grec, mais il s'agit évidemment d'après le contexte d'un singulier collectif, comme l'a compris Jérôme, qui en latin met ces mots au pluriel, tandis qu'André Chouraqui conserve ingénieusement en français à la fois le singulier et le sens collectif : *la voix de la charrerie, la voix de la cavalerie, la voix d'une grande armée.*

Dans l'épisode immédiatement précédent celui du siège de Samarie par les Syriens (*2 Rois* 6[24]-7[20]), il était déjà question d'une incursion syrienne (6[1-23]), où déjà Élisée joue un grand rôle, où déjà il est question d'une force armée constituée des chars et de chevaux, où déjà il est également question d'une cavalerie invisible, et où déjà enfin une puissante armée du roi de Syrie est déroutée par une simple illusion sensorielle de nature miraculeuse, de sorte que le prophète à lui tout seul capture cette armée païenne et la livre aux mains du roi de Samarie. Relisons ce passage (*2 Rois* 6[14-18]).

Et il y envoie chevaux (סוסים, sousim, ἵππον, hippon, equos) et char (רכב, rekeb, ἅρμα, harma, currus) et armée lourde (יבאו לילה, khayil kabed, δύναμιν βαρεῖαν, dunamin bareïan, robur exercitus) et ils viennent de nuit et ils encerclent la ville. Et le serviteur d'Élisée se lève tôt et sort, et voici une armée (חיל, khayil, δύναμις, dunamis, exercitus) qui entoure

262

la ville, et cheval (סוס, ἵππος, hippos, equos) et char (רכב, rekeb, ἅρμα, harma, currus), et le garçon lui dit : « Ouïe aille, mon maître, qu'allons-nous faire ? » Et Élisée dit : « N'aie crainte parce qu'il y en a plus avec nous qu'avec eux. » Et Élisée pria et dit : « Seigneur, ouvre je te prie ses yeux pour qu'il voie. » Et le Seigneur ouvrit les yeux du garçon et il vit et voici, la montagne pleine, chevaux (סוסים, sousim, ἵππων, hippôn, equorum) et char (רכב, rekeb, ἅρμα, harma, curruum) de feu (אש, πυρὸς, puros, igneorum) autour (סביבת, sebibot, περικύκλῳ, périkuklô, in circuitu) d'Élisée. Et ils descendirent vers lui et Élisée pria le Seigneur et dit : « Frappe je te prie cette nation (גוי, goï, ἔθνος, éthnos, gentem) d'aveuglement. » Et il les frappa d'aveuglement selon la parole d'Élisée, etc.

Ces deux épisodes successifs du cycle d'Élisée supposent une connexion constante entre le prophète et de mystérieuses puissances angéliques ordinairement invisibles, qui sont représentées sur le modèle des armées les plus puissantes de ce temps.

La puissance de frappe la plus déterminante de ces armées était en effet la cavalerie, ou plutôt la *charrerie*, comme on le voit aussi, vers le même temps, dans l'*Iliade* d'Homère. C'étaient des chars tirés par deux chevaux, conduits par un cocher qui pouvait en outre transporter un homme en armes.

On le voit par exemple au Chant 5 de l'*Iliade*, lorsque la déesse de l'hétérosexualité Aphrodite, venue au secours de son fils Énée, est elle-même blessée. Voyant son demi-frère Arès, dieu de la guerre, assis non loin du combat, elle lui demande de bien vouloir lui prêter ses *chevaux (ἵππους, hippous)* pour regagner au plus vite l'Olympe et s'y faire soigner. *Elle parla ainsi et Arès lui donna ses chevaux (ἵππους) aux aigrettes dorées. Et, gémissant en son âme, elle monta sur le char (δίφρον, diphron).*[416] Sa compagne Iris, personnification de l'arc-en-ciel et messagère des dieux, lui sert alors de cocher. On voit ici qu'en ce temps-là, lorsque

---

[416] *Iliade* 5, 363-364.

l'on parle de *chevaux*, il ne s'agit pas ordinairement de montures mais de plutôt de cavales attelées à un *char de guerre*. Plus loin, Héra quitte l'Olympe, *et elle frappa ses chevaux et il s'envolèrent entre la terre et le ciel étoilé*, ce qui indique qu'elle se fait la cochère d'Athéna, qu'elle transporte sur le champ de bataille, où elle vient se faire elle-même la cochère de Diomède : *et l'essieu du char gémit sous le poids, car il portait une déesse puissante et un brave guerrier. Et Pallas Athéna, saisissant le fouet et les rênes, poussa vers Arès les chevaux aux sabots massifs.*[417]

Nous ne sommes évidemment pas ici en présence de dépendances littéraires, ni même, comme aimait à le dire l'exégèse de la fin du XXe siècle, d'une façon quelque peu naïve et le plus souvent totalement inappropriée, d'*intertextualité*. Il ne s'agit en réalité que de similitudes qui découlent spontanément et logiquement de la transposition dans l'ordre symbolique, et plus précisément religieux, de la même configuration technique. C'est en l'occurrence l'organisation et de la répartition des tâches dans l'usage en commun d'un moyen de transport hippomobile. Ainsi, par exemple, nous voyons dans l'*Iliade* la déesse Athéna monter sur le char de Diomède, qui est en difficulté, pour se faire son cocher et tenir ses chevaux[418], tandis que, pareillement, dans les *Actes des Apôtres*, l'eunuque fait monter Philippe sur son char en conséquence du fait qu'il n'a, comme il le dit lui-même, personne qui puisse le guider[419].

---

[417] *Iliade* 5, 839-841

[418] *Iliade* 5, 840-841 : *Athéna se saisit du fouet et des rênes (ἡνία), et aussitôt vers Arès en premier elle conduit (ἔχε) les chevaux aux sabots sans fêlure.*

[419] *Actes* 8[31] : « *Comment le pourrais-je, dit-il, si personne ne me guide(ra) (ἐὰν μή τις ὁδηγήσει με)* ». *Et il invita Philippe à monter et à s'asseoir avec lui.* Cf. *Apocalypse* 7[17] : *L'Agneau (...) les guidera (ὁδηγήσει) vers les sources d'eau de la vie.*

61. Élie et Élisée comme cochers

La puissance divine comme on le voit entoure ordinairement les voyants et les prophètes, sans être vue ni entendue du commun des mortels, et elle ne se manifeste sensiblement qu'en certaines occasions, comme lors de la mystérieuse disparition d'Élie.

2 Rois 2[7] *Cinquante hommes, des fils de prophètes, venaient et se tenaient en face, de loin. Eux deux se tenaient sur le Jourdain.* [8] *Et Élie prit sa cape, et il l'enroula, et il frappa l'eau et elle se divisa de telle sorte que tous deux passèrent à sec.* [9] *Et il advint pendant qu'ils traversaient qu'Élie dit à Élisée : « Demande ce que je ferai pour toi, avant que je sois pris loin de toi. » Et Élisée dit : « Qu'il y ait le double en esprit de toi sur moi ».* [10] *Et Élie dit : « Tu es dur en demande. Si tu me vois être enlevé de toi, il en sera pour toi ainsi, et sans quoi cela ne sera pas. »* [11] *Et ils continuèrent ainsi de marcher et de parler, et soudain un char de feu (רכב, rekeb, ἅρμα, currus) de feu (אש, esh, πυρὸς, igneus) et des chevaux (סוסי, sousi, ἵπποι, equi) de feu (אש, esh, πυρὸς, ignei), et ils firent séparation entre eux deux, et Élie monta dans un tourbillon au ciel.* [12] *Et Élisée vit, et il cria : « Mon père, mon père, char d'Israël et sa cavalerie ! » Et il ne le vit plus, et il se saisit de ses vêtements et les déchira en deux.* [13] *Et il ramassa le manteau d'Élie qui était tombé de lui, et il s'en retourna sur le bord du Jourdain.* [14] *Et avec le manteau d'Élie qui était tombé de lui il frappa les eaux [et elle ne furent pas divisées]*[420]*, et il dit : « Où est-il maintenant le*

---

[420] Les mots entre crochets droits ont disparu du texte massorétique, qui ne date que du Xe siècle, mais ils sont attestés dès avant notre ère par les Septante, et encore par la Vulgate à la fin du IVe siècle de notre ère. Or, si Jérôme les a conservés dans sa version latine, c'est bien parce qu'il les a trouvés dans le texte hébraïque encore en usage de son temps. D'une manière générale les exégètes sont aujourd'hui d'accord pour considérer que la version des Septante, spécialement dans sa recension des *Livres des*

Dieu d'Élie ? Où est-il ? », et il frappa les eaux et elles furent divisées en deux. [15] *Et voyant cela les fils de prophètes qui étaient à Jéricho en face dirent : « L'esprit d'Élie s'est reposé sur Élisée. » Et venant à sa rencontre ils se prosternèrent devant lui.*

On voit donc déjà bien Élie monter sur un char céleste attelé de chevaux de feu, du même genre que ceux qui entourent et protègent Élisée, alors qu'un détachement syrien essaie de le capturer.

Mais le point le plus intéressant est ici le titre qu'Élisée donne à son maître (*2 Rois* 2[12]), tel qu'on le lit dans le texte hébreu récent dit massorétique. Ce texte est problématique. Voici comment le rend la Traduction Œcuménique de la Bible : *« Mon père ! Mon père ! Chars et cavalerie d'Israël ! »* et elle porte en note cette remarque : « *Chars et cavalerie d'Israël* signifient que la force invincible du peuple réside dans le prophète. » Cette interprétation est d'origine rabbinique[421]. Seulement il faut bien reconnaître que ce texte est très bizarre, et on comprend mal comment un homme qui vient d'être séparé de son disciple, et arraché à lui par un char de feu tiré par des chevaux de feu, peut-être lui-même identifié à une « charrerie » ou encore à une « cavalerie ». Par ailleurs il faut noter que la même titulature est aussi accordée à Élisée lors de son décès par le roi d'Israël Joas qui y assiste et qui s'exclame à son tour (*2 Rois* 13[14]) : *« Mon père ! Mon père ! Chars et cavalerie d'Israël ! »*

En fait le texte massorétique est ici visiblement fautif. En tout cas ce n'était pas le texte que lisaient les chrétiens des

---

Rois est en bien des endroits plus proche de l'original que le texte massorétique. Cf. M. Cogan et H. Tadmor, *II Kings* (Garden City, 1988) 81.

[421] Talmud de Babylone, traité *Mo'ed Katan* 26a, trad. A. Elkaïm-Sartre, *Aggadoth du Talmud de Babylone* (Lagrasse, 1982) 555 : « *Char et cavalerie d'Israël* : il s'agit du maître [d'Élisée] qui lui a appris la Thora. Comment en vient-on à cette dernière interprétation ? Par la façon dont rabbi Joseph traduit ce passage : *Mon maître ! mon maître ! Toi qui par tes prières, as été plus utile à Israël que des chars et des cavaliers*. »

deux premiers siècles, ainsi que l'a démontré récemment Mathieu Richelle[422].

Sans reprendre ici tout du long sa très convaincante démonstration[423], résumons-la à grands traits. Ce texte hébreu actuel massorétique est appuyé par le texte grec actuel de l'ancienne version grecque dite des Septante, ainsi que par la version latine refaite directement sur l'hébreu par saint Jérôme à la fin du IVe siècle. Il ne paraît donc pas douteux en première analyse. Cependant quelque chose cloche. En effet tous les anciens auteurs latins antérieurs à saint Jérôme portent un autre texte. Et comme leurs différentes bibles latines étaient toutes traduites sur le grec, cela signifie que le texte grec que nous possédons aujourd'hui n'est pas celui qui avait encore cours au début de notre ère. Il constitue en réalité un remaniement de l'ancienne version grecque. Ce remaniement ne date probablement que du troisième siècle, sans doute à l'époque d'Origène, qui y a introduit une nouvelle interprétation du texte hébraïque[424] fondée sur une vocalisation tardive pré-massorétique, vocalisation machinale et fautive, dont les causes sont très claires[425].

Dans tous les cas on remonte au même texte hébraïque, du moins pour ce qui est des consonnes, qui seules étaient notées

---

[422] M. Richelle, « Élie et Élisée, auriges en Israël : une métaphore militaire oubliée en 2 R 2,12 et 13, 14 », *Revue Biblique* 117 (2010) 321-336.

[423] Malgré C. Uehlinger, « L'ascension d'Élie : à propos de 2 Rois 2,11-12 », *Transeuphratène* 46 (2014) 79-97 spéc. 85-91.

[424] P-M Bogaert, « Les études sur la Septante. Bilan et perspective », *Revue théologique de Louvain* 16 (1985) 174-200 spéc. 196 : « Le texte hébreu reçu ne suffit pas à rendre compte de l'usage que les premières générations chrétiennes firent de la Bible juive. Pour cela, il faut non seulement enregistrer le témoignage de la Septante, mais parfois aussi retenir celui de la *vetus latina* comme témoin de la plus ancienne Septante. »

[425] Les mêmes trois consonnes רכב, *rkb*, ont été vocalisées par erreur au verset 2[12] comme elles l'avaient été au verset précédent 2[11], *rakab* au lieu de *rekeb*, comme l'impose le contexte.

à époque ancienne. Mais ce texte pouvait être vocalisé de manière variable. Ainsi, le mot רכב, *rkb*, peut être vocalisé רֶכֶב, *rekeb*, « char »[426], mais aussi רַכָּב, *rakab*, « conducteur de char, cocher ». Quant au mot פרש, vocalisable פָּרָשׁ, *parash*, il peut signifier autant « cheval »[427] que « cavalier »[428].

Or les vieilles versions latines portaient ici *agitator*[429] *Israel et eques ejus*, c'est-à-dire « cocher d'Israël et son cavalier », ce qui en aucun cas ne peut s'accorder avec le texte grec actuel qui porte : « char (ἅρμα, *harma*) d'Israël et son cavalier ». On est donc obligé de supposer que les auteurs originels de la traduction des Septante vocalisaient pour leur part non pas *rekeb*, « char », mais bien *rakab*, « cocher »[430].

En d'autres termes, la plus ancienne interprétation connue de ces deux passages, qui était encore celle des premiers chrétiens, étaient que ces deux prophètes avaient mené la nation monothéiste comme on pilote un char, ou comme on monte un cheval, ainsi que le comprend expressément, par exemple, Ambroise de Milan : *« Père, père, cocher d'Israël et son chevaucheur »*, ce qui signifie : *« Toi qui dirigeais le peuple du Seigneur en le conduisant comme il faut »*[431]. Cette image est d'ailleurs beaucoup plus naturelle que celle qui sous-tend la vocalisation massorétique, spécialement dans sa première occurrence, au moment où précisément Élie est emporté au ciel par un char de feu.

---

[426] Voire « chars » ou « charrerie », ce singulier ayant souvent valeur de collectif dans les Écritures.

[427] Voire « chevaux », si on donne aussi à ce singulier un sens collectif.

[428] Voire « cavalerie », au sens collectif au mot.

[429] *Agitator* était le terme vulgaire correspondant au latin plus classique *auriga*, selon Servius.

[430] Richelle suggère un texte grec originel ἡνίοχος, voire ἁρματηλάτης ou encore ἐπιβάτης. On pourrait y joindre tout simplement ἐλάτης.

[431] *Sur Nabot* (*PL* 14 c. 788 ou *CSEL* 32/2) : *Pater, pater, agitator Istrahel et eques ipsius, hoc est : qui populum domini bono ductu regebas qui populum domini bono ductu regebas.*

62. Désuétude de la métaphore du char de guerre

À l'époque apostolique le char de guerre n'est plus qu'un lointain souvenir. Déjà à l'époque du second Temple, dans les visions du prophète Zacharie, chevaux et chars ne sont plus l'image même de la puissance militaire, mais seulement des unités de reconnaissance et de communication[432]. Désormais c'est infanterie et le génie qui sont les principaux instruments de cette puissance, surtout lorsque Rome fait ployer tout le monde connu sous le joug de ses légions et de ses machines de guerre.

Quant au char, il n'évoque plus guère que le monde de la compétition sportive gréco-romaine, des jeux olympiques ou du Cirque Maxime. C'est ce qu'on voit par exemple dans l'interprétation sportive décalée que fait Ambroise de Milan de l'épisode de l'ascension d'Élie : « *Père, père, cocher d'Israël et son cavalier !* ce qui revient à dire : 'Toi qui conduisais le peuple du Seigneur par une bonne direction, c'est en récompense de ta constance que tu as reçu ces chars et ces chevaux qui s'élancent vers le monde divin, parce que le Seigneur a approuvé ta manière de conduire les esprits des hommes et c'est pourquoi, comme un bon aurige qui a gagné une compétition, tu vas recevoir la couronne d'une récompense éternelle.' »[433]

La métaphore du char de guerre n'est plus comprise. On le voit par exemple lorsque dans l'*Évangile de Matthieu* l'interpellation de Jésus par la police du Temple est implicitement comparée au coup de force du détachement syrien qui avait cherché à se saisir du prophète Élisée. Élisée fait voir à son serviteur qu'il est environné de *chars de feu*

---

[432] *Zacharie* 1[8-11], 6[1-8].

[433] *Sur Nabot*, *PL* 14 c. 788 ou *CSEL* 32/2 : *Pater, pater, agitator Istrahel et eques ipsius, hoc est : qui populum domini bono ductu regebas constantiae merito hos accepisti currus, hos equos ad divina currentes, quia moderatorem te humanarum mentium dominus conprobavit, et ideo tamquam bonus auriga certaminis victor aeterno praemio coronaris.*

tirés par des *chevaux de feu*. Jésus, quant à lui, fait observer à Pierre que s'il l'avait jugé opportun il avait loisir de faire intervenir *douze légions d'anges*.[434] Et ce n'est pas le seul cas où une puissance angélique soit figurée en termes de *légion*[435] plutôt que de charrerie.

Équipes de conducteurs de chars sur un hippodrome
(Papyrus dit des Auriges, Antinoé, V⁵ siècle, Londres, Egypt Exploration Society)

---

[434] *Matthieu* 26[52-53] : *Alors Jésus lui dit : Remets ton épée à sa place ; car tous ceux qui prendront l'épée périront par l'épée. Penses-tu que je ne puisse pas invoquer mon Père, qui me donnerait à l'instant plus de douze légions d'anges ?* (Cf. *Jean* 18[36] : *Si mon royaume était de ce monde, mes serviteurs auraient combattu pour moi afin que je ne fusse pas livré aux Judéens.*)
[435] *Marc* 5[9.15] ; *Luc* 8[30].

C'est aussi la raison pour laquelle, sans doute, dans l'*Apocalypse de Jean*, les quatre chars du *Livre de Zacharie* deviennent de simples chevaux[436], et si pareillement l'armée céleste du *Deuxième livre des Rois*, constituée de chevaux et de chars de feu, devient une armée de simples cavaliers cuirassés de feu, montés sur des chevaux aussi cuirassés de feu et crachant le feu[437].

Cependant, si périmé que soit, à l'époque apostolique le thème du char de guerre comme métaphore, il subsiste à l'état de trace résiduelle dans un autre passage remarquable de l'*Apocalypse*, où de mystérieuses sauterelles font un bruit comparable à celui de chars de guerre.

Apocalypse 9[7] : *Et les similitudes de ces sauterelles similaires à des chevaux (ἵπποις, hippoïs) préparés pour le combat (εἰς πόλεμον, eïs polémon) (...)* 9[9] : *Et la voix (φωνὴ, phônè) de leurs ailes comme la voix de chars (ὡς φωνὴ ἁρμάτων, hôs phônè harmatôn), de chevaux (ἵππων, hippôn) nombreux (πολλῶν, pollôn) qui courent au combat (εἰς πόλεμον, eïs polémon).*

À la vérité Jean, ici et comme souvent, ne fait que décalquer en la résumant une autre prophétie, en l'occurrence tirée du *Livre de Joël* 2[4] : *Comme (ὡς, hôs) une vision de chevaux (ἵππων, hippôn), leur spectacle, et comme (ὡς, hôs) des chevaux (ἱππεῖς, hippeïs) ils poursuivent, comme la voix de chars (ὡς φωνὴ ἁρμάτων, hôs phônè harmatôn) rebondit sur le sommet des montagnes, et comme la voix de la flamme qui dévore le chaume, et comme un peuple nombreux (πολὺς, polus) et puissant qui se dispose au combat (εἰς πόλεμον).*

Cependant, nous connaissons désormais suffisamment la manière de Jean pour deviner et sentir qu'ici comme ailleurs il ne nous renvoie pas seulement à une seule source scripturaire, la plus évidente, par trop évidente, mais encore à

---

[436] *Zacharie* 6[1-8] ; *Apocalypse* 6[1-8].
[437] *2 Rois* 6[15-17] ; *Apocalypse* 9[16-18].

une telle autre qu'elle fait résonner dans la mémoire commune, parce qu'on y trouve aussi la notion rare et précise de *bruit de char* et de *bruit de chevaux*.

C'est évidemment l'épisode fondamental dans la première pensée chrétienne de la rupture miraculeuse du siège de Samarie, *2 Rois* 7[6] : *Et le Seigneur avait fait entendre au camp de la Syrie le bruit du char (φωνὴν ἅρματος, phônès harmatos) et le bruit du cheval (φωνὴν ἵππου, phônès hippou) et le bruit (φωνὴν) d'une force armée immense (δυνάμεως μεγάλης, dunaméôs mégalès)*, etc.

Et si nous faisons cette remarque en passant, c'est parce qu'elle a une grande importance pour l'intelligence du passage concerné de l'*Apocalypse*, que personne à ce jour ne semble avoir compris ; sauf, très étrangement les seuls Témoins de Jéhovah, par un effet paradoxal de leur littéralisme le plus souvent obtus, mais aussi le plus minutieux, et parfois le plus détaché des préjugés les plus enracinés de la tradition interprétative chrétienne. Car cette armée de sauterelles n'a rien de « satanique », comme on le suppose presque universellement. Il s'agit bien au contraire de l'immense armée des chrétiens soudain arrachés au monde des ténèbres, et envoyés en mission pour évangéliser le monde entier.

63. Philippe comme cocher

Dans l'épisode de la conversion de l'eunuque éthiopien, qui est le récit du tout premier baptême d'un non-israélite, nous voyons bien Philippe monter sur un char comme Élisée. Que faut-il penser de cet élément du récit ?

En apparence c'est pratiquement le seul élément quelque peu concret et un tant soit peu précis de ce récit qui a par ailleurs, comme nous l'avons déjà fait remarquer, quelque chose d'évanescent voire d'irréel : aucun lien logique de cause à effet avec le reste du récit, aucune indication de temps, aucune localisation précise, aucun autre personnage en arrière-plan, sauf l'Esprit de Dieu et le Messager de Dieu, sans qu'on voie clairement d'ailleurs s'il s'agit de deux ou d'une seule entité surnaturelle.

Mais, si l'on y regarde de près, s'agit-il bien même d'un *char* ? Le mot ἅρμα, *harma*, désigne en effet soit un char de guerre ou un char de course. Or ce n'est pas du tout ici ce dont il est question, puisque nous y voyons un homme lire la Bible, avant d'être rejoint par un passager qui vient l'aider à la comprendre, ce qui suppose que ce véhicule est par ailleurs conduit par un cocher, sans parler d'autres passagers vraisemblables, concernant un personnage aussi important, dont sans nul doute par exemple au moins un serviteur. Il ne s'agit donc évidemment pas d'un char à proprement parler, mais plutôt d'un *charriot (ἅμαξα, amaxa)*, voire d'un charriot couvert, latin *carpentum*, grec ἁρμάμαξα, *harmamaxa*, véhicule confortable, et spécialement aménagé pour le long voyage d'un personnage de qualité, ministre d'un souverain étranger.

La question se pose donc de savoir pourquoi notre récit, si schématique par ailleurs[438], a choisi de mentionner d'une part que l'entrevue de Philippe et de l'eunuque a eu lieu à bord d'un véhicule, et, d'autre part, pourquoi il a choisi de qualifier d'une manière à la vérité impropre ce véhicule de *char*.

La réponse n'est pas moins claire. Nous avons vu en effet que tout du long Philippe est portraituré en nouvel Élie par une foule de menus détails tirés de diverses aventures de ce prophète. Il nous faut de plus remarquer que les deux épisodes se terminent de la même manière tout à fait extraordinaire, à savoir que le maître, après être monté sur un char, disparaît soudain devant les yeux de son disciple, de la même façon totalement surnaturelle.

---

[438] Aucun miracle particulier de Philippe à Samarie n'est raconté, et on n'en a que des catégories, *Actes* 8[7], guérisons de possédés, de paralytiques et d'autres impotents.

Ascension d'Élie sur un char de feu
(Manuscrit 245 de la Bibliothèque municipale de Lyon, folio 153, 1451)

2 Rois 2[9-12]	Actes 8[29-39]
Et voici un char (ἅρμα) de feu et des chevaux de feu (…) et Élie fut enlevé (…) et Élisée vit et il cria : Père, père, char (רֶכֶב, ἅρμα) / cocher (רַכָּב) d'Israël et son cavalier, et il ne vit pas (καὶ οὐκ εἶδεν).	Et l'Esprit dit à Philippe : Approche et atteins ce char (ἅρματι) (…) et Philippe courut, etc. (…) et (l'eunuque) ordonna d'arrêter le char (ἅρμα) et (…) l'Esprit du Seigneur saisit (ἥρπασεν) Philippe, et l'eunuque ne le vit plus (καὶ οὐκ εἶδεν αὐτὸν οὐκέτι.

Ainsi donc, il est bien patent que l'épisode de la conversion de l'eunuque éthiopien, d'une manière ou d'une autre, est calqué en partie sur celui de l'ascension du prophète Élie. Seulement il faut bien reconnaître qu'il y a quelque chose d'énigmatique dans ce rapprochement. Il est difficile en effet de trouver un rapport logique clair, qui explique ce lien opéré entre le char de l'eunuque éthiopien et celui sur lequel le prophète Élie avait été enlevé aux cieux.

Philippe interprétant les Écritures sur le char de l'eunuque
(Monastère de Visoki Dečani, Serbie, XIVe siècle)

64. En arrière-plan, le char de Joseph le patriarche

La lumière sur ce point va nous venir des témoignages combinés d'un poète chrétien latin du IVe siècle et de la paraphrase araméenne de la *Genèse* qu'on appelle targoum.

Matthieu Richelle ne mentionne pas moins de sept auteurs latins anciens attestant le texte de la *Vieille version latine* qui porte le tour *cocher d'Israël*[439]. Je voudrais ici y ajouter une autre réminiscence textuelle très intéressante de saint Paulin de Nole, déjà signalé en 1685 par Jean-Baptiste Le Brun des Marettes[440].

Paulin, dans une lettre en vers adressée vers l'an 400 au père d'un jeune homme qui a décidé de se faire moine[441], souhaite à ce dernier une destinée qui l'égale à plusieurs personnages de la Bible, comme par exemple le patriarche Joseph, lorsqu'il fut élevé par Pharaon à la qualité de premier ministre, avec le droit de conduire son char[442]. Car, poursuit-il, *ce char royal (regalis... currus), c'est la chair du Christ et son corps saint, l'Église, qui transporte, devant une multitude en liesse, Dieu lui-même le cocher d'Israël (ipse... agitator Israel Deus). Imite le Christ, fais le bien, évite le mal, mène sur cette terre une vie céleste, et le roi lui-même te mettra sur son char (in currum suum) et te donnera part à sa royauté.*[443]

---

[439] *Op. cit.* p. 8.

[440] « Agitator Israel » (Note n° 283 sur le vers 802 du poème 24 de Paulin de Nole), in Paulin de Nôle († 431), *Ad P. M. Paulini opera Appendix. Tomus secundus* (Paris, 1685) 100 (rééd. *PL* 61 c. 919) : « Deum vocat Israëlis agitatorem, ut loquitur Elisaeus, in caelum rapto Eliâ 4. Regum 2. 12. *Pater, mi, currus Israël et auriga ejus.* et 4. Regum 13. 14. Joas Rex Israël mortuo Elisaeo. Graecè est, ἅρμα Ἰσραὴλ καὶ ἱππεὺς αὐτοῦ. *Currus israël et eques ejus.* Ambrosius tamen lib. de Nabuthe, cap. 15. sic exculit : *Pater agitator Israël, et eques ejus, hoc est, qui populum Domini bono ductu regebas.*

[441] Cf. J. Rouche, « Un drame maritime à la fin du IVe siècle », *Pallas* n° hors série (86) 93-103.

[442] *Genèse* 41[43] : *Il le fit monter (ירכב) sur le char (במרכבת)qui suivait le sien ; et l'on criait devant lui : À genoux ! C'est ainsi que Pharaon lui donna le commandement de tout le pays d'Égypte.*

[443] *Poème* 24 (à Cyprinius), vers 799-806 : *Regalis etenim currus est Christi caro, / Corpusque sanctum Ecclesia, / Quo vehitur ipse millibus laetantium / Agitator Israel Deus. / Imitare Christum : fac bonum, vita malum, / Coeli vitam in terris age. / Et ipse te rex ponet in currum suum, / Regnique consortem dabit.* Ce passage est incompris de P. G. Walsh, *The Poems of St. Paulinus of Nola* (New York, 1975) 241, qui porte : « and in it rides the God of Israel ».

Ce texte, si tardif soit-il, donne une bonne idée des développements allégoriques que permettait une telle représentation de l'homme de Dieu en conducteur de char, *menant sur cette terre une vie céleste* et participant ainsi dès ici-bas à la royauté céleste.

Mais surtout, en usant de l'expression *agitator Israel*, « cocher d'Israël », qui ne se présente que dans le *Deuxième livre des Rois*, il atteste aussi un rapprochement allusif, et donc traditionnel du passage du *Pentateuque*, où Joseph monte sur un char d'apparat qui lui est alloué par Pharaon (*Genèse* 41[43]) avec celui des *Prophètes* où Élie s'embarque sur un char de feu et se voit qualifier *cocher d'Israël* (*2 Rois* 2[11-12]).

Ceci est beaucoup plus important qu'il n'y paraît. Nous y trouvons sans aucun doute une clef qui permet de mieux comprendre pourquoi le char de l'eunuque éthiopien, sur lequel Philippe est monté pour expliquer les Écritures et prêcher l'Évangile, a été rapproché par la première communauté chrétienne du char sur lequel Élie s'était envolé vers les cieux. Et en effet nous n'avons fait pour l'instant que constater ce rapprochement, sans avoir pu l'expliquer d'une manière totalement satisfaisante.

Nous avons ici une nouvelle preuve de ce que la mémoire textuelle des monothéistes du premier siècle n'était pas de type binaire mais plutôt neuronal. Autrement dit, au moins chez certains auteurs, par exemple dans l'*Évangile de Marc*, dans la première moitié des *Actes des apôtres* et dans l'*Apocalypse de Jean*, sans parler de certaines lettres de Paul, on n'est jamais renvoyé, d'une manière binaire, à un texte *ou* à un autre, mais toujours au moins à deux ou trois passages des Écritures, dont presque nécessairement l'un est tiré de la Loi (*Torah*) et l'autre des Prophètes (*Nébiim*), plus, souvent un troisième tiré des Autres écrits (*Kétoubim*), parce qu'ils ont été remarqués, reliés, interprétés et mémorisés en lien les uns avec les autres, de manière à constituer des unités de sens. De la sorte, de même que la stimulation électrique d'une cellule cérébrale se propage instantanément non pas à une seule autre cellule mais à plusieurs, elles-mêmes connectées chacune à plusieurs autres encore, et ceci presque à l'infini, de même, les allusions bibliques de ces auteurs ne visent jamais des textes isolés, mais des paquets de textes prédéterminés parce que déjà interconnectés depuis longtemps dans la mémoire textuelle commune de ces groupes monothéistes.

En l'occurrence l'épisode dans lequel Philippe monte sur le char de l'eunuque éthiopien ne nous renvoie pas unilatéralement au texte du *Deuxième livre des Rois* qui raconte l'ascension d'Élie, ni à celui de la *Genèse* où Pharaon fait monter le patriarche Joseph sur un char d'apparat. Il nous renvoie au nœud formé, dans la mémoire textuelle des monothéistes du premier siècle, par le rapprochement entre ces deux textes.

On voit bien d'ailleurs ce qui a permis de rapprocher *Genèse* 41^{43} de *2 Rois* 2^{11-12}. Dans les deux cas il s'agit d'un saint personnage, Joseph d'une part et Élie de l'autre, qui chacun monte sur un char d'une manière qui signifie un profond changement de statut. Joseph, d'esclave et de prisonnier, devient soudain le premier ministre de Pharaon. Élie, de simple prophète itinérant, est élevé soudain par Dieu au rang de personnage céleste. Il s'agit dans les deux cas d'une sorte d'apothéose ou au moins d'une sorte d'exaltation miraculeuse. Mais surtout chacun d'entre eux, au moment où il monte sur ce char, est salué par une acclamation commençant par les deux mêmes lettres. Cet élément d'accrochage verbal entre ces deux passages de l'Écriture est des plus important dans le mécanisme de la mémoire textuelle des monothéistes du premier siècle[444].

---

[444] Le rapprochement entre le char de Joseph et celui d'Élie pris tous deux comme des prototypes du Messie triomphant, et des figures de son apothéose est tellement naturelle qu'il réapparaît spontanément par exemple chez Rémi d'Auxerre (mort avant 908), *Commentarius in*

Genèse 41[43]	2 Rois 2[11-12]
Et il le fit monter sur le deuxième[445] des *chars (merkabot, מרכבת)* qu'il avait,	Et soudain (il y eut) un *char (rekeb, רכב)* de feu et des chevaux de feu et il sépara entre eux deux et Élie monta dans un tourbillon aux cieux,
et ils criaient devant lui :	et Élisée vit et il clama :
« *abrk (אברך)* ! ».	« *abi abi rkb (אבי אבי רכב)* d'Israël et son chevaucheur ! »
Targoum	Targoum
« C'est le *père (ab, אב)* du *roi (rk, רך)*, qui est *maître (ab, אב)* par la science, bien que jeune et *tendre (rkk, רכך)* par les années ! »	« Mon père, mon père, toi qui es meilleur pour Israël par tes prières que des chars et des cavaliers »
Talmud[446]	Talmud[447]
Quelle est la signification de *reka* ? Cela signifie la royauté. (…) Je peux déduire cette signification de ce verset : « Et ils crièrent devant lui : *Abrek* ! »	Il s'agit du *maître* [d'Élisée] qui lui a appris la Torah. Comment en vient-on à cette dernière interprétation ? Par la façon dont rabbi Joseph traduit ce passage : *Mon maître ! mon maître ! Toi qui par tes prières, as été plus utile à Israël que des chars et des cavaliers.*
Midrash Rabba[448]	Talmud (résumé)[449]

Genesim, ad. Gen. 41[43] (*PL* 131, c. 119) : *Joseph currum ascendit quia Christus divinis muneribus decoratus ad cœlos rediit.*

[445] Le Talmud de Jérusalem, traité *Kelaim* 8, 3, comprend plutôt : « le fit monter dans un char à deux chevaux » (trad. Schwab, t. 2, p. 304).

[446] Talmud de Babylone, traité *Baba Bathra* 4a.

[447] Talmud de Babylone, traité *Mo'ed Katan* 26a, trad. A. Elkaïm-Sartre, *Aggadoth du Talmud de Babylone* (Lagrasse, 1982) 555.

[448] *Midrash Rabba Genesis* XC, 3, trad. H. Freedman (Londres, 1939) 829.

[449] Talmud de Jérusalem, traité *Moed Qatan* 3, 7 : *En ces jours* [de fête] *on ne déchirera pas les vêtements. (…) Dix déchirures sont interdites (…),*

Et ils criaient devant lui : « *Abrk !* », ce qui signifie : « *Père (ab)* pour ce qui est de la sagesse, bien que *tendre (rk)* pour ce qui est des années. »	Élisée déchire ses vêtements lorsque disparaît sur un char de feu celui qui lui *a enseigné la sagesse*, à savoir Élie, qualifié *son maître*, et lui-même *un sage*.

65. Philippe en nouveau Joseph

En définitive, donc, Philippe, dans l'épisode de la conversion de l'eunuque éthiopien, trésorier de la reine Candace, n'est présenté comme un nouvel Élie qu'à titre accessoire.

Ce n'est pareillement qu'à titre accessoire qu'il renouvelle la troisième course des quatre chars de la vision de Zacharie, celle des chevaux tachetés qui foncent vers le sud.

Le cœur de cible de ce faisceau de réminiscences est évidemment l'exaltation sur un char d'apparat de Joseph le patriarche, célébré comme interprète expert des songes de Pharaon. Joseph n'était-il pas l'esclave de l'eunuque égyptien Putiphar, sommelier de Pharaon ? Et avant que le Pharaon ne lui demande d'interpréter son rêve, n'avait-il pas déjà interprété ceux de deux autres de ses eunuques ?

à savoir celles que l'on fait pour le décès d'un père ou d'une mère ou pour le maître qui vous a enseigné la sagesse, etc. (...) On le sait, pour les trois premiers cas, de ce qu'il est dit : « Élisée le voyant jetait des cris, disant : Ô mon père, mon père, char d'Israël et son cavalier. » [Après quoi Élisée déchire son vêtement en deux]. *« Mais, objecta rabbi Mathoun devant rabbi Yohanan* [mort vers 280], *comment déduire une interprétation des paroles d'Élisée, puisqu'à ce moment son maître vivait encore ? — Ô Mathoun, répondit rabbi Yohanan, comme on ne voit plus un mort après qu'on l'a enlevé, Élisée avait cru Élie mort après sa disparition. »* Et, *comme on doit déchirer ses vêtements au décès des sages, de même,* etc. (cf. trad. Schwab, t. 6, pp. 339-340).

Triomphe ordonné par Pharaon de Joseph interprète de ses rêves
(Manuscrit 107 de la Bibliothèque d'Amiens, folio 13 recto, XVe siècle)

Genèse 41, 14-48	*Actes* 8, 29-40
Le Pharaon fit appeler Joseph (…).	L'Esprit (πνεῦμα) dit à Philippe : « Avance (πρόσελθε) et rejoins ce char (ἅρματι). »
Il changea de vêtement et se rendit (ἦλθεν) chez le Pharaon.	Philippe y courut.
Le Pharaon (…) dit à Joseph : « J'ai eu un songe et personne n'a pu l'interpréter. Mais j'ai entendu dire de toi qu'en entendant le récit des songes, tu étais à même de les interpréter. »	Il entendit l'eunuque qui lisait le prophète Esaïe et lui dit : « Comprends-tu vraiment ce que tu lis ? » — « Et comment le pourrais-je, répondit-il, si je n'ai pas de guide ? »
	Et il invita Philippe à monter (ἀναβάντα) s'asseoir près de lui.
Le Pharaon dit alors à Joseph : « Je rêvais, etc. »	Et voici le passage de l'Écriture qu'il lisait.
Résumé du rêve de Pharaon.	*Résumé de la vision d'Isaïe.*
« J'en ai parlé aux prêtres et personne n'a pu m'éclairer. »	S'adressant à Philippe, l'eunuque lui dit : « Je t'en prie, de qui le prophète parle-t-il ainsi ? »
Joseph répondit au Pharaon : « Pour le Pharaon, il n'y a là qu'un seul songe. Dieu vient d'informer le Pharaon de ce qu'il va faire. »	Philippe ouvrit alors la bouche et, partant de ce texte, il lui annonça la Bonne Nouvelle de Jésus.
Le Pharaon leur dit : « Trouverons-nous un homme en qui soit comme en celui-ci l'Esprit de Dieu (πνεῦμα θεοῦ) ? »	
Puis il le fit monter (ἀνεβίβασεν) sur son deuxième char (ἅρμα) et on criait devant lui : « Abrek ! »	Il donna l'ordre d'arrêter son char (ἅρμα). Tous deux descendirent (κατέβησαν) dans

	l'eau (…). Lorsqu'il montèrent (ἀνέβησαν) de l'eau,
Joseph (…) quitta la présence de Pharaon,	l'Esprit du Seigneur (πνεῦμα κυρίου) emporta Philippe, et l'eunuque ne le vit plus, mais il poursuivit son chemin dans la joie.
Et il parcourut (διῆλθεν) tout le pays (πᾶσαν γῆν) d'Egypte. (…) Et il assembla (συνήγαγεν) toutes (πάντα) les vivres pendant les sept années où il y eut abondance au pays d'Égypte. Et il entreposa ces vivres dans les villes (ἐν ταῖς πόλεσιν). Les vivres des campagnes alentours c'est dans chaque ville (πόλεως) qu'il les entreposa.	Quant à Philippe, (…) il parcourait (διερχόμενος) et évangélisait toutes les villes (τὰς πόλεις πάσας) jusqu'au moment où il arriva à Césarée.

Si Pharaon l'avait fait monter sur le deuxième de ses chars, n'était-ce pas parce qu'il lui avait clairement expliqué le sens des rêves que lui avait envoyés Dieu ? De même, si l'eunuque éthiopien, trésorier de la reine Candace fait monter Philippe sur son char, c'est en tant qu'interprète, afin qu'il lui une vision du prophète Isaïe qu'il était en train de lire sans la comprendre.

On aura remarqué surtout que ces deux péricopes se terminent par la mention d'un voyage dont le héros parcourt tout un secteur géographique d'une manière méthodique en passant de ville en ville. Il est difficile d'y voir une coïncidence. D'autant que ce verset 8[40] des *Actes*, mentionnant pour finir un voyage de Philippe de ville en ville, laisse généralement perplexe les commentateurs, qui proposent d'y voir une phrase de transition rédigée à la va comme je te pousse par le rédacteur final[450].

Quand on y réfléchit bien, d'ailleurs, rien n'était plus naturel pour la première génération chrétienne que de se représenter Philippe, père fondateur de la chrétienté samaritaine, comme un nouveau Joseph. Et en effet, de même que les monothéistes de Judée se considéraient comme des descendants, pour l'essentiel, du patriarche Juda, tout de même ceux de Samarie prétendaient pour l'essentiel descendre d'Éphraïm et Manassé, c'est-à-dire des deux fils du patriarche Joseph, frère de Juda.

Accessoirement, nous entrevoyons ici que, sous sa forme la plus ancienne, le récit de la conversion de l'eunuque éthiopien comme tout premier des chrétiens non-juifs s'intégrait dans un *pesher* du ministère de Joseph en Égypte et de ses deux premières semaines d'années, celles des sept vaches grasses et des sept vaches maigres.

Ce qui lève tout doute, c'est justement la conclusion étrange de cet épisode, selon laquelle Philippe, parti d'Azot, « parcourt toutes les villes » jusqu'à Césarée. Si l'on y réfléchit bien, pourquoi avoir utilisé ce tour plutôt que d'énumérer les rares cités qui séparaient Azot de Césarée ?

Dans l'épisode précédent, où Pierre et Jean s'en retournent de Samarie à Jérusalem, il était naturel de ne pas mentionner les noms obscurs des *nombreux villages des Samaritains*[451] qu'ils évangélisèrent en route. Ici en revanche il est question d'au moins quatre cités notables, dont trois seront ensuite mentionnées dans le récit, à savoir Antipatris, Lydda et Joppé[452].

---

[450] H. Conzemann, *Die Apostelgeschichte* (Tubingen, 1963, trad. angl., Philadelphia, 1987) : « Ce verset résulte apparemment de l'édition par Luc de rapports sur le séjour de Philippe à Césarée (21^8). »

[451] *Actes* 8^{25} : πολλάς τε κώμας τῶν Σαμαρειτῶν εὐηγγελίζοντο.

[452] Antipatris : *Actes* 23^{31} ; Lydda : 9$^{32-35}$; Joppé : 9$^{36-43}$ et 10$^{5-23}$. Seule la cité de Jamnia n'est pas mentionnée dans les *Actes*.

Le récit a préféré reprendre les termes de la *Genèse*, à savoir le verbe *parcourir (διῆλθεν / διερχόμενος)*, et la mention de *cités* (ἐν ταῖς πόλεσιν, πόλεως / τὰς πόλεις πάσας) qui sont traversées dans la *totalité* d'un secteur (πᾶσαν γῆν, τὰς πόλεις πάσας), le tout après être *monté* (ἀνεβίβασεν / ἀναβάντα) sur un *char* (ἅρμα / ἅρματι, ἅρμα) à l'invitation d'une personne à qui l'on donne l'interprétation d'un message divin (songe envoyé par Dieu / vision donnée au prophète Isaïe), le tout à l'initiative de l'*Esprit* de Dieu (πνεῦμα θεοῦ / πνεῦμα, πνεῦμα κυρίου).

Notons au passage que nous entrevoyons ici également l'origine ultime des semaines d'années de l'*Apocalypse de Jean*. Le première semaine d'années du christianisme, qui y est figurée par l'ouverture de sept sceaux, correspond aux sept années d'abondance qui dans la Genèse avaient été annoncées par la vision des sept vaches grasses. C'est pendant ces sept années que Joseph le patriarche *assembla (συνήγαγεν, sunègagén)* autant de blé que possible dans les greniers de Pharaon. Cela correspond, allégoriquement parlant, à la carrière du Messie telle qu'elle est annoncée par Jean le Baptiste : *Dans sa main est le van (...) pour assembler (συναγαγεῖν, sunagageïn) le blé dans son grenier* [453]. Quant aux sept années suivantes, annoncées dans la *Genèse* par la vision des vaches maigres, elles correspondent dans l'*Apocalypse* à la sonnerie successive de sept trompettes, dont chacune annonce un cataclysme allégorique différent.

Mais nous nous écartons ici par trop de notre sujet, ou plutôt, nous allons ici un peu trop vite. En effet, il nous faut encore examiner comment la première génération chrétienne a visiblement interprété l'épisode de la course à travers l'Égypte du patriarche Joseph, sur le char que lui avait donné Pharaon.

---

[453] *Luc* 3[17] : συναγαγεῖν τὸν σῖτον εἰς τὴν ἀποθήκην αὐτοῦ ; *Matthieu* 3[12] : συνάξει τὸν σῖτον αὐτοῦ εἰς τὴν ἀποθήκην.

66. Le char de Joseph, son intendance et son épouse

Il ne sera pas inutile ici de relire le passage de la Genèse dont il est question.

Genèse 41^{25} *Et Joseph dit à Pharaon : « Les rêves de Pharaon ne font qu'un. Ce que Dieu va faire, il l'a montré à Pharaon.* ^{26} *Les sept bonnes vaches sont sept années et les sept bons épis sont sept années. Ces rêves ne font qu'un.* ^{27} *Et les sept vaches malingres et laides qui sont venues après elles sont sept années et les sept épis vides brûlés par le vent d'est sont sept années de famine.* ^{28} *Voilà la parole que j'ai dite à Pharaon, Ce que Dieu va faire, il l'a montré à Pharaon.* ^{29} *Voici que vont venir sept années de grande abondance dans tout le pays d'Égypte,* ^{30} *Et il surviendra sept années de famine après elles, toute abondance sera oubliée dans le pays d'Égypte et la famine accablera tout le pays,* ^{31} *et on ne se rappellera pas cette abondance dans le pays à cause de la famine qui la suivra, parce qu'elle sera très sévère.* ^{32} *Et si ce rêve a été répété à Pharaon deux fois, c'est parce cette annonce est une chose bien décidée par Dieu et parce que Dieu sera prompt à la réaliser.*

^{33} *« Maintenant donc, que le roi choisisse un homme intelligent et sage et qu'il le prépose au pays d'Égypte,* ^{34} *Que Pharaon le fasse, et qu'il institue des intendants dans le pays pour taxer au cinquième le pays d'Égypte durant les années d'abondances* ^{35} *et qu'ils amassent toutes ces vivres des bonnes années qui viennent, et qu'ils emmagasinent du grain sous l'autorité de Pharaon, en guise de vivres à conserver dans les villes* ^{36} *et cela constituera des réserves de vivres en vue des sept années de famine qui surviendront dans le pays d'Égypte, en sorte que la pays ne périsse pas durant la famine. »*

^{37} *Et cette parole parut bonne aux yeux de Pharaon et aux yeux de tous ses serviteurs,* ^{38} *et Pharaon dit à ses serviteurs : « Pourrions-nous trouver un tel homme, en qui soit l'Esprit de Dieu ? »* ^{39} *Et Pharaon dit à Joseph : « Puisque Dieu t'a montré tout cela, il n'est personne d'intelligent et sage comme toi [40] Tu seras préposé à ma maison et c'est par ta bouche que sera gouverné tout mon peuple Ce n'est que par le trône que je te serai supérieur. » [41] Et Pharaon dit à Joseph : « Vois, je te prépose à tout le pays d'Égypte. »*

[42] *Et Pharaon enleva la bague de sa main et la mit à la main de Joseph, et il le vêtit d'une robe de lin et il lui mit un collier d'or autour du cou,* [43] *et il le fit monter sur le second de ses chars, et on criait devant lui « abrk! » (sic) et il le préposa à tout le pays d'Égypte.* [44] *Et Pharaon dit à Joseph : « Je suis Pharaon. Et sans ton aval personne ne bougera la main ni le pied dans tout le pays d'Égypte. »*

[45] *Et Pharaon donna pour nom à Joseph « $T^sPNT^HP'NH$[454], et il lui donna Aséneth fille de Putiphar prêtre d'Ôn, pour épouse. Et Joseph sortit en étant préposé à la terre d'Égypte[455].* [46] *Et Joseph avait trente ans lorsqu'il se tint en présence de Pharaon roi d'Égypte. Et Joseph quitta la présence de Pharaon et il alla à travers tout le pays d'Égypte.*

[47] *Et le pays produisit pendant sept années d'abondance à plein,* [48] *et il rassembla (συνήγαγεν, sunègagén) toutes les vivres des sept années qu'il y eut au pays d'Égypte et il mit les vivres dans les villes. Les vivres de la campagne entourant chaque ville il les mit au centre.* [49] *Joseph rassembla (συνήγαγεν, sunègagén) du grain comme le sable de la mer au point qu'il cessa de le compter tant il dépassait la mesure.*

Il n'est pas arbitraire de réunir ces trois aspects de la glorification de Joseph en Égypte qui frappaient les imaginations : sa montée sur un char, son parcours de l'Égypte de ville en ville, et son mariage avec la fille d'un prêtre païen.

---

[454] Hébreu massorétique : צפנת פענח (Tsaphnat Paaneah), « Celui qui révèle les choses cachées » ; grec des Septante : Ψονθομφανηχ, « Psonthophanèkh », simple nom propre ; copte : ψοθεμφανηχ (psothem phanèkh) ; Jérome dans la Vulgate : *lingua Ægyptiaca Salvator Mundi*, « en langue égyptienne, Sauveur du Monde ».

[455] Cette phrase manque dans la Septante.

Joseph et Aséneth (le Messie et son Église) aux moissons
(Manuscrit 107 de la Bibliothèque d'Amiens, folio 13 verso, XVe siècle)

On les retrouve pris dès le départ comme cadre essentiel du roman édifiant dit *Joseph et Aséneth*, que les spécialistes datent en général du premier siècle de notre ère[456]. Joseph arrive à Hiéropolis chez Aséneth sur son char, dans le cadre de sa tournée générale ; il en part et y revient la semaine suivante de la même façon, après avoir recueilli le blé produit par l'arrière-pays de cette cité.

67. De l'exaltation de Joseph à celle de Jésus

S'il faut en croire les *Actes des Apôtres*, les aventures de Joseph en Égypte ont été considérées dès le départ par les premiers chrétiens comme une préfiguration de la naissance du christianisme. C'est ce que déjà insinue le discours d'Étienne qui entraîna sa mise à mort par lapidation et la première persécution de la communauté, ainsi que sa dispersion, et l'expansion du mouvement de Jésus d'abord en Samarie[457], puis parmi des non-israélites.

Que disait en effet Étienne ?

Actes 7[9] Les patriarches, jaloux de Joseph, le vendirent pour être emmené en Égypte. Mais Dieu fut avec lui, [10] et le délivra de toutes ses tribulations : il lui donna de la sagesse

---

[456] La question de savoir si l'auteur juif de ce roman était chrétien ou non reste débattue. Elle ne fait pourtant guère de doute, vu que Joseph y est qualifié « Fils de Dieu » et qu'on y trouve des allusions transparentes à la pratique du baptême et de l'eucharistie. Voyez par exemple l'édition critique avec traduction de M. Philonenko (Leiden, 1968), reprise dans A. Caquot (éd.), *La Bible. Écrits intertestamentaires* (Paris, 1987) CXXII-CXXV et 1559-1601.

[457] En ce sens G. E. Sterling, « 'Opening the Scriptures' The Legitimation of the Jewish Diaspora and the Early Christian Mission », in D. P Moessner, *Jesus and the Heritage of Israel* (Harrisburg, 1999) I 199-225 spéc. 199-217, et S. D. Butticaz, *L'Identité de l'Église dans les Actes des apôtres* (Berlin, 2011) 184-185, font remarquer que le discours d'Étienne semble bien situer l'inhumation des os de Jacob-Israël à Sichem en Samarie (*Actes* 7[16]) et non pas à Hébron en Judée comme dans la tradition juive unanime (sur la base *Genèse* 50[13]).

et lui fit trouver grâce devant Pharaon, roi d'Égypte, qui l'établit gouverneur d'Égypte et de toute sa maison. (...) [51] Hommes au cou raide, incirconcis de cœur et d'oreilles ! vous vous opposez toujours au Saint Esprit. Ce que vos pères ont été, vous l'êtes aussi. [52] Lequel des prophètes vos pères n'ont-ils pas persécuté ? Ils ont tué ceux qui annonçaient d'avance la venue du Juste, que vous avez livré maintenant, et dont vous avez été les meurtriers.

Le Nouveau Testament[458] et plusieurs anciens auteurs chrétiens gardent d'autres traces de cette lecture typologique de la carrière de Joseph, figure du Messie à venir, qu'ils soient de langue grecque comme Irénée de Lyon[459], Origène[460], Basile de Césarée en Cappadoce[461], Jean Chrysostome[462] ou

---

[458] *Hébreux* 11[22,] C'est par la foi que Joseph mourant fit mention de la sortie des fils d'Israël, et qu'il donna des ordres au sujet de ses os.

[459] Irénée de Lyon († 202), *Fragment* sur la bénédiction des douze tribus par Moïse, *Deutéronome* 33 (*PG* 7 c. 1240) : Ἐξ ὧν ὁ Χριστὸς προετυπώθη καὶ ἐπεγνώσθη καὶ ἐγεννήθη· ἐν μέν τῷ Ἰωσὴφ προετυπώθη· ἐν δὲ τοῦ Λευὶ καὶ τοῦ Ἰούδα τὸ κατὰ σάεκα ὡς βασιλεὺς καὶ ἱερεὺς ἐπεγνώσθη· διὰ δὲ τοῦ Συμεὼν ἐν τῷ ναῷ ἐπεγνώσθη· κτλ.

[460] Origène († 253 env.), *Commentaire sur Matthieu* 78 (*PG* 13 c. 1727) ; *Homélies sur l'Évangile de Luc* 28 (*PG* 13 cc. 1873-1874).

[461] (Pseudo ?) Basile de Césarée de Cappadoce († 379), *De consolatione in adversis* 3 (*PG* 31 c.1692) : *Et iste quem in servitutem venumdederunt fratres, paulo post malorum omnium immemor, fratribus alimenta præbebat ; et quia Domini nostri Salvatoris typum gerebat, pro malis bona retribuebat.*

[462] Jean Chrysostome († 407), *Homélies sur la Genèse* 61, 3 (*PG* 54 c. 328) : *Cela s'est produit pour préfigurer des événements à venir et pour décrire à l'avance, de manière voilée, tous les détails de la réalité* (Ἐγίνετο δὲ καὶ τύπος τῶν ἔσεσθαι μελλόντων, καὶ ἐν τῇ σκιᾷ προδιεγράφετο τὰ τῆς ἀληθείας πράγματα.)

Astérius[463] ; de langue latine, comme déjà Tertullien[464], ou encore de langue syriaque, au moins à partir d'Aphraate[465]. Voici comment fut résumée en peu de mots cette conception par Isidore de Séville, au seuil du Moyen Âge : *Joseph, vendu par ses frères et magnifié en Égypte, signifie notre Rédempteur, livré par le peuple des juifs aux mains des persécuteurs et maintenant magnifié parmi les nations*[466].

Mais ce qui nous intéresse évidemment ici plus particulièrement, c'est le moment de l'histoire de Joseph où ce patriarche, après être monté sur un char, s'en va parcourir l'Égypte, où d'une part il engrange les moissons de ville en ville, et, d'autre part, reçoit pour épouse une jeune femme du pays, non juive. Tant cette inspection triomphale d'un territoire païen que cette vaste collecte de grains de ville en ville, et que ce mariage égyptien ont été spontanément considérés par différents auteurs anciens comme des figures de l'évangélisation du monde païen, dont le Messie prend possession pour y constituer son épouse immaculée, la sainte Église de Dieu.

---

[463] Asterius d'Amasée († 410), *Homélie 19 sur le Psaume 5* (*PG* 40 cc. 437-442 spéc. 437) : *Et il ne faut pas que t'étonne le fait que Joseph fournissait une image du Christ : les faits eux-mêmes vont te le montrer* (Καὶ μή σε ξενιζέτω ὅτι τὴν εἰκόνα τοῦ Χριστοῦ ὁ Ἰωσὴφ ἔφερεν Αὐτὰ γὰρ σε διδάξει τὰ πράγματα.).

[464] Tertullien († 220 env.), *Contre Marcion* 3, 18 (*PL* 2, c. 346) : *Joseph et ipso in Christum figuratus, nec hoc solo (ne demorer cursum) quod persecutionem a fratribus passus est, et venumdatus in Ægyptum, ob Dei gratiam, sicut et Christus a Judæis carnaliter fratribus venumdatus, a Juda cum traditur, etc.*

[465] Aphraate, *Exposés* 21, 9, trad. M.-J. Pierre (Paris, 1989) 819-821, établit 18 parallèles entre les persécutions subies respectivement par Joseph et Jésus, à l'appui de cette assertion : « Joseph persécuté, c'est l'image de Jésus persécuté. »

[466] Isidore de Séville, *Allegoriae quaedam sacrae Scripurae* 45 (*PL* 83 c. 107) : *Joseph qui venditus est a fratribus et in Ægypto sublimatus, redemptorem nostrum significat a populo Judæorum in manus persequentium traditum et nunc in gentibus exaltatum.*

Ainsi l'Alexandrin Origène, mort vers 253, dans un sermon sur l'*Évangile de Luc* : « Je pense pour ma part que les trente ans qu'avait eus Joseph préfiguraient les trente ans qu'eut le Sauveur. Ce nouveau Joseph n'a pas amassé un blé du même genre que Joseph en Égypte, mais plutôt le blé véritable et céleste, afin d'assembler du blé en période d'abondance pour en avoir à distribuer lorsque la faim serait envoyée sur l'Égypte, non pas une faim de pain ni une soif d'eau mais une faim d'entendre la parole de Dieu »[467] Et pareillement, dans son *Commentaire sur l'Évangile de Matthieu* : « De même que ce blé avait été préparé par Dieu pour les fils d'Israël, mais fut aussi distribué aux Égyptiens, de même l'Évangile

---

[467] *Homélies sur l'Évangile de Luc* 28 (*PG* 13 cc. 1873-1874) : Nec enim frustra additum putemus ad id quod dicitur : Ipse erat Jesus, quod sequitur, incipiens. Sed et quod ait : *Quasi annorum triginta*, considerandum, Joseph triginta annorum erat, quando dimissus e vinculis, et interpretatus somnium Pharaonis, Ægypti effectus est princeps, ubertatisque tempore triticum congregavit, ut famis tempore haberet quod distribueret. Ego puto quod triginta anni Joseph in typo triginta annorum praecesserint Salvatoris. Iste enim Joseph non tale triticum congregavit, quale in Ægypto ille Joseph, sed triticum verum, atque cœleste, ut tempore ubertatis tritico congregato haberet quod distribueret, cum fames esset missa in Ægyptum, non fames panis, neque sitis aquae, sed fames audiendi sermonem Dei. Congregat de prophetis, de lege, de apostolis, verba abundantiæ : unde quando jam non scribuntur libri, nec novum aliquod conficitur instrumentum, nec mittuntur ab apostolis ea quae ab Jesu in horrea apostolorum fuerant comportata, hoc est in animas eorum, omniumque sanctorum, distribuat et nutriat Ægyptum fame periclitantem, maximeque fratres, de quibus scribitur : *Narrabo nomen tuum fratribus meis, in medio Ecclesiæ cantabo te (Psal.* XXI). Habent et alii homines verba patientiæ : verbaque judicii et reliquarum verba virtutum : hoc est triticum quod Joseph Ægyptiis distribuit. Sed aliud est frumentum quod fratribus, id est, discipulis suis distribuit de Jessem terra, de ea quæ ad orientem respicit, triticum evangelicum, triticum apostolicum. De hoc tritico debemus panes facere, ita tamen ut non commisceatur veteri fermento, habeamusque panem novum de Scripturarum tritico, farinamque commolitum in Christo Jesu, cui est gloria et imperium in sæcula sæculorum. Amen.

avait certes été préparé pour les Saints, mais il a été proclamé aussi aux mécréants et aux impies. »[468]

De même Aphraate, mort en Perse vers 345, dans les *Exposés* qu'il a composés en syriaque, remarque de nombreux parallèles entre Joseph le patriarche et Jésus, dont celui-ci se signale plus particulièrement à notre attention : « Joseph a épousé la fille d'un prêtre impie et impur, et Jésus a fait venir à lui l'Église des peuples impurs. »[469]

De même, Éphrem de Nisibe, en Mésopotamie, mort vers 373, s'adressant dans une de ses hymnes syriaque au patriarche Éphraïm, fils de Joseph et d'Aséneth, s'exclame : « C'est toi, le fils qui a purifié cette fille de prêtre qui est le prototype de la sainte Église »[470].

En Italie du Nord, Ambroise de Milan, mort en 397, s'exclame pareillement dans son *Traité sur le patriarche Joseph*, à la fois sur son char et sur son épouse : « Ce char signifie le plus haut degré des mérites. Or qui représente celui qui a reçu une épouse d'entre les non-juifs, sinon Celui qui s'est pour lui-même assemblé une Église d'entre les nations ? »[471].

---

[468] *Commentaire sur Matthieu* 78 (*PG* 13 c. 1727) : « Triginta enim annorum baptizatus cœpit Evangelium prædicare, quasi Joseph factus triginta annorum erogaret frumenta fratribus suis. Nam sicut tunc propter filios quidem Israel a Deo fuerat præparatum frumentum illud, erogatum est etiam Ægyptiis ; sic Evangelium sanctis quidem fuerat præparatum, tamen prædicatum est etiam infidelibus et iniquis. »

[469] *Les Exposés* 21, 7. Cf. trad. A. Lehto (Piscataway, 2010) 446 : *Joseph married the daughter of the wicked and unclean priest, and Jesus brought the Church to himself from the unclean peoples* ; cf. trad. M.-J. Pierre (Paris, 1989) 821.

[470] *Hymnes sur la virginité et l'Église* 21, 7.D'après l'édition syriaque avec traduction latine de T.-J. Lamy (Malines, 1902) IV 553-554 : *Tu es filius qui sanasti filiam sacerdotum quae typus est Ecclesiae sanctae. Josephum Josephique filium dilexit Ecclesia sancta amavit.*

[471] *De Joseph patriarcha* 7, 40 (*PL* 14 c. 690) : *Currus quoque significat fastigium sublime meritorum. Quis autem est qui ex gentibus accepit uxorem, nisi qui Ecclesiam ex nationibus sibi congregavit etc.*

Astérius d'Amasée, mort en 410 dans la province du Pont, c'est-à-dire dans la région nord de l'actuelle Turquie, entre dans plus de détails. Il rappelle que si Joseph a été jeté en prison, c'est parce qu'il avait rejeté les avances de la femme de Putiphar, tandis qu'une fois glorifié il épouse pour finir la vierge Aséneth, qui sera la mère des patriarches Éphraïm et Manassé[472]. Pour Astérius, l'épouse du cuisinier-en-chef de Pharaon symbolise la Réunion ou Association des juifs (συναγωγὴ, *synagoguè*, « la Synagogue ») ainsi que les odeurs de graillon que répandaient les victimes sacrifiées dans le Temple de Jérusalem. La vierge Aséneth signifie quant à elle l'Assemblée officiellement convoquée par le Messie d'entre tous les peuples (ἐκκλησία, *ekklèsia*, « l'Église »), après qu'il est monté sur le char qui symbolise le trône de la gloire divine, véhiculé par les Chérubins.

« C'est que la Synagogue s'en est pris au Christ comme l'Égyptienne s'en était pris à Joseph. Et alors qu'elle était unie au cuisinier-en-chef, à la Loi qui l'enfume avec ses victimes sacrificielles (et si ce chef cuisinier représente la Loi juive, c'est parce qu'elle trouve plaisir aux odeurs de graillon), elle voulait, en contradiction avec la Loi évangélique, s'accoupler avec le Christ et bannir la vierge Aséneth, l'Église, afin de s'emparer par vol des richesses et de la beauté de l'époux et d'en déposséder l'épouse. C'est donc pourquoi, lorsque le Christ est sorti du tombeau, comme Joseph de sa prison, et qu'il a pris place sur son char royal, sur les chérubins : *Le char de Dieu est par dizaines de milliers, des milliers qui abondent*[473]. C'est alors les Saints le priaient *pour l'héritière* »[474] (allusion au titre mystérieux du

---

[472] Que les Samaritains considéraient comme leurs ancêtre principaux.

[473] *Psaume* 68[17].

[474] *Homélie 19 sur le Psaume 5* (*PG* 40 c. 437) : Ἐπειδὴ γὰρ ἡ συναγωγὴ τῷ Χριστῷ, ὡς Αἰγυπτία τῷ Ἰωσὴφ ἐπεβούλευσεν, καὶ ὡς ἀρχιμαγείρῳ τῷ νόμῳ συνεζευγμένη, τῷ ταῖς θυσίαις αὐτὴν καπνίζοντι (ἀρχιμάγειρος ὁ Ἰουδαϊκὸς νόμος, ὡς ταῖς κνίσσαις χαίρων)· συνάπτεσθαι παρὰ τὸν νόμον

Psaume 5, « *Pour l'héritière* », que commente Astérius, et qui se rapporte selon lui à la constitution de l'Église chrétienne).

Apponius lui aussi, dans un *Commentaire du Cantique des cantiques* composé vraisemblablement aussi en Italie du Nord aussi vers 410[475], considère Aséneth, comme une figure de l'Église chrétienne. Il remarque que le nom de l'Égypte en hébreu signifie *ténèbres*, et c'est pourquoi selon lui la Bien-Aimée du *Cantique des cantiques*, aussi figure de l'Église, se déclare *noire*[476]. Avant d'être purifiée par son union avec le Messie, elle gisait en effet dans les ténèbres du paganisme. Et il poursuit ainsi[477] : « C'est elle qui, en la personne d'Aséneth, préfigurait son union avec notre Seigneur, le véritable Joseph — comme aussi en la personne de la Madianite, épouse de Moïse[478]. C'est elle qui, en la reine de Saba, est venue des extrémités de la terre auprès du roi Salomon pour entendre la sagesse du Christ[479]. En la personne de l'eunuque de Candace, reine d'Éthiopie, elle a, dans le baptême donné par l'apôtre Philippe, pris les devants même sur la synagogue pour offrir une offrande à Dieu. D'elle le prophète avait prédit : *L'Éthiopie prendra les devants pour tendre ses mains vers Dieu.*[480] »

τοῦ Εὐαγγελίου τῷ Χριστῷ ἤθελεν, καὶ ἀποκλείσαι τῇ παρθένῳ Ἀσσενὲθ, τῇ Ἐκκλησίᾳ, ἐβούλετο, ἵνα τόν πλοῦτον καὶ τὸ κάλλος τοῦ νυμφίου λῃστεύσασα τὴν νύμφην ποιήσῃ ἀποκληρονόμον· διὰ ταῦτα, ὅτε ἀπὸ τοῦ τάφου ἐξῆλθεν ὁ Χριστὸς, ὡς ἀπὸ τῆς φυλακῆς ὁ Ἰωσὴφ, καὶ ἐπὶ τὸ βασιλικὸν αὐτοῦ ἅρμα ἐπὶ τῶν χερουβὶμ ἐκάθισεν· *Τὸ ἅρμα τοῦ Θεοῦ μυριοπλάσιον, χιλιάδες εὐθηνούντων* [*Psaume* 68[18]]· τότε αὐτῷ οἱ ἅγιοι ὑπὲρ τῆς κληρονομούσης προσηύχοντο.

[475] La question est discutée, cf. P. Hamblenne, « Peut-on dater Apponius ? », *Recherches de théologie ancienne et médiévale* 57 (1990) 5-33.

[476] *Cantique* 1[5].

[477] *Commentaire* 1, 41, éd. Vregille et L. Neyrand (Paris, 1997) I 204-205.

[478] *Exode* 2[21-22].

[479] *1 Rois* 10[1-3] ; *Matthieu* 12[42].

[480] *Psaume* 67[32].

Il est particulièrement remarquable de retrouver dans ce collier de références typologiques, mis sur le même plan, la vierge égyptienne Aséneth épousée par Joseph et le trésorier de la reine d'Éthiopie baptisé par Philippe, d'autant que le fil de ce collier-ci n'est pas le thème du char, mais celui de l'africanité.

Le triomphe de Joseph
(Manuscrit français 168 de la Bibliothèque nationale, folio 62, XIVe siècle)

Parlons maintenant de la façon dont Jérôme de Stridon traduit en latin le verset concernant le char de Joseph. On s'accorde à penser que sa version latine de la *Genèse*, qui a conditionné toute l'exégèse médiévale en Occident, date de Bethléem entre 398 et 405. En ce passage précis, elle est très intéressante parce qu'elle reflète clairement la façon dont Jérôme le comprend, en lien avec un passage du Nouveau Testament qui évoque la royauté universelle du Messie.

Le problème essentiel de ce verset consiste dans le sens d'un mot obscur qu'on ne trouve qu'ici dans toute la bible hébraïque, *abrek (אברך)*. Il est probable qu'il s'agit dans le fait d'un mot égyptien, dont l'interprétation fait débat. Très bizarrement, et d'une manière inexpliquée, la Septante comprend qu'il s'agit ici du *crieur public* ou *héraut (κῆρυξ, kèrux)* qui précède le char de Joseph, et elle en fait le sujet du verbe *crier*[481]. La version grecque de Symmaque se contente ici de translitérer ce mot obscur : *abrèk (ἀβρὴκ)*[482].Celle d'Aquila repose sur une autre interprétation rapprochant ce dernier mot de la racine *barak, ברך*, prise au sens spécial de *s'agenouiller (γονατίζειν)*[483], leçon que déjà préférait Origène[484].

En cette affaire Jérôme paraît avoir beaucoup hésité. Dans ses *Questions sur la Genèse*, il ne mentionne la version d'Aquila que pour la rejeter[485]. Il lui préfère une interprétation assez artificielle mais bien attestée dans la littérature rabbinique, qui décompose le mot en deux racines, le tout débouchant sur une interprétation assez contournée mais traditionnelle, « père tendre ». Nous en avons déjà parlé. Pourtant, c'est bien l'interprétation d'Aquila que suit Jérôme dans la Vulgate, en la combinant bizarrement à celle de la Septante : *Et il le fit monter sur son deuxième char tandis que criait un crieur que tous aient à fléchir le genou devant lui*[486]. On remarque d'ailleurs que la Vulgate est ici curieusement

---

[481] Septante : καὶ ἐκήρυξεν ἔμπροσθεν αὐτοῦ κῆρυξ.

[482] Symmaque : καὶ ἐβόησεν ἔμπροσθεν αὐτοῦ ἀβρὴκ.

[483] Aquila : καὶ ἐβόησαν ἐνώπιον αὐτοῦ γονατίζειν. On sait que Jérôme fait toujours grand cas des leçons particulières d'Aquila.

[484] *Selecta in Genesim* (*PG* 12 cc. 133-136) : τὸ γονατίζειν.

[485] *Quæstiones in Genesim* (*PL* 23 cc. 1048-1049) : *Et clamavit in conspectu ejus adgeniculationem.*

[486] Vulgate : *Fecitque eum ascendere super currum suum secundum, clamante praecone, ut omnes coram eo genu flecterent.*

assez loin du texte, comme parfois peut l'être la paraphrase araméenne de la Bible hébraïque qu'on appelle le targoum. En effet, non seulement elle traduit deux fois le mot *abrek (אברך)* de deux façons différentes, la première fois à la manière de la Septante et la deuxième à la manière d'Aquila ; mais encore elle introduit arbitrairement dans le texte l'idée de totalité (*omnes*), par contamination avec le texte christologique de la *Lettre de Paul aux Philippiens* 2^9 : *afin qu'au nom de Jésus tout genou fléchisse[487]*.

Dans la suite, en même temps que la nouvelle traduction latine de Jérôme s'impose partout en Europe occidentale, il s'y répand une interprétation standard de l'épisode du char de Joseph, d'origine inconnue. Elle finit par intégrer ce qu'on appelle la *Glose ordinaire*, forme de commentaire cursif standard de l'Écriture qu'on attribuait autrefois à Walafrid Strabon (mort en 839), mais qui n'a en fait reçu sa forme définitive que d'Anselme de Laon (mort en 1117)[488]. On la trouve aussi, avec seulement d'infimes variations, dans divers commentaires de la *Genèse* attribués de manière bien douteuse à différents auteurs anciens tels qu'Eucher de Lyon (mort en 449)[489], Bède le Vénérable (mort en 735)[490] ou Raban Maur (mort en 819)[491].

Cette interprétation ne fait que formuler expressément une idée déjà sous-jacente dans les termes employés par la Vulgate, où le char de Joseph préfigure clairement la royauté universelle du Messie, devant qui *tout genou doit fléchir*, selon les termes de la *Lettre aux Philippien*. En voici le texte standard :

« Joseph, qui revêtait le type du Christ, mérita d'obtenir un char, et un crieur cria devant lui. Et Pharaon le mit à la tête de tout le pays d'Égypte. Et notre Seigneur, après qu'il a été livré

---

[487] *Philippiens* 2^9 : *ut in nomine Jesu omne genu flectatur.*

[488] *Glossa ordinaria*, *PL* 113, c. 170.

[489] *Commentarii in Genesim*, *PL* 50, c. 1023.

[490] *Quaestiones super Genesim*, *PL* 91 c. 352.

[491] *Commentariorum in Genesim libri quatuor* 4, 4 (*PL* 107, c. 635).

par Juda, comme Joseph par ses frères, et qu'il est sorti de la prison des enfers, est monté sur le char de la royauté céleste, dont il est dit [*Psaume* 68[17]] : *Les chars de Dieu sont dix mille*. Et il a reçu du Père le pouvoir de proclamer et de juger, comme le dit l'apôtre Paul [*Philippiens* 2[9]] : *Il lui a donné le nom qui est au-dessus de tout, afin qu'au nom de Jésus fléchisse tout genou, (ceux) des êtres célestes, terrestres et infernaux.* »

En résumé, le christianisme latin postérieur à Jérôme conserve et développe toujours plus l'idée que le char de Joseph préfigure la gloire cosmique du Messie ressuscité[492], mais perd de vue celle qu'il aurait annoncé plus spécifiquement l'évangélisation du monde païen, qu'on trouvait encore avant cela chez Origène, Aphraate, Éphrem, Ambroise, Astérius et Apponius.

On ne trouve aucune trace d'une telle lecture allégorique du char de Joseph dans la littérature juive antérieure ni postérieure. Il n'inspire par exemple à Philon d'Alexandrie que des généralités d'une certaine platitude sur l'exercice du

---

[492] Ainsi Rupert de Deutz († 1129), *Commentaire sur le Genèse* 41 (*PL* 167 c. 526) : « Ainsi donc Joseph, extrait de sa prison par ordre du roi, débarrassé d'une chevelure poussée pendant une longue captivité, troquant son vêtement contre une robe de lin et portant l'anneau du roi ainsi qu'un collier d'or autour du cou, siégeant sur un char du roi (sedensque super currum regis), qui l'institua aussi seigneur de sa maison et prince de tout ce qu'il possédait, afin qu'il enseigne la sagesse aux princes, comme il la lui avait enseignée à lui-même et à ses anciens ; Joseph, dis-je, surnommé en langue égyptienne Sauveur du Monde parce qu'il avait délivré le monde entier du carnage d'une famine imminente ; ce Joseph, dis-je, s'avançant de la sorte, précédé par un crieur qui criait à tous de s'agenouiller devant lui, constitue une magnifique figure et une très claire image du Fils de Dieu Jésus-Christ ressuscité d'entre les morts et revêtu de la robe d'incorruptibilité et d'immortalité : après qu'il a été un temps abaissé un peu au-dessous des anges, son Père l'a couronné de gloire et d'honneur, l'a mis à la tête de toutes les œuvres de ses mains et lui a soumis toutes choses. »

pouvoir politique[493] Ni le targoum[494] ni le Midrash Rabbah[495] ni le Talmud n'en tirent rien non plus de remarquable, de sorte qu'on est fondé à en attribuer la création à la première génération chrétienne, et selon toute apparence aux premières assemblées chrétiennes de Samarie, sinon plus précisément à celle de Césarée, où Philippe s'installa dès cette époque, et où Paul et Luc sont hébergés chez ses filles au printemps de l'an 55, sur la route de Jérusalem[496].

Concluons en remarquant[497] à quel point nombre de commentateurs importants se sont étrangement mépris sur cet épisode du char de l'eunuque éthiopien. Nous parlons de ceux qui le considèrent comme un récit relativement naïf, où il serait possible de reconnaître, encore tout fraîche, l'exaltation religieuse brouillonne de son protagoniste et premier narrateur, Philippe, auprès de qui Luc l'aurait directement recueilli. En fait c'est cette approche psychologisante elle-même qui fait preuve d'une naïveté déconcertante, sans parler d'une certaine condescendance tout à fait déplacée[498].

---

[493] *De Josepho* 25, 148-149.

[494] Trad. R. Le Déaut (Paris, 1978) 374-375.

[495] Trad. H. Freedman (Londres, 1939) 829 : *The feet that had not stepped forward to sin would step toward the royal chariot.*

[496] *Actes* 21[8-10].

[497] Après E. Haenchen, *The Acts of the Apostles* (Philadelphia, 1971) 313-314

[498] Ed. Meyer, *Die Apostelgeschichte* (Tübingen, 1923) 276 : « Dans son esprit, la frontière entre la vérité et la fantaisie devait être bien plus floue que dans l'esprit de personnes plus prosaïques. » — K. Lake, *The Beginnings of Christianity* (Londres, 1933) IV 99 : « L'image générale présentée de Philippe dans ce récit est très impressionnante, et semble extrêmement primitive (sic). Le prédicateur chrétien se déplace dans un état d'extase et ne sait guère comment il va d'un endroit à l'autre. » — H. W. Beyer *Die Apostelgeschichte* (Göttingen, 1933) 58 : « Philippe prend congé du nouveau chrétien dans un état d'excitation qu'il ressent comme une possession par l'Esprit. » — O. Bauernfeind, *Die Apostelgeschichte* (Leipzig, 1939) 129 : « Le ravissement [de Philippe] ne doit pas être considéré comme la preuve d'un fossé entre le processus historique et la légende qui nous occupe : cette fin même pourrait bien avoir été racontée par Philippe lui-même ».

En voici assez sur ce thème sous-jacent du char de Joseph. Naturellement, ici encore, nous ne prétendons absolument pas avoir reconstitué exactement toutes les spéculations de la première génération chrétienne en la matière. Nous avons voulu seulement donner une idée de tous les développements allégoriques qu'on peut imaginer derrière le récit de la conversion de l'eunuque éthiopien qui nous a été conservé dans les *Actes des Apôtres*, et qui nous est clairement présenté comme le récit du tout premier baptême chrétien d'un non-juif.

Il paraît bien certain que le rôle de Philippe a été largement sous-estimé jusqu'à ce jour par les historiens des origines du christianisme, ainsi que l'importance de la conversion à l'évangile d'une partie notable de la communauté samaritaine au premier siècle de notre ère, à quelques exceptions près, dont celle d'Oscar Culmann[499].

68. Pierre, l'Arche, l'Homme vêtu de lin et le Palanquin

Revenons à Pierre, à la lumière de ce que nous avons découvert sur Philippe. La figure de Philippe dans les *Actes* nous renvoie pour une part au mystérieux conducteur d'un char céleste attelé de chevaux noirs, ainsi qu'à la figure du prophète Élie, mais avant tout, en définitive, au patriarche Joseph. Qu'en est-il de Pierre ?

Pierre comme Philippe nous renvoie pour une part lui aussi à l'un au moins des quatre chars célestes entrevus parle prophète Zacharie, et par ailleurs très spécifiquement à la carrière du prophète Élisée, nettement et même systématiquement distingué de son prédécesseur Élie. Enfin

---

[499] « La Samarie et les origines de la mission chrétienne. Qui sont les ἄλλοι de *Jean*, IV, 38 ? », *Annuaire de l'École pratique des Hautes Études* 61 (1952) 3-12 = « Samaria and the Origins of the Christian Mission », in *The Early Church* (Londres, 1956) 183-192.

il nous est présenté au moins à trois égards comme un nouveau Salomon, par des références d'une part au *Cantique des cantiques de Salomon*, et d'autre part au *Deuxième livre des Chroniques*.

Nous avons vu en effet que, lors de son passage à Joppé, sur la route de Césarée, il réveille la Gazelle du Saron après avoir rencontré les veuves filandières et couturières qui la veillaient. Nous avons vu que ces veuves de Joppé, réunies autour la Gazelle du Saron, représentaient mystiquement, dans le *pesher* sous-jacent à ce récit de fondation, les *Filles de Jérusalem* du *Cantique des cantiques*, elles-mêmes considérées par le targoum comme les nations païennes réunies à la nation monothéiste originelle.

C'est à Joppé aussi qu'il reçoit comme Salomon, en la personne des envoyés de Cornélius, le bois dont sera bâti le nouveau Temple, comme l'atteste le *Second livre des Chroniques*.

Nous avons vu également qu'à Joppé, également, les nouvelles *Filles de Jérusalem* travaillaient mystérieusement depuis un certain temps déjà, à l'aménagement d'un palanquin, véhicule du Bien-Aimé en route vers sa Bien-Aimée et lui-même figure du nouveau Temple itinérant à venir.

Que devient ensuite ce palanquin symbolique, dont Pierre constate l'aménagement à Joppé sur la route de Césarée, Césarée où va bientôt se fonder la toute première cellule du peuple messianique transnational, noyau de la future Église universelle ? A-t-il laissé quelque autre trace dans le récit qui nous a été conservé de l'événement de Césarée ?

Il nous faut noter que Pierre n'arrive pas seul à Césarée. Outre les trois envoyés de Cornélius venus le chercher à Joppé, il est alors escorté de certains autres compagnons : *quelques-uns des frères de Joppé l'accompagnaient*[500]. Cette escorte assiste à tout ce qui se passe chez Cornélius. C'est elle

---

[500] *Actes* 10²³ : καί τινες τῶν ἀδελφῶν τῶν ἀπὸ Ἰόππης συνῆλθον αὐτῷ.

que Pierre prend à témoin, avant de lui ordonner de baptiser ces nouveaux croyants pourtant incirconcis : *Et ils étaient dans la stupeur, ceux des croyants de la circoncision qui étaient venus avec Pierre, de ce que sur les nations (non juives) se déverse le don du Saint Esprit, car ils les entendaient parler en langues et glorifier Dieu. Alors Pierre rétorqua : Est-ce qu'on peut refuser l'eau du baptême à ces gens qui ont reçu l'Esprit Saint comme nous ? Et il ordonna qu'ils soient baptisés au nom du Messie Jésus.*[501]

C'est seulement dans le discours que fait ensuite Pierre à Césarée pour se justifier de son comportement que nous est donnée une curieuse précision numérique concernant la composition de cette équipe, formée précisément de *six* personnes : *or y sont allés avec moi aussi les six frères que voici.*[502]

Pourquoi ce nombre précis a-t-il été considéré comme digne d'être mentionné, dans ce résumé finalement très sommaire du discours de Pierre ? Si nous étions en présence d'un récit de type légendaire ou folklorique, ou si encore le narrateur avait simplement pour but de marquer la crédibilité de son récit par la précision approximative d'un certain nombre de témoins, il est plus que probable qu'on aurait ici mention de *sept* témoins, et non pas de *six*, nombre qui n'a aucune valeur universelle ni connotation particulière.

Au lieu de cela nous voici en présence, *encore une fois*, d'une menue circonstance apparemment insignifiante, qui donne au récit un caractère de véracité, en même temps qu'elle laisse soupçonner l'existence d'un *pesher* à un certain stade de la formation du récit, ou, à tout le moins, d'un argumentaire sous-jacent entièrement fondé sur les sainte Écritures.

---

[501] *Actes* 10$^{45-48}$: καὶ ἐξέστησαν οἱ ἐκ περιτομῆς πιστοὶ ὅσοι συνῆλθαν τῷ Πέτρῳ, *etc.*

[502] *Actes* 11^{12} : ἦλθον δὲ σὺν ἐμοὶ καὶ οἱ ἓξ ἀδελφοὶ οὗτοι, καὶ εἰσήλθομεν εἰς τὸν οἶκον τοῦ ἀνδρός.

Il nous faut d'abord observer que, selon le *Livres des Nombres*, lorsque les Hébreux se déplaçaient dans le Désert, au nombre de 600 000 sans compter les femmes et les enfants, après avoir démonté le Tabernacle, ils le transportaient avec eux sur précisément *six* chariots[503], qui escortaient donc l'Arche elle-même, portée à mains d'hommes. Ces six chariots transportaient tout le mobilier de la Tente, soigneusement enveloppé dans des peaux de cétacées, animaux impurs comme on l'a dit, ces mêmes peaux qui avaient servi à recouvrir la Tente quand elle était déployée.

La première génération chrétienne s'intéressait-elle à ce genre de détails ? Les disciples de Jésus et tous ceux les rejoignirent pour former la première communauté messianique, la première Église, avaient-ils à l'esprit la liste du mobilier qu'avait abrité le Tabernacle itinérant édifié par Moïse d'après le modèle céleste qui lui avait été montré ? La réponse est définitivement oui. C'est ce que prouve, entre autres, la *Lettre aux Hébreux*, 9[1-5], qui nous donne même une liste sommaire de ce mobilier. Cependant comme l'auteur ne s'intéresse en l'occurrence qu'à l'un de ces éléments, à savoir surtout le rideau, il conclut ce développement par cette phrase remarquable : *Mais il n'y a pas lieu pour l'heure d'entrer dans les détails*[504]. Ce qui donne à entendre très clairement qu'il serait parfaitement en mesure de le faire, si la logique de son exposé le nécessitait.

Seulement, comme nous l'avons déjà souvent fait remarquer, si cette sextuple escorte de l'Arche d'Alliance dans la Torah a pu retenir l'attention des premiers chrétiens, et se fixer dans leur mémoire textuelle, de manière à ce qu'on puisse s'y référer d'une manière aussi allusive, c'est presque

---

[503] *Nombres* 7[3] : עגלת (*eglot*), ἁμάξας (*amaxas*), plaustra. Sur la vraisemblance de cette précision archéologique, voyez en dernier lieu L. B. Couroyer, « L'Exode et la bataille de Qadesh », *Revue Biblique* 97 (1990) 321-358 spéc 350, qui en relève un intéressant parallèle égyptien.

[504] *Hébreux* 9[5] : περὶ ὧν οὐκ ἔστιν νῦν λέγειν κατὰ μέρος ; de quibus non est modo dicendum per singula.

nécessairement parce qu'on lui avait trouvé un écho dans quelque autre passage des Écritures, tiré pour sa part des Prophètes. De fait nous trouvons bien une autre sextuple escorte au *Livre d'Ézéchiel*, au chapitre 9, qui plus est encore une fois en lien avec l'Arche d'Alliance qui se trouve alors dans le Temple de Jérusalem.

Ézéchiel 9[1] *Il cria à mes oreilles d'une voix forte : « Le châtiment de la ville est proche ; que chacun ait en main son instrument d'extermination. »* [2] *Voilà que six hommes venaient de la porte supérieure qui est tournée vers le nord ; chacun avait en main son instrument d'extermination. Au milieu d'eux il y avait un homme vêtu de lin, avec une écritoire de scribe à la ceinture. Ils vinrent et se tinrent à côté de l'autel de bronze.* [3] *La gloire du Dieu d'Israël s'éleva au-dessus du chérubin sur lequel elle se trouvait* [C'est-à-dire au-dessus de l'Arche d'Alliance.] *et se dirigea vers le seuil de la Maison* [C'est-à-dire du Temple de Jérusalem.] *; alors il appela l'homme vêtu de lin et portant une écritoire à la ceinture.* [4] *Le Seigneur lui dit : « Passe au milieu de la ville, au milieu de Jérusalem ; fais une marque sur le front des hommes qui gémissent et se plaignent à cause de toutes les abominations qui se commettent au milieu d'elle. »* [5] *Puis je l'entendis dire aux autres : « Passez dans la ville à sa suite et frappez ; que vos yeux soient sans compassion et vous sans pitié.* [6] *Vieillards, jeunes hommes et jeunes filles, enfants et femmes, vous les tuerez jusqu'à l'extermination ; mais ne vous approchez de personne qui portera la marque. (...)* [11] *Et voici que l'homme vêtu de lin et portant une écritoire à la ceinture rendit compte en disant : « J'ai fait comme tu me l'avais ordonné. »*

Ce n'est pas le lieu d'expliquer ici cette vision (qui trouve aussi plusieurs échos très nets dans l'*Apocalypse*[505]), ni non plus de se demander comment chaque détail pouvait en être

---

[505] Par exemple *Ézéchiel* 9[4] en *Apocalypse* 7[2-3], et *Ézéchiel* 9[6] en *Apocalypse* 9[4].

compris par Pierre et ses compagnons, et appliqué à l'histoire de leur communauté.

Il nous suffira ici d'en remarquer trois détails troublants.

1° Les *six hommes* en question arrivent par une porte *qui est tournée vers le nord*, de même sans doute que les six témoins allégués par Pierre et venus avec lui de Césarée à Jérusalem, selon Actes 11[11].

2° De même que Pierre n'a baptisé lui-même à ce qu'il semble aucun ni aucune des incirconcis de Césarée, de même l'Homme vêtu de lin n'est pas non plus chargé d'exterminer ceux qui n'ont pas la marque divine, tâche qui revient à ses six compagnons.

3° Enfin, comme l'homme vêtu de lin conclut en déclarant qu'il a obéi aux ordre divins (*Ézéchiel* 9[11]), Pierre souligne trois fois dans son rapport qu'il a reçu des ordres directs de Dieu (*Actes* 11[7.9.12]) et il conclut en disant qu'il ne pouvait pas s'y opposer (11[17]).

Par ailleurs, si nous revenons maintenant au *Cantique des cantiques*, et au palanquin de Salomon aménagé par les Filles de Jérusalem, compagnes de la Bien-Aimée, c'est-à-dire par les nations païennes qui doivent être réunies et agrégées à la nation monothéiste, nous voyons qu'il est lui aussi accompagné d'une escorte : *Voici la litière de Salomon. Soixante preux autour d'elle, d'entre les preux d'Israël, tous ayant une épée, experts au combat, chacun l'épée sur la cuisse à cause de la frayeur pendant les nuits.*[506]

On objectera sans doute que *six* et *soixante* ne sont pas le même nombre. Mais il faut remarquer aussi que l'escorte originelle de Pierre, formée de six *croyants venus de la circoncision*, s'est ensuite grossie de tous les nouveaux croyants que ces six compagnons ont baptisés à Césarée sur les ordres de Pierre.

Suivant quel ratio ? C'est ici qu'il faut se souvenir d'une autre prophétie relative à la conversion future des nations

---

[506] *Cantique des cantiques* 3[7-8].

païennes, qu'au trouve au *Livre de Zacharie* si cher aux premiers chrétiens et spécialement à l'auteur de l'*Apocalypse* : *Et de nombreux peuples et des nations puissantes viendront rechercher le Seigneur des armées et prier devant le Seigneur. Ainsi parle le Seigneur des armées : En ces jours-là, dix hommes de chaque langue des nations se saisiront de la frange de chaque judéen et s'y agripperont en disant : Nous irons avec toi, parce que nous avons entendu dire que Dieu est avec vous.*[507]

Naturellement, personne n'a sans doute jamais compté précisément le nombre des personnes qui étaient présentes lors de cet événement, dont le caractère révolutionnaire et lourd d'avenir n'a certainement été perçu qu'après coup. Mais on peut parfaitement imaginer que les six compagnons de Pierre auraient baptisé une soixante de personnes environ, ou un nombre de cet ordre de grandeur. Cela n'a rien d'invraisemblable, vu que Cornélius avait invité chez lui tous ceux des siens et de ses proches qui comme lui sympathisaient à Césarée avec le judaïsme[508]. Il s'agissait en effet, selon les *Actes*, de *beaucoup de gens (πολλούς, pollous)*[509]. Lors d'un autre événement communautaire raconté par les *Actes* et se déroulant au printemps de l'an 33, apparemment dans une salle haute de réunion à Jérusalem, les *Actes* nous montrent Pierre entouré de *cent-vingt personnes environ*.[510] Quelques jours plus tard, nous voyons le même groupe réuni à

---

[507] *Zacharie* 8[22-23].

[508] Si par exemple on n'y compte que Cornélius, ses trois envoyés, leurs épouses et par exemple deux enfants pour chacun d'entre eux, on arrive déjà à seize personnes.

[509] *Actes* 10[27] : καὶ εὑρίσκει συνεληλυθότας πολλούς.

[510] Il s'agit de la séance lors de laquelle la communauté choisit un remplaçant à Judas l'Iscariote, *Actes* 1[15] : *En ces jours-là Pierre se leva au milieu des frères (ἐν μέσῳ τῶν ἀδελφῶν) et prit la parole ; et c'était une foule tout ensemble (ἐπὶ τὸ αὐτὸ) d'environ cent vingt personnes ; etc.*

l'occasion de la Pentecôte, et plus précisément *siégeant* dans une seule et unique *maison*, probablement la même[511].

En résumé nous trouvons dans les Écritures hébraïques trois sextuples escortes qui expliquent la mention par les Actes d'une sextuple escorte de Pierre à Césarée, la première dans la Torah, la deuxième dans les Prophètes, et la troisième dans les Autres écrits. Ce sont : 1° les six chariots qui accompagnaient l'Arche d'Alliance dans ses déplacement, selon le *Livre des Nombres* ; 2° les six anges qui, sur un ordre de Dieu donné depuis la même Arche d'Alliance, exterminent, c'est-à-dire baptisent, ceux que leur désigne un mystérieux Homme vêtu de lin, selon le *Livre d'Ézéchiel* ; 3° les soixante guerriers qui escortent le Palanquin de Salomon, allégorie traditionnelle de la même Arche et du Temple itinérant, selon le *Cantique des cantiques*.

Le récit des *Actes* nous a-t-il conservé d'autres indices d'un tel *pesher* du *Cantiques des cantiques* et plus spécialement de l'épisode du palanquin de Salomon ?

69. L'épée comme parole de Dieu qui circoncit les cœurs

Il est intéressant à cet égard d'examiner d'abord comment la tradition juive interprète de son côté l'escorte du palanquin de Salomon, et spécialement ce qu'en dit le verset 3^8 du *Cantique des cantiques* : *Tous portent l'épée (חרב, hereb, ῥομφαίαν, rhomphaïan), exercés au combat. Chacun l'épée (חרב, hereb, ῥομφαία, rhomphaïa) sur la hanche en vue des alarmes nocturnes.*

Voici la paraphrase du Targoum : « Et les prêtres et les lévites et les tribus d'Israël possèdent les paroles de la Loi qui ressemblent au glaive, et ils discutent grâce à elles comme des

---

[511] *Actes* 10^{1-2} : *et à l'arrivée du jour de la Pentecôte ils étaient tous en même temps ensemble (πάντες ὁμοῦ ἐπὶ τὸ αὐτό) et il y eut soudain depuis le ciel un bruit semblable à celui d'un coup de vent et il remplit toute la maison où ils étaient en train de siéger (ὅλον τὸν οἶκον οὗ ἦσαν καθήμενοι).*

guerriers exercés. Et chacun d'eux est marqué du signe de la circoncision[512] dans sa chair, comme elle fut scellée dans la chair d'Abraham, leur père, grâce à elle ils se fortifient et prévalent comme le fort qui est ceint du glaive sur sa hanche. Et ils ne craignent pas les dangers ni les démons qui circulent dans la nuit. »[513]

Ce texte scripturaire et son interprétation traditionnelle sont extrêmement importants, à ce qu'il nous semble, pour comprendre certains concepts, qui paraissent avoir été fondamentaux pour les tout premiers chrétiens, bien qu'ils soient aujourd'hui quelque peu oubliés.

Il faut d'abord observer ici que l'épée portée sur la hanche par chaque membre de l'escorte de Salomon reçoit une double interprétation, ce qui est normal en contexte rabbinique, puisque le mot apparaît deux fois dans le texte scripturaire en question. Rappelons par ailleurs que l'escorte du palanquin est clairement identifiée à la nation monothéiste dans son ensemble, sous l'image du peuple hébreu semi-nomade qui escortait l'Arche d'alliance et le Temple itinérant transporté par six chariots.

Dans ce cadre, l'*épée* dont chaque membre de cette escorte est muni est tout d'abord considérée comme une métaphore de la parole de Dieu, et de ce point de vue le bon combattant représente celui qui sait en faire bon usage, c'est-à-dire par exemple en tirer argument. Dans un deuxième temps, en tant qu'elle est portée sur la hanche, la hanche prise comme un euphémisme désignant les parties sexuelles, elle est identifié au couteau qui est utilisé par retrancher le prépuce lors du rite de la circoncision[514]. Ainsi la nation monothéiste est caractérisée par deux traits essentiels : l'alliance de la Circoncision donnée à Abraham, et celle qui eut lieu à

---

[512] Le mot *hanche* est interprété comme un euphémisme désignant les parties sexuelles.

[513] Texte et targoum traduits respectivement de l'hébreu et de l'araméen par F. Manns (1991) 278.

[514] Par allusion à *Josué* 5².

l'époque de Moïse au Sinaï, et qui fut marquée par le don de la Torah.

On trouve, soit dit en passant, la même double interprétation dans le targoum du psaume 45, psaume messianique des plus important : *Héros, ceins sur ta hanche ton épée (חרבך, hereb), ta parure et ta gloire ! Triomphe dans ta gloire, chevauche (רכב, rekab) pour la vérité, la bonté et la justice etc.*[515]

C'est ce qui explique que le cavalier de l'*Apocalypse* s'appelle la *Parole de Dieu*, qu'il ait une *épée* qui lui sorte *de la bouche pour frapper les non-juifs*, et qu'il ait un nom *écrit sur la hanche*.[516]

Pour les premiers chrétiens, il est clair que l'épée ne signifie métaphoriquement qu'une seule et unique chose : c'est la Parole de Dieu, qui sort de la *bouche* des croyants et qui terrasse les erreurs du paganisme. C'est par ailleurs comme un scalpel[517], qui opère dans les païens la circoncision du cœur, en retranchant de leurs âmes l'impureté charnelle qu'y avait accumulée le diable, sous l'espèce des idoles et de l'idolâtrie.

Il n'est pas indifférent que le texte sous-jacent à la deuxième interprétation de l'épée, dans le targoum, soit tiré du *Livre de Josué*, ou plutôt, comme le rend le grec de la Septante, du *Livre de Jésus*. Il s'agit du moment où les Hébreux entrent enfin dans la terre promise où Moïse n'était pas parvenu à les faire entrer. C'est seulement la deuxième génération, née dans le désert, qui va y entrer sous la conduite de Josué/Jésus, et c'est dans ce cadre que Josué ordonne à tout le peuple une mystérieuse et deuxième circoncision, après qu'il a franchi le Jourdain. *En ce temps-là, le Seigneur dit à*

---

[515] *Psaume* 45[4-5].

[516] *Apocalypse* 19[11-16].

[517] Cf. *Hébreux* 4[12] : *Vivante, en effet, est la parole de Dieu, énergique et plus tranchante qu'aucun glaive à double tranchant. Elle pénètre jusqu'à diviser âme et esprit, articulations et moelles. Elle passe au crible les mouvements et les pensées du cœur.*

Josué : Fais-toi des épées (חרבות, harbot, μαχαίρας, makhaïras) de silex tranchants et avec eux circoncis à nouveau les fils d'Israël une deuxième fois (שנית, shenit, mot disparu dans le grec).[518]

Nous savons par la *Lettre de Barnabé*, rédigée dès l'an 39[519], que les premiers chrétiens considéraient le franchissement du Jourdain et l'entrée de la nation monothéiste dans la Terre sainte, sous la conduite de Josué, comme l'un des prototypes du baptême chrétien qui intègre les néophytes dans l'Église, elle-même considérée comme le corps du Christ[520]. Le même Barnabé développe longuement une théologie de la circoncision du cœur, qu'il assimile aussi à une circoncision des oreilles frappée par la prédication chrétienne.[521] Nous y reviendrons dans un prochain ouvrage.

70. Pierre et l'édification du nouveau Tabernacle

À quoi tout cela nous mène-t-il ? On constate que dans le binôme formé par Philippe et Pierre, respectivement nouvel Élie et nouvel Élisée, seul Philippe est associé au thème métaphorique du char.

Si Pierre, lorsqu'il approche de Césarée puis y arrive, est de son côté associé, également de manière sous-jacente, à un véhicule, à savoir le palanquin de Salomon escorté de soixante braves, c'est sur une base scripturaire bien différente, à savoir celle du *Cantique des cantiques*. Et c'est surtout dans une toute autre perspective, puisque ce palanquin n'est alors qu'un avatar symbolique du Tabernacle, comme toujours dans le cas de Pierre, toujours associé au thème de l'édification du nouveau Sanctuaire, qu'il soit de toile comme

---

[518] *Josué* 5[2].

[519] C'est ce que démontrera le tome 3 de nos *Origines Chrétiennes*.

[520] *Lettre de Barnabé* 6[8-17].

[521] *Lettre de Barnabé* 9[1-9] ; cf. *Actes* 7[51].

le Tabernacle itinérant des origines, ou de pierre comme le Temple plus tard édifié par Salomon.

C'est ce qu'on voit aussi dans le rappel que fait quinze ans plus tard Pierre lui-même des événements de Césarée, lors de la réunion qu'on appelle traditionnellement le *Concile de Jérusalem*, en l'an 49 : *Mes frères, vous savez que dès les premiers jours, parmi vous, Dieu a choisi que ce soit par ma bouche (στόματός, stomatos) que les non-juifs entendent (ἀκοῦσαι, akousaï) le discours (λόγον, logon) de la bonne nouvelle et y accordent croyance (πιστεῦσαι). Dieu (θεὸς, théos) qui connaît les cœurs (καρδιογνώστης, kardio-gnôstès) leur a rendu témoignage en leur donnant l'Esprit (πνεῦμα, pneuma) Saint comme à nous, et il n'a fait aucune distinction entre nous et eux, ayant par la croyance (πίστει, pisteï) purifié leurs cœurs (καρδίας, kardias). (...) Mais au contraire c'est par la grâce du seigneur (Κυρίου, kuriou) Jésus que nous avons la croyance (πιστεύομεν, pisteuomén) d'être sauvés (σωθῆναι, sôthènaï), exactement comme eux.*[522]

Que vient faire ici cette *bouche* ? Que viennent faire ici ces *cœurs* ? Et quel est ce processus métaphorique très construit et cohérent par lequel la parole de Dieu, sortant de la bouche de l'apôtre et pénétrant par les oreilles des païens jusqu'à leur cœur, y installe la croyance purificatrice d'être sauvés, qui elle-même les rend dignes de devenir des réceptacles de l'Esprit divin ? Il y a là encore une fois une théologie sous-jacente, qui n'est clairement explicité que par la *Lettre de Barnabé* :

Avant que nous n'ayons croyance (πιστεῦσαι, pisteusaï) en Dieu (θεῷ, théô) l'habitacle de notre cœur (καρδίας, kardias) était corruptible et malade, exactement comme un temple bâti à la main, parce qu'il était plein d'idolâtrie et qu'il était le domicile de démons, vu qu'il faisait tout ce qui s'opposait à

---

[522] *Actes* 15[7-9].

Dieu[523]. *(...) Lorsque nous avons reçu le pardon des péchés et mis notre espoir dans le Nom, nous sommes devenus neufs, étant à nouveau créés dès le principe. C'est pourquoi, dans l'habitacle que nous sommes, véritablement, Dieu (θεὸς, théos) habite, en nous (...), le discours (λόγος, logos) de sa croyance (πίστεως, pistéôs), (...) lui-même prophétisant en nous, lui-même habitant en nous (...). En ouvrant pour nous la porte du sanctuaire, c'est-à-dire la bouche (στόμα), après nous avoir donné (διδοὺς, didous) la conversion, il nous a introduits dans le temple incorruptible. Car celui qui veut être sauvé (σωθῆναι, sôthènaï) ne regarde pas la personne [de l'évangélisateur], mais celui qui habite et parle en elle, (...) frappé qu'il est du fait de n'avoir jamais entendu (ἀκηκοέναι, a kèkoénaï) les paroles de celui qui parle depuis cette bouche (στόματος, stomatos) ni d'avoir même jamais espéré les entendre (ἀκούειν, akoueïn). Voilà ce qu'est le temple en esprit (πνευματικὸς, pneumatikos) s'édifiant (οἰκοδομούμενος, oïkodomouménos) pour le Seigneur (Κυρίῳ, Kuriô).*[524]

Faut-il faire remarquer que cette dernière phrase reprend les mêmes mots que celle qui commence le récit du deuxième voyage de Pierre ? *L'Église, sur toute l'étendue de la Judée, de la Galilée et de la Samarie, vivait donc en paix, s'édifiant (οἰκοδομουμένη, oïkodomoumenè) et marchant dans la crainte du Seigneur (Κυρίου, Kuriou) et, grâce à l'appui du Saint Esprit (Πνεύματος, Pneumatos), elle s'accroissait.*[525]

Il est donc bien certain que nous sommes ici en présence de tournures techniques qui font référence de manière très précise à la transmission de l'Évangile qui construit l'Église.

---

[523] *Barnabé* 16[7] : *Vu qu'il faisait tout ce qui s'opposait à Dieu (διὰ τὸ ποιεῖν ὅσα ἦν ἐναντία τῷ θεῷ).* Comparez avec ce que dit Paul de sa propre attitude avant sa conversion, *Actes* 26[9] : *Je pensais donc pour ma part que, relativement au nom de Jésus de Nazareth, il fallait faire tout ce qui s'y opposait (πολλὰ ἐναντία πρᾶξαι).*

[524] *Barnabé* 16[7-10].

[525] *Actes* 9[31].

Lorsque Pierre rappelle en *Actes* 15[7], que c'est de sa *bouche* que les premiers non-juifs ont reçu la Parole, il ne fait que redire ce qu'on a déjà lu dans les *Actes* lorsque Pierre annonce l'Évangile à la maisonnée de Cornélius : *Et Pierre ouvrit la bouche et dit, etc* (10[34]), comme avant lui Philippe lorsqu'il l'avait annoncé à l'Éthiopien : *Et Philippe ouvrit la bouche etc.* (8[35]) Dans ces trois cas il s'agit bien de la même locution technique, où la bouche du prédicateur représente la porte du nouveau Temple spirituel qui s'ouvre à tous ceux qui lui font bon accueil[526].

71. Unanimité des premiers chrétiens sur cette question

Depuis le début du XIXe siècle, tout imbibé de la scholastique hégélienne, et, par suite, de l'idée que rien ne se produit qui ne soit la synthèse douloureuse de forces antagonistes, le monde exégétique, d'abord protestant ou indépendant, et aujourd'hui catholique dans ses écoles les plus renommées, s'est persuadé toujours plus fortement que le phénomène chrétien était fondamentalement disparate dans ses origines. Loin de présenter la moindre unité organique, il aurait bien au contraire été fondamentalement divers, sinon même hétéroclite, et traversé dès le départ par des lignes de fractures extrêmement marquées, sinon même par des antagonismes très violents. Sous l'empire de ce préjugé, l'exégète devient maladivement suspicieux envers ses sources, lorsqu'elles ne paraissent pas le confirmer spécialement. Au lieu de revenir alors d'une hypothèse que rien de palpable n'appuie ni ne documente, il la complique

---

[526] Cette théologie est aussi résumée par Paul dans sa *Lettre aux Romains* (10[8-10]), sur la base d'un verset du *Deutéronome* (30[14]) : « *La parole est près de toi, dans ta bouche et dans ton cœur. Or, c'est la parole de la foi que nous prêchons. Si tu confesses de ta bouche le Seigneur Jésus, et si tu crois dans ton cœur que Dieu l'a ressuscité des morts, tu seras sauvé, car c'est en croyant du cœur qu'on parvient à la justice, et c'est en confessant de la bouche qu'on parvient au salut.* »

alors indéfiniment de nouvelles conjectures supposées expliquer pourquoi, par qui et comment la documentation dont il dispose aura été progressivement dénaturée.

Ainsi par exemple, pour dire les choses d'une manière un peu schématique, il aurait existé une ligne de fracture importante entre les judéo-chrétiens de langue araméenne, groupés autour de Jacques, et les judéo-chrétiens de langue et de culture grecques comme Étienne et Philippe. Les uns auraient été des dévots du Temple de Jérusalem et des rites du judaïsme. Les autres auraient été beaucoup plus critiques. Les uns auraient pensé que le culte rendu dans le Temple de Salomon restait central, et que toutes les observances traditionnelles, à commencer par la circoncision, restaient indispensables au salut. Les autres auraient voulu qu'on passe à quelque chose de plus spirituel. Dans ce cadre général, que faut-il penser du concile de Jérusalem où nous voyons en fait les uns et les autres finir par s'entendre et produire un document officiel de synthèse reconnaissant aux non-juifs le droit de ne pas se faire juifs ? De nos jours, tout commentateur ou historien qui en considère le récit comme fiable, c'est-à-dire comme sincère et bien informé, est regardé, dans le meilleur des cas, avec condescendance. Que nous dit-on alors ? Soit que ce concile dans le fait n'a pas eu lieu : il ne s'agirait que d'une fiction littéraire. Ou bien que le récit en serait confus et en grande partie inexact, factuellement parlant, par suite d'une succession de malentendus, de confusions et de remaniements complexes. On en discute indéfiniment avec un appareil impressionnant de notes savantes qui font office de caution scientifique, alors qu'il ne s'agit généralement que d'un ramassis d'opinions et de conjectures gratuites qui n'ont pas d'autre preuve elles-mêmes que d'avoir été discutées indéfiniment.

Quant au sens objectif du texte qui nous est parvenu, il ne mérite dans cette perspective guère d'intérêt en lui-même, vu son caractère au fond accidentel, secondaire et pour tout dire rédactionnel. Celui qu'on appelle le rédacteur final, en

315

définitive, a cru naïvement pouvoir infléchir ses sources pour en édulcorer les aspérités originelles, sans se rendre compte qu'il serait un jour démasqué par de plus habiles que lui. Seulement, est-il bien raisonnable et convaincant de prétendre exercer son esprit critique sur un texte que fondamentalement on a renoncé à comprendre tel qu'il est ? Et peut-on être plus intelligent qu'un auteur qu'on sous-estime par principe ?

Dans le cas qui nous occupe, le récit que nous avons conservé du concile de Jérusalem ne serait pas fiable, parce que, nous dit-on, les premiers chrétiens étaient trop différents les uns des autres pour arriver à s'entendre aussi vite et aussi bien qu'on nous le raconte. Pourtant, avec un peu d'attention au texte lui-même, et spécialement *à ses données les moins ostensibles*, nous voyons que l'accord se fait sur la base d'un raisonnement qui est acceptable par tout le monde, parce qu'il est parfaitement compris de tous les protagonistes, même s'il ne l'est pas de tous les exégètes.

Nous venons de voir en effet que Pierre fait allusion à un fait que tout le monde peut constater : les non-juifs depuis longtemps déjà sont entrés dans le Temple spirituel. Ils y sont entrés par sa bouche, comme aussi le dit Barnabé dans sa *Lettre aux Antiochiens*. Et que répond alors Jacques ? Il cite de son côté un texte du *Livre d'Amos*, qui va exactement dans le même sens. Voyons cela en relisant son discours de conclusion.

Actes 15[13] (T.O.B.) *Quand ils eurent achevé, Jacques à son tour prit la parole : « Frères, écoutez-moi.* [14] *Syméon vient de nous rappeler comment Dieu, dès le début, a pris soin de choisir parmi les nations païennes un peuple à son nom.* [15] *Cet événement s'accorde d'ailleurs avec les paroles des prophètes puisqu'il est écrit (Amos* 9[11-12]*) :* [16] *« Après cela, je viendrai reconstruire la tente (skènèn, σκηνὴν)*[527] *écroulée de*

---

[527] La T.O.B. porte ici « hutte », Dieu sait pourquoi.

David. Les ruines qui en restent, je les reconstruirai, et je la remettrai debout. [17] *Dès lors le reste des hommes cherchera le Seigneur, avec toutes les nations qui portent mon nom. » Voilà ce que dit le Seigneur, il réalise ainsi ses projets* [18] *connus depuis toujours.* [19] *Je suis donc d'avis de ne pas accumuler les obstacles devant ceux des païens qui se tournent vers Dieu ».*

Différents auteurs récents se sont intéressés à la manière dont Jacques cite ici ce texte d'*Amos*. Les uns n'y voient que des erreurs, de la confusion et des maladresses[528]. Une autre lignée d'auteurs a étudié avec moins de condescendance et plus de précision les réminiscences textuelles savamment entremêlées dans ce passage[529]. Pour finir Richard Bauckham a démontré sans qu'il soit besoin d'y revenir ici que « toutes les variations du texte des *Actes* 15^{16-18} par rapport au texte d'*Amos* 9^{11-12} dans la Septante s'expliquent par une

---

[528] E. Haenchen, « Quellenanalyse und Kompositionsanalyse in Act 15 », in W. Eltester, *Judentum Urchristentum Kirche* (Berlin, 1960) 153-164 spéc. 157 : « Le texte des Septante utilisé ici se méprend (missversteht) sur le texte consonantique hébreu à deux endroits, inversant ainsi son sens. » B. Gerhardsson, *Memory and Manuscript* (Uppsala, 1961), répond que « ce que Haenchen appelle ici *lectures (Verlesungen), méprises (Missverständnisse)* ou *citations à contresens (sinnwidrige Zitate)* s'appelait *midrash* dans les milieux juifs où Jésus est apparu et où s'est développée l'Église primitive. » — C. K. Barrett, *Acts 15-28* (Londres, 1998) 724-728, suppose que Jacques n'avait sans doute pas lui-même cité ce texte, qui du reste avait été originellement convoqué pour défendre un point de vue inverse à celui de Luc, si du moins on peut savoir quelle est exactement la pensée de ce dernier. On est là enlisé dans des problématiques remontant au début XIXe siècle qui relèvent de la scholastique hégélienne, en supposant systématiquement, derrière chaque texte que ce soit, deux sources contradictoires finalement fondues et remaniées par un ultime rédacteur beaucoup moins intelligent que les exégètes.

[529] J. Dupont, « Λαὸς ἐξ ἐθνῶν (Ac 15, 14) », *New Testament Studies* 2 (1956-1957) 47-50 = *Études sur les Actes des Apôtres* (Paris, 1967) 361-365. — N. A. Dahl, « A People for his Name », *New Testament Studies* 4 (1958) 319-327. — B. Gerhardsson, *Memory and Manuscript* (Uppsala, 1961) 260.

interprétation cohérente de ce texte à l'aide de textes connexes, textes qui font référence à la construction du Temple eschatologique[530] et à la conversion des nations[531] dans l'âge messianique. »[532]

Quant au sens précis de l'intervention de Jacques et à la manière dont elle s'appuie sur l'autorité de cet oracle d'Amos, où Dieu promet de *rebâtir la Tente (σκηνὴν, skènè) écroulée de David*, tout cela a été éclairci depuis longtemps[533] sans qu'il soit besoin d'y revenir ici trop longuement.

Cette *Tente de David*, pour Jacques et les tout premiers chrétiens, était en effet évidemment le Tabernacle que David avait élevé à Jérusalem pour y abriter l'Arche d'Alliance[534]. Car, ainsi que le rappelle aussi Étienne dans le discours qu'il prononce avant d'être lapidé, Dieu n'avait pas approuvé le projet de David de lui construire un Temple.

David avait été pris de scrupules à l'idée qu'il vivait dans une maison alors que l'Arche d'Alliance n'était abritée que par une tente. Mais voici ce que Dieu lui répondit alors par le ministère du prophète Nathan :

2 Samuel (T.O.B.) 7[6] *Ainsi parle le Seigneur : Est-ce toi qui me bâtiras une maison pour que je m'y installe ?* [6] *Car je ne*

---

[530] *Osée* 3[4-5] et *Jérémie* 12[15-16].

[531] *Jérémie* 12[15-16], *Zacharie* 8[22] et *Isaïe* 45[20-23].

[532] R. Bauckham, « James and the Gentiles (Acts 15.13–21) », in B. Witherington (éd.), *History, Literature, and Society in the Book of Acts* (Cambridge, 1996) 154-184 spéc. 165 : « All the variations of the text of Acts 15:16–18 from that of Amos 9:11–12 LXX belong to a consistent interpretation of the text with the help of related texts which refer to the building of the eschatological Temple (Hos. 3:4–5; Jer. 12:15–16) and the conversion of the nations (Jer. 12:15–16; Zech. 8:22; Isa. 45:20–23) in the messianic age. », texte repris par B. Witherington, *The Acts of the Apostles* (Grand Rapids, 1998) 448.

[533] George Smith, « Discourse IV. The Tabernacle of David », in *Harmony of the Divine Dispensations* (Londres, 1856) 142-183 spéc. 164-177. — P. Mauro, « Chapter 17. Building Again the Tabernacle of David », in *The Hope of Israel* (Boston, 1922) 212-230 = *The Evangelical Quarterly* 9 (1937) 398-413.

[534] *2 Samuel* 6[17], 7[2] ; *1 Chroniques* 15[1], 16[1] ; *2 Chroniques* 1[4].

318

me suis pas installé dans une maison depuis le jour où j'ai fait monter d'Egypte les fils d'Israël et jusqu'à ce jour : je cheminais sous une tente et à l'abri d'une demeure. [7] Pendant tout le temps où j'ai cheminé avec tous les fils d'Israël, ai-je adressé un seul mot à une des tribus d'Israël que j'avais établies en paissant Israël mon peuple, pour dire : « Pourquoi ne m'avez-vous pas bâti une Maison de cèdre ? » [8] Maintenant donc, tu parleras ainsi à mon serviteur David : Ainsi parle le Seigneur le tout-puissant : C'est moi qui t'ai pris au pâturage, derrière le troupeau, pour que tu deviennes le chef d'Israël, mon peuple. [9] J'ai été avec toi partout où tu es allé : j'ai abattu tous tes ennemis devant toi. Je t'ai fait un nom aussi grand que le nom des grands de la terre. [10] Je fixerai un lieu à Israël, mon peuple, je l'implanterai et il demeurera à sa place. Il ne tremblera plus, et des criminels ne recommenceront plus à l'opprimer comme jadis [11] et comme depuis le jour où j'ai établi des juges sur Israël, mon peuple. Je t'ai accordé le repos face à tous tes ennemis. Et le Seigneur t'annonce que le Seigneur te fera une maison. [12] Lorsque tes jours seront accomplis et que tu seras couché avec tes pères, j'élèverai ta descendance après toi, celui qui sera issu de toi-même, et j'établirai fermement sa royauté. [13] C'est lui qui bâtira une Maison pour mon Nom, et j'établirai à jamais son trône royal. [14] Je serai pour lui un père, et il sera pour moi un fils. S'il commet une faute, je le corrigerai en me servant d'hommes pour bâton et d'humains pour le frapper.

En d'autres termes Dieu rejette clairement le projet de David de lui construire une maison de cèdre. Il annonce même à ce roi que c'est plutôt lui, Dieu, qui va lui construire une maison, à lui David, par quoi il faut entendre sans nul doute une descendance, une dynastie. Enfin il l'informe qu'une maison sera bien bâtie pour le nom ou renom de Dieu dans un avenir non précisé, mais sans dire précisément par qui. Il lui est seulement annoncé que cette construction aura lieu après sa mort et que l'auteur en sera l'un de ses

319

descendants, sans plus de précision, ce qui est extrêmement curieux. Tout le monde sait en effet que c'est son propre fils et premier successeur, Salomon, qui avait édifié un tel temple de pierre et de cèdre à Jérusalem, dans lequel il avait transféré l'Arche d'Alliance jusqu'alors abrité par une simple Tente ou Tabernacle.

Par suite, ce texte reste clairement ambigu et mystérieux, d'une manière qui paraît délibérée ; en tout cas, il donne prise à discussion, surtout quand on le met en rapport avec un célèbre passage du *Livre d'Isaïe* et bien connu des premiers chrétiens, dans lequel Dieu lui-même réprouve expressément l'idée qu'on puisse lui édifier un Temple où il résiderait[535]. Si l'on y joignait le fait notoire que le Temple de Salomon avait été le siège de cultes idolâtriques pratiquement dès le début, du vivant même de son bâtisseur [536], il était tentant d'en conclure que ce n'est pas de ce Temple-là que Dieu avait voulu parler, mais d'un autre, qui serait édifié par un autre de ses descendants, à savoir bien évidemment, le Messie à venir.

Tout cela rend évidemment très légitime la position des premiers chrétiens, selon lesquels la construction du Temple de Salomon, non seulement n'avait pas été demandée par Dieu, mais encore avait été ouvertement réprouvée par les prophètes.

Étienne dans son discours[537] et Barnabé dans sa lettre[538] en réprouvent nettement la construction. L'auteur de la *Lettre aux Hébreux* n'en fait même pas mention et fait mine de ne connaître que la Tente originelle, qu'il décrit longuement.

Enfin Jacques, dans le discours par lequel il conclut en l'an 49 le concile de Jérusalem, considère lui aussi que la promesse faite par Dieu à David, plus tard réactualisée par le prophète Amos, s'accomplit à son époque et sous les yeux de son auditoire. Dieu avait promis à David que ce Tabernacle

---

[535] *Isaïe* 66[1], cité à la fois par *Barnabé* 16[1-2] et *Actes* 7[48-49].

[536] *1 Rois* 11, 4-5.

[537] *Actes* 7[48-49] alléguant *Isaïe* 66[1-2] .

[538] *Barnabé* 16[1-2] alléguant *Isaïe* 40[12] et 66[1].

serait réédifié par l'un de ses descendants, le Messie. Le prophète Amos y avait ajouté qu'il s'ensuivrait une conversion générale de toute l'humanité. La réalisation de ces deux prophéties étaient sous les yeux de tout le monde.

72. Pierre comme nouveau Moïse

Revenons à Pierre, lors de son séjour à Joppé puis lors de son départ de cette ville portuaire.

Nous avons vu tout d'abord la vision qui lui est donnée dans cette ville, lorsqu'il voit un linge mystérieux contenant des animaux impurs, fauves, oiseaux et reptiles, fait allusion à un passage du *Livre d'Osée* qui fait lui aussi mention d'un linge mystérieux et de la trilogie animalière des fauves, des oiseaux et des reptiles, avec en arrière-plan le récit de l'alliance noachique. Tant le linge de sa vision que celui de la prophétie d'Osée ont visiblement rapport au premier Tabernacle, qui lui-même était couvert du cuir d'animaux impurs.

Nous avons également vu qu'il visite à Joppé, dans le Saron, les compagnes tisserandes d'une Gazelle endormie, qu'il réveille la dite Gazelle, ce qui nous renvoie au *Cantique des Cantiques* et à son palanquin de Salomon, lui-même image du Tabernacle itinérant des origines et au rideau de séparation qu'il contenait.

Nous avons vu enfin qu'au port de Joppé, Pierre séjournait chez un tanneur, et qu'il part de cette ville avec une escorte de six compagnons. Nous avons observé à cette occasion qu'on ne pouvait guère tanner, à Joppé, que le cuir d'animaux marins. Et que, d'autre part, lorsque les Israélites levait le camp pour aller le planter ailleurs, ils marchaient derrière l'Arche d'Alliance, elle-même escortée de six chariots transportant tout le mobilier du culte enveloppé dans des housses de cuir d'animaux marins, ce même cuir qui avait recouvert le Tabernacle.

On doit se demander quel était le texte de la Torah qui était au centre du bouquet de références scripturaires qui étaient

321

convoquées pour raconter, expliquer et légitimer l'événement de Césarée.

Il s'agit évidemment de la section de l'*Exode* qui raconte la construction par Moïse de la Tente de Réunion, aussi appelée Tabernacle, qu'il avait édifiée d'après le modèle céleste qui lui avait été montré[539], et qui fut ensuite elle-même le modèle du Temple de de Salomon, puis du Second Temple à l'époque de Zorobabel, ce dernier ensuite remanié par le roi Hérode, et toujours en construction à l'époque apostolique.

Ne craignons pas de nous répéter. Tout cela en effet est assez nouveau, et assez complexe, en même temps qu'extrêmement cohérent. Ce qui nous le prouve avant tout, c'est que le palanquin de Salomon, soigneusement orné par les filles de Jérusalem, n'a pas d'autre sens qu'allégorique, dans l'exégèse traditionnelle du *Cantique des cantiques* où il représente le Tabernacle originel escorté par toute la nation monothéiste.

Par ailleurs nous avons vu que la vision qui fut donnée à Pierre dans la ville de Joppé, pour le convaincre de s'en aller à Césarée, où il allait fonder la toute première église non-juive, fut celle d'une grande toile de lin carré suspendue au ciel par ses quatre coins et couverte d'animaux impurs. Or cette vision rappelle assez étroitement celle qui fut donnée à Moïse d'un modèle céleste, sur lequel il devait construire le Tabernacle, lui-même recouvert extérieurement d'une couche de cuir de mammifères marins, qui étaient eux aussi des animaux notoirement impurs, du point de vue de la Torah.

Troisièmement la mention répétée de la profession et de l'adresse de l'hôte de Pierre à Joppé, qui était un tanneur résidant au bord de la mer, ne paraît pas trouver d'autre explication qu'une allusion à la confection de ces mêmes cuirs marins qui recouvraient le Tabernacle déployé et qui enveloppait son mobilier quand on le démontait pour le transporter.

---

[539] *Exode* 25$^{9.40}$, 26^{30}, 8^4 ; cf. *Hébreux* 8^5.

Tout cela nous ramène évidemment et tout simplement à la signification du nom qui lui aurait été donné par le Messie selon l'*Évangile de Matthieu*, 16[18] : *Et moi je te dis que tu es Pierre et sur cette pierre je bâtirai mon Assemblée.*

Cette prophétie trouve son application tout spécialement lors de la fondation de la première communauté catholique de tous les temps. C'est à Joppé que se rencontrent Pierre et les premiers croyants d'origine païenne qui vont ensemble transporter à Césarée le sanctuaire itinérant, de même aussi que c'était à Joppé que débarquaient et le bois du Liban et les artisans de Tyr venus s'adjoindre aux pierres de taille et aux ouvriers tailleurs de pierre du roi Salomon.

Or, il en en va de même du nom de *Philippe*, d'une manière qui ne paraît pas jusqu'ici avoir été remarquée.

73. Le nom de Philippe

Tout le monde sait que le nom grec de *Philippos*, comme la plupart des noms de personne grecs, combine deux racines, et qu'en l'occurrence la première exprime l'idée d'affection, d'attraction ou de faveur, *phil-*, et la deuxième la notion de cheval, *hippos*. Mais personne à ce jour, sauf erreur, ne semble avoir jamais songé que cette étymologie ait pu revêtir quelque importance que ce soit aux yeux des premiers chrétiens.

Pourtant ce mot, aujourd'hui connu surtout comme nom de personne, *Philippe*, était avant tout en grec classique un adjectif, *philhippe*, qui signifiait quelque chose comme « féru d'équitation ».

Les poètes classiques tels que Pindare, Sophocle et Euripide l'appliquent à certains peuples réputés pour leur maîtrise de l'art équestre, tels que les habitants d'Etnée en Sicile[540], tels

---

[540] Pindare, *Néméennes* 9, 74 : φίλιπποί … ἄνδρες, « gens férus d'équitation ».

que les Troyens[541], ou encore tels que les habitants de la Thrace[542].

Mais on le trouve aussi en prose. Ainsi, dans le *Lysis* de Platon, nous voyons Socrate en faire usage lors d'un dialogue sur la nature de l'amitié, en grec φιλία, *philia*. Comme ce dernier mot signifie en grec classique, plus largement, toute sorte de relations de bienveillance réciproque, Socrate en vient à se demander, en manière d'exemple, non sans malice, si être *philippe* ne signifierait autant « aimé des chevaux » que « aimant les chevaux ».

Quant à Plutarque, dans sa *Vie de Numa Pompilius*, au chapitre des relations légendaires de ce roi de Rome avec la nymphe Égérie, voici ce qu'il remarque au passage : *Il y a quelque logique à ce que la divinité ne soit pas férue de chevaux (φίλιππον, philippon) ni d'oiseaux (φίλορνιν, philornin), mais d'hommes (φιλάνθρωπον, philanthrôpos), et que par suite elle veuille bien entrer en relation avec les gens supérieurement vertueux, et qu'elle ne méprise ni ne dédaigne de converser avec un homme religieux et sage*[543].

Notons pour finir un passage de Xénophon qui traite de la jeunesse et des qualités humaines exceptionnelles de Cyrus. Les destinées de ce premier roi des Perses ont longtemps marqué les esprits antiques. La Bible hébraïque elle-même le célèbre explicitement comme une sorte de messie païen, providentiellement choisi par Dieu pour venger son peuple des Assyriens, pour le libérer de l'exil où ils l'avaient entraîné et pour lui permettre de reconstruire enfin le Temple de

---

[541] Euripide, *Fragment* 738 (859 dans l'édition de Pierson) : Τρῶες φίλιπποί. Chez Homère, *Iliade* 2, 230 ; 3, 127 ; etc., ils sont plutôt qualifiés ἱππόδαμοι, « dompteurs de chevaux », et chez Bacchylide, *Ode* 12, 260, ἱππευταί, « cavaliers ».

[542] Sophocle, *Fragment* 523 (582 dans l'édition de Pierson) ; Euripide, *Hécube* 9 : φίλιππον λαὸν ; 428 : φιλίπποις Θρηξί (cf. 1089 : Θρήκης εὔιππον γένος, « le peuple bien doté en chevaux de la Thrace »). Cf. Hésiode, *Les Travaux et les jours* 505 : Θρήκης ἱπποτρόφου, « de la Thrace éleveuse de chevaux »).

[543] *Vie de Numa* 4.

Jérusalem qu'ils avaient détruit[544]. Or, par coïncidence, c'est de ce même Cyrus que Xénophon dit qu'il passait pour φιλιππότατος, *philippotatos*, c'est-à-dire « le plus philippe » des jeunes gens de son temps, « le plus féru d'équitation »[545].

Le grand Cyrus à cheval (gravure d'Adriaen Collaert, avant 1618)

De même donc que la *philanthropie (φιλανθρωπία)* consiste en une sorte de familiarité bienveillante avec *les gens*, la *philippie (φιλιππία)*[546] suppose une relation familière avec le monde des *chevaux* et de l'art équestre.

---

[544] *Isaïe* 44[28], 45[1-8], *Daniel* 1[21], 10[1], *Esdras* 1[1-4.7-11], 4[3], 5[13]-6[12], *2 Chroniques* 36[22-23].

[545] *Anabase* 1, 9, 5. Xénophon était d'ailleurs lui-même connaisseur en la matière, au point qu'on a de lui un traité *Sur l'Équitation*, et un autre intitulé *Le commandant de cavalerie*.

[546] Le mot est attesté au moins chez un philosophe néopythagoricien du Ier siècle de notre ère, le pseudo Ocellus Lucanus, *De la nature de l'univers* 4, 14, cité par Jean Stobée, *Extraits* 2 (éd. de Berlin de 1884, p. 120).

Nous venons d'établir un fait plus important qu'il n'y paraît. Le nom de *Philippe*, qui fut le tout premier des croyants à évangéliser et baptiser des samaritains, ainsi que le tout premier à évangéliser et à baptiser un non-israélite, avait une signification parfaitement claire et transparente aux oreilles et aux yeux de toute personne qui ait la moindre teinte de grec. Absolument rien en effet ne le distinguait, ni à l'oral, ni à l'écrit[547], de l'adjectif qualificatif *philippe*, « féru d'équitation », un peu à la manière des patronymes modernes Chevalier, Knight, Cabalero ou Cavaliere.

Or, comment ne pas mettre ce fait incontestable en relation avec l'omniprésence du thème équestre dans les *peshers*[548] sous-jacents aux récits des *Actes* qui mettent en scène le dit Philippe ?

1°. L'évangélisation de la Samarie par Philippe se fait lors de la première d'une série de quatre courses apostoliques à travers la Palestine. Nous avons vu que ces quatre courses correspondent étroitement à celles des quatre chars qu'évoquent le *Livre de Zacharie*. Philippe y correspond précisément au char tiré par des chevaux noirs, le premier à rentrer en action, suivi par un char tiré par des chevaux blancs, qui correspond quant à lui à Pierre et Jean. Ces chevaux font tomber l'esprit sur le pays du Nord, ce qui correspond à l'effusion de l'Esprit dans la ville de Samarie.

2°. Dans ce même récit, nous avons vu l'évangélisation de Samarie par Philippe correspond typologiquement à la rupture du siège de la même ville, racontée par le *Deuxième livre des Rois*, où l'assiégeant est soudain mis en fuite par le bruit soudain d'une mystérieuse cavalerie invisible.

3°. Nous avons vu également que le siège de cette ville et sa délivrance se faisait en présence du prophète Élisée, lui-

---

[547] Rappelons que l'usage de faire commencer les noms propres par une majuscules est purement moderne, et que d'ailleurs les caractères minuscules n'existaient pas encore à l'époque apostolique.

[548] Ou *pesharim*, pour les puristes.

même connu pour être toujours escorté par une mystérieuse et puissante cavalerie invisible.

4°. Par ailleurs Philippe est clairement portraituré en nouvel Élie dans l'épisode de la conversion de l'eunuque éthiopien, et il y emprunte à ce prophète trois traits précisément tirés de deux épisodes équestres du *Deuxième livre des Rois*. Comme Élie, Philippe court après un char et le rattrape. Et comme lui il monte sur un char, juste avant d'être mystérieusement enlevé aux regards de son disciple.

5°. Enfin, nous avons montré que ce même épisode de la conversion du trésorier de l'Éthiopie, renvoie, plus profondément qu'au char d'Élie, à celui de Joseph le patriarche dont il est question au livre de la *Genèse*.

En définitive nous sommes en présence d'un récit qui témoigne d'une longue méditation scripturaire faisant fonds sur quatre passages de Prophètes ou *Nébiim* parlant de *chevaux* et/ou de *chars*[549] et centrés autour d'un texte de la Loi ou *Torah* qui paraît le plus important pour la signification de l'ensemble de l'épisode et de ses suites immédiates.

Il est donc bien extrêmement probable que le nom de Philippe et sa signification étymologique évidente ont été pris en compte par la première communauté chrétienne dans ses spéculations et dans ses recherches scripturaires, à l'occasion de de ces événements sensationnels et totalement inattendus. Philippe a en effet joué un rôle considérable dans l'histoire du salut, comme tout premier initiateur de la conversion des samaritains, puis d'un non-juif.

74. Les *testimonia* équestres

Vers le milieu du XXe siècle, le monde de l'exégèse biblique s'est fait l'observation qu'il existait dans le Nouveau Testament et chez les premiers auteurs chrétiens d'assez nombreux bouquets de références bibliques, alias *testimonia*,

---

[549] *1 Rois* 17 [45-46] ; *2 Rois* 2[11-12] ; *2 Rois* 7[6] et *Zacharie* 6.

qu'on retrouve d'un auteur à l'autre. Plusieurs de ces auteurs anciens en effet citent d'affilée à peu près les mêmes textes bibliques, ces groupes de textes étant eux-mêmes clairement constitués sur la base d'accrochages verbaux ou de parallèles thématiques.

On a parfois proposé à ce phénomène une explication de type purement littéraire : il aurait existé des recueils manuscrits, aujourd'hui perdus, de citations bibliques classées et regroupées par thèmes, qui auraient circulé de manière indépendante[550]. Il s'agit là clairement d'une fausse piste, c'est-à-dire d'une hypothèse non documentée[551], sans aucun caractère de vraisemblance[552] et surtout totalement inutile, concernant une époque bien antérieure à l'invention de l'imprimerie, époque où la mémoire textuelle était capable d'exploits qui dépassent de loin tout ce qu'on peut imaginer aujourd'hui. De nos jours encore, d'ailleurs, de nombreux croyants consultant fréquemment la Bible, interrogés sur un thème quelconque, sont parfaitement capables de citer de mémoire une demi-douzaine de passages des Écritures afférents à la question soulevée.

Il faut aussi considérer que les Écritures hébraïques ne constituent en réalité qu'un corpus relativement limité. Par suite, lorsque différents auteurs les interrogent sur un thème

---

[550] E. Hatch, « On Composite Quotations from the Septuagint », in *Essays in Biblical Greek* (Oxford, 1889) 203-214, spéc. 203 ; J. R. Harris, *Testimonies* (Cambridge, 1916-1920) ; P. Prigent, « Introduction », in *Les testimonia dans le christianisme primitif. L'épître de Barnabé I-XVI et ses sources* (Paris, 1961) 7-28, et toute la littérature convoquée en notes ; J. Daniélou, *Études d'exégèse judéo chrétienne. Les testimonia* (Paris, 1966) ; H. Chadwick, « Florilegium », *Reallexikon für Antike und Christentum* 7 (Stuttgart, 1969) 1131-1159 ; R. Hodgson, « The Testimony Hypothesis », *Journal of Biblical Literature* 98 (1979) 361-378 (citant d'autres tenants de cette hypothèse p. 361 note 3) ; etc.

[551] On n'a jamais découvert aucun texte de ce genre dans la littérature ancienne et les grottes de Qumrân n'en ont pas livré le moindre fragment réellement convaincant.

[552] Quel intérêt y aurait-il eu à éditer ces brouillons ? Pour quel public ?

bien précis, en procédant le plus souvent avec la même méthodologie allégorique, il n'y a guère à s'étonner qu'ils en viennent, indépendamment les uns des autres, à citer à peu près les mêmes passages, en les sollicitant qui plus est à peu près de la même manière.

Nous allons en donner pour preuve un passage du *Commentaire* d'Apponius *sur le Cantique des cantiques*, qu'on date généralement de la fin du IVe siècle ou du début du Ve. Cet exégète génial et trop longtemps méconnu[553], se trouve à peu près dans la même situation intellectuelle que les contemporains de Philippe au premier siècle.

Ces derniers en effet cherchaient dans les Écritures la justification d'un événement inattendu, à savoir la toute première conversion au Christ d'un non-juif, conversion survenue sur un *char,* à l'initiative d'un croyant qui s'appelait *Féru-de-chevaux.*

Apponius, quant à lui, trois siècles et demi plus tard, cherche à comprendre, en relisant les Écritures, pourquoi soudain le Bien-Aimé du *Cantique des cantiques* apostrophe sa Bien-Aimée en ces termes très étranges : « C'est à ma cavalerie *(equitatu meo)* que je t'ai comparée, mon amie, parmi les chars de Pharaon ».

Or, il faut bien constater qu'Apponius ratisse alors, dans les saintes Écritures, à peu près les même passages que ses prédécesseurs, et selon toute apparence d'une manière totalement indépendante. Qu'on en juge.

« Ainsi donc notre seigneur Jésus Christ est en possession de *chevaux*, en possession de *cavaliers*, en possession de *chars*. Ce sont ceux par lesquels est transporté le grand et fameux prophète Élie pour ainsi dire au ciel [= *2 Rois* 2]. Ce sont ceux qui viennent au secours d'Élisée en Samarie contre

---

[553] B. de Vregille et L. Neyrand, « Avant-propos », in *Apponius. Commentaire sur le Cantique des cantiques* (Paris, 1997) 7-11, citant par ailleurs un propos d'Érasme en date de 1536 : « Personne jusque-là n'avait jamais rien écrit de plus solide, de plus exact et de plus saint sur le *Cantique des Cantiques*. »

les Assyriens [= *2 Rois* 6]. Ce sont ceux que voit le prophète Zacharie voit être envoyés parcourir tout la terre [= *Zacharie* 6]. Ce sont ceux à qui la Parole de Dieu compare son *amie*, c'est-à-dire à l'âme parfaite [= *Cantique* 1⁹].

« Ces susdits *chevaux* me paraissent être les puissances angéliques sur lesquelles, avant l'incarnation du Seigneur, était transporté le Saint Esprit multiforme[554], qui, d'après ce qu'en dit le Sauveur lui-même, est Dieu, qui dit bien que : *Dieu est Esprit*[555], et que : *L'Esprit souffle où il veut*[556].

« Ceux qui sont associés et conjoints à ces *chevaux* sont évidemment les apôtres ainsi que leurs successeurs et leurs pairs. C'est qu'ils transportent sur leurs corps, assis sur eux, le Saint Esprit qui impartit la grâce multiforme, et c'est qu'ils patrouillent, non pas là où les entraînent leurs vices ni le diable par ses trompeuses illusions, mais partout où ils sont conduits par celui qui tient les rênes. L'apôtre Paul le confirme : *Tous ceux qui sont menés*, c'est-à-dire conduits, *par l'Esprit de Dieu, ce sont eux les fils de Dieu*[557], et : *Glorifiez et portez Dieu dans votre corps*[558].

« Que le Seigneur ou bien que l'Esprit Saint les monterait et qu'il transporterait sur eux une médication destinée aux nations, c'est ce qu'avait annoncé le prophète Habacuc lorsqu'il prophétisait son avènement, ainsi que nous l'avons déjà dit : *Montant*, dit-il, *sur tes chevaux (et ta cavalerie c'est la santé), tendant, déployant ton arc, sus aux sceptres, dit le Seigneur* [= *Habacuc* 3⁸⁻⁹].

« C'est bien assis sur ces *chevaux*, ou sur ces quadriges, que notre rédempteur le Christ, qui s'exprime par l'intermédiaire de ses apôtres, combat avec *une épée extrêmement affûtée*, qui est sa *Parole* [= *Apocalypse* 19¹¹⁻¹³], l'armée des démons

---

[554] Littéralement *le souffle saint multiple (spiritus sanctus multiplex)*, réminiscence du *Livre de Job* 8².

[555] *Jean* 4²⁴.

[556] *Jean* 3⁸.

[557] *Romains* 8¹⁴.

[558] *1 Corinthiens* 6²⁰.

qui chevauchaient les rois impies, les philosophes et les professeurs de magie. »[559]

La mémoire textuelle des tout premiers chrétiens n'était certainement pas moins foisonnante que celle d'Apponius, mais elle était plus clairement structurée, dans la tradition du monothéisme palestinien. Tout y était normalement centré sur la Torah, en l'occurrence sur le thème du char de Joseph, emprunté au livre de la *Genèse*, puis développé, élucidé et affiné par des textes secondaires empruntés à ce qu'on appelle les Prophètes, en l'occurrence aux deux *Livres des Rois* et au *Livre de Zacharie*.

Le char de Joseph n'est au départ et par lui-même qu'un véhicule matériel. Les chars d'Élie et d'Élisée, qui en sont implicitement rapprochés, qui sont tantôt visibles et tantôt invisibles, et qui vont et viennent entre le ciel et la terre, nous font entrer clairement dans le registre du surnaturel et de l'invisible. Quant à ceux qu'entrevoit Zacharie dans une vision à portée explicitement symbolique, elle ouvre à la spéculation toutes les portes de l'allégorie.

C'est sur cette base qu'il faut comprendre la conclusion de l'épisode du char éthiopien. On y voit pour finir Philippe, tel un nouveau Joseph, parcourir le pays de ville en ville pour constituer dans chacune un grenier céleste, c'est-à-dire une nouvelle succursale de l'Assemblée messianique universelle.

75. Retour au cheval noir de l'*Apocalypse*

Cette longue promenade dans les *Actes des Apôtres* nous a donné de nombreux aperçus sur la manière dont les toutes premières communautés chrétiennes ont interprété leur propre histoire, à la lumière des saintes Écritures. Tout y prenait sens, comme le dit l'*Évangile de Luc*, « en partant de la Loi et des Prophètes ».

---

[559] *Commentaire* 2, 27-38, traduit sur le texte latin édité par B. de Vregille et L. Neyrand (Paris, 1997) I 274-276.

331

Nous pouvons maintenant revenir au texte dont nous sommes partis, *Apocalypse de Jean 6⁵ Quand il ouvrit le troisième sceau, j'entendis le troisième être vivant qui disait : « Viens ». Je regardai, et voici, parut un cheval noir. Celui qui le montait tenait une balance dans sa main. ⁶ Et j'entendis au milieu des quatre êtres vivants une voix qui disait : Une mesure de blé pour un denier, et trois mesures d'orge pour un denier ; mais ne fais point de mal à l'huile et au vin.*

Nous ne reviendrons pas ici d'une manière détaillée sur l'interprétation qu'il faut donner au premier de ces deux versets, parce que nous y avons déjà consacré une partie du premier tome de nos *Origines Chrétiennes*, intitulé *Les quatre chevaux du Messie*. Nous sommes dans le cadre d'une rétrospective de l'événement chrétien, où l'ouverture du troisième sceau correspond à la troisième étape de la carrière publique de Jésus de Nazareth, qui fut marquée par une extension de sa prédication au-delà du seul monde juif, ou, si l'on préfère, judéen. Quant à la balance que tient celui qui chevauche le cheval noir, elle le représente nettement non pas en train de *vendre*, mais au contraire en train d'*acquérir du grain* à un prix anormalement élevé.

Quand on a compris que ce cavalier est le Messie lui-même, qui jusqu'alors était représenté sous les traits d'un Agneau immolé, tout cela devient très clair et très cohérent. Et en effet que vient-on de proclamer à cet Agneau, à peine huit versets plus haut, juste avant son incarnation, c'est-à-dire juste avant ses quatre chevauchées ? *« Tu es digne de prendre le livre et d'en ouvrir les sceaux, parce que tu as été immolé et que tu nous a rachetés pour Dieu par ton sang, de toute tribu, langue, peuple et nation »*[560]. Faut-il rappeler en quel termes Jean le Baptiste annonce le commencement imminent de la carrière du Messie ? Dans l'*Évangile de Jean* il identifie

---

[560] *Apocalypse* 5⁹.

précisément Jésus de Nazareth à l'*Agneau de Dieu*[561], tandis que dans ceux *de Luc* et *de Matthieu*, il nous annonce expressément qu'*il va amasser son froment dans le grenier*[562]. C'est donc bien ce que nous montre aussi l'Apocalypse, à savoir un Agneau qui part à cheval parcourir le pays, notamment pour y acheter du grain.

Maintenant, de quoi nous parle le verset suivant, où nous entendons une voix jaillir d'entre les quatre animaux, c'est-à-dire depuis le lieu où siègent à la fois le Père éternel et l'Agneau ? Cette voix clairement divine décide tout d'abord d'une tarification très précise du *blé* et de l'*orge*, avant d'interdire à notre cavalier de s'en prendre au *vin* ni à l'*huile*. C'est de l'aveu commun l'un des versets les plus énigmatiques de l'Écriture[563].

76. L'impasse littéraliste

Par littéralisme, nous entendons ici une façon de comprendre le texte comme si son intention était tout simplement de nous parler effectivement de ces quatre produits essentiels de l'agriculture antique, à savoir les premièrement céréales (entre lesquelles notre texte distingue

---

[561] *Jean* 1[36].

[562] *Luc* 3[17] et *Matthieu* 3[12].

[563] Par exemple : M. Pool († 1679), *English Annotations on the Holy Bible* (Londres, 1685) : « Interpreters are at so great a loss here to fix the sense, that some think this phrase signifies famine and scarcity ; others think [erronément] it signifies great plenty. » — M.-É. Boismard, *L'Apocalypse* (Paris, 1953) 44 : « Cette dernière clause [sur l'huile et le vin] est d'interprétation difficile. » — P. Prigent, *L'Apocalypse* (Genève, 2000) 207 [au sujet de l'huile et du vin] : « Presque tous les commentateurs avouent leur embarras. » En réalité, contrairement à ce qu'en dit Prigent, ils sont plutôt rares, les exégètes qui avouent comme Johann Weiss avec une humilité véritablement scientifique, *Die Offenbarung* (Göttingen, 1904) 62 : « Je ne suis pas en mesure d'expliquer pour l'instant le trait de la préservation de l'huile et du vin (*vermag ich für jetzt den Zug von der Verschonung des Öls und des Weines nicht zu deuten*) ».

le blé et l'orge), deuxièmement l'huile et troisièmement le vin.

Ceux qui croient qu'il s'agit ici de ces productions agricoles, et ils sont très nombreux, pensent généralement aussi que le second cavalier représentent la guerre, tandis que le quatrième représenterait, on ne sait trop pourquoi, les épidémies. Ainsi cette troisième chevauchée représenterait la famine, soit la famine en général, ou bien telle famine particulière, conçue comme l'un des fléaux dont la divinité frappe ordinairement l'humanité pour la châtier de ses fautes, selon la pensée religieuse la plus archaïque.

Cette interprétation présente dans le fait de graves difficultés de différents ordres.

Premièrement, en quoi s'agirait-il ici d'une conséquence intéressante ou remarquable du phénomène chrétien, puisque que, malheureusement, ces désastres sont le lot de humanité depuis toujours ? En quoi s'agirait-il là d'une révélation qui nous éclaire sur Jésus-Christ, d'une *apocalypse du Messie Jésus (ἀποκάλυψις Ἰησοῦ Χριστοῦ, apokalupis Ièsou Khristou)* ?

Deuxièmement, pourquoi distingue-t-on ici si précisément le cours du blé de celui de l'orge ?

Troisièmement, pourquoi les prix du blé et de l'orge n'ont pas-ils pas ici leur valeur relative ordinaire, qui va du simple au double, comme on le voit chez tous les auteurs antiques qui en parlent, et notamment dans la Bible[564], mais fort étrangement du simple au triple ?

---

[564] Les littératures hébraïque, grecque et latine sont d'accord là-dessus. — *1 Rois* (VIe siècle av. J.-C. env.) 7[1] (T.O.B.), en Samarie, « un séa de farine coûtera un sicle, et deux séas d'orge un sicle » ; 7[28] : « Deux séas d'orge coûteront un sicle, et un séa de farine coûtera un sicle. » — Polybe († 126 av. J.-C.), *Histoire* 2, 15, 1, trad. Thuillier (Paris, 1836), à propos de l'Italie : « On y recueille uni si grande abondance de grains, que nous avons vu le médimne de froment, mesure de Sicile, à quatre oboles, et le médimne d'orge à deux. » — Cicéron, *Verrines* 3, 81 (70 av. J.-C.), trad. Ch. Nisard

Quatrièmement, pourquoi est-il indiqué un cours de ces céréales qui soit seulement celui d'une cherté relativement modérée[565] et bien en-dessous de celle qu'on observait dans les périodes les plus dramatiques[566] ? En d'autres termes, quel intérêt y aurait-il ici à annoncer solennellement des événements concrets qui ne sortiraient de l'ordinaire qu'avec une certaine modération ?

Enfin et cinquièmement, pourquoi est-il ordonné à notre cavalier de ne pas *se comporter de manière injuste (ἀδικεῖν, adikeïn)*, quoi que puisse signifier cette expression, en ce qui concerne l'huile et le vin ? Pourquoi toutes ces obscurités, si nous sommes tout simplement en présence de l'annonce de problèmes d'ordre agricole ou frumentaire, s'il ne s'agit que de problèmes d'approvisionnement matériel ? Ou, pour le dire plus brièvement, pourquoi la divinité prendrait-elle ici la parole pour ne rien dire de clair ni de spécialement intéressant ?

Pour la plupart des commentateurs, cependant, il s'agirait bien ici d'une famine au sens le plus littéral du mot, ou plus précisément d'une grande cherté des vivres, et, à ce qu'il leur

---

(Paris, 1869) : « Un sénatus-consulte et les lois permettaient au préteur de prendre du blé pour la subsistance de sa maison ; le sénat avait estimé ce blé à quatre sesterces par boisseau de froment et à deux sesterces par boisseau d'orge. » — *Édit de Dioclétien* (en date de 301), édité par B. Στάης (V. Stais), « Τὸ διάταγμα τοῦ Διοκλητιανοῦ », Ἐφημερὶς ἀρχαιολογικὴ (1899) 148-176 spéc. 149 et vulgarisé par S. Reinach, « Le prix du blé dans l'édit de Dioclétien », *Revue de Numismatique* 4 (1900) 429-434 spéc.430 : Le muid militaire ou *modius castrensis* de froment vaut 100 deniers, contre 60 deniers pour le muid militaire d'orge.

[565] P. Prigent, *L'Apocalypse* (Genève, 2000) 206 : « Il vaut la peine d'insister : ce n'est pas la famine, mais une situation juste un peu moins grave. »

[566] Xénophon († 355 env.), *Anabase* 1,5,5-6, trad. E. Talbot (Paris, 1859), mentionne une cherté locale des céréales qui atteignent 50 fois leur prix normal : « La capithe de farine de froment ou d'orge, coûtait quatre sigles. Or, le sigle vaut sept oboles attiques et demie, et la capithe contient deux chénices attiques. Les soldats ne se soutenaient donc qu'en mangeant de la viande. »

semble en général, d'une seule et unique famine, passée ou à venir.

Dans ce cadre, chacun s'efforce d'en trouver trace à une époque qui corresponde à son système général d'interprétation. Les uns par exemple y voit une famine survenue sous l'empereur Claude vers l'an 46[567]. Pour un autre il s'agit d'une disette sous son successeur Néron, précisément l'an en 62[568]. Plusieurs songent plutôt à la famine qui frappa Jérusalem lors du siège de l'an 70.

L'hypothèse la plus curieuse en la matière se réfère à un édit publié vers l'an 92 par l'empereur Domitien, et d'ailleurs resté sans exécution, qui avait ordonné d'arracher la moitié des vignes de l'Empire, pour cause de surproduction ou bien peut-être par crainte d'une disette de blé[569]. L'Agneau de Dieu se serait donc incarné pour révéler solennellement à l'humanité qu'il n'y avait pas lieu de craindre de pénurie de vin en l'an 92. On reste étonné de la quantité et de la qualité des exégètes et historiens qui ont discuté de cette hypothèse avec un luxe d'érudition inversement proportionnel à sa vraisemblance[570]. De nos jours encore certains

---

[567] Ainsi H. de Groot dit Grotius († 1645), *Annotationes In Novum Testamentum* (Groningen, 1830) VIII 294 (pour qui le cheval représente l'apôtre Paul, et la voix jaillissant d'entre les quatre animaux est celle du prophète Agabus d'*Actes* 11[28]). — J G. Kerkherdere, *Novum systema apocalypticum* (Louvain, 1710) 17 (pour qui ce cheval représente l'empereur Claude). — J. J. Wettstein, Ἡ Καινὴ Διαθήκη (Amsterdam, 1752) II 772.

[568] C. Erbes, *Die Offenbarung Johannis* (Gotha, 1891) *ad loc.*(non vidi).

[569] Suétone, *Vie de Domitien* 7 et 14 ; Philostrate, *Vie d'Apollonius de Tyane* 6, 42 et *Vie des Sophistes* 1, 21 ; Stace, *Les Silves* 4, 3, 11-12.

[570] E. Renan, *L'Antéchrist* (Paris, 1873) 386 note 2. — F. W. Farrar, *The Early Days of Christianity* (New York, 1888) 446. — S. Reinach, « La date de l'Apocalypse et la mévente des vins sous l'Empire », *Revue Archéologique* 39 (1901) 350-374 = *Cultes, Mythes et Religions* (Paris, 1906) II 356-380. — S. Gsell, *Essai sur le règne de l'empereur Domitien* (Paris, 1893) 152 note 6. — A. Harnack, *Theologische Literaturzeitung* 27 (1902) 591-592 : « C'est au traité de Reinach (…) que nous devons la

commentateurs importants continuent à l'exposer d'une manière détaillée[571]. Mais ce n'est apparemment que pour paraître avoir quelque chose à dire sur ce verset qui autrement les interloque, car plus personne ne croit de nos jours à cette solution. Tout d'abord en effet le premier siècle a été fertile en famines, en disettes et en craintes de disettes et on voit mal comment prouver que notre texte viserait celle-ci plutôt qu'une autre.[572]. D'autre part, la cherté frumentaire qui aurait motivé l'édit de 92 reste totalement hypothétique. Elle n'est pas en tout cas documentée directement. Enfin et surtout, il n'avait jamais question d'arracher aussi des oliviers[573]. Tout cela ne tient pas debout

---

solution du problème. » — W. Bousset, *Die Offenbarung* (Göttingen, 1906) 135 et 268 : « Jusqu'à présent, on restait perplexe face à ces allusions, jusqu'à ce que, récemment, Th. Reinach semble avoir trouvé la bonne voie ». — F. C. Porter, *Messages of the Apocalyptical Writers* (1905) 190. — J. M. S. Baljon, *De Openbaring van Johannes* (Utrecht, 1908) 82-83. — E. A. Abbott, *Notes on New Testament Criticism* (1907) 89. — J. Moffatt, « Hurt not the oil and the wine », *Expositor* 7/6 (1908) 359-369 spéc. 368 : « The suggestion is extremely attractive. » ; *An introduction to the literature of the New Testament* (Edinburgh, 1918) 507. — H. B. Swete, *The Apocalypse of St John* (Londres, 1917) 88. — E.-B. Allo, *L'Apocalypse* (Paris, 1933) 88. — D. Magie, *Roman Rule in Asia Minor* (Princeton, 1950) 581 et 1443. — A. N. Sherwin-White, *The Letters of Pliny* (Oxford, 1966) 258.

[571] B. Levick, « Domitian and the Provinces », *Latomus* 41 (1982) 50-73 spéc. 68 note 79. — D. E. Aune, *Revelation 6-16* (Grand Rapids, 1998) 398-400. — P. Prigent, *L'Apocalypse* (Genève, 2007) 207.

[572] J. Court, *Myth and History in the Book of Revelation* (Atlanta, 1979) 77-78 et 397 : « Yet it is difficult to link Rev 6:6 directly to Domitian's edict because grain storages occured throughout the first century. ». — C. J. Hemer, *The Letters to the Seven Churches* (Sheffield, 1986) 158 et 265 (note 26) 79 : « This is just the sort of edict that might be given out by successive rulers. It is anonymous as it stands in Revelation, and Domitian was not necessarily the first to have made such an edict ».

[573] Sur cette mention énigmatique de l'huile, J. A. T. Robinson, *Redating the New Testament* (Londres, 1976) 238 = *Re-dater le Nouveau Testament* (Paris, 1987) 317, cite avec un laconisme malicieux l'explication sidérante qu'en donnait Moffat, *Expositor* 7/6 (1908) 359-369 : « Cette retouche est

Mais continuons notre revue des tentatives qui ont été faites pour identifier la famine concrète dont il pourrait être ci question.

Remarquons d'abord que celles qu'on vient de citer se seraient produites à l'époque de l'auteur, qui ne ferait donc allusion qu'à des faits bien connus de son premier public. Il vaut la peine de relire ce qu'en écrivait Jean-Joseph Guyaux dès 1781 : « Quand on est ravi en extase, ce n'est pas pour avoir la vision de choses dont on a déjà connaissance, et dont même tout le monde a déjà connaissance. Il n'est pas non plus vraisemblable qu'un livre objet de tant de considération, qui a été clos avec tant de diligence et de soin, qui a été scellé de tant de sceaux, que personne hormis le Christ n'ait été jugé digne d'ouvrir, et que Jean souhaitait tellement voir ouvrir qu'il en versait des larmes, il n'est pas vraisemblable, dis-je, qu'un tel livre ne fasse connaître, en fin de compte, que des choses qu'absolument personne n'ignorait. On aurait donc tort d'identifier les mystères recelés sous ces sceaux à des événement passés de notoriété publique, puisque il ne s'agirait pas là de choses qu'on puisse qualifier de scellées. »[574]

Il serait donc plutôt question d'une famine encore à venir au moment où Jean mettait ses visions par écrits. Trois possibilités se présentent alors.

---

sans doute à mettre au nombre de ses performances artistiques, n'ayant été surajoutée que pour mettre le comble à cette scène lugubre (*The touch is probably one of his artistic embodiments, introduced in order to fill out the grim sketch.)* »

[574] *Commentarius in Apocalypsim* (Louvain, 1781) 78 : Nam nemo in extasim rapitur ut ea cernat, quæ non modò ipse, sed totus mundus perfectè novit ; nec verisimile est librum adeo celebratum, tam diligenter et accuratè clausum, et tot sigillis signatum, quem nemo præter Christum dignus inventus est aperire, cujus aperiendi sollicitudo Joannem conjecerat in multas lacrymas, Joanni tandem res notificare, quas in orbe nullus ignorabat ; non rectè ergo ea quæ latent sub sigillis, referuntur ad praeterita quæ erant publica ; hæc enim dici non possunt esse sigillata.

Pour les uns, le voyant de Patmos se serait vu révéler à l'avance, sous forme d'énigmes toute l'histoire de la Chrétienté, et il faudrait lire l'*Apocalypse* à peu près comme on consulte les *Centuries* de Nostradamus[575] Dans ce cadre, notre verset conserverait des faits survenus sous le règne de Septime Sévère, qui tint les rênes de l'Empire Romain de 193 à 210.[576]

Une autre solution reste très en vogue de nos jours parmi les chrétiens dit évangéliques et d'autres mouvances fondamentalistes d'origine surtout anglosaxonne, actuellement en pleine expansion de par le monde. Il s'agirait d'une famine qui surviendra à la fin des temps, dans le cadre mouvementé du retour sur terre à venir de Jésus-Christ. L'exégète se fait alors scénariste, dans le cadre d'une tradition, d'une esthétique et d'une dogmatique de type hollywoodien[577].

D'autres enfin suggèrent qu'il s'agirait ici, d'une manière plus générale, de toutes les famines que le Christ, désormais maître de l'univers et de l'histoire, a le pouvoir de susciter contre l'humanité pour la punir de ses différentes impiétés[578],

---

[575] À cette différence près que les prophéties de Jean suivraient l'ordre chronologique des faits à venir. La tâche des exégètes se résume alors à relire tous les historiens anciens pour trouver trace de telles réalisations de ces prophéties.

[576] J. Mede, *Clavis Apocalyptica* (Cambridge, 1641) = *The Key of the Revelation* (Londres, 1643) 44-48 et 125. Le cheval serait noir parce que cet empereur était natif d'Afrique ; la balance annoncerait son sens de l'équité célébré par l'un de ses historiens ; il serait avéré qu'il a procédé à des distributions d'huile. Hypothèse acceptée pour l'essentiel par le grand Isaac Newton († 1727), *Observations upon the Prophecies* (Londres, 1732) II 278.

[577] Plutôt que de l'histoire ancienne, il s'inspire maintenant de la prospective de son époque : guerre atomique, menace communiste, catastrophe écologique, etc.

[578] Ainsi Guyaux, *op. cit.* (1781) 78 : « Sed quare restringere illud quod aptissimè potest generaliùs accipi ? quare restringere ad famem, quæ jam diu præterierat, ad quam nequidem bene potest extendi ? Probabilius mihi

ou bien encore contre l'Église elle-même parmi d'autres épreuves destinées à la purifier toujours davantage[579].

Sous toutes ses formes, cependant, l'interprétation littéraliste reste profondément insatisfaisante, notamment parce qu'elle ne fournit aucune explication convaincante des distinctions minutieuses que notre texte opère explicitement entre quatre types de produits agricoles. Ce sont d'une part une différence de prix tout à fait anormale entre le blé et l'orge, et d'autre part une différence de traitement très marquée entre ces deux céréales d'un côté, et de l'autre l'huile et le vin.

77. L'impasse astrologique

Franz Boll a travaillé en 1914 sur une autre piste des plus pittoresque, sur laquelle il sera suivi par deux de ses contemporains, Alfred Loisy[580] et Guillaume Baldenspeger[581]. Il avait édité un grand nombre de textes astrologiques d'origine hellénistique. Et, comme il existait de son temps une école d'exégèse qui tendait à tout ramener dans les Écritures à des traditions astrologiques d'origine

---

apparet intelligi omnes fames, quibus usus est Christus adversùs impios primis Ecclesiæ temporibus post visam Apocalypsim. »

[579] A. Plummer, *Revelation* (New York, 1908) **185** : But it is not probable that the meaning of the book is so limited in extent ; but rather that its prophecies point to events which have happened, and are recurring, and will continue to recur until the end of the world. We therefore understand that this vision denotes famine in the ordinary sense, as one of the trials awaiting the members of the Church of God at various times during the existence of the Church on earth. This affliction may happen concurrently with, or antecedent to, or subsequent to, any of those trials denoted by the other visions, and even the victorious career of the Church as foretold under the first seal ; for by suffering the Church conquers and is made perfect.

[580] *L'Apocalypse de Jean* (Paris, 1923) 144-149.

[581] « Les cavaliers de l'Apocalypse », *RHPR* (1924) 1-31 spéc. 13-14 et 23-24.

babylonienne, il crut devoir consacrer à cette lumière un ouvrage spécial à l'*Apocalypse de Jean*.

Lorsqu'il examine notre verset, Boll remarque qu'il reste inexpliqué, d'autant qu'on n'a jamais trouvé dans la Bible ni même dans toute la littérature rabbinique de texte qui oppose les céréales à l'huile et au vin[582]. En revanche, cette configuration se retrouve bien dans un almanach météorologique d'époque hellénistique, et cela précisément au chapitre du signe astrologique de la *Balance*, qui correspond à peu près à notre mois d'octobre : « Mais s'il tonne, cela signifie perte en céréales, [mais] abondance de vin et d'huile. »[583]

En réalité il ne s'agit là que d'un dicton climatique tel qu'il en existait chez tous les peuples, avant l'exode rural contemporain. On peut en citer au moins cinq du même genre en usage dans la France moderne, qui sont cités par plusieurs auteurs d'après le témoignage de divers almanach du début du XXe siècle : « En septembre si trois jours il tonne / c'est un nouveau bail pour l'automne » — « En octobre tonnerre / fait vendanges prospères » — « Gelée d'octobre, rend le vigneron sobre. » — « Tonnerre en novembre fait prospérer le blé / et remplit le grenier. » — Mais citons encore et surtout ce dernier dicton, qui lui aussi oppose moissons et vendanges : « Octobre à moitié pluvieux / rend le laboureur joyeux ; / mais le vendangeur soucieux / met de côté son vin vieux. » Rien de plus saugrenu que de faire remonter tout cela, par une mystérieuse tradition ininterrompue, jusqu'à l'époque babylonienne.

Boll pense enfoncer le clou en faisant remarquer que certains astrologues antiques divisaient aussi le temps en cycles de douze ans, et qu'on trouve une considération du

---

[582] *Aus der Offenbarung Johannis : hellenistische Studien zum Weltbild der Apokalypse* (Leipzig, 1914) 85 : *Wein und Öl zusammengenommen gegenüber dem Getreide.*

[583] *Ibid.* : ἐὰν δὲ βρονήσῃ, σίτου ἀπώλειαν δηλοῖ, οἴνου καί ἐλαίου πλησμονὴν.

même genre relative à l'année de la Balance :« L'année de la Balance sera (marquée par) la perte de la production céréalière, mais (par) la fertilité de la production viticole[584]. » Mais il ne s'agit évidemment là que d'élucubrations isolées, inspirées à un astrologue des villes par la croyance magique que le signe de la Balance crée un mouvement de balancier entre les productions de la belle saison et celles de l'automne, et par là même une certaine forme d'équilibre dans les dégâts causés par les intempéries. On peut en juger par ce qui est prédit au sujet de l'année du Lion, avec la même niaiserie : « Il (le Lion) apporte la destruction aux productions agricoles par les bêtes. »

Par ailleurs la série des quatre chevauchées mises en scène par l'*Apocalypse* ne colle pas du tout avec une interprétation de type zodiacal. Comment expliquer que nous n'ayons ici qu'une série de quatre chevauchées et non de douze ? L'*Apocalypse de Jean*, du reste, ne connaît que des septénaires. Le rythme de l'histoire apocalyptique est celui des semaines d'années.

Jean fait bien un grand usage du nombre douze, mais ce nombre n'organise chez lui que l'espace et le peuple, et il ne commande jamais l'histoire humaine, qui pour lui est rythmée par le nombre sept depuis l'origine même du monde. Comment expliquer, enfin, dans ce système bien artificiel, qu'aucun des trois autres cavaliers de l'*Apocalypse* ne présente la moindre caractéristique explicite qui se puisse rattacher à un quelconque rythme zodiacal ?

Pourtant, les trouvailles de Franz Doll, et les textes hellénistiques qu'il fait connaître ne manquent ni d'intérêt, ni d'utilité pour la compréhension de notre passage, à condition de voir que ce qu'ils ont de réellement commun avec notre passage. Ce point commun n'est pas l'astrologie. C'est tout

---

[584] *Ibid.* : Ἔτος Ζυγοῦ ἔσται τοῦ σιτικοῦ καρποῦ φθορά, / Διονυσιακοῦ δὲ εὐφορία.

simplement, au sein de la même civilisation essentiellement rurale et villageoise, encore très dépendante des fruits de la terre, et par là même soumise aux aléas climatiques, c'est, dis-je, le besoin d'anticiper les choses pour organiser sa survie.

C'est par exemple la démangeaison bien naturelle de savoir, dès le moment où on laboure, si de bonnes récoltes d'automne pourront compenser les mauvaises moissons qu'on pourrait bien faire au printemps. La pensée astrologique en vigueur dans le monde hellénistique est en effet profondément matérialiste. Elle s'efforce de connaître l'avenir matériel en devinant la logique qui régit les éléments de la nature, considérés en bonne partie comme des forces obscures qu'on ne désespère pas de reconnaître et de comprendre, à défaut de les maîtriser. On ne songe par là qu'à se faire la place la plus sûre et la plus confortable possible dans un monde considéré comme cyclique et fermé sur lui-même.

L'*Apocalypse de Jean* obéit à un tout autre dessein puisqu'elle annonce l'irruption d'une réalité entièrement nouvelle et totalement étrangère à la notion de cycle. Il s'agit de l'avènement définitif d'une nouvelle ère, caractérisée par le règne de Dieu et de son Messie.

78. Une parabole agraire ?

Aussi, avant même d'entrer dans le détail de l'analyse de notre texte et de ses soubassements scripturaires, sommes-nous en droit de supposer que l'*Apocalypse* ne se réfère ici au calendrier agricole que de manière figurative, à la suite de Jésus lui-même lors de sa vie terrestre. Rappelons comment Jésus en usait, à travers trois exemples qui nous conservés dans les trois premiers évangiles.

1. *Évangile de Luc. — Jésus disait à la foule : « Quand vous voyez un nuage monter au couchant, vous dites aussitôt qu'il va pleuvoir, et c'est ce qui arrive. Et quand vous voyez souffler le vent du sud, vous dites qu'il va faire très chaud, et cela arrive. Cabotins ! le visage de la terre et du ciel, vous*

savez le discerner, mais ce moment crucial-ci, pourquoi ne savez-vous pas le discerner ? »[585]

2. *Évangile de Matthieu.* — *Les Pharisiens et les Sadducéens s'avancèrent et, pour l'embarrasser, lui demandèrent de leur montrer un signe qui vienne du ciel. Il leur répondit : « Le soir venu, vous dites : "Il va faire beau, car le ciel devient rouge" ; et le matin : "Aujourd'hui, tempête, car le ciel rougit devient rouge sombre." Ainsi vous savez interpréter le visage du ciel. Et les signes des moments cruciaux, vous n'en êtes pas capables ! Génération mauvaise et adultère qui recherche un signe ! En fait de signe, il ne lui en sera pas donné d'autre que le signe de Jonas. »*[586]

3. *Évangiles de Marc, Luc* et *Matthieu.* — Les disciples de Jésus lui demandent quand aura lieu la désagrégation du Temple de Jérusalem qu'il vient de prédire : *« Maître, quand donc cela aura-t-il lieu et quel sera le signe que cela est sur le point de s'accomplir. »*[587] Jésus répond en ces termes : *« Du figuier apprenez cette comparaison. Dès que son bois devient tendre et qu'il pousse ses feuilles, vous comprenez que l'été est proche. Ainsi de vous : lorsque vous verrez cela arriver, comprenez que c'est proche, aux portes. En vérité, je vous dis que cette génération ne passera pas que tout cela ne se produise. »*[588]

Dans les trois cas que nous venons de citer, Jésus fait remarquer à ses interlocuteurs qu'ils savent très bien, comme tout le monde, à partir d'observations élémentaires, prédire le temps qu'il va faire à brève échéance. Il ne leur sera pas plus

---

[585] *Luc* 12$^{54-56}$.

[586] *Matthieu* 16$^{1-4}$.

[587] *Marc* 13^4. Cf. *Luc* 21^7. *Matthieu* 24^3 va plus loin avec son vocabulaire propre : « Dis-nous quand cela aura lieu et quel sera le signe *de ton avènement* (παρουσίας, *parousias*) et *de la fin de l'ère* (συντελείας τοῦ αἰῶνος, *suntéleïas tou aïônos*) ».

[588] Marc 13$^{28-30}$. Cf. *Matthieu* 24$^{32-34}$. *Luc* 21$^{29-32}$ ajoute : « le figuier *et les autres arbres* », et spécifie « que *le Royaume de Dieu* est proche ».

difficile, selon lui, de voir venir le moment crucial qu'il annonce, à savoir l'avènement du Règne de Dieu.

79. Un calendrier allégorique

Il nous faut maintenant revenir à notre mystérieux verset 6^6 : *Et j'entendis au milieu des quatre êtres vivants une voix qui disait : Une mesure de blé pour un denier, et trois mesures d'orge pour un denier ; mais ne fais point de mal à l'huile et au vin.*

Dans la perspective agricole que nous venons de mettre en lumière, il nous faut d'abord constater que nous sommes ici dans une opposition entre deux périodes de l'année.

En Palestine et dans les régions environnantes, la moisson de l'orge commençait en avril et celle du blé en juin, tandis que les vendanges tombaient en août et la récolte des olives en octobre.

Dans ce cadre, celui qui monte le cheval noir reçoit une mission très claire. Il lui faut seulement acheter de l'orge et du blé, du printemps au début de l'été. Les récoltes suivantes sont exclues de sa mission. Ce ne sera pas à lui de s'occuper des grappes de raisin ni des olives, qui ne seront récoltées et foulées dans le pressoir que plus tard dans l'année.

Cette interprétation du texte est parfaitement corroborée par une autre parabole qu'on trouve dans la suite de l'*Apocalypse*, et où apparaît la même répartition des tâches. La moisson y est effectuée par le Messie glorifié, tandis que les vendanges sont mises en œuvre par un tout autre personnage céleste, plus difficile à identifier.

Apocalypse 14, 14-16 (B.J.)	*Apocalypse* 14, 17-20 (B.J.)
Et voici qu'apparut à mes yeux une nuée blanche et sur la nuée était assis comme un fils d'homme ayant sur la tête une couronne d'or	Puis un autre ange sortit du temple, au ciel

et dans la main une faucille aiguisée	tenant également une faucille aiguisée
puis un autre ange sortit du temple	et un autre ange sortit de l'autel, l'ange préposé au feu,
et cria d'une voix puissante à celui qui était assis sur la nuée :	et cria d'une voix puissante à celui qui tenait la faucille :
Jette ta faucille et moissonne, car c'est l'heure de moissonner, la moisson de la terre est mûre.	Jette ta faucille aiguisée, vendange les grappes dans les vignes de la terre, car ses raisons sont mûrs.
Alors celui qui était assis sur la nuée jeta sa faucille sur la terre,	L'ange alors jeta sa faucille sur la terre,
et la terre fut moissonnée.	il en vendangea la vigne et versa le tout dans la cuve de la colère de Dieu, cuve immense ! Puis on la foula hors de la ville, et il en coula du sang qui monta jusqu'au mors des chevaux sur une étendue de mille six cents stades.

Cette parabole en deux épisodes remanie et développe une parabole plus simple qu'on ne trouve ailleurs que dans l'*Évangile de Marc* : *Il en est du règne de Dieu comme d'un homme qui aurait jeté du grain en terre. Qu'il dorme et qu'il se lève, nuit et jour, la semence germe et pousse il ne sait comment. D'elle-même, la terre produit d'abord l'herbe, puis l'épi, puis plein de blé dans l'épi. Et quand le fruit s'y prête, aussitôt il y met la faucille, parce que la moisson est à point.*[589]

Personne ne doute que le personnage céleste qui préside à la moisson tant dans l'*Évangile de Marc* que dans l'*Apocalypse* ne soit le Messie lui-même, à savoir Jésus de Nazareth.

---

[589] *Marc* 4$^{26-29}$.

Il est moins évident de déterminer, en première analyse, qui est second et mystérieux personnage céleste qui doit ensuite opérer les vendanges. Mais on peut et doit déjà remarquer qu'il est très nettement caractérisé exactement comme celui qui avait ordonné au Fils de l'Homme de commencer sa moisson. Dans les deux cas c'est un ange, ou, si l'on préfère, un messager (*angelos*), qui sort à cet effet du temple céleste.

Il s'agit visiblement d'une seule et même entité, qui dans le premier cas est à l'origine de la mission du Messie, puis, dans un deuxième temps, passe lui-même sur le devant de la scène. Il est difficile de ne pas penser ici au Saint Esprit. Et en effet c'est le Saint Esprit qui est tombé sur Jésus-Christ sous la forme d'une colombe à l'aurore de sa carrière publique en Palestine. Et c'est aussi le Saint Esprit qui, après la mort, la résurrection et l'ascension du Messie, est l'animateur essentiel de la vie de l'Église, et spécialement de l'évangélisation des non-juifs.

C'est donc bien, à ce qu'il semble, au Saint Esprit que la volonté divine réserve la mission ultérieure de s'attaquer aux vendanges et à la récolte des olives.

80. Que signifie « *causer du tort* » à l'huile et au vin ?

L'expression énigmatique « causer du tort à l'huile et au vin », dans un tel contexte allégorique, ne saurait être élucidée par des recherches sur l'histoire économique du premier siècle de notre ère. Ne serait-il pas singulier que le Messie, après avoir passé toute sa carrière terrestre à prendre le blé et les moissons comme des métaphores de l'avènement du règne de Dieu, une fois ressuscité et glorifié, ne s'y intéresse plus que pour prédire à ses ouailles les fluctuations à venir du cours des céréales dans l'Empire romain ?

Il nous faut donc plutôt relever quelques parallèles à cette expression dans le reste de l'*Apocalypse*. En voici quatre.

347

1°. Lors de l'ouverture du troisième sceau, il est d'abord prescrit, par une voix jaillie d'entre les quatre animaux, à celui qui monte le cheval noir : *Ne cause pas de tort (μὴ ἀδικήσῃς, mè adikèsès) à l'huile ni au vin* (6⁶).

2°. Lors de l'ouverture du sixième sceau, il est fait à quatre mystérieux messagers, ou anges, une prescription analogue, ou plutôt une interdiction analogue, par un autre messager venu de l'Orient : *Il cria d'une voix puissante aux quatre anges auxquels il avait été donné de causer du tort (ἀδικῆσαι, adikèsaï) à la terre et à la mer : Ne causez pas de tort (Μὴ ἀδικήσητε, mè adikèsèté) à la terre ni à la mer ni aux arbres, jusqu'à ce que nous ayons marqué au front les serviteurs de notre Dieu* (7³).

3°. Plus tard encore, lorsque sonne la cinquième trompette, une interdiction du même genre est opposée à une armée de sauterelles jaillies des enfers. *Et il leur fut donné un pouvoir pareil à celui des scorpions de la terre. On leur dit qu'elles ne causassent pas de tort (μὴ ἀδικήσουσιν, mè adikèsousin) à toute herbe ni à toute verdure ni à tout arbre, mais seulement aux hommes qui ne porteraient pas sur le front le sceau de Dieu* (9³⁻⁴). *Elles ont des queues pareilles à des scorpions avec des dards, et dans leurs queues se trouve le pouvoir de causer du tort (ἀδικῆσαι, adikèsaï) aux hommes durant cinq mois* (9¹⁰).

4°. Ce n'est que lorsque sonne la sixième trompette que cette interdiction est levée. On entend à nouveau une voix divine jaillie d'entre les quatre cornes de l'autel, donner cette mission à quatre anges la mission de s'ébranler enfin à la tête d'une armée de 200 millions de chevaux. *Or la puissance de ces chevaux réside dans leur bouche. Elle réside aussi dans leur queue. Ces queues en effet, ainsi que des serpents, sont munies de têtes et c'est par elles qu'elles causent du tort (ἀδικοῦσιν, adikousin)* (9¹⁹).

Dans chacun de ces quatre cas il s'agit très évidemment d'agressions allégoriques commises ou à commettre sur l'ordre de Dieu, par des puissances angéliques, à l'encontre de tout ou part de l'humanité. Dans tous les cas il s'agit de causer du tort ou de ne pas causer du tort à différentes entités ou cibles, cibles dont la liste comprend trois fois sur quatre au moins un élément végétal

1° de ne pas causer du tort *à l'huile ni au vin* (6[6]), c'est-à-dire ni aux oliviers ni aux vignes, ce qui semble bien signifier rétroactivement qu'au contraire le blé et l'orge ont bien été l'objet de l'agression allégorique dont il est question ;

2° de ne pas causer de tort *aux arbres* (7[3]) qui sont mis sur le même plan que *la terre et la mer*, et semble-t-il aussi sur le même plan que certains hommes dont on doit marquer le front, c'est-à-dire qu'on doit baptiser ;

3° de ne pas causer du tort *à l'herbe ni à la verdure ni aux arbres* (9[4]) mais seulement aux hommes ne portant pas le sceau de Dieu, c'est-à-dire seulement aux hommes qui ne sont pas encore baptisés ;

4° de causer du tort en général à l'humanité (9[19]), dans le but d'en exterminer le tiers.

Nous sommes en présence d'un système de représentation allégorique relativement cohérent, qui divise l'humanité en différents groupes, au moins deux, sans préjuger d'autres subdivisions.

Il joue sur deux registres bien distincts et pourtant totalement entremêlés. Le premier peut être appelé cosmique puisqu'il oppose ici la *mer* à la *terre*[590]. Le deuxième est d'ordre botanique, et il oppose les *arbres* aux *herbes*.

81. Remarque de botanique biblique

Cette dernière opposition entre *arbres* et *herbes* repose sur une classification botanique archaïque, elle-même fondée sur le récit de la création du monde au premier chapitre du *Livre de la Genèse*, lors du troisième jour de la dite création.

---

[590] Ailleurs il s'y joindra encore le ciel, les astres, les fleuves et les sources, etc.

Rappelons à cet égard qu'en hébreu, le mot עֵץ, *ets*, peut se traduire selon le contexte *bois* (en grec ξύλον, *xulon*) ou bien *arbre* (en grec δένδρον, *dendron*).

Et Dieu dit : Que le pays fasse végéter de la végétation, herbe semant semence selon son espèce et selon son aspect, et bois fruitier faisant fruit ayant en lui semence selon son espèce sur la terre. Et il en fut ainsi, et le pays produisit de la végétation, herbe semant semence selon son espèce et selon son aspect, et bois fruitier faisant fruit ayant en lui semence selon son espèce dans le pays (Genèse 1[11-12]).

Mais ce qui nous intéresse surtout, c'est le moment où Dieu, le sixième jour, juste après avoir créé l'homme, l'homme mâle et l'homme femelle, déclare leur donner cette végétation qu'il a créée le troisième jour. En effet, les premiers chrétiens voyaient dans cette création de l'Adam primordial une figure évidente de la préexistence, dans le dessein divin, du Messie et de son Assemblée.

Et Dieu dit : Voici, je vous ai donné toute herbe semant semence qui soit à la surface de tout le pays, et tout bois ayant en lui fruit de bois semant semence. Cela sera votre nourriture (Genèse 1[29]).

Dans le cadre de cette classification botanique distinguant essentiellement *l'herbe et le bois*, ou, si l'on préfère, *les herbes et les arbres*, il faut observer que le blé et l'orge rentrent clairement dans la première de ces catégories : ce sont des *herbes*, tandis que l'olivier et la vigne sont considérés comme des *bois*, c'est-à-dire comme des *arbres*.

Il faut encore observer que, dans ce passage précis de la Genèse, ce que Dieu déclare donner à l'homme mâle et femelle, c'est-à-dire au Christ et à l'Église, c'est d'une part l'*herbe* qui pousse dans *le pays* ; et d'autre part les arbres ou si l'on préfère *le bois*, sans qu'il soit précisé où poussent ces arbres, ou ce *bois*.

Il en découle virtuellement (sous réserve que d'autres éléments viennent le confirmer) que, sur le plan symbolique, *l'herbe* correspond dans ce contexte à la nation monothéiste originelle qui vit dans *le pays*. Par opposition, *le bois*, et spécialement le bois de construction, semble pour sa part pousser à l'extérieur du pays.

Par suite, ce que Dieu donne à manger à l'Adam primordial, homme et femme, figure du Messie et de son épouse l'Assemblée messianique, ce sont les deux constituants à venir de la nation monothéiste élargie.

Ce sont d'une part la nation monothéiste originelle, qui correspond à l'herbe, et d'autre part toutes les nations qui voudront le rejoindre pour édifier le nouveau Temple, de même que le Temple de Salomon avait été édifié avec des pierres extraites de Palestine, mais du bois importé du Liban.

Cette idée, les premiers chrétiens semblent l'avoir tirée d'une longue prophétie d'Isaïe, tellement importante que l'*Apocalypse* s'en inspire à sept reprises, spécialement dans sa description finale de la Jérusalem Nouvelle et de son Temple[591].

Isaïe (T.O.B.) 60[3] *Les nations vont marcher vers ta lumière et les rois vers la clarté de ton lever.* [4] *(…) Tous ils se rassemblent, ils viennent vers toi,* (…) [5] *(...) car vers toi sera détournée l'opulence des mers, la fortune des nations viendra vers toi.* (…) [7] *(…) Oui, je rendrai splendide la maison de ma splendeur.* (…) [10] *Les fils de l'étranger rebâtiront tes murailles, et leurs rois contribueront à tes offices.* (…) [13] *La gloire du Liban viendra vers toi, le cyprès, l'orme et le buis ensemble pour rendre splendide le socle de mon sanctuaire.* (…) [21] *Ton peuple, oui, eux tous, seront des justes, pour toujours ils hériteront la terre, eux, boutures de mes plantations, œuvres de mes mains, destinées à manifester ma splendeur.* [22] *Le plus petit deviendra un millier, le plus chétif,*

---

[591] *Apocalypse* 21[11] (= *Isaïe* 60[1]) ; 21[24] (= *Isaïe* 60[3]) ; 21[25-26] (= *Isaïe* 60[11]) ; 3[9] (=*Isaïe* 60[14]) ; 21[12-14] (= *Isaïe* 60[18]) ; 21[23] et 22[5] (= *Isaïe* 60[19]).

une nation comptant des myriades. Moi, le Seigneur, en son temps, je hâterai l'événement.

On voit dans ce chapitre se diriger vers Jérusalem tant les *nations païennes* que les différents *bois* qui proviennent de leurs contrées, à commencer par le cèdre du Liban. Le royaume phénicien d'Hiram est ici considéré comme l'archétype des nations qui peuvent s'allier avec la nation monothéiste. À l'époque d'Hiram et de Salomon, en effet, dont le nom signifie Pacifique, cette alliance était allée jusqu'à une étroite collaboration dans la construction du sanctuaire national d'Israël, selon ce que Salomon lui-même avait proposé à son ami le roi Hiram : « *Mes serviteurs seront avec tes serviteurs* » (*1 Rois* 5[20]).

Il nous reste à le prouver, et c'est maintenant ce que nous allons faire en examinant l'arrière-plan scripturaire évident de ce mystérieux verset 6[6].

82. Triple arrière-plan scripturaire du verset 6[6]

Et en effet, encore une fois, nous allons constater que dans l'*Apocalypse*, tout prend sens *en partant de la Loi et des Prophètes*[592]. C'est-à-dire que l'auteur ne se réfère jamais à un texte unique, mais au moins à trois passages des Écritures, dont l'un est emprunté à la Torah, et les deux autres au reste de la Bible.

Dans l'idéal, l'auteur et sa communauté s'efforcent de trouver, en contrepoint à un passage fondamental de la *Loi (Torah)*, d'une part un passage des *Prophètes (Nébiim)*, et d'autre part un passage des *Autres écrits (Kétoubim)*. Nous avons vu que c'est précisément le cas dans la série des quatre couleurs de chevaux qui associe au chapitre 13 du *Lévitique* le chapitre 6 de *Zacharie* et le chapitre 5 du *Cantique des cantiques*.

---

[592] *Luc* 24[27.44-45].

Il en va de même dans ce passage. Le texte de base est *Genèse* 1[29], où comme nous l'avons rappeler Dieu détermine comment devront s'alimenter l'Adam mâle et femelle, c'est-à-dire le Messie et son Assemblée messianique, et cela en distinguant d'une part *toute herbe semant semence qui pousse dans tout le pays*, et, d'autre part, *tout arbre (bois) ayant en lui fruit d'arbre (bois) semant semence.*

Il nous faut maintenant déterminer de quels autres textes bibliques proviennent, d'une part la spécification des herbes et des arbres fruitiers en question (blé et orge, huile et vin), et d'autre part, la spécification par Dieu lui-même d'une tarification distincte du blé et de l'orge.

Le premier point n'est pas difficile à résoudre. Il nous suffit de chercher dans les Écritures un texte qui mette sur le même plan ces quatre produits agricoles à l'exclusion de tout autre. Or, si de nombreux textes de la Bible font mention du blé, de l'orge, du vin et de l'huile, on n'en trouvera absolument qu'un seul à les mentionner d'affilée tous les quatre sur le même plan et à l'exclusion de toute autre denrée.

Il s'agit d'un passage des Écritures que nous avons déjà rencontré au cours de notre étude des *Actes des apôtres*, à savoir le récit qu'au trouve au *Deuxième livre des Chroniques* de la construction du Temple de Jérusalem. Salomon écrit au roi de Tyr :

2 Chroniques 2[7] *Envoie-moi aussi du Liban des bois de cèdre, de cyprès et de santal, car je sais que tes serviteurs savent couper les arbres du Liban, et mes serviteurs iront avec tes serviteurs,* [8] *pour me préparer des bois en quantité, car la Maison que je veux bâtir sera grande et admirable.* [9] *Et voici que pour les bûcherons qui couperont les arbres j'ai donné en nourriture pour tes serviteurs vingt mille kors de blé, vingt mille kors d'orge, vingt mille baths de vin et vingt mille baths d'huile. »*

[10] *Hiram, roi de Tyr, répondit par écrit à Salomon :* (...)[14] *Le blé et l'orge, l'huile et le vin, dont a parlé mon seigneur, qu'il*

les envoie maintenant à ses serviteurs. [15] *Nous, nous couperons des arbres du Liban selon tous tes besoins et nous te les amènerons en radeaux par mer à Joppé ; toi, tu les feras monter à Jérusalem. »*

Apocalypse 6[6] Une mesure de blé pour un denier, et trois mesures d'orge pour un denier ; mais ne fais point de mal à l'huile et au vin.

On aura remarqué que non seulement nous y trouvons les quatre mêmes denrées agricoles, mais qu'encore elles sont citées très exactement dans le même ordre que dans la réponse d'Hiram, ce qui ne peut être une coïncidence.

Troisième coïncidence, non moins admirable, Salomon, édificateur du Temple, lorsqu'il s'adresse à son pair et collaborateur Hiram, emploie les mêmes expressions que Dieu lorsqu'il s'adresse à l'Adam mâle et femelle, ce qui crée entre ces deux passages un lien objectif, marqué par des accrochages verbaux incontestables :

2 Chroniques 2[10] Et voici (הנה, hinneh, ἰδού, idou) que pour les bûcherons qui coupent les arbres, j'ai donné (נתתי, natati, δέδωκα, dédôka, dabo) du blé en guise de nourriture (εἰς βρώματα, eïs brômata, in cabaria[593]) à tes serviteurs etc.

Genèse 1[29] Voici (הנה, hinneh, ἰδού, idou, ecce), je vous ai donné (נתתי, natati, δέδωκα, dédôka, dedi) toute herbe semant semence, etc. (...). Cela sera pour vous en guise de nourriture (לאכלה, le-oklah, εἰς βρῶσιν, eïs brôsin, in escam).

On peut donc considérer qu'il existait un lien d'ordre targoumique entre *Genèse 1[29]* et *2 Chroniques 2[10]* à l'époque apostolique, au moins en milieu chrétien.

---

[593] On notera avec la T.O.B et la B.J. que le mot « en nourriture » (vraisemblablement לאכלה, le-oklah, « en guise de nourriture » ou bien מאכולת, maakolet, « de la nourriture », comme le propose la *B.J.*) a été l'objet d'une corruption dans le texte massorétique (définitivement fixé seulement au IXe siècle de notre ère, portant ici מכות, makot, « des coups », non-sens). Il est bien attesté par le grec des Septante avant notre ère, et encore par le latin de saint Jérôme au IVe siècle de notre ère.

Le deuxième point n'est pas plus difficile à éclaircir. D'où vient cette étrange tarification céleste du blé et de l'orge ? Il nous suffit ici également de retrouver dans les Écritures un passage où soit mentionnée et même prescrite par Dieu lui-même une telle tarification.

Ce texte-source est déjà connu. Il a été remarqué depuis longtemps et régulièrement mentionné en marge par les auteurs de la meilleure édition critique que l'on ait du Nouveau Testament, celle de Nestle-Aland[594].

Il s'agit d'une prophétie très précise du prophète Élisée au *Second livre des Rois*. Le fait est absolument incontestable, bien que les commentateurs de l'*Apocalypse* d'une manière générale, à ce qu'il semble et sauf erreur, le passent absolument tous sous silence. Comme cela se fait-il ? Sans doute cette réminiscence leur paraît-elle incongrue et ne savent-ils pas quoi en faire. C'est là un phénomène fréquent, parce que l'esprit humain, dans ses tentatives continuelles pour organiser la masse des faits, a une tendance spontanée à éliminer de son champ de vision tout ce qui ne lui paraît pas faire sens, ou, pour le dire autrement, à ne plus entendre ce qui ne lui semble qu'un bruit informe.

C'est pourquoi tous se perdent dans de longues digressions sur le prix du blé dans l'Antiquité, au lieu de sonder la véritable intention de l'auteur en ce passage, qui n'a de rapport qu'avec la mission de Jésus de Nazareth. Mais ce n'est pas notre cas, parce que, là encore, nous avons déjà rencontré ce texte lors de notre exploration préalable des *Actes des apôtres*.

2 Rois 7[1] Élisée dit : Entendez la parole de Dieu : Ainsi parle Dieu : Demain, à cette heure, un séah de bonne farine pour un sicle, et deux séahs d'orge pour un sicle à la porte de Samarie.

---

[594] K. Aland et Erw. Nestle, *Novum Testamentum* (Londres, 1963[22]) 625 ; B. et K. Aland, *id.* (Stuttgart, 1984[27]) 643 ; (Stuttgart, 1996[27]) 643 ; (Peabody, 2012) 748.

2 Rois 7[16] *Et c'est un séah de bonne farine pour un sicle et deux séahs d'orge pour un sicle, selon la parole du Seigneur.*

2 Rois 7[18] *Et c'est selon la parole de l'homme de Dieu au roi, disant : Deux séahs d'orge pour un sicle, un séah de bonne farine pour un sicle.*

Apocalypse 6[6] *J'entends comme une voix au milieu des quatre vivants, qui dit : Une chénice de blé pour un denier, trois chénices d'orge pour un denier.*

La réminiscence, ou plutôt la citation de ce texte précis par l'auteur de l'*Apocalypse* ne fait ici aucun doute, d'autant que toutes les modifications qu'il y apporte sont non seulement clairement explicables, mais encore totalement intentionnelles.

1°. Les unités de capacité et les unités de capacité sont équivalentes, et l'auteur de l'*Apocalypse* ne fait ici qu'adapter le texte à son époque. Le sicle comme le denier représentent en gros le salaire d'une journée de travail, et le séah comme la chénice de farine de blé représentent en gros la ration alimentaire quotidienne d'une seule personne.

2°. Le fait que la *bonne farine* du *Deuxième livre des Rois* devienne plus simplement *du blé* dans l'*Apocalypse* s'explique par la combinaison et la fusion de cette réminiscence avec celle du *Deuxième livre des Chroniques* qui énumère quant à lui : *orge, blé, huile et vin*. On est dans le même cas que lorsque l'auteur de l'*Apocalypse* confond les *séraphins* d'Isaïe et les *chérubins* d'Ézéchiel pour créer ses propres *vivants*, qui empruntent leurs traits tantôt aux uns, et tantôt aux autres.

3°. Le fait que la valeur relative de l'orge et du blé soit très nettement modifiée par l'auteur de l'*Apocalypse*, est également et fort clairement intentionnel. Cette valeur relative en effet était aussi notoire que stable dans le monde antique, autant en Palestine que dans les sphères hellénistique et romaine. Toutes nos sources en la matière indiquent qu'elle allait du simple au double, et non pas du simple au triple.

C'est donc évidemment avec une intention symbolique et allégorique que l'auteur procède ici à cette modification, et non pas dans une optique purement réaliste et matérielle. Il est difficile de comprendre, à cet égard, pourquoi les commentateurs modernes de ce verset se contentent ici d'observations d'ordre socio-économiques, comme si c'était là le propos de notre auteur, et comme si, en somme, l'*Apocalypse de Jésus-Christ* n'était au fond qu'une sorte d'almanach ponctué de-ci de-là de pronostications météorologiques, plutôt qu'une vaste explication allégorique du phénomène chrétien.

4°. Enfin, la distinction qu'opère l'auteur de l'*Apocalypse* entre, d'une part, les herbes portant semences (l'orge et le blé), et d'autre part les bois fruitiers (l'huile d'olive et le vin) est également intentionnelle. Elle obéit à son propos particulier qui est de décrire et d'expliquer de manière rétrospective les événements totalement inouïs et inattendus qui ont marqué la naissance du christianisme. Elle s'explique par le caractère chronologique et progressif de la révélation chrétienne, que l'*Apocalypse* décrit et explique de manière méthodique. À ce point de l'histoire, en cette troisième année de l'histoire chrétienne (*Apocalypse* 6[5-6]), notre cavalier ne s'occupe que du blé et de l'orge.

Il ne s'occupe pas encore du vin et de l'huile.

Quelqu'un d'autre s'en occupera nettement plus tard, à savoir un ange dont il est clairement distingué et qui représente sans aucun doute celui qui pilote l'Église naissante, à savoir l'Esprit Saint : *L'ange jeta alors sa faucille sur la terre, il en vendangea la vigne et versa le tout dans la cuve de la colère de Dieu, cuve immense ! Puis on la foula hors de la ville, et il en coula du sang qui monta jusqu'au mors des chevaux sur une étendue de 1600 stades* (*Apocalypse* 14[20]).

Enfin, lorsque revient notre cavalier, il s'en occupe personnellement : *De sa bouche sort une épée acérée pour en frapper les non-juifs : c'est lui qui les mènera avec un sceptre de fer, c'est lui qui foule dans la cuve le vin de l'ardente colère de Dieu* (*Apocalypse* 19[11-15]).

83. Ce que représentent le blé et l'orge

Ainsi donc l'*Apocalypse* nous montre, à l'occasion de l'ouverture du troisième sceau, le cavalier au cheval noir en train d'acquérir du blé et de l'orge à un tarif très élevé, au prix d'un argent que, selon l'usage, il pèse sur une balance. C'est là le grain que l'Agneau devait engranger dans son grenier, selon la prophétie de Jean le Baptiste[595].

Nous avons vu que, dans le texte source de *Genèse* 1[29], l'orge et le blé du *Second livre des Chroniques* correspondent à *toute herbe semant semence qui soit à la surface de tout le pays.* Il s'agit donc de l'ensemble du peuple israélite. S'il est divisé par l'auteur de l'*Apocalypse*, de manière intentionnelle, et en modifiant la proportion du texte du *Second livre des Rois*, dans une proportion de un à trois (plutôt que de un à deux), c'est très probablement pour y distinguer d'une part les juifs ou plutôt Judéens, héritiers de l'ancien royaume de Juda, qui comprenait le territoire de trois tribus méridionales (Benjamin, Juda et Siméon), et d'autre part l'ancien royaume de Samarie, qui comprenait le territoire des neuf autres tribus septentrionales (Aser, Nephtali, Zabulon, Issacar, Dan, Gad, Ruben, Éphraïm et Manassé). Il est vrai qu'il existe un certain flottement sur la manière de calculer le nombre des tribus septentrionales[596] ; mais la

---

[595] *Matthieu* 3[12] ; *Luc* 3[17].

[596] La tribu de Lévi étant disséminée parmi toutes les autres, on divisait en deux demi-tribus celle de Joseph pour atteindre malgré cela au nombre de douze tribus (qui en réalité n'a jamais été qu'une vue de l'esprit). Quant à la tribu méridionale de Siméon, au territoire enclavé dans celui de Juda (selon *Josué* 19[1]), elle avait très tôt disparu (*Genèse* 49[5-7] annonçant déjà qu'elle aussi serait dispersée). Par suite, la mythologie sioniste née après l'exil de Babylone, pour chiffrer le nombre des tribus prétendument

tradition qui en compte neuf est bien attestée au premier siècle[597].

Il est vrai que selon l'*Évangile de Matthieu*, Jésus de Nazareth, lors de sa carrière publique, aurait expressément demandé à ses douze envoyés, au commencement de leur mission, de ne pas porter l'Évangile en Samarie et de se concentrer sur les zones de peuplement juif[598]. Mais celui *de Luc* nous le montre bien réprimandant certains de ses apôtres qui lui demandaient de châtier un village samaritain qui les avait mal accueillis, puis s'arrêter dans un autre village de la même province[599]. Le même *Évangile* nous le montre raconter une histoire où un samaritain se comporte bien mieux que des juifs[600]. Bien plus, l'*Évangile de Jean* nous raconte expressément et longuement l'une de ses conversations avec une samaritaine de la ville de Sychar, et rapporte pour finir qu'un grand nombre des samaritains du lieu crurent en lui et le reconnurent *dès lors* comme le Messie[601].

On est donc porté naturellement à croire que, selon l'auteur de l'*Apocalypse*, c'est à partir de la troisième année de sa carrière publique que le Messie a porté l'Évangile et commencé sa moisson dans toute l'étendue du pays d'Israël, *erets Israël*, Samarie comprise.

Les juifs et les samaritains furent dès ce moment mis sur le même plan, avant d'être sauvés et rachetés l'année suivante les uns et les autres au même tarif, celui du sang qui devait être versé sur la croix : un denier pour une mesure de blé

---

disparues (bien qu'en réalité continuées par les samaritains), hésite entre 9 et 10, selon qu'on place au sud seulement Juda et Benjamin, ou également Siméon, ou Lévi.

[597] *Apocalypse d'Esdras* (alias *4 Esdras*, alias *2 Esdras*) 9^{40}.

[598] *Matthieu* 10^{5-6}.

[599] *Luc* 10^{51-56}.

[600] *Luc* 10^{25-37}.

[601] *Jean* 4^{4-42}.

(c'est-à-dire pour les trois tribus juives de la Judée propre) et un denier pour les trois mesures d'orge (c'est-à-dire les neuf autres tribus, possessionnées en Samarie).

Cette égalité de traitement entre juifs et samaritains est somme toute du même genre que celle qu'observe le maître de la parabole dite des ouvriers de la onzième heure, dans l'*Évangile de Matthieu*, 20^{1-16}. Il paye tous ses journaliers de la même manière, quelle que soit l'heure où ils ont commencé à travailler, soit *un denier* également, au grand scandale de ceux qui s'estimaient plus méritants que les autres.

Les céréales, la vigne et l'olivier dans un Psautier grec
(Manuscrit add. 40731 de la British Library, folio 11 – XIe siècle)

84. Ce que représente le vin

Il est clair que le vin, que visent à produire les vendanges, représente dans cette configuration les nations païennes, auxquelles le Messie ne s'était pas lui-même adressé, parce que le plan divin réservait cette tâche à ses disciples, sous la conduite de l'Esprit saint.

Cette doctrine sous-jacente dans plusieurs écrits du Nouveau Testament est surtout exprimée clairement par l'*Évangile de Matthieu*, le seul à rapporter expressément que le Christ avait interdit à ses disciples de s'adresser aux non-juifs lors de leur premier envoi en mission (10^6) : « *Ne partez pas sur le chemin des non-juifs (ἐθνῶν, éthnôn, « nations ») et n'entrez pas dans une ville de samaritains, partez plutôt vers le troupeau égaré de la maison d'Israël »,* mais simultanément à se conclure aussi, retournement véritablement spectaculaire, par un ultime envoi en mission dirigé spécialement vers eux (28[19]) : *« Partez enseigner tous les non-juifs (πάντα τὰ ἔθνη, panta ta éthnè, « toutes les nations »), en les baptisant au nom du Père et du Fils et du Saint Esprit. »*

Depuis longtemps les prophètes annonçaient que ces *nations* seraient écrasées devant Jérusalem comme le raisin est écrasé dans un pressoir, et qu'ainsi la Terre sainte serait inondée de leur sang. Il s'agit là d'une image bien naturelle à la rhétorique guerrière, qui réapparaît spontanément dans d'autres contextes, comme par exemple lors de la Révolution française en l'an 1792, lorsque Rouget de Lisle, dans son *Chant de guerre pour l'armée du Rhin*, future *Marseillaise*, exprime le souhait célèbre et terrifiant « qu'un sang impur abreuve nos sillons ».

Joël 4[12] : Que les nations se mettent en branle ; qu'elles montent vers la vallée nommée « Le Seigneur juge » : C'est là que je vais siéger pour juger toutes les nations d'alentour. [13] Brandissez la faucille, la moisson est mûre ; venez, foulez, le pressoir est plein ; les cuves débordent.

Isaïe 63[1-4] : Qui est donc celui-ci qui vient d'Édom, de Boçra, avec du cramoisi sur ses habits, bombant le torse sous son vêtement, arqué par l'intensité de son énergie ? — C'est moi qui parle de justice, qui querelle pour sauver. — Pourquoi y a-t-il du rouge à ton vêtement, pourquoi tes habits sont-ils comme ceux d'un fouleur au pressoir ? — La cuvée, je l'ai foulée seul, parmi les peuples, personne n'était avec moi ; alors je les ai foulés, dans ma colère, je les ai talonnés, dans ma fureur ; leur jus a giclé sur mes habits et j'ai taché tous mes vêtements. Dans mon cœur, en effet c'était jour de vengeance, l'année de ma rédemption était venue.

On a vu que la suite de l'*Apocalypse* confirme sans l'ombre d'un doute cette interprétation. La vendange des nations y est clairement présentée comme une allégorie de la conversion

361

au christianisme, considérée, avec une violence symbolique inouïe, comme une sorte de génocide baptismal[602], fondateur de l'Assemblée transnationale qui s'appelle aujourd'hui l'Église catholique.

À ce moment du récit, marqué par l'ouverture du troisième sceau, vers l'an 32, la vendange en question est encore à venir.

Le pressoir de la colère et le sang jusqu'au mors des chevaux
(Beatus de l'Escorial. Bibliothèque royale de San Lorenzo, folio 120-vers 950)

---

[602] De là sans doute provient au départ l'adage paulinien, selon lequel *La lettre tue mais l'esprit donne la vie* (*2 Corinthiens* 3⁶). Tous les massacres dont parlent les Écritures hébraïques, à commencer par le génocide commandé par Dieu à Moïse et perpétré par Josué, tous ces massacres légendaires, comme aussi ceux qu'aurait commis Dieu lui-même aux époques de Noé, de Sodome et de Pharaon, tous ces massacres n'avaient de sens que spirituel pour les premiers chrétiens, comme des figures voilées du mystère qu'ils voyaient s'accomplir de leur temps et sous leurs yeux.

La cavalerie et le pressoir du Messie
(Manuscrit add. 35166 de la British Library, folio 24, XIIIᵉ siècle)

Le pressoir mystique
(Manuscrit 3676 de la Bibliothèque nationale d'Autriche, folio 14, vers 1405)

Elle ne va commencer qu'à partir de l'ouverture du sixième sceau, qui correspond dans les *Actes des apôtres* à l'événement de Césarée, vers l'an 35. C'est le moment où les *Actes* racontent la vision céleste de Joppé, et où l'*Apocalypse* ($7^{9.14}$) décrit celle des 144 000 membres des tribus d'Israël réunis à la foule innombrable des nouveaux croyants issus *de n'importe quelle nation (ἐκ παντὸς ἔθνους, ék pantos ethnous)*, dont il est dit : *Ce sont ceux qui viennent de la grande épreuve : ils ont lavé leurs robes et les ont blanchies dans le sang de l'Agneau*, carnage mystique qui n'est en définitive rien d'autre que le baptême, en accord avec l'antique prophétie de Jacob-Israël sur son fils Juda, lui-même ancêtre et figure du Messie : *Il lave son vêtement dans le vin et son manteau dans le sang des raisins (Genèse 49^{11})*.

Ces vendanges sanglantes trouvent leur apothéose juste avant la sonnerie de la septième trompette, qui correspond à l'année du concile de Jérusalem, par lequel où la communauté-mère, assistée du Saint Esprit, entérine officiellement et organise administrativement l'intégration des non-juifs dans la nation monothéiste.

Apocalypse (T.O.B.) 14^{17} *Puis un autre ange sortit du temple céleste. Il tenait, lui aussi, une faucille tranchante.* [18] *Puis un autre ange sortit de l'autel. Il avait pouvoir sur le feu et cria d'une voix forte à celui qui tenait la faucille tranchante : Lance ta faucille tranchante et vendange les grappes de la vigne de la terre, car ses raisins sont mûrs.* [19] *Et l'ange jeta sa faucille sur la terre, il vendangea la vigne de la terre et jeta la vendange dans la grande cuve de la colère de Dieu.* [20] *On foula la cuve hors de la cité, et de la cuve sortit du sang qui monta jusqu'au mors des chevaux sur une étendue de mille six cents stades.*

85. Ce que représente l'huile, c'est-à-dire l'olivier

La valeur symbolique de l'*huile*, autrement dit, d'après le contexte, de la récolte des olives, est moins évidente à élucider que celle du *vin* et des vendanges dans ce difficile verset 6[6] de l'*Apocalypse*. Cependant un autre texte du Nouveau Testament, rédigé peu de temps avant l'*Apocalypse*, peut nous mettre sur la piste, puisqu'on y trouve une allégorie soigneusement développée, dans un registre symbolique parfaitement compatible avec celui que nous venons de dégager dans l'*Apocalypse*.

Il s'agit du chapitre 11 de la *Lettre* de Paul *aux Romains*, où l'Apôtre compare la nation monothéiste à un olivier domestique dont certaines branches improductives auraient été retranchées, et remplacées par des rameaux provenant d'un olivier sauvage. Il est clair et expressément indiqué que dans cette allégorie les branches retranchées représentent ceux des juifs qui ne reçoivent pas Jésus comme Messie, tandis les greffons sauvages qui les remplacent sont les nouveaux croyants non-juifs qui viennent s'agréger à l'antique nation monothéiste. Pour finir, il n'est pas exclu que les branches un temps retranchées de l'olivier domestique ne soient finalement regreffées sur leur arbre d'origine, dans un avenir où une partie des monothéistes qui avaient commencé par rejeter la messianité de Jésus finiraient par l'accepter.

On voit que cette valeur symbolique de l'olivier, si complexe et aboutie qu'elle soit dans la *Lettre aux Romains*, s'ajusterait merveilleusement au contexte de l'*Apocalypse* tel que nous proposons de le comprendre. On aurait là une progression logique et cohérente de l'extension de l'Évangile à toute l'humanité : la moisson du blé représenterait le peuple juif de Palestine originellement ciblé par le Messie lui-même. La moisson de l'orge représenterait la communauté samaritaine déjà touchée par Jésus pendant sa carrière publique, avant que d'être évangélisée plus systématiquement peu après par Philippe, Pierre et Jean.

« Le bon greffeur et bénin plantateur »
(Manuscrit français 1537 de la Bibliothèque nationale, folio 91 verso, vers 1528)

Le vin ensuite produit par les vendanges représenterait le monde païen ; et enfin l'olivier figurerait le peuple messianique dans son ensemble, que le jardinier divin émonde ou greffe à sa guise au cours de l'histoire du salut, depuis la vocation d'Abraham jusqu'à la fin des temps.

Voici le passage considéré, *Romains* 11[1-27].

« 11[1] *Je demande donc : Dieu aurait-il rejeté son peuple ? Certes non ! (...)* [7] *Qu'est-ce à dire ? Ce qu'Israël recherche, il ne l'a pas atteint ; mais les élus l'ont atteint. Quant aux autres, ils ont été endurcis (...).* [11] *Je demande donc : est-ce pour une chute définitive qu'ils ont trébuché ? Certes non ! Mais grâce à leur faute, les nations ont accédé au salut, pour exciter la jalousie d'Israël. (...)* [16] *Or (...) si la racine (ῥίζα, rhiza) est sainte, les branches (κλάδοι, kladoi) le sont aussi.* [17] *Mais si quelques-unes des branches (κλάδων, kladôn) ont été coupées (ἐξεκλάσθησαν, éxéklasthèsan), tandis que toi, étant un olivier sauvage (ἀγριέλαιος, agriélaïos), tu as été greffé (ἐνεκεντρίσθης, énékéntristhès) parmi elles et si tu es devenu participant (συνκοινωνὸς, sunkoïnônos) à la racine (ῥίζης, rhizès) du gras (πιότητος, piotètos) de l'olivier (ἐλαίας, elaïas),* [18] *ne sois pas arrogant envers les branches (κλάδων, kladôn). Si arrogant que tu sois, ce n'est pas toi qui portes la racine (ῥίζαν, rhizan), mais c'est la racine (ῥίζα, rhiza) qui te porte.* [19] *Tu diras sans doute : 'Des branches (κλάδοι, kladoï) ont été coupées (ἐξεκλάσθησαν, éxéklasthèsan) pour que moi je sois greffé (ἐγκεντρισθῶ, énkéntristhô)'.* [20] *C'est bien dit : c'est par leur incrédulité qu'elles ont été coupées (ἐξεκλάσθησαν, éxéklasthèsan), tandis que toi tu tiens par la foi. Mais ne t'enorgueillis pas, crains plutôt,* [21] *car si Dieu n'a pas épargné les branches (κλάδων, kladôn) naturelles il ne t'épargnera pas non plus.* [22]*Considère donc le caractère bon et tranchant (ἀποτομίαν, apotomian) de Dieu : caractère tranchant envers ceux qui sont tombés, mais caractère bon de Dieu à ton égard si tu persévère dans la bonté, car tu pourrais être retranché (ἐκκοπήσῃ, ékkopèsè) toi aussi.* [23] *Quant à eux, s'ils ne demeurent pas dans l'incrédulité, ils seront greffés (ἐνκεντρισθήσονται, énkéntristhèsontaï), eux aussi, car Dieu a le pouvoir de les greffer (ἐνκεντρίσαι, énkéntrisaï) de nouveau.* [24] *Si toi, en effet, retranché (ἐξεκόπης, éxékopès) de l'olivier sauvage (ἀγριελαίου, agriélaïou) auquel tu appartenais originellement (κατὰ φύσιν, kata phusin), tu as été, en dépit de cette origine (παρὰ φύσιν, para phusin)* [603]*, greffé (ἐνεκεντρίσθης, énékéntristhès) sur l'olivier franc (καλλιέλαιον kalliélaïon), combien plus seront-ils greffés (ἐνκεντρισθήσονται, énkéntristhèsontaï) sur leur propre olivier (ἐλαίᾳ, élaia) auquel ils appartiennent de par leur origine (κατὰ φύσιν, kata phusin) !* [25] *Car je ne veux pas, frères, que vous ignoriez ce mystère (μυστήριον, mustèrion), de peur que vous ne vous preniez pour des sages : l'endurcissement d'une partie d'Israël durera jusqu'à ce que soit entré l'ensemble des nations.* [26] *Et ainsi tout Israël sera sauvé, comme il est écrit : 'De Sion viendra le libérateur, il écartera de Jacob les impiétés.* [27] *Et voilà quelle sera mon alliance avec eux, quand j'enlèverai leurs péchés'.* »

L'origine scripturaire de cette allégorie complexe et détaillée n'est pas limpide, et a même été contestée au point qu'on y a parfois vu une pure et simple création de Paul, en faisant remarquer notamment que les Écritures hébraïques

---

[603] La traduction habituelle de cette expression, « contre nature », est inepte en ce qu'elle induit des connotations absolument étrangères à la pensée de Paul. En grec on oppose deux types de filiation, l'une κατὰ φύσιν, *kata phusin*, qui est la filiation « par la naissance » ou « par le sang », autrement dit « biologique », et l'autre κατὰ θέσιν, *kata thésin*, « par adoption ». De fait, selon Paul, on ne peut être fils d'Abraham que par *adoption*, en grec υἱοθεσία, *huïo-thésia* (*Romains* 8[23]), lorsqu'on reçoit l'*esprit d'adoption* (8[15] : πνεῦμα υἱοθεσίας, *pneuma huïo-thésias*) comme d'ailleurs c'était déjà le cas depuis toujours en ce qui concerne les Israélites eux-mêmes (9[4]). Παρὰ φύσιν, *para phusin*, signifie d'une manière générale : « à l'origine près », c'est-à-dire « d'une manière autre que par origine ».

comparent très rarement la nation monothéiste à un olivier[604]. Ce qui est clair, c'est que ce développement n'est pas du même genre littéraire que les passages de l'*Apocalypse* et des *Actes des Apôtres* que nous avons étudiés jusqu'ici. Il ne s'agit pas ici en effet d'un centon, c'est-à-dire d'une composition à la fois originale et sursaturée de réminiscences bibliques, mais plutôt d'une élaboration rhétorique de tradition hellénistique, où l'exposé tire avant tout autorité et pertinence de sa propre logique interne, même si ni les réminiscences bibliques ni les résonnances rabbiniques[605] n'y font défaut.

La première des deux comparaisons que font les Écritures hébraïques de la nation monothéiste à un olivier est fort discrète et comme noyée dans d'autres comparaisons végétales, au *Livre d'Osée* 14⁵ : *Je serai comme la rosée pour Israël. Il fleurira comme le lis, et il poussera des racines comme le (cèdre du) Liban.* ⁶ *Ses rameaux s'étendront. Il aura la magnificence de l'olivier et les parfums du Liban.* ⁷ *Ils reviendront s'asseoir à son ombre, ils redonneront la vie au froment, et ils fleuriront comme la vigne. Ils auront la renommée du vin du Liban.*

La deuxième, plus nette et plus souvent citée, se trouve au *Livre de Jérémie* 11¹⁶ : *Olivier verdoyant, remarquable par la beauté de son fruit, tel est le nom que t'avait donné Dieu. Au bruit d'un grand fracas, il l'embrase par le feu, et ses rameaux sont brisés.* ¹⁷ *Le Dieu des armées, qui t'a planté, appelle sur toi le malheur, à cause de la méchanceté de la maison d'Israël et de la maison de Juda, qui ont agi pour m'irriter, en offrant de l'encens à Baal.*

---

[604] Par exemple W. D. Davies, « Paul and the Gentiles : A Suggestion Concerning Romans 11.13-24 », in *Jewish and Pauline Studies* (Minneapolis, 1984) 153-163.

[605] Voyez notamment P. Billerbeck, *Kommentar zum Neuen Testament aus Talmud und Midrash* (Munich, 1954) III 291-292, ouvrage déjà un peu vieilli.

Cependant rien de cela n'annonce clairement et nettement, ni n'explique l'allégorie de la *Lettre aux Romains*[606]. C'est pourquoi plusieurs auteurs ont supposé à juste raison que la spécification de l'olivier qu'on y trouve (plutôt par exemple que de la vigne ou que du figuier) est en réalité secondaire.

De fait, le point central de cette allégorie, ce qui en constitue la pointe, et ce qui dans le même temps trouve un plus clair appui dans les Écritures, c'est avant tout le thème métaphorique de la greffe comme technique de culture des arbres fruitiers en général. Il nous faut donc examiner la généalogie de cette métaphore de la greffe avant que de revenir au thème plus précis de l'olivier commun à la *Lettre aux Romains* et à l'*Apocalypse*.

Remarquons avant cela que l'idée selon laquelle Dieu comme un bon arboriculteur se réserve le droit de mutiler un arbre qui ne produit pas de fruit, et d'obtenir ce fruit par un autre moyen, ne se trouve pas que chez Paul. Son allégorie de rameaux retranchés et remplacés par des greffons n'était-elle pas déjà en germe dans la prédication de Jean le Baptiste ? Que disait en effet ce dernier aux Pharisiens et aux Sadducéens ? *Faites donc un fruit (καρπὸν, karpon) de conversion, et ne vous avisez pas de dire en vous-mêmes : « Nous avons pour père Abraham ! », car je vous dis que Dieu de ces pierres (ἐκ τῶν λίθων τούτων, ék tôn lithôn toutôn) Dieu peut faire se lever (ἐγεῖραι, égeïraï) des enfants (τέκνα, tékna) pour Abraham. Déjà la hache est mise à la racine (ῥίζαν, rhizan) des arbres (δένδρων, déndrôn) ; tout arbre (δένδρον, déndron) donc ne faisant pas un bon fruit (καρπὸν, karpon) sera coupé (ἐκκόπτεται, ekkoptétaï) et jeté au feu*[607]. La seule différence entre ces deux allégories est en définitive que Paul n'envisageait qu'un seul arbre, dont seuls

---

[606] Malgré A. T. Hanson, *Studies in Paul's Technique and Theology* (Londres, 1974) 121-124, qui propose de de voir dans cette allégorie un midrash de *Jérémie* 11[16-19], non sans de bonnes raison que nous examinerons plus loin.

[607] *Matthieu* 3[8-10] = *Luc* 3[8-10].

les rameaux improductifs avaient été remplacés par des greffons sauvages, tandis que pour Jean Baptiste chaque croyant est un lui-même un arbre qui peut être retranché, parce que Dieu n'a pas besoin de lui pour produire un fruit qu'il peut à sa guise tirer ne serait-ce que d'une pierre.

Mais revenons au thème allégorique plus précis et explicite de la greffe arboricole.

86. Le thème scripturaire de la greffe et de l'adoption

Pour qu'un thème soit solidement enraciné dans les Écritures, ainsi que nous déjà vu, et à plusieurs reprises, il faut qu'il le soit dans la Torah et chez les Prophètes. Or c'est bien le cas de de celui de la greffe allégorique, que la tradition juive a réussi à repérer dans le *Livre de la Genèse*, moyennant un jeu de mots astucieux, parfaitement légitime dans la tradition interprétative du temps.

Il s'agit d'une très fameuse et très importante bénédiction par Dieu lui-même d'Abraham et de sa descendance. On la trouve cinq fois répétée au *Livre de la Genèse* avec de légères variations[608]. Paul la reprend sous une forme légèrement abrégée sa *Lettre aux Galates* : « Seront bénies en toi toutes les nations. »[609] Il y voit pour sa part, naturellement, une prophétie de ce que les nation païennes, dès l'origine de la

---

[608] *Genèse* 12³ : *et seront bénies (*נברכו*, nibrekou, ἐνευλογηθήσονται, éneulogèthèsontaï, benedicentur) en toi toutes les parentés (*משפחת*, mishpahot, φυλαὶ, phulaï, cognationes) du sol (*אדמה*, adama, γῆς, gès, terrae)* ; *18*¹⁸ : *et seront bénies (*נברכו*, ἐνευλογηθήσονται, benedicendae sint) en la semence toutes les nations (*גויי*, goïï, ἔθνη, ethnè, nationes) du pays (*ארץ*, γῆς, terrae)* ; *22*¹⁸ : *en elle se béniront (*התברכו*, ἐνευλογηθήσονται, benedicentur) toutes les nations (*גוי*, ἔθνη, gentes) du pays (*ארץ*, γῆς, terrae)* ; *26*⁴ : *et se béniront (*התברכו*, ἐνευλογηθήσονται, benedicentur) en ta semence toutes les nations (*גוי*, ἔθνη, gentes) du pays (*ארץ*, γῆς, terrae)* ; *28*¹⁴ : *et seront bénies (*נברכו*, ἐνευλογηθήσονται, benedicentur) en toi [Jacob] toutes les parentés (*משפחת*, φυλαὶ, tribus) du sol (*אדמה*, γῆς, terrae) ainsi qu'en ta semence.*

[609] *Galates* 3⁸ : Ἐνευλογηθήσονται ἐν σοὶ πάντα τὰ ἔθνη.

371

révélation abrahamique, étaient destinées à être intégrées par Dieu à l'unique nation monothéiste. Sans reprendre ici l'ensemble de sa démonstration, on notera seulement que Dieu, en bénissant ainsi Abraham *et sa descendance*, ne visait pas selon lui sa descendance biologique, mais spirituelle[610]. La filiation réelle d'Abraham, n'est donc pas charnelle, ou, comme on dirait plutôt aujourd'hui, biologique, mais bien plutôt *adoptive*. Sa descendance, c'est en réalité le Messie, Jésus de Nazareth, ainsi que ceux qui, à l'image d'Abraham, sont entré dans une démarche de *foi* qui les incorpore mystiquement au corps du Messie par une opération de l'Esprit Saint.

Paul, ni dans sa *Lettre aux Galates*, ni dans sa *Lettre aux Romains*, essentiellement adressées toutes deux à des croyants d'origine non-juive, n'entre pas dans le détail complexe de ce jeu de mot hébraïque sous-jacent. Il ne nous est expliqué par un rabbin du siècle suivant, d'après le Talmud de Babylone [611]. Rabbi Éléazar ben Shamu'a, mort vers 170, aurait dit : « *Que signifie 'Toutes les parentés du sol seront bénies (נברכו, nibrekou) en toi' (Genèse 12, 3) ? En fait, le Saint, béni soit-Il, a dit à Abraham : 'J'ai deux bonnes pousses à greffer (להבריך, lehabrik[612]) sur toi, Ruth la Moabite et Naama l'Ammonite* '[613].

---

[610] Preuve en est par exemple que certains descendants directs d'Abraham sont clairement exclus de cette alliance et de cette bénédiction, comme par exemple Ésaü/Édom auquel Dieu préfère souverainement son frère cadet Jacob/Israël).

[611] Traité *Yebamoth* 6[17] (63a).

[612] Verbe qui en hébreu mishnique signifie à cette forme tant « bénir » que « greffer ».

[613] On corrige ici légèrement la traduction d'A. Elkaïm-Sartre, *Aggadoth du Talmud de Babylone* (Lagrasse, 1982) 607. Voyez aussi celle d'I. W. Slotki (Londres, 1936) : « Rabbi Eleazar further stated : What is meant by the text, *And in thee shall the families of the earth be blessed* ?[*Genesis* XII, 3 : ונברכו] The Holy One, blessed be He, said to Abraham, 'I have two goodly shoots to engraft [להבריך in Hiphil of the same root (ברך), as ונברכו

En d'autres termes, selon rabbi Éléazar, l'idée qu'en Abraham *seront bénies* toutes les famille du sol (*Genèse* 12^3), voire même toutes les nations du pays (*Genèse* 18^{18}), signifie par jeu de mots que des prosélytes d'origine non-juive *se grefferont* sur sa descendance, dont les deux ancêtres de David et du Messie susmentionnées.

Ce texte rabbinique nous permet de reconstituer la logique sous-jacente à ces deux développements de Paul : d'une part celui de la *Lettre au Galates*, où il tire de la promesse à Abraham et à sa descendance que cette descendance est en réalité de nature adoptive et spirituelle ; et d'autre part celui de la *Lettre aux Romains*, où il compare effectivement l'intégration des non-juifs à la nation monothéiste fondée par Abraham à une greffe arboricole.

Peut-être, nous objectera-t-on, le témoignage de rabbi Éléazar, vers le milieu du second siècle, est-il bien tardif et isolé pour nous garantir qu'à l'époque apostolique on comparait déjà usuellement les prosélytes à des greffons insérés par le divin jardinier sur le tronc de la nation monothéiste descendant d'Abraham.

Mais en réalité cette idée est également attestée dans les œuvres qui nous ont été conservées de Philon d'Alexandrie, exégète monothéiste de langue grecque tout à fait contemporain de Jésus et de Paul.

---

in Niphal.] on you : Ruth the Moabitess and Naamah the Ammonitess' [Both belonged to idolatrous nations and were 'grafted' upon the stock of Israel. The former was the ancestress of David (v. Ruth IV, 13ff), and the latter the mother of Rehoboam (v. I Kings XIV, 31) and his distinguished descendants Asa, Jehoshaphat and Hezekiah.] » ; et celle d'A. Steinsalt [dit Adin Even Israël, † 2020]) : « And Rabbi Elazar said : What is the meaning of that which is written : *And in you shall all the families of the earth be blessed* [*nivrekhu*]" (*Genesis* 12:3) ? The Holy One, Blessed be He, said to Abraham : 'I have two good shoots to graft [*lehavrikh*] onto you : Ruth the Moabite, the ancestress of the house of David, and Naamah the Ammonite, whose marriage with Solomon led to the ensuing dynasty of the kings of Judea. »

Philon développe d'abord ce thème dans son traité allégorique *Sur l'Agriculture*, consacré à une phrase du *Livre de la Genèse* qui présente le patriarche Noé comme un bon *agriculteur*. Philon se demande à cette occasion ce que signifie cette phrase, et c'est dans ce cadre qu'il nous expose comment un agriculteur doit d'occuper des arbres qui lui sont confiés. Après avoir énuméré toutes une série de techniques employées par les arboriculteurs, il en vient pour finir à celle de la greffe :

« Et ceux qui ne produisent pas de bons fruits, il s'efforce de les améliorer par l'*insertion (ἐνθέσει, enthéseï)* d'autres plants dans leur tronc au niveau des racines et par une soudure la plus intime possible. C'est d'ailleurs ce qui se passe chez les êtres humains où l'on voit les enfants *adoptés (θετοὺς, thétous)* se régler sur ceux qui leur étaient étrangers par la naissance en s'appropriant leurs qualités. »[614]

De quoi parle ici Philon ? N'est-il pas évident qu'il s'agit du statut des prosélytes ? Cela ressort clairement d'un autre de ses traités conservés, *Sur les récompenses et les châtiments*, où il compare le sort respectif des mauvais juifs et des bons prosélytes :

« Le nouveau-venu, haut dans les airs par ses prospérités, sera en vue, admiré et estimé bienheureux en excellant à deux points de vue : parce qu'il est passé dans le camp de Dieu, et parce qu'il a gagné le prix le plus valable qu'on puisse dire, une place définitive dans le ciel, tandis que le bien-né, qui a trafiqué le bon aloi de sa haute naissance, sera traîné tout en bas, jusque dans le Tartare et le fond des ténèbres. Ainsi, tout le monde, en voyant ces exemples, sera instruit et comprendra

---

[614] *De Agricultura* 6 : ὅσα δὲ μὴ εὔκαρπα ἑτέρων εἰς τὸν πρὸς ταῖς ῥίζαις κορμὸν ἐνθέσει καὶ συμφυεστάτῃ ἑνώσει βελτιοῦν ἐθελήσει – καὶ γὰρ ἐπ' ἀνθρώπων τυγχάνει ταὐτὸν, ὡς τοὺς θετοὺς παῖδας γένεσιν ἀλλοτρίοις διὰ τὰς σφετέρας οἰκειουμένους ἀρετὰς παγίως ἐναρμόζεσθαι.

que Dieu fait bon accueil à une vertu qui dépérissait[615] de par sa basse naissance : d'une part il en laisse prospérer les racines, et d'autre part il accepte le rameau monté en tige qui, une fois domestiqué, en vient à donner de bons fruits. »[616].

Ainsi que le comprend Jean Pouilloux[617], le type de greffe auquel fait ici allusion Philon est une « greffe par approche ». On greffe l'un sur l'autre deux plants voisins dont chacun garde ses racines, en espérant que dans cette fusion des deux plants les qualités de l'une l'emporteront sur les défauts de l'autre. Ce n'est pas exactement le type de greffe dont parle Paul de son côté dans sa *Lettre aux Romains*[618], et où il s'agit de sectionner le tronc d'un arbre fruitier improductif pour y insérer la tige qu'on vient de prélever sur un autre plant d'origine sauvage[619].

Cette remarque n'est pas sans intérêt pour comprendre le deuxième texte des Écritures hébraïques qui développe la

---

[615] Il est à noter que ce texte est incompris de ses traducteurs anglais et allemand depuis qu'un ancien éditeur a cru nécessaire de corriger ici arbitrairement le texte porté par les manuscrits, φθιομένην, « dépérissant », en φυομένην, « jaillissant ».

[616] *De praemiis et poenis* 152 : ὁ μὲν ἔπηλυς ἄνω ταῖς εὐτυχίαις μετέωρος ἀρθεὶς περίβλεπτος ἔσται, θαυμαζόμενος καὶ μακαριζόμενος ἐπὶ δυσὶ τοῖς καλλίστοις, τῷ τε αὐτομολῆσαι πρὸς θεὸν καὶ τῷ γέρας λαβεῖν οἰκειότατον τὴν ἐν οὐρανῷ τάξιν βεβαίαν, ἣν οὐ θέμις εἰπεῖν, ὁ δ᾽ εὐπατρίδης παρακόψας τὸ νόμισμα τῆς εὐγενείας ὑποσυρήσεται κατωτάτω πρὸς αὐτὸν τάρταρον καὶ βαθὺ σκότος ἐνεχθείς, ἵνα ταῦτα ὁρῶντες τὰ παραδείγματα πάντες ἄνθρωποι σωφρονίζωνται, μανθάνοντες ὅτι τὴν ἐκ δυσγενείας ἀρετὴν φθιομένην θεὸς ἀσπάζεται, τὰς μὲν ῥίζας ἐῶν χαίρειν, τὸ δὲ στελεχωθὲν ἔρνος, ὅτι μετέβαλεν ἡμερωθὲν πρὸς εὐκαρπίαν, ἀποδεχόμενος.

[617] J. Pouilloux, *Philon d'Alexandrie. Tome 9. De Agricultura* (Paris, 1961) 24-25 : « Aussi cherche-t-il (…) à améliorer ce qui ne sont pas de bon rendement en les greffant avec d'autres espèces sur le tronc près des racines par une solide *greffe par approche*. »

[618] *Romains* 11[24].

[619] Sur la pertinence de ce développement, voire même l'existence de ce type de greffe, qui a été contestée, bien à tort à ce qu'il semble, voyez A. G. Baxter et J. A. Ziesler, « Paul and Arboriculture : Romans 11:17–24 », *Journal for the Study of the New Testament* 24 (1985) 25-32.

métaphore de la greffe végétale. Il s'agit d'une prophétie du *Livre d'Ézéchiel* qui envisage et même prophétise expressément la réunion à venir des deux royaumes entre lesquels s'était jadis divisé la nation monothéiste. Ce sont, d'une part, le royaume du Nord, dit d'Israël, correspondant à la Samarie et à la communauté samaritaine de l'époque apostolique, et d'autre part le royaume du Sud, dit de Juda, correspondant à la Judée et à la communauté juive de l'époque apostolique. Au terme de l'exil dont Dieu a frappé son peuple, à cause de ses péchés, Dieu va non seulement le ramener sur sa terre, mais encore le réunifier définitivement.

Ézéchiel 37[15] *Il y eut une parole du Seigneur pour moi :* [16] *« Toi, fils d'homme, prends un bois/arbre (עץ, ets), écris dessus : Juda et les fils d'Israël qui lui sont associés. Puis prends un autre bois/arbre (עץ, ets), écris dessus : Joseph — ce sera le bois/arbre (עץ, ets) d'Éphraïm — et toute la maison d'Israël qui lui est associée.* [17] *Rapproche ces morceaux l'un contre l'autre en un seul bois/arbre (עץ, ets) ; ils seront un dans ta main.* [18] *Lorsque les gens de ton peuple te diront : "Ne veux-tu pas nous expliquer ce que tu fais ?",* [19] *dis-leur : Ainsi parle le Seigneur Dieu : Voici que je vais prendre le bois/arbre (עץ, ets) de Joseph — qui est dans la main d'Éphraïm — et des tribus d'Israël qui lui sont associées ; je les placerai contre lui, c'est-à-dire contre le bois/arbre (עץ, ets) de Juda ; j'en ferai un seul bois/arbre (עץ, ets) et ils seront un dans ma main.* [20] *Et ce sont les bois/arbres (עצים, etsim) sur lesquels tu auras écrit de ta main sous leurs yeux.* [21] *Dis-leur : Ainsi parle le Seigneur Dieu : Je vais prendre les fils d'Israël d'entre les nations (גוים, goïm) où ils sont allés ; je les rassemblerai de partout et je les ramènerai sur leur sol.* [22] *Je ferai d'eux une nation (גוי, goï) unique, dans le pays, dans les montagnes d'Israël ; un roi unique sera leur roi à tous ; ils ne formeront plus deux nations (גוים, goïm) et ne seront plus divisés en deux royaumes.* [23] *Ils ne se souilleront plus avec leurs idoles et leurs horreurs, ni par toutes leurs révoltes ; je les délivrerai de tous les lieux où ils habitent, les lieux où ils ont péché. Je les purifierai, ils seront mon peuple et je serai leur Dieu. [24] Mon serviteur David régnera sur eux, berger unique pour eux tous ; ils marcheront selon mes coutumes, ils garderont mes lois et les mettront en pratique. [25] Ils habiteron le pays (ארץ, erets) que j'ai donné à mon serviteur Jacob, le pays où vos pères ont habité, ils y habiteront eux, leurs fils, les fils de leurs fils, pour toujours ; mon serviteur David sera leur prince pour toujours. [26] Je conclurai avec eux une alliance de paix ; ce sera une alliance perpétuelle avec eux. Je les établirai, je les multiplierai. Je mettrai mon sanctuaire (מקדש, miqdash) au milieu d'eux pour toujours. [27] Ma Tente (משכן, mishkan) sera auprès d'eux ; je serai leur Dieu et eux seront mon peuple (עם, am). [28] Alors, les nations (גוים, goïm) connaîtront que je suis le Seigneur qui consacre Israël, lorsque je mettrai mon sanctuaire (מקדש, miqdash) au milieu d'eux, pour toujours. »*

On constate que dans cette prophétie mimée par Ézéchiel, il est demandé précisément question d'une *greffe par approche* entre deux arbres fruitiers. L'un représente l'ancien royaume du Nord et les neuf tribus septentrionales commandées par celle d'Éphraïm, et l'autre figure l'ancien royaume du Sud et les trois tribus méridionales commandées par celle de Juda. Cette prophétie se termine par un élargissement des perspectives à l'ensemble des nations humaines : *Alors, les nations (גוים, goïm) connaîtront que je suis le Seigneur qui consacre Israël, lorsque je mettrai mon sanctuaire (מקדש, miqdash) au milieu d'eux, pour toujours.*

Du point de vue chrétien, cette prophétie s'est clairement réalisée lorsque les samaritains ont été intégrés sans aucune réserve au peuple messianique, à l'occasion de la prédication de Philippe, de Pierre et de Jean. C'est d'autant moins douteux que, conformément à la prophétie d'*Isaïe* 37[15-28], juste après cette réunification initiale, on voit s'étendre soudain la connaissance du vrai Dieu et de son Messie, au-delà de la seule nation monothéiste ainsi réunifiée, à toute l'humanité, à commencer par un Éthiopien, puis par toute la

377

maisonnée d'un centurion romain résidant à Césarée Maritime.

87. Deux oliviers et un chandelier

Les deux oliviers de Zacharie dans la Bible hébraïque de Cervera
(Manuscrit IL 72 de la Bibliothèque du Portugal, folio 316 verso, vers 1300)

Nous venons de voir que c'est dans ce cadre métaphorique que le prophète Ézéchiel promet à terme une réimplantation de la nation monothéiste dans la Terre promise. Elle en avait été exilée en effet par deux catastrophes nationales successives, à savoir la déportation massive des habitants du royaume du Nord en 721 avant notre ère, puis celle des tribus méridionales vers 581. La nation monothéiste donc va être réimplantée, et à cette occasion ses deux rameaux jadis séparés seront greffé *par approche* l'un sur l'autre, c'est-à-dire réunifiés.

Ce n'est pas tout. On trouve aussi au *Livre du prophète Zacharie* (4^{1-14}) une vision qui nous met en présence de deux oliviers reliés entre eux par un dispositif complexe qui n'est pas sans présenter de notables analogies d'une part avec le mime d'*Ézéchiel* (37^{15-28}), et d'autre part avec l'allégorie de la *Lettre aux Romains* (11^{1-27}). Il vaut la peine de citer ici ce texte étrange et difficile, d'ailleurs aussi repris expressément par l'*Apocalypse* (11^4) sous une forme remaniée, ce qui porte à quatre le nombre des textes qui nous mettent en présence de ces deux arbres fruitiers énigmatiquement reliés l'un à l'autre par des dispositifs très précis, bien que les détails n'en soient pas toujours très clairs.

Zacharie 4^1 *Et revint le messager qui parlait en moi et il me réveilla comme lorsque s'éveille quelqu'un de son sommeil,* ^{2} *et il me dit : « Que vois-tu ? » et je dis : « J'ai vu, et voici*
un chandelier (λυχνία, lukhnia) d'or massif,
et le flambeau (λαμπάδιον, lampadion) au-dessus de lui
et sept lampes (λύχνοι, lukhnoï) au-dessus de lui
et sept burettes/versoirs pour les lampes (λύχνοις, lukhnoïs) au-dessus de lui,
^{3} *et deux oliviers (ἐλαῖαι, élaïaï) au-dessus de lui,*
l'un à droite du flambeau (λαμπάδιον, lampadion) et l'un à gauche. (...)

^{11} *Et je répondis et lui dis : « Que sont ces deux oliviers (ἐλαῖαι, élaïaï) qui sont à droite du chandelier (λυχνίας, lukhnias) et à gauche ? »*
^{12} *Et je demandai une deuxième fois et je lui dis : « Que sont les deux flots/branches (שבלי, schiboli / κλάδοι, kladoï) des olives/oliviers qui sont dans la main des deux becs d'or qui se déversent et font remonter les burettes/versoirs d'or ? »*

^{13} *Et il me dit : « Ne sais-tu pas ce qu'ils sont ? » Et je dis :*
« Non, monseigneur. »

^{14} *Et il dit : « Ce sont les deux fils (בני, beni, vioì, huioï) de*
l'huile/du gras (היצהר, ha-yitshar / τῆς πιότητος, tès piotètos),
ils se tiennent devant le seigneur de tout le pays. »

Nous attirons pour commencer l'attention sur ce dernier terme de πιότης, piotès, qui signifie en grec « le gras », « le fait d'être gras ». Il apparaît plusieurs fois dans la version grecque des Écritures hébraïques appelée Septante, mais une seule, ici, pour y traduire, d'ailleurs assez bizarrement, l'hébreu יצהר, yitshar, « huile ». Simultanément il n'apparaît aussi en tout et pour tout qu'une seule fois dans tout le Nouveau Testament, précisément dans le passage de la *Lettre aux Romains* qui parle elle aussi de deux oliviers.

Nous attirons maintenant l'attention le terme grec κλάδοι, kladoï qui présente lui aussi une double bizarrerie, tout à fait analogue à la première Le voyant Zacharie parle d'abord de *deux oliviers*, puis reformule son observation en parlant, en hébreu, de deux *schibolim*. Ce mot hébraïque de *schibol (שבל)* signifie ordinairement « épi »[620], et occasionnellement « flot »[621] Pourtant il est étrangement rendu en grec par κλάδοι, kladoï, « branche ». Ce dernier mot grec, quant à lui, peut occasionnellement désigner une branche d'arbre quelconque[622], mais signifie étymologiquement et ordinairement « une petite branche arrachée à un arbre »[623]. Il

---

[620] *Genèse* 41[5.6.7bis.22.23.24bis.26.27] ; *Ruth* 2[2] ; Job 24[24] ; *Isaïe* 17[5bis].

[621] *Psaumes* 69[2.15] ; *Isaïe* 27[12].

[622] Septante, *Osée* 14[7] ; *Isaïe* 17[6] ; 55[12] ; *Ézéchiel* 31[5.6.7.8.9] ; *Daniel* 4[9.18] ; *Siracide* 1[20] ; 17[18] ; 14[26] ; 23[25] ; 24[16] ; 40[15] ; *Sagesse* 4[4] ; — Aquila et Théodotion, *Ézéchiel* 17[6] ; 31[3.9.13] — Symmaque, *Job* 8[16] ; *Isaïe* 27[10] ; 53[2] ; *Ézéchiel* 17[8] ; 19[11.14] ; 31[13]. — Nouveau Testament, *Matthieu* 13[32] ; 24[32] ; *Marc* 4[32] ; 13[28] ; *Luc* 13[19.]

[623] L. Séchan et P. Chantraine, *Le Grand Bailly* (Paris, 2000) 1096. — Septante : Lévitique 23[40] ; Nombre 3[37] ; *Juges* 9[48.49] ; Jérémie 11[16] ; Ézéchiel 31[12] ; *Daniel* 4[11] ; *2 Macchabées* 10[7]. — Nouveau Testament, *Matthieu* 21[8] ; *Romains* 11[16.17.18.19.21].

dérive en effet du verbe κλάω, *klaô*, « briser ». Or lui aussi réapparaît, d'ailleurs avec insistance, dans l'allégorie de la *Lettre aux Romains*, cinq fois, dont trois fois en lien d'ailleurs avec le verbe grec ἐκκλάω, *ekklaô*, « enlever en brisant ».

Bref, Paul dans sa *Lettre aux Romains*, n'a pas en vue seulement l'allégorie de l'olivier feuillu qu'on trouve au *Livre de Jérémie*, ni seulement la greffe mimée du *Livre d'Ézéchiel*. L'allégorie de l'olivier greffée qu'on trouve dans la *Lettre aux Romains* est que l'aboutissement d'une longue réflexion scripturaire lors de laquelle a été aussi prise en compte la vision du *Livre de Zacharie*.

Les exégètes modernes considèrent généralement que ces deux « fils de l'huile » étaient dans l'esprit du prophète Zacharie ses deux contemporains le grand-prêtre Josué/Jésus et le prince Zorobabel, sous les auspices desquels avait été rebâti le Temple de Salomon au retour de l'exil de Babylone, tous deux considérés comme des *oints*, consacrés par l'onction divine. Le premier représenterait la continuité du culte aaronique et le deuxième celle de la dynastie davidique.

Si répandue que soit cette interprétation, elle est cependant tout à fait arbitraire et sans appui dans le contexte. Elle ne repose que sur des conjectures remontant au XIXe siècle et tout à fait caractéristiques de l'historiographie romantique. En réalité Zorobabel n'a jamais été roi ni ne paraît jamais avoir revendiqué ce titre, que semble-t-il personne non plus n'a jamais songé à lui attribuer. Cela ne tient pas debout.

De plus et surtout, le véritable sens de l'expression « fils de l'huile », qui n'a jamais été appliquée à quelque personnage messianique que ce soit, est parfaitement connu[624]. Il est bien établi par un texte du *Livre d'Isaïe* (5^1) qui compare la nation monothéiste à une vigne installée par son Dieu « sur un coteau très fertile », ou, plus littéralement, « sur une corne

---

[624] Il est de plus assez nettement établi que le mot *yitshar (יצהר)* désigne l'huile brute non encore manufacturée, au contraire de celle dont on oignait les rois et les prophètes, *shamen (שמן)*.

(בקרן, *be-keren*) fils (בן, *ben*) d'huile (שמן, *shamen*) »[625]. Et en effet c'est une chose bien connue que la locution « fils de » a un sens très lâche en hébreu classique et qu'elle peut s'appliquer à autre chose qu'à des êtres humains[626]. La Septante, d'ailleurs, pour rendre ce tour hébraïque difficile, « fils d'huile », ne craint pas ici d'introduire le mot τόπος, *topos*, « lieu », et traduit carrément « en un lieu gras ».

Par conséquence, comme l'a justement soupçonné Holger Delkurt[627], dans cette vision de Zacharie, « les deux fils de l'huile » (בני־היצהר, *beni ha-yitshar)* sont tout simplement « les deux fertiles », c'est-à-dire « les deux terroirs fertiles » ou « les deux pays fertiles », voire plus précisément encore « les deux pays oléagineux »[628], autrement dit la Judée et la Samarie, héritières des deux anciens royaumes, celui du Nord, dit d'Israël, et celui du Sud, dit de Juda[629]. Et ainsi, une

---

[625] Septante : ἐν κέρατι ἐν τόπῳ πίονι (*én kérati én topô pioni*), « sur une corne/promontoire (même double-sens en grec) en un lieu gras ». — Symmaque : ἐν κέρατι ἐν μέσῳ ἐλαιῶν (*én kératai én mésô élaïôn*), « sur une corne/promontoire au milieu des oliviers (« olive » pris au sens d'« olivier » et comme un singulier collectif) ». — Vulgate : *in cornu filio olei*, « sur une corne fils d'huile ». — King James Bible, English Revised Version : « in a very fruitful hill ». — Bible Segond, Bible Darby : « sur un coteau fertile ». — T.O.B. : « sur un coteau plantureux ».

[626] Par exemple en *Jonas* 4[10] est appelé « fils d'une nuit » un ricin qui n'a vécu que le temps d'une journée, et en *Job* 28[8] et 41[26], l'expression « les fils de la fierté » semble désigner les plus majestueux des fauves.

[627] H. Delkurt, *Sacharjas Nachtgesichte* (Berlin, 2000) 218. Voyez aussi P. L. Redditt, « Zerubbabel, Joshua, and the Night Visions of Zacharie », *Catholic Biblical Quarterly* 54 (1992) 249-259 spéc. 250-251.

[628] On peut comparer à cette locution hébraïque, *mutatis mutandis*, deux adjectifs grecs : 1° ἐλαιήεις, *élaïèeïs*, qui selon le contexte peut signifier « planté d'oliviers » ou bien « plein d'huile » voire tout simplement « huileux » ou « gras » ; 2° ἐλαιφόρος, *élaïophoros*, « qui produit des oliviers » ou bien « de l'huile d'olive », cf. L. Séchan et P. Chantraine, *Le Grand Bailly* (Paris, 2000) 638-639.

[629] Au témoignage du *Livre d'Esdras* 4[1-5], les samaritains se proposèrent explicitement pour participer à la reconstruction du Temple de Jérusalem, mais leur proposition fut rejetée par les monothéistes revenus d'exil, et il

fois encore, le symbolisme ici développé par Zacharie ne constitue en réalité qu'un libre remaniement de celui d'Ézéchiel, de même par exemple que ses quatre chars ne faisaient que développer librement le thème des quatre chérubins attelé au char divin dépeint avant lui par le même Ézéchiel.

88. Démultiplication du chandelier originel

On observe une progression continue de la prophétie depuis l'*Exode* jusqu'à l'*Apocalypse* en passant successivement par les livres d'*Ézéchiel* et de *Zacharie.*

Il est d'abord prescrit à Moïse de faire forger un chandelier d'or d'après un modèle qui lui a été montré sur la montagne du Sinaï[630]. Ordre est donné aux Israélites de fournir de l'huile d'olive pour qu'il brûle en permanence devant le rideau du Saint des saints[631].

Après la destruction successive des deux royaumes monothéistes, l'exil successif de leurs habitants et la destruction du Temple, Ézéchiel prophétise par un mime que le peuple va être réinstallé dans la Terre promise et dans le même temps réunifié, sous l'apparence de deux arbres réimplantés et greffés l'un sur l'autre[632].

Deux générations plus tard, Zacharie précise dans le récit de sa vision que les deux anciens royaumes partageront un seul lieu de culte, sous la forme plus précise de deux oliviers, qui seront en quelque sorte greffés chacun sur l'unique

---

semble que c'est dès ce moment que fut officialisée entre les deux communautés la scission qui a subsisté jusqu'à nos jours parmi ceux qui ne passèrent ni au christianisme ni à l'islam.

[630] *Exode* 23[31-40], 37[17-24] ; *Nombres* 8[1-4] ; *Hébreux* 9[2]. L'indication de ce que cette réalisation terrestre et toute humaine ne faisait que suivre un modèle céleste implique qu'elle n'était que le reflet symbolique, imparfait et temporaire d'une réalité spirituelle supérieure, seule essentielle et durable, cf. *Hébreux* 9[9-10].

[631] *Exode* 35[14] ; *Lévitique* 24[2-4]

[632] *Ézéchiel* 37[15-28].

chandelier, de manière à tous deux l'alimenter de leur huile[633].

Jean voit deux témoins qui sont deux oliviers et deux chandeliers
(Manuscrit 815 de la Bibliothèque de Toulouse, folio 21, Angleterre, XIVe siècle)

Enfin Jean, dans son *Apocalypse*, remanie encore une fois ce symbolisme, avec la même liberté que ses prédécesseurs. Au lieu de l'unique chandelier de Moïse, alimenté en huile par l'ensemble du peuple indivis, et au lieu des deux arbres reconnectés d'Ézéchiel, devenus chez Zacharie deux oliviers alimentant le chandelier originel enfin restauré, il nous dépeint, quant à lui, d'une manière d'ailleurs difficile à se représenter, non plus deux oliviers desservant un seul chandelier, mais deux oliviers qui sont autant de chandeliers. Sans compter qu'ils sont encore assimilés à deux mystérieux personnages : *Ce sont (ils représentent) les deux oliviers (ἐλαῖαι, élaïaï) ET les deux chandeliers (λυχνίαι, lukhniaï) qui se tiennent devant le seigneur du pays.*[634]

---

[633] *Zacharie* 4[1-14].
[634] *Apocalypse* 11[4] : Οὗτοί εἰσιν αἱ δύο ἐλαῖαι καὶ αἱ δύο λυχνίαι αἱ ἐνώπιον τοῦ Κυρίου τῆς γῆς ἑστῶτες.

Et qui sont les deux personnages en question ? Outre qu'ils sont qualifiés de *témoins*, ils sont présentés de manière codée par des traits très clairement empruntés à deux protagonistes biens connus des Écritures hébraïques.

Apocalypse 11[3] *Et je donnerai à mes deux témoins de prophétiser, vêtus de sacs, mille deux cent soixante jours.* [4] *Ils représentent les deux oliviers et les deux chandeliers qui se tiennent devant le Seigneur de la terre.* [5] *Si quelqu'un veut leur nuire, un feu sort de leur bouche et dévore leurs ennemis* (comme pour Élie[635]). *Oui, si quelqu'un voulait leur nuire, ainsi lui faudrait-il mourir.* [6] *Ils ont pouvoir de fermer le ciel, et nulle pluie n'arrose les jours de leur prophétie* (comme Élie[636]). *Ils ont pouvoir de changer les eaux en sang* (comme Moïse[637]) *et de frapper la terre de maints fléaux* (comme Moïse[638]), *autant qu'ils le voudront.*

Qui sont donc ce Moïse et cet Élie, liés chacun à l'un des deux oliviers de Zacharie ? Et comment se fait-il qu'il existe maintenant autant de chandeliers que d'oliviers ?

Pour le comprendre il faut d'abord remarquer que pour l'auteur de l'*Apocalypse*, au moment où il compose son ouvrage, peu après sa vision de Patmos, il existe clairement autant de chandeliers que de communautés messianiques locales. Et en effet Jean voit d'abord le Messie ressuscité circuler entre sept chandeliers qui sont clairement identifiés à chacune des sept Assemblées alors existant dans la province romaine d'Asie[639]. Il est clairement question, par exemple, du chandelier particulier de l'Assemblée messianique de la ville d'Éphèse[640]. De plus, l'auteur est ici explicite : *« Quant au sens mystique (μυστήριον, mystérion) des sept étoiles que tu as vues dans ma main droite et des sept chandeliers d'or, Les*

---

[635] *2 Rois* 1[10.12.14]. Cf *Siracide* 48[3] ; *Luc* 9[54].

[636] *1 Rois* 17[1]. Cf. *Siracide* 48[3] ; *Luc* 4[25] ; Jacques 5[17].

[637] *Exode* 4[9], 7[17-21]. Cf. *Psaumes* 78[44], 105[29] ; *Sagesse* 11[6].

[638] *Exode* 7-12 ; *Psaumes* 78[43-51], 105[26-36] ; etc.

[639] *Apocalypse* 1[12-13.16.20], 2[1].

[640] *Apocalypse* 2[5].

sept étoiles sont (représentent) les messagers des assemblées, et les sept chandeliers les sept assemblées »[641].

Ceci considéré, il devient clair que les deux oliviers-chandeliers de l'*Apocalypse* ont la même signification fondamentales que les deux arbres d'Ézéchiel et que les deux oliviers de Zacharie.

L'un représente la communauté chrétienne juive fondée à Jérusalem lors de la Pentecôte de l'an 33 par Simon Pierre, nouveau Moïse[642], autour de qui s'édifie le nouveau Tabernacle. L'autre représente la chrétienté samaritaine fondée l'année suivante par Philippe, nouvel Élie[643]. Toutes deux sont enfin regreffées l'une sur l'autre, comme l'avait prophétisé Ézéchiel.

Mais pourquoi y a-t-il maintenant autant de chandeliers que d'oliviers, au lieu que dans la vision de Zacharie toute l'huile devait aller à un unique chandelier, celui du Temple de Jérusalem ?

La réponse nous en est donnée par Jésus lui-même, en conclusion à son dialogue avec une femme samaritaine, dans l'*Évangile de Jean* (T.O.B.) 4[19] *La femme lui dit : « Seigneur, je vois que tu es un prophète...* [20] *Nos pères ont adoré sur cette montagne, et vous, vous dites : C'est à Jérusalem qu'est le lieu où il faut adorer. »* [21] *Jésus lui dit : 'Crois-moi, femme, l'heure vient où ce n'est ni cette montagne ni à Jérusalem que vous adorerez le Père.* [22] *Vous, vous adorez ce que vous ne connaissez pas. Nous, nous adorons ce que nous connaissons, car le salut vient des juifs.* [23] *Mais l'heure vient — et c'est maintenant — où les véritables adorateurs adoreront le Père en esprit et en vérité, car tels sont les adorateurs que cherche le Père.* [24] *Dieu est esprit, et ceux qui adorent, c'est en esprit et en vérité qu'ils doivent adorer. »*

---

[641] *Apocalypse* 1[20] : τὸ μυστήριον τῶν ἑπτὰ ἀστέρων οὓς εἶδες ἐπὶ τῆς δεξιᾶς μου, καὶ τὰς ἑπτὰ λυχνίας τὰς χρυσᾶς· οἱ ἑπτὰ ἀστέρες ἄγγελοι τῶν ἑπτὰ ἐκκλησιῶν εἰσίν, καὶ αἱ λυχνίαι αἱ ἑπτὰ ἑπτὰ ἐκκλησίαι εἰσίν.

[642] Ainsi que nouvel Élisée.

[643] Ainsi que nouveau Joseph.

En d'autres termes, pour les chrétiens, l'unicité du lieu de culte en vigueur dans le judaïsme est abolie. Il n'est plus besoin de gagner la Jérusalem terrestre pour y adorer Dieu. Le centre du culte, c'est désormais, d'un point de vue mystique, la Jérusalem céleste[644]. Et, d'un point de vue concret, c'est quelque lieu que ce soit où se réunisse une assemblée messianique. Autant d'oliviers, autant de chandeliers.

Quant au lien qui existe entre ces oliviers-chandeliers et nos deux mystérieux personnages, l'un nouveau Moïse et l'autre nouvel Élie, il est du même ordre que le lien qui unissait dans la première vision de Jean les sept chandeliers aux sept étoiles.

89. Foisonnement mondial de l'arbre monothéiste

Quant à l'olivier originel, après avoir été divisé en deux rameaux indépendants, respectivement juif et samaritain, puis réunifié en Christ par la prédication de Philippe et de Pierre, il est appelé à étendre ses rejetons dans le monde entier, selon une prophétie d'Isaïe qui compare son peuple exilé à un arbre fruitier non précisé.

Isaïe 27[6] : Dans les temps à venir, Jacob s'enracinera, Israël poussera et fleurira (ופרח ציץ, yasis ve-parah, βλαστήσει καὶ ἐξανθήσει, blastèseï kaï exanthèseï), et il remplira la face du monde (תבל, tebel, οἰκουμένη, oïkouménè) de fruit (תנובה, tenubah, καρποῦ, karpou)[645].

---

[644] Ces oliviers *se tiennent (ἑστῶτες, éstôtés) en présence (ἐνώπιον, énôpion)* le Seigneur de la terre : c'est là une locution technique qui signifie en hébreu le fait de rendre un culte religieux. Mais ce culte peut être désormais rendu en n'importe quel lieu que ce soit, *en esprit et en vérité*.

[645] Ce verset connaît différentes interprétations de détail, mais toutes s'accordent pour y reconnaître la métaphore d'une croissance végétale du peuple d'Israël à travers tout le monde connu. Texte massorétique : הבאים .ישרש יעקב יציץ ופרח ישראל ומלאו פני־תבל תנובה — Septante : οἱ ἐρχόμενοι

Ce dernier texte était évidemment intéressant dès avant l'ère chrétienne pour tous les membres de la *diaspora* juive, étymologiquement *disséminée* d'un bout à l'autre du monde connu. On y voyait une prophétie de la vitalité de cette Diaspora. C'est encore le cas dans le monde juif à l'époque de rav Joseph, maître babylonien mort vers 333. Il commente ainsi ce verset d'Isaïe : « ce sont les disciples des sages de Babylone qui donneront des bourgeons et des fleurs à la Torah »[646].

C'est à quoi fait Paul aussi fait une allusion étrangement méconnue[647] dans sa *Lettre aux Colossiens* ($1^{5.6.10}$) lorsque qu'il parle de l'espérance chrétienne à cette toute nouvelle assemblée, la huitième qui ait été fondée en Asie, très peu de temps après la rédaction de l'*Apocalypse*[648].

Colossiens 1^5 *Elle vous a été annoncée par la parole de vérité de l'Évangile* ^{6} *qui est parvenu jusqu'à vous, de même que dans le monde entier (ἐν παντὶ τῷ κόσμῳ, én panti tou kosmou) il est en train de porter du fruit (καρποφορούμενον, karpophorouménon) et de croître (αὐξανόμενον, auxanoménon), comme il fait parmi vous depuis le jour où*

τέκνα Ιακωβ βλαστήσει καὶ ἐξανθήσει Ισραηλ καὶ ἐμπλησθήσεται ἡ οἰκουμένη τοῦ καρποῦ αὐτοῦ. — Vulgate *: Qui ingrediuntur impetu ad Jacob, florebit et germinabit Israel, et implebunt faciem orbis semine.* — Bible du Rabbinat : *Aux temps futurs, Jacob étendra ses racines, Israël donnera des bourgeons et des fleurs, et ils couvriront de fruits la surface du globe.* — Segond : *Dans les temps à venir, Jacob prendra racine, Israël poussera des fleurs et des rejetons, Et il remplira le monde de ses fruits.* — T.O.B. : *Dans les temps à venir, Jacob poussera des racines, Israël fleurira et donnera des bourgeons, il remplira le monde de ses fruits.* — etc.

[646] Talmud de Babylone, traité *Shabbat* 147b, traduction d'A. Elkaïm-Sartre, *Aggadoth du Talmud de Babylone* (Lagrasse, 1982) 248.

[647] Sauf erreur elle ne paraît pas encore avoir été signalée, ni par les éditeurs ni par les commentateurs de la *Lettre aux Colossiens*.

[648] De fait, dans sa *Lettre aux Colossiens* (4^{16}), Paul recommande à ces derniers de transmettre un exemplaire de la lettre qu'il leur envoie à leurs voisins les Laodicéens, et de se procurer auprès d'eux un exemplaire de la lettre qui a été envoyée depuis Laodicée, et qui est évidemment l'*Apocalypse* (cf. *Apocalypse* 1^4 et 3^{14}).

vous avez appris et connu la grâce de Dieu en vérité. (...) [10] *en toute œuvre bonne portant du fruit (καρποφοροῦντες, karpophorountés) et croissant (αὐξανόμενοι, auxanomenoï) en la connaissance de Dieu...*

Irénée de Lyon ne dit pas autre chose à la fin du second siècle, et ne fait que développer la pensée d'Isaïe et de Paul dont il entremêle des réminiscences, à une époque où Jérusalem n'est pratiquement plus une ville juive[649] :

« À propos de Jérusalem et de la Maison, [les hérétiques] ont l'audace de dire que, si elle était *la ville du grand Roi* (*Psaume* 48[3]), elle n'aurait pas été délaissée. Autant dire : si la tige était une créature de Dieu, jamais elle ne serait délaissée par le grain de blé ! Ou encore : Si les sarments de la vigne avaient été faits par Dieu, jamais, lorsqu'ils sont dépourvus de grappe, ils ne seraient retranchés ! Or ces choses ont été faites essentiellement, non pour elles-mêmes, mais pour le *fruit (καρπόν, karpon) qui croît (αὔξοντα, auxonta)* sur elles : ce fruit une fois parvenu à maturité et emporté, on les abandonne et on les fait disparaître, comme n'étant plus propre à la *fructification (καρποφορίαν, karpophorian)*. Ainsi en fut-il de Jérusalem. Elle porta sur elle le joug de la servitude, par lequel l'homme, rebelle à Dieu auparavant, au temps où la mort régnait, fut dompté et, ainsi dompté, devint apte à la liberté. Vint alors le *Fruit (καρποῦ, karpou)* de liberté, qui mûrit, fut moissonné, puis enlevé dans le grenier, tandis qu'étaient emportés de Jérusalem et *disséminés (διασπαρέντων, diasparéntôn) dans le monde entier (εἰς ὅλον τὸν κόσμον, eïs holon ton kosmon)* des hommes capables de *fructifier (καρποφορῆσαι, karpophorèsaï)*, selon ce que dit Isaïe : « Les enfants de Jacob *germeront (βλαστήσει, blasthèseï)*, Israël fleurira, et *le monde*

---

[649] *Contre les hérésies* 4, 4, 1, traduction d'A. Rousseau (Paris, 1965) II 417-419. On remarquera que les éditeurs d'Irénée non plus ne voient pas qu'il fait lui-même allusion non seulement au *Livre d'Isaïe* (βλαστήσει, οἰκουμένη, καρπός) mais encore à la *Lettre aux Colossiens* (αὔξοντα, κόσμος, καρποφορῆσαι).

389

entier (ἡ οἰκουμένη, hè oïkouménè) sera rempli de son *fruit (καρποῦ, karpou).* ». Quand donc son *fruit (καρποῦ, karpou)* eut été *disséminé (διασπαρέντος, diasparéntos) dans le monde entier (εἰς ὅλην οἰκουμένην, eïs holèn oïkouménèn),* elle fut abandonnée à bon droit et mise à l'écart celle qui jadis *produisit un fruit (καρποφορήσαντα, karpophorèsanta)* excellent — car c'est d'elle qu'*est issu (ἐκαρποφορήθη, ékarpophorèthè)* le Christ selon la chair, ainsi que les apôtres —, mais maintenant n'est plus propre à la *fructification (καρποφορίαν, karpophorian).* Car tout ce qui commence dans le temps finit nécessairement aussi dans le temps. »

90. Métamorphose chrétienne de l'olivier monothéiste

En conclusion, l'image allégorique de l'arbre fruitier monothéiste, qu'il soit ou identifié clairement à un olivier, ne constitue en définitive qu'une matière symbolique susceptible d'applications variées. Chrétiens et juifs non chrétiens s'accordent à penser que l'arboriculteur divin peut le planter ou l'abattre à sa guise, et qu'il peut également l'émonder ou le greffer selon son bon plaisir.

Isaïe 27[6] : *Israël poussera et fleurira et il remplira la face du monde de fruit.*

Jérémie 11[6] : *Olivier verdoyant, remarquable par la beauté de son fruit, tel est le nom que t'avait donné Dieu. Au bruit d'un grand fracas, il l'embrase par le feu, et ses rameaux sont brisés.*

Ézéchiel 37[19] : *Ainsi parle le Seigneur Dieu : Voici que je vais prendre le bois/arbre de Joseph — qui est dans la main d'Éphraïm — et des tribus d'Israël qui lui sont associées ; je les placerai contre lui, c'est-à-dire contre le bois/arbre de Juda ; j'en ferai un seul bois/arbre et ils seront un dans ma main.*

Zacharie 4[2-14] *Et voici un chandelier d'or massif (...) et deux oliviers au-dessus de lui. (...) Ce sont les deux fils de l'huile qui se tiennent devant le seigneur de tout le pays. »*

Mais chacun accommode cet attirail symbolique à sa façon[650].

Nous avons vu par exemple que le thème allégorique de la greffe arboricole est attesté dès les deux premiers siècles dans le judaïsme de la Diaspora, tant en Égypte chez Philon qu'en Mésopotamie chez rabbi Éléazar, comme une image de l'intégration des prosélytes à la nation monothéiste. Mais on envisage à la même époque, chez les chrétiens, un autre type de greffe, qui suppose l'extirpation des rameaux improductifs purement et simplement remplacés par des greffons sauvages, c'est-à-dire d'origine polythéiste. Ceci dit, le thème n'était pas tout à fait nouveau : Philon d'Alexandrie opposait déjà clairement le prosélyte, à qui sa greffe sur le plant monothéiste gagne le ciel, au juif renégat qui selon lui mérite d'être jeté dans le Tartare[651].

Par ailleurs, chez Paul, l'image de l'olivier monothéiste est mise en lien avec celle de la greffe, pour exprimer l'idée en partie nouvelle d'une continuité à la fois organique et surnaturelle entre l'olivier abrahamique et les nouvelles

---

[650] Citons à titre de curiosité trois interprétations rabbiniques de l'image de l'olivier qu'on trouve en *Jérémie* 11⁶, qui nous ont été conservées par le Talmud de Babylone, traité *Menachoth* 53b : Rabbi Josué ben Lévi dit (vers 220) : « Pourquoi compare-t-on Israël à un olivier ? Pour vous dire que comme l'olivier ne perd pas ses feuilles, ni en été ni en hiver, ainsi Israël ne sera jamais perdu, ni dans ce monde ni dans le monde à venir. » — Rabbi Yohanan († 280 env.) dit : « Pour vous dire que, de même que l'olive ne produit son huile qu'après avoir été pilée, ainsi Israël ne revient dans le droit chemin qu'après avoir souffert. » — Rabbi Isaac (vers 300) identifie clairement cet olivier à Abraham lui-même dans cette fable de sa façon : « Au moment de la destruction du Temple, le Saint, béni soit-Il, trouva Abraham debout dans le Temple. (…) Alors une voix céleste se fit entendre et dit : *Le Seigneur a appelé ton nom un olivier feuillu, beau avec de beaux fruits.* Comme l'olivier ne donne le meilleur de lui-même qu'à la fin, ainsi Israël fleurira à la fin des temps. »

[651] Il est donc inepte de reprocher à Paul, comme on le fait depuis le milieu du XXᵉ siècle, d'avoir inventé ou permis une théologie dite « de la substitution » qui serait la matrice de l'antijudaïsme chrétien, voire même de la « solution finale » hitlérienne.

nations monothéistes. À l'inverse, dans le judaïsme tardif, l'image de l'olivier/olive passe pour figurer le particularisme jaloux et la supériorité des monothéistes juifs sur les autres peuples, d'après au moins le *Midrash Rabbah* de l'*Exode* :

« Pourquoi Jérémie a-t-il jugé bon de comparer nos ancêtres à un olivier ? Tous les liquides se mélangent les uns aux autres, mais l'huile reste séparée lorsqu'elle est mélangée. De même, Israël ne se mélange pas avec les idolâtres, comme il est dit : *Tu ne les épouseras pas* (*Deutéronome* 7³). Autre explication. Lorsque l'on mélange tous les autres liquides, on ne sait pas ce qui est au-dessus et ce qui est en dessous, mais même si l'on mélange l'huile avec tous les liquides du monde, elle s'élève au-dessus des autres. Ainsi, pour nos ancêtres : lorsqu'ils faisaient la volonté de Dieu, ils s'élevaient au-dessus des idolâtres, comme il est dit : *Le Seigneur, ton Dieu, te placera au sommet* (*Deutéronome* 281) »[652].

Enfin on retrouve des deux côtés l'espérance d'une restauration finale à venir de l'olivier mutilé. C'est ce qu'on voit par exemple dans le Talmud[653]. Il nous a conservé trois solutions proposées par des rabbins du IIIe siècle de notre ère pour expliquer, ou plutôt conjurer l'allégorie en fait assez désespérante de Jérémie, selon lequel l'olivier est incendié et ses rameaux brisés, sans qu'il soit laissé aucune perspective claire de restauration ultérieure.

1° Rabbi Josué ben Lévi dit (vers 220) : « Pourquoi compare-t-on Israël à un olivier ? Pour vous dire que comme l'olivier ne perd pas ses feuilles, ni en été ni en hiver, ainsi

---

[652] *Shémot Rabbah* 36. À noter cependant, une troisième interprétation moins exclusiviste : « De même que l'huile illumine, de même le saint Temple illumine le monde entier, comme il est dit : *Et les nations iront à ta lumière* (*Isaïe* 60³). C'est pourquoi nos ancêtres ont été appelés *un olivier feuillu*, parce qu'ils ont illuminé tout le monde par leur foi. C'est pourquoi le Saint a dit à Moïse : *et qu'ils prennent pour toi de l'huile d'olive pure* (*Exode* 27²⁰).

[653] Talmud de Babylone, traité *Menahoth* 53b.

Israël ne sera jamais perdu, ni dans ce monde ni dans le monde à venir. »

2° Rabbi Yohanan (mort vers 280) dit : « Pourquoi compare-t-on Israël à un olivier ? Pour vous dire que, de même que l'olive ne produit son huile qu'après avoir été pilée, ainsi Israël ne revient dans le droit chemin qu'après avoir souffert. »

3° Rabbi Isaac (vers 300) identifie clairement cet olivier à Abraham lui-même dans une fable de sa façon[654]. Il y propose de considérer ce verset du *Livre de Jérémie* comme adressé par Dieu lui-même à Abraham, revenu fictivement d'entre les morts à l'époque de Jérémie et de la destruction du premier Temple[655], et tout préoccupé des destinées de sa descendance : « Au moment de la destruction du Temple, le Saint, béni soit-Il, trouva Abraham debout dans le Temple. (…) Abraham mit ses mains sur sa tête, pleura amèrement et s'écria : 'Peut-être, ce qu'à Dieu ne plaise, n'y a-t-il pas d'espoir pour eux ?' Alors une voix céleste se fit entendre et dit : '*Le Seigneur a appelé ton nom un olivier feuillu, beau avec de beaux fruits* (*Jérémie* 11[6]). Comme l'olivier ne donne le meilleur de lui-même qu'à la fin, ainsi Israël fleurira à la fin des temps'. »

C'est exactement dans la même tradition interprétative qu'il faut comprendre, sans doute, le souci que Paul manifeste pour le sort de ses coreligionnaires rebelles au Messie et provisoirement *retranchés* de l'arbre abrahamique, dans sa *Lettre aux Romains* (11[23-27]) : [23] *Quant à eux, s'ils ne demeurent pas dans l'incrédulité, ils seront greffés eux aussi, car Dieu a le pouvoir de les greffer de nouveau.* [24] *Si toi, en effet, retranché de l'olivier sauvage auquel tu appartenais de par ton origine, tu as été, en dépit de ton origine, greffé sur*

---

[654] Aussi traduite en français par A. Elkaïm-Sartre, *Aggadoth* (Lagrasse, 1982) 1267.

[655] Naturellement, rabbi Isaac a aussi en vue la situation du judaïsme de son temps, depuis la destruction du Second Temple survenue en l'an 70 de notre ère.

l'olivier franc, combien plus seront-ils greffés sur leur propre olivier, auquel ils appartiennent de par leur origine ! »

Nous avons une dernière remarque à faire sur cet arbre fruitier, dont ont été retranchés certaines branches, et sur lequel ont été greffés de nouveau rameaux. Cette allégorie développée par Paul n'était-elle pas en germe dans la prédication de Jean le Baptiste, avant même que ne commence la carrière publique de Jésus ? Que ne disait-il pas aux Pharisiens et aux Sadducéens ? Matthieu 3[8] *Produisez donc un fruit (καρπὸν, karpon) de changement d'attitude,* [9] *et ne vous avisez pas de dire en vous-mêmes : « Nous avons pour père Abraham ! »*, *car je vous dis que Dieu de ces pierres Dieu peut faire se lever des enfants pour Abraham.* [10] *Déjà la hache est mise à la racine des arbres(δένδρων, déndrôn) ; tout arbre (δένδρον, déndron) donc ne faisant pas un bon fruit (καρπὸν, karpon) sera coupé (ἐκκόπτεται, ekkoptétaï) et jeté au feu.*

91. Conclusion sur le verset 6[6]

Nous approchons de la conclusion de notre ouvrage. Notre but essentiel était de comprendre enfin, non sans détours, et non sans retours aux origines mêmes de la pensée chrétienne, pourquoi le Messie, au verset 6[6] de l'*Apocalypse*, se voit d'une part indiquer les prix d'achat respectifs du blé et de l'orge, et d'autre part interdire de s'en prendre à l'huile ni au vin.

Apocalypse 6[6] : *Et lorsque [l'Agneau] ouvrit le sceau troisième, j'entendis le troisième vivant dire : Viens ! Et je vis, et voici un cheval noir, et celui qui siégeait sur lui, tenant une balance dans sa main. Et j'entendis une sorte de voix au milieu des quatre vivants qui disait : « Une mesure de blé à un denier, et trois mesures d'orge à un denier. Et l'huile et le vin, ne t'y attaque pas ! »*

Le Messie est en effet alors représenté tenant dans sa main une balance, comme le prophète Jérémie lors d'un mime prophétique lors duquel il se porte acquéreur d'un champ symbolique en argent bien pesé. De même Jésus de Nazareth, comme l'avait prédit Jean le Baptiste, et comme Pierre l'explique après coup dans sa *Lettre* aux nouvelles chrétientés d'Anatolie, Jésus était l'Agneau de Dieu venu sur cette terre acquérir au prix de sang précieux tout ce qu'il pourrait de grain pour en emplir son grenier céleste.

Nous avons vu qu'il est aussi question ici du Nouveau Temple spirituel que le Messie devait bâtir avec ses ouvriers comme jadis Salomon, et du coût de cette construction. Et en effet le blé, l'orge, huile et le vin, ne sont énumérés ensemble, dans toute la Bible, que pour parler de ce que Salomon avait dû régler aux ouvriers qui bâtirent son Temple. Et ce qui prouve qu'il ne s'agit pas d'une coïncidence, c'est que ces deux textes les rangent de plus exactement dans le même ordre, qui n'a pourtant rien de naturel ni de strictement chronologique.

Nous avons vu de plus que les tarifs exorbitants respectifs du blé et de l'orge sont empruntés à un épisode biblique où une bonne nouvelle est annoncée aux habitants de Samarie par des lépreux à l'époque du prophète Élisée, prototype de Jésus de Nazareth. Nous avons remarqué également que leur valeur relative habituelle est modifiée pour signifier que le Messie accorde la même valeur aux trois tribus monothéistes de Judée et aux neuf tribus septentrionales de Samarie.

Nous en avons conclu que la mission du Messie, pendant les trois années et demi de sa carrière terrestre, était de propager l'Évangile non seulement en Judée, mais dans toute la terre sainte autrefois occupée par les douze tribus d'Israël, en Judée, en Samarie et en Galilée

Nous avons vu par ailleurs que le vin et l'huile, dans ce contexte, représentent clairement les vendanges et la récolte des olives, qui viennent dans l'année bien plus tard que les moissons successives de l'orge et du blé. La mission du

Messie en effet n'était que de moissonner la Palestine. Il devait revenir à d'autres de faire les vendanges et de récolter les olives.

Nous avons remarqué à cette occasion que justement les vendanges représentent, tant chez les prophètes d'Israël que dans l'*Apocalypse* elle-même, le sort à venir des nations polythéistes, auxquelles l'Évangile ne fut annoncé que postérieurement à la carrière terrestre du Messie.

Enfin, nous avons vu que l'olivier représente quant à lui, dans la tradition biblique et postbiblique, la nation monothéiste dans son ensemble, arbre que son divin arboriculteur plante, émonde et greffe à sa guise, en y intégrant qui il veut, en en retranchant ceux qu'il veut, quitte à les réintégrer ultérieurement, selon son bon plaisir.

Résumons :

1° *Une mesure de blé* : la communauté juive issue des trois tribus de méridionales de Juda, Benjamin et Syméon ;

2° *Trois mesures d'orge* : la communauté samaritaine issue des neuf autres tribus septentrionales ;

3° *L'huile* : l'olivier formé des communautés juive et samaritaine regreffée l'une sur l'autre par la prédication chrétienne de Philippe et de Pierre, et servant dès lors de porte-greffe aux nations païennes ;

4° *Le vin* : la vigne dont les prophètes avaient annoncé les vendanges sanguinaires, c'est-à-dire les nations païennes auxquelles pour finir serait porté l'Évangile, et administré le baptême.

Nous en avons terminé avec le verset 6[6] de l'Apocalypse. Il nous semble avoir montré que son interprétation de loin la plus plausible s'accorde très exactement avec l'interprétation générale que nous avons proposée pour l'ensemble du récit des quatre chevauchées du Messie, au premier volume de nos *Origines chrétiennes*. Ce verset détaille précisément le plan divin selon lequel l'Évangile doit être communiqué à toute l'humanité. Il distingue deux étapes dans ce processus : d'abord ce qui relevait de la mission du Messie pendant sa carrière terrestre, à savoir l'évangélisation des monothéistes de Judée et de Samarie ; puis ce qui était remis à plus tard, à savoir la réunification finale de la première nation monothéiste, suivie de son extension à toute l'humanité.

Cependant nous n'en avons pas encore tout à fait fini, car il nous reste une zone d'ombre à éclairer dans le verset précédent. C'est l'arrière-plan scripturaire de la balance que brandit par le Messie lors de sa troisième chevauchée.

92. Le Messie à la balance

La troisième chevauchée, *Apocalypse* 6$^{5-6}$
(Manuscrit 439 de la Bibliothèque de Lyon folio 5 verso, vers 1450)

Nous avons établi la signification et la fonction de cette balance sur trois bases différentes et convergentes. La première était scripturaire, et la deuxième contextuelle et la troisième théologique.

1° Tout d'abord en effet nous avons montré que dans les Écritures hébraïques, celui qui tient une balance s'en sert le plus souvent pour peser l'argent avec lequel il règle l'achat qu'il est en train de faire.

Le prophète Jérémie achetant un champ à son cousin
(Gravure britannique signée de H. Anela et William F. Measom, peu avant 1864)

L'exemple le plus clair s'en trouve au *Livre de Jérémie*, 32^{10}, lorsque ce prophète, sur l'ordre de Dieu, entreprend de racheter le champ de son cousin Hanaméel d'Anatoth. Il pèse rituellement devant témoins les dix-sept sicles d'argent que coûte ce champ, sur une balance, selon l'usage[656].

2° Nous avons montré par ailleurs que le contexte impose cette interprétation. En effet, immédiatement après avoir été caractérisé comme portant une balance lors de sa troisième chevauchée, notre cavalier se voit signifier une mystérieuse tarification anormalement élevée du blé et de l'orge. Par ailleurs, juste avant de commencer ses dites chevauchées, l'Agneau s'était entendu saluer comme *digne de recevoir le livre et d'en rompre les sceaux, car tu as été immolé et tu as acheté pour Dieu par ton sang des hommes de toute tribu, langue, peuple et nation.*

3° Enfin nous avons montré qu'il y a pleine convenance théologique à comparer le rachat d'un peuple au bénéfice de Dieu, et au prix de l'Agneau, à l'acquisition à prix d'argent d'une grande quantité de grain que l'on se propose de stocker dans un grenier. Le Nouveau Testament est tout plein de l'idée que le salut de l'humanité qui s'opère en Jésus est comparable à une moisson, et ce celle que c'est une sorte de transaction dont la monnaie d'échange est le sang de l'Agneau immolé.

Tout ce symbolisme est donc clair en lui-même et très bien attesté dans le reste des Écritures. Ce qui est moins clair, c'est la raison pour laquelle Jean a choisi de doter le Messie, lors de sa troisième chevauchée de cette la balance, plutôt que d'un autre attribut ou symbole ou procédé quelconque évoquant l'idée de transaction, étant considéré que la mention explicite de cette balance, lors de la pesée de l'argent, entraîne avec elle la réminiscence précise d'un épisode de la vie du prophète Jérémie. Quel rapport entre la grandiose mission du Messie, sauveur de toute l'humanité, et la modeste transaction par laquelle, quelques siècles plus tôt, un champ s'était échangé entre deux cousins, tous deux originaires de l'obscur village d'Anatoth, dans le territoire de la tribu de Benjamin ?

---

[656] Cf. *Jérémie* 32[44] ; Isaïe 55[1-2].

Pour le comprendre, il faut se replacer dans le contexte concret du rituel solennellement observé par le prophète Jérémie. C'est un rituel agraire bien précis, qui se déroule dans le cadre d'un société agraire bien déterminée, qui plus est à un moment tout spécial et très critique de l'histoire de la nation monothéiste. Résumons ce passionnant chapitre 32 du *Livre de Jérémie*, qu'on invite le lecteur à relire. Alors que ce prophète est gardé en détention sur ordre du roi Sédécias en raison de ses prophéties défaitistes, la parole du Seigneur lui est adressée et lui annonce qu'un de ses cousins va venir lui proposer de racheter un champ. C'est ce qui se produit aussitôt, et Jérémie s'exécute sans tarder, ce qui nous vaut une description minutieuse du rituel traditionnel qu'il observe. Après cela il se tourne vers Dieu pour lui demander des explications. Il replace longuement cet événement minuscule dans l'histoire générale de l'humanité, depuis la création du monde jusqu'au moment où il parle, au milieu de la ville assiégée et toute prête de tomber aux mains des Chaldéens. Et en conclusion il ne cache pas son étonnement : *« Et c'est toi qui me dis, Seigneur Dieu : "Achète le champ en pesant l'argent et en convoquant les témoins !", alors que la ville ne peut que se rendre aux forces chaldéennes ! »* Dieu lui répond alors non moins longuement qu'effectivement, pour les raisons susdites et à nouveau développées, la ville va être détruite et la population déportée ; mais aussi que, dans un avenir indéterminé, la nation monothéiste sera rappelée sur sa terre et ramenée à sa prospérité primitive : *« On achètera dans ce pays dont vous dites que c'est une désolation, qu'il est sans hommes ni bêtes, livré aux forces chaldéennes : on achètera des champs en pesant l'argent, on rédigera le contrat, on apposera le sceau en convoquant des témoins, etc. »*

Dans la liturgie juive, au moins depuis l'époque apostolique et jusqu'à nos jours, ce fascinant chapitre 32 de *Jérémie* est lu chaque trente-deuxième sabbat, généralement en mai, en contrepoint avec le chapitre 25 du *Livre du Lévitique*. Il vient

400

donc illustrer le passage de la Torah où Dieu prescrit à Moïse les cycles septénaires qui seront à respecter par la nation monothéiste.

Résumons-les. On doit laisser la terre se reposer tous les sept ans. C'est l'année dite sabbatique. De plus, au bout de sept de ces cycles septénaires, soit tous les quarante-neuf ans, autrement dit « la cinquantième année », on doit remettre tous les compteurs à zéro. C'est l'année jubilaire. Toutes les mutations qui ont pu s'opérer pendant les quarante-neuf années précédentes sont annulées. En effet, c'est Dieu lui-même, et non pas les hommes, qui avait libéré les Hébreux de leur esclavage en Égypte et qui avait alloué une terre à chacune de leurs lignées dans la Terre promise. Depuis ce temps chaque Israélite est donc en principe, et par un effet de la Loi divine, un homme libre détenant une terre qui lui vient de ses ancêtres. Par suite, chaque année jubilaire annule toutes les mutations qui ont pu intervenir depuis la précédente par suite de différents revers de fortune, et qui ont ainsi contrevenu momentanément à l'ordre divin. Tous ceux qui avaient été amenés dans l'intervalle à se vendre eux-mêmes, à être vendus par leurs parents, ou bien encore à aliéner leurs possessions héréditaires, retrouvent leur intégrité personnelle d'hommes libres, ainsi que la jouissance des biens de leur lignée.

Au passage, ce chapitre 25 du *Lévitique* détermine certaines règles à faire valoir lors de toute transaction immobilière ou foncière. Le plus proche parent de toute personne devenue insolvable a non seulement le droit mais encore le devoir moral de les préempter. Il a priorité pour racheter son plus proche parent tombé en esclavage, et pour conserver dans la lignée la possession de tout bien foncier ou immobilier qui tendrait à lui échapper.

Par suite, on considère que ce proche parent n'achète pas à proprement parler le dit bien ou la dite personne mais bien plutôt les « rachète » ou les « rédime », hébreu גאל, *gaal*. La transaction en question ne s'appelle donc « achat » que par

401

approximation, car il s'agit en fait d'un « rachat » ou « redemption », hébreu גאלה, *guéoulah*. C'est en ce sens que ce proche parent est lui-même qualifié de « racheteur » ou de « rédempteur », en hébreu גואל, *goel*, en grec λυτρωτής, *lutrôtès*, en latin *redemptor*. C'est aussi sur cette base que Dieu lui-même est souvent présenté par les Écritures hébraïques, par extension et par métaphore, comme le « rédempteur » de la nation monothéiste dans son ensemble, ou de tel individu particulier, comme aussi le sera le Messie dans les écrits des premiers chrétiens[657].

Tout cela est clairement exprimé par le cousin de Jérémie lorsqu'il vient le trouver, à Jérusalem au lieu même où il est persécuté et retenu captif : « Achète mon champ qui se trouve à Anatoth, car c'est à toi qu'il revient de l'acheter en vertu du droit de *rachat (גאלה, guéoulah)* »[658]. En d'autres termes le prophète Jérémie, au milieu même de son humiliation et de la persécution que lui inflige l'autorité publique en raison même de sa prédication, Jérémie est officiellement et paradoxalement reconnu, selon toutes les formes légales et devant témoins, comme rédempteur, hébreu גואל, *goel*.

Par ailleurs, il faut encore observer une intéressante conséquence des institutions agraires qu'on vient de rappeler. En définitive, dans ce cadre protecteur, on n'achète jamais à proprement parler une terre, au sens moderne de ce verbe. On en acquiert seulement la jouissance pour une durée limitée, nécessairement inférieure à quarante-neuf ans et souvent bien moindre. En d'autres termes, ce qu'achète ici Jérémie, ce n'est pas en réalité le champ de son cousin, mais seulement le grain qu'il pourra en tirer dans les années à venir, jusqu'au prochain jubilé.

---

[657] Le mot n'apparaît dans le Nouveau Testament qu'en *Actes* 7[35] pour qualifier Moïse libérateur des Hébreux et en cela prototype évident du Messie.

[658] *Jérémie* 32[8].

Copie de la gravure d'Anela et Measom par Frank E. Wright
(photogravure tirée d'une Bible copyrightée en 1910)

Judas qui vendit le Christ pour 30 deniers, en marchand
par allusion au repons des ténèbres *Judas mercator pessimus*
(Copie du manuscrit disparu de l'*Hortus deliciarum*, Mont-Ste-Odile, XIIe siècle)

93. Jérémie comme figure christique

Mais que vient faire ici, se demandera-t-on peut-être, la figure du prophète Jérémie ? Pourquoi ce cavalier, dont nous avons montré qu'il est en fait lui-même l'Agneau, brandit-il lors de sa troisième chevauchée, destinée à acheter du grain, la même balance qu'avait brandie en son temps le prophète Jérémie, pour acheter tout le grain que donnerait le champ de son cousin jusqu'à la prochaine année jubilaire ?

C'est tout simple. Jérémie lui aussi est une figure, un prototype de l'Agneau immolé de l'*Apocalypse*, au moins autant que le « Serviteur souffrant » du *Livre d'Isaïe*.

En effet, c'est au *Livre de Jérémie* que la deuxième partie du *Livre d'Isaïe*, qu'on appelle le *Deutéro-Isaïe*, parce qu'elle est d'un auteur plus tardif, emprunte la figure énigmatique de « Serviteur souffrant »[659]. Elle lui donne de nouveaux développements, dont la genèse reste enveloppée d'obscurité. Mais la filiation entre ces deux figures ne fait plus de doute[660]. Et surtout, si le fameux et mystérieux « Serviteur souffrant » d'Isaïe est comparé à un agneau qu'on mène à l'abattoir, c'est

---

[659] Il apparaît dans quatre sections que l'exégèse moderne quasi-unanime dénomme les « Chants du Serviteur Souffrant » : *Isaïe* 42$^{1-9}$, 49$^{1-7}$, 50$^{4-11}$, 52^{13}-53^{12}.

[660] F. A. Farley, « Jeremiah and 'The Suffering Servant of Jehovah' in Deutero-Jsaiah », *The Expository Times* 38 (1927) 521-524. — B. Sommer, *A Prophet reads Scripture Allusions in Isaiah 40-66* (Stanford, 1998) 32-72 (« Deutero-Isaiah's Use of Jeremiah »). — G. Fischer, « Partner oder Gegner ? Zum Verhältnis von Jesaja und Jeremia » in F. Hartenstein et M. Pietsch, *"Sieben Augen auf einem Stein" (Sach 3,9): Studien zur Literatur des Zweiten Tempels* (Neukirchen, 2007) 69-79. — K. J. Dell, « The suffering servant of Deutero-Isaiah : Jeremiah revisited », in *Genesis, Isaiah and Psalms. A festschrift to honour Professor John Emerton for his eightieth birthday* (Leiden, 2010) 119-134. — U. Berges, « Servant and suffering in Isaiah and Jeremiah : Who borrowed from whom? », *Old Testament Essays* 25 (2012) 247-259. — G. Fischer, « Jeremiah, God's Suffering Servant »,in E. M. Obara et G. P. D. Succu, *Uomini e profeti* (Rome, 2013) 75-101 ; rééd. in *Jeremiah Studies* (Tübingen, 2020) 249-266.

tout simplement parce que Jérémie lui-même se comparaît déjà à un Agneau qu'on mène à l'abattoir.

1° *Exode* 12^{5-6} : *Ce sera un agneau*[661] *sans défaut, mâle, âgé d'un an; vous pourrez le prendre d'entre les moutons*[662] *ou d'entre les boucs. ⁶ Vous le garderez jusqu'au quatorzième jour de ce mois ; et toute l'assemblée d'Israël l'immolera*[663] *entre les deux soirs.*

2° *Jérémie* 11^{19} : *Et moi, (je suis) comme un doux agneau conduit à l'égorgement*[664].

3° *Isaïe* 53^7 : *Comme un mouton à l'égorgement il est conduit*[665].

4° *Apocalypse* 5^6 : *Et je vis, au milieu du trône et des quatre vivants et au milieu des Anciens, un Agneau debout comme égorgé*[666].

5° *Apocalypse* 5^9 : « *Tu es digne de prendre le livre et d'en ouvrir les sceaux parce que tu as été égorgé*[667] *et que tu as acheté*[668] *pour Dieu dans ton sang de toute tribu et langue et peuple et nation* ».

Ainsi, soit dit en passant, et encore une fois, nous trouvons à l'arrière-plan d'une réminiscence de l'*Apocalypse*, un triangle scripturaire. Cet Agneau immolé, en effet, c'est dans la Torah celui qu'il est prescrit d'immoler par le *Livre de l'Exode*. Mais c'est aussi, chez les Prophètes, à la fois le

---

[661] Hébreu שה, *seh*, grec πρόβατον, *probaton*, latin *agnus*.

[662] Hébreu כבשים, *kebasim*, ἀρνῶν, *arnôn*.

[663] Hébreu שחטו, *shakhatou*, grec σφάξουσιν, *sphaxousin*, latin *immolabit*.

[664] Hébreu ואני ככבש אלוף יובל לטבוח, *waani ke-kebes youbal li-tbowakh*, grec ἐγὼ δὲ ὡς ἀρνίον ἄκακον ἀγόμενον τοῦ θύεσθαι, *égô dé hôs arnion akakon agoménon tou thuesthai*, latin *et ego quasi agnus mansuetus qui portatur ad victimam.*

[665] Hébreu כשה לטבח יובל, *ka-seh la-tebah youbal*, grec ὡς πρόβατον ἐπὶ σφαγὴν ἤχθη, *hôs probaton épi sphragèn èkhthè*, latin *sicut ovis ad occisionem ducetur.*

[666] Grec Ἀρνίον ἑστηκὸς ὡς ἐσφαγμένον, *arnion estèkos hôs ésphagménon*, latin *agnum stantem tamquam occisum.*

[667] Grec ἐσφάγης, *esphagès*, latin *occisus es.*

[668] Grec ἠγόρασας, *ègorasas*, latin *redemisti.*

prophète Jérémie lui-même et le Serviteur souffrant du *Livre d'Isaïe*. Remarquons au passage que la question de l'eunuque éthiopien à Philippe se comprend mieux concernant le texte de *Jérémie* que celui d'*Isaïe*, en *Actes* 8[34] : *« De qui le prophète parle-t-il ainsi ? De lui-même ou de quelqu'un d'autre ? »*

Il y aurait beaucoup à écrire des traits que Jésus dans les Évangiles emprunte à cette figure admirable du prophète Jérémie. On a longtemps négligé cette question, que cependant plusieurs exégètes ont mise à jour récemment[669]. Mais cela nous entraînerait trop loin et ne serait d'aucun profit supplémentaire pour notre démonstration[670]. Il nous suffit en effet d'avoir montré que Jérémie se compare lui-même à un agneau sur le point d'être égorgé, et que le même prophète, par ailleurs, s'était lui-mis en scène comme rédempteur, tenant à la main une balance.

Y a-t-il à s'étonner d'une telle importance donnée à ce prophète ? Qu'avait-il de plus que les autres ? Était-il suffisamment connu des chrétiens du premier siècle pour

---

[669] R. E. Winkle, « The Jeremiah Model for Jesus in the Temple », *Andrews University Seminary Studies* 24 (1986) 155-172. — M. Knowles, *Jeremiah in Matthew's Gospel : The Rejected Prophet Motif in Matthaean Redaction* (Sheffield, 1993) spéc. 245-246 : « Typological Comparisons with Jeremiah ». — M. F. Whitters, « Jesus in the Footsteps of Jeremiah », *Catholic Biblical Quarterly* 68 (2006) 229-247 spéc 237-240 : « Jesus Betrayed by Judas (Matthew 27:9-10) ». — Ph. de Robert, *Fécondité de la Bible hébraïque* (Paris, 2017) spéc. 148-150 : « Jésus nouveau Jérémie ».

[670] On relèvera ici seulement une intéressante remarque de Winkle (note précédente). On a souvent noté que l'*Évangile de Matthieu* soulignait discrètement des parallèles entre Jésus et Moïse, sans s'apercevoir que certains d'entre eux étaient également partagé par Jérémie, qui est peut-être parfois plus directement visé. Cela ressemble à ce que nous avons montré au sujet de Jésus, prétendu nouvel Élie, et qui en réalité ne partage avec Élie que les traits qu'ils ont tous deux en commun avec Élisée, seul véritable prototype de Jésus. « In light of Matthew's interest in Jeremiah, écrit-il p. 161, it is indeed strange that NT scholars have generally failed to see that the close parallels between Jeremiah and Moses may be significant in the Gospel of Matthew. »

qu'ils puissent ici le reconnaître, et comprendre toutes ces allusions si ramassées, et depuis restées si obscures depuis tant de siècles qu'elles ont échappé jusqu'à ce jour à tant d'exégètes ?

Notons d'abord ce qu'en dit l'*Évangile de Matthieu*, au chapitre où Jésus demande à ses disciples ce qui se dit de lui : 16[13] *Arrivé dans la région de Césarée de Philippe, Jésus interrogeait ses disciples : « Au dire des hommes, qui est le Fils de l'homme ? »* [14] *Ils dirent : « Pour les uns, Jean le Baptiste ; pour d'autres, Élie ; pour d'autres encore, Jérémie ou l'un des prophètes. »*

Comment peut-il se faire que certains des contemporains de Jésus aient pu envisager un instant qu'il ait été le prophète Jérémie revenu d'entre les morts ?

94. Jérémie comme figure apocalyptique

Un fragment de l'historien juif Eupolème et le *Deuxième livre des Maccabées* nous font justement connaître d'étranges légendes en vigueur dans la nation monothéiste depuis au moins le second siècle avant notre ère, légendes qui mettaient ce prophète en relation avec de mystérieux événements à venir.

Avant la destruction du Temple de Salomon, en effet, Jérémie aurait pu en sauver et cacher le mobilier le plus précieux.

2 Maccabées 2[4] *La tente (τὴν σκηνὴν, tèn skènèn) et l'arche (τὴν κιβωτὸν, tèn kibôton), le prophète, averti par un oracle, ordonna qu'on qu'on les amène à sa suite quand il s'en alla à la montagne où Moïse était monté et avait contemplé le patrimoine de Dieu.* [5] *Et, en y arrivant, Jérémie trouva une maison troglodyte, et y mit la tente (τὴν σκηνὴν, tèn skènèn) et l'arche (τὴν κιβωτὸν, tèn kibôton) et l'autel des parfums (τὸ θυσιαστήριον τοῦ θυμιάματος, to thusiastèrion tou thumiamatos) et il en obstrua l'entrée.* [6] *Et certains de ses suivants y étant allés pour marquer le chemin, ils ne purent le retrouver.* [7] *L'ayant appris, Jérémie les blâma et leur dit :* « *Ce lieu sera inconnu jusqu'à ce que Dieu assemble le rassemblement de son peuple et lui soit favorable.* [8] *Et alors le Seigneur fera réapparaître (ἀναδείξει, anadeïxeï) ces objets, et sera vue (ὀφθήσεται, ophthèsétaï) la gloire du Seigneur ainsi que la nuée, comme elle se montra au temps de Moïse et lorsque Salomon pria pour que le saint lieu soit glorieusement consacré.* »

Cette légende est déjà attestée à la génération précédente, vers l'an 158, par Eupolème[671], sous une forme plus sommaire, puisqu'il n'était question alors que de l'Arche et des Tables de l'Alliance qu'elle contenait.

Il est bien difficile quoi qu'il en soit de ne pas mettre en rapport ces croyances avec la mystérieuse réapparition de tout ce mobilier dans l'*Apocalypse de Jean*, à savoir de l'Arche d'Alliance, de la Tente et de l'Autel des parfums.

Apocalypse 11[19] : *Et s'ouvrit le temple de Dieu dans le ciel, et fut vue (ὤφθη, ôphthè) l'arche de son alliance (ἡ κιβωτὸς τῆς διαθήκης αὐτοῦ, hè kibôtos tou diathèkès autou) dans son temple, et il y eut des éclairs et des voix et des tonnerres et un tremblement de terre et une grêle énorme.* (…) 15[5] : *Et après cela je vis, et s'ouvrit le temple de la Tente du Témoignage (ὁ ναὸς τῆς σκηνῆς τοῦ μαρτυρίου, ho naos tès skènès tou marturiou) dans le ciel.* (…) 8[3] : *Un autre messager arriva et il se tint à l'autel des parfums (ἐπὶ τοῦ θυσιαστηρίου, épi tou*

---

[671] Fragment conservé par Eusèbe de Césarée († 339 ap. J.-C.) dans sa *Préparation évangélique* 9, 39, 2-5, qui l'avait lui-même tiré d'un ouvrage perdu d'Alexandre Polyhistor († 75 av. J.-C.) : « Le roi des Babyloniens, Nabuchodonosor, ayant entendu parler des prédictions de Jérémie (τὰ ὑπὸ τοῦ Ἱερεμίου προμαντευθέντα) (…) détruisit d'abord Samarie, la Galilée, et Scythopolis, aussi bien que le pays de Galaad, habité par les Juifs ; puis il s'empara de Jérusalem, et prit vivant Joachim, roi de cette ville. Quant à l'or, l'argent et le bronze renfermés dans le temple, l'en ayant extrait, il l'envoya à Babylone, sauf l'arche et les tables de la loi qui y étaient contenues (χωρὶς τῆς κιβωτοῦ καὶ τῶν ἐν αὐτῇ πλακῶν) ; ce fut Jérémie qui les conserva (ταύτην δὲ τὸν Ἱερεμίαν κατασχεῖν.). » Traduction de N. Séguier de Saint-Brisson (Paris, 1846) II 52.

thusiatèriou), et lui furent donnés beaucoup de parfums (θυμιάματα, thumiamata), etc.

Par ailleurs, comme les Écritures ne disent rien de la mort de Jérémie, certaines traditions le rangent parmi ceux qui n'ont pas connu la mort, et en tout cas comme un intercesseur toujours actif auprès de Dieu en faveur de la nation monothéiste. Selon le même *Deuxième livre des Maccabées* dont nous venons de parler, et qui date environ de 124 avant notre ère, Judas Maccabée, libérateur du peuple juif quarante ans plus tôt, aurait vu lui apparaître en songe tout d'abord l'ancien grand-sacrificateur Onias, alors décédé. *Après cela,* 15[13], *lui était apparu un personnage aux cheveux blancs, à l'air très digne, remarquable par l'autorité impressionnante qui se dégageait de sa personne.* [14] *et prenant la parole Onias dit : « Cet homme attaché à ses frères est celui qui prie beaucoup le peuple et pour la sainte cité, le prophète de Dieu Jérémie. » Quant à Jérémie, il tendit la main pour donner à Juda une épée d'or et lui dit ceci : « Reçois cette épée comme un don de Dieu, dont tu frapperas tes ennemis. »*

On voit qu'à l'époque hasmonéenne, c'est-à-dire pendant les deux derniers siècles avant notre ère, le prophète Jérémie était considéré au moins dans certains cercles comme une sorte de personnage céleste, analogue au prophète Élie après son ascension sur un char de feu. L'allusion que fait l'*Évangile de Matthieu* au fait que certains contemporains de Jésus avait envisagé l'hypothèse qu'il soit Jérémie revenu des morts, plutôt qu'Élie, démontre clairement qu'il en restait quelque chose à l'époque apostolique. Cependant cette tradition disparaît clairement et totalement dans le judaïsme postérieur, tant de la littérature dite apocryphe[672] que

---

[672] On allègue parfois en ce sens l'*Apocalypse d'Esdras*, de la fin du Ier siècle, *2 Esdras* 2[18] : Mittam tibi adjutorium pueros meos Esaiam et Hieremiam, ad quorum consilium sanctificavi et paravi tibi arbores duodecim gravatas variis fructibus, « Je t'enverrai pour t'aider mes serviteurs Isaïe et Jérémie sur les conseils de qui j'ai sanctifié et préparé

rabbinique[673], quoi qu'on ait pu en dire[674], d'autant que le Talmud, s'il connaît bien lui aussi la légende d'une mise à l'abri de l'Arche d'Alliance, en attribue le mérite au roi Josias[675], sans aucun lien avec le prophète Jérémie, sur lequel il ne nous a conservé d'ailleurs aucune légende ni conjecture particulière.

En revanche elle a survécu plus longtemps dans la tradition interprétative chrétienne antique, au témoignage de Victorin de Poetovio, auteur vers l'an 259 du premier commentaire sur l'*Apocalypse* qu'on ait conservé. Et c'est sur cette base qu'il propose d'identifier avec Jérémie le personnage céleste qui forme avec Élie le mystérieux couple des Deux Témoins (*Apocalypse* 11^{1-12}) :

« Beaucoup pensent que celui qui est avec Élie est Élisée ou bien Moïse. Pourtant chacun d'eux a connu la mort, alors qu'on ne trouve pas mention de celle de Jérémie. Tout montre, à ce que nous *ont transmis nos anciens (veteres nostri tradiderunt)*, que ce personnage est Jérémie. En effet, ce qui l'atteste aussi, c'est la parole même qui lui a été adressée : *Avant même que je ne t'aie formé dans le sein de ta mère, je*

---

pour toi douze arbres chargés de fruits variés ». Mais c'est à tort, car il s'agit ici, apparemment, de l'admission dans le canon des Écritures, des *Livres d'Isaïe*, de *Jérémie* et des *Douze petits prophètes*, le *Livre d'Ézéchiel* faisant visiblement encore débat.

[673] On cite parfois en ce sens la *Pessika*, compilation de sermons synagogaux palestiniens composée vers l'an 500, éd. Buber (Lick, 1868) 112a, au sujet des versets $18^{15.18}$ du *Deutéronome* où Moïse déclare : « C'est un prophète comme moi que le Seigneur te suscitera d'entre tes frères : c'est lui que tu écouteras ». Ce prophète indéterminé et distinct d'Élie était clairement attendu par certains cercles à l'époque apostoliques (cf. *Actes* 3^{22}, *Jean* 1^{21}, 6^{14}). Selon la *Pessika*, rabbi Juda ben Simon (vers 320) proposait bien de son côté de l'identifier à Jérémie, arguments à l'appui. Mais ce rabbin n'avait visiblement en tête que le Jérémie historique.

[674] Ainsi Winkle, *op. cit.* (1986) 156 note 2.

[675] Talmud de Jérusalem, traité *Shéqualim* 6, 1, trad. Schwab (Paris, 1882) V 299-300 ; Talmud de Babylone, traité Yoma 5, 3 (52b), trad. Rodkinson (New York, 1899) VI 73.

t'ai connu, et avant que tu ne sortes de la vulve de ta mère je t'ai sanctifié, et je t'ai institué prophète parmi les nations (*Jérémie* 1⁵). Or ce n'est pas *parmi les nations* qu'il a exercé sa prophétie, et c'est pourquoi chacun des deux aspects de cette annonce étant le fait de Dieu, il y a bien nécessité qu'il soit manifesté que c'est *parmi les nations* qu'il est prophète »[676].

Cette hypothèse exégétique ancienne, en fait la plus ancienne que l'on connaisse, et qui se présente elle-même comme traditionnelle, est loin d'être à rejeter sans examen.

Et en effet, s'il est vrai, comme nous l'avons montré, que ces deux mystérieux compagnons revêtent clairement les traits à la fois d'Élie et de *Moïse*, on doit faire aussi remarquer qu'à bien des égards justement le dit prophète Jérémie se présente lui-même comme un *nouveau Moïse*. C'est une chose qu'ont depuis longtemps remarquée bien des auteurs anciens, tant juifs[677] que chrétiens, et qu'ont redécouverte

---

[676] Ici traduit sur l'édition critique de M. Dulaey (Paris, 1997) 95 :Multi putant cum Helia esse Heliseum aut Moysen, sed utrique mortui sunt. Hieremiae autem mors non invenitur. Per omnia veteres nostri tradiderunt illum esse Hieremiam ; nam et ipsum verbum, quod factum est ad illum, testificatur dicens : "*Priusquam te figurarem in utero matris tuae, novi te, et priusquam de vulva procederes sanctificavi te, et prophetam in gentibus posui te" (Jer. 1⁵)*. In gentibus autem propheta non fuit, et ideo utroque divino, quod promisit, necesse habet et exhibere, ut in gentibus sit propheta.

[677] Ainsi déjà le précité rabbi Juda ben Simon vers 320, d'après la traduction allemande de Strack et Billerbeck, *Kommentar* (Munich, 1961³) II 626 : « Tu trouves que tout ce qui est écrit de celui-ci (Moïse) est aussi écrit de celui-là (Jérémie) : celui-ci a prophétisé 40 ans, et celui-là a prophétisé 40 ans ; celui-ci a prophétisé sur Juda et Israël, et celui-là a prophétisé sur Juda et Israël ; contre celui-ci s'éleva sa propre tribu, contre celui-là s'éleva sa propre tribu ; celui-ci fut jeté dans le Nil, et celui-là fut jeté dans une fosse ; celui-ci fut sauvé par une servante, et celui-là fut sauvé par un serviteur ; celui-ci vint avec des paroles de châtiment, et celui-là vint avec des paroles de châtiment. »

certains exégètes récents[678]. En d'autres termes, Jérémie constituant déjà lui-même un nouveau Moïse, il ne faut négliger d'examiner, à chaque fois qu'un trait semble faire allusion à Moïse, s'il ne pourrait pas plutôt s'agir de Jérémie.

Par ailleurs et surtout, l'un des traits qui caractérisent ces deux témoins comme de nouveaux Élie, à savoir le pouvoir de faire tomber sur ses ennemis une flamme qui les dévore, ce trait est en réalité davantage emprunté au *Livre de Jérémie* qu'au *Deuxième livre des Rois*. Dans le cas d'Élie en effet, selon les Écritures, cette flamme tombait du ciel, tandis que dans celui de Jérémie, comme dans l'*Apocalypse*, elle sortait de la bouche même du prophète.

2 Rois 1[10.14] : *Et il descendit un feu (πῦρ, pur) depuis le ciel qui le dévora (κατέφαγεν, katéphagén) lui et ses cinquante hommes. (…)* [14] *Et voici que descendit un feu (πῦρ, pur) depuis le ciel et il dévora (κατέφαγεν, katéphagén) les deux chefs de cinquante hommes et leurs cinquantaines.*

Jérémie 5[15] : *Voici que je ferai de mes paroles dans ta bouche (εἰς τὸ στόμα σου, eïs to stoma sou) du feu (πῦρ, pur) et de ce peuple du bois et il les dévorera (καταφάγεται, kataphagétaï).*

Apocalypse 11[5] : *Et si on veut s'en prendre à eux, un feu (πῦρ, pur) sortira de leurs bouches (ἐκ τοῦ στόματος αὐτῶν, ék tou stomatos autôn) et avalera (κατεσθίει, kathésthieï) leurs ennemis.*

Ainsi donc, il est bien avéré que le portrait aussi des deux mystérieux Témoins de l'*Apocalypse* emprunte quelque chose à la figure de Jérémie, autant qu'à celles d'Élie et de

---

[678] Ainsi G. Fisher, *The Book of Jeremiah* (Leyde, 2018) 45-66, "« Jeremiah – "The Prophet like Moses"? »" spéc. 45: « In its very first chapter, it proposes the prophet Jeremiah as the expected and promised successor of Moses. »

Moïse, comme avant cela les allégories de l'Agneau immolé et du Cavalier à la balance.

95. Jérémie, le prix du sang et le champ du Potier

Nous n'en avons pas encore fini avec Jérémie. Peut-être en effet notre lecteur reste-t-il étonné de cette nouvelle excroissance de l'écheveau de références scripturaires qui sous-tendent la quadruple chevauchée du Messie. Comment les premiers lecteurs et auditeurs de l'*Apocalypse*, se demandera-t-il, auraient-il pu se retrouver dans cet étonnant dédale de réminiscences ? Comment auraient-ils pu reconnaître ici, au passage, une allusion scripturaire au *Livre de Jérémie*, et qui plus est en comprendre la signification ?

Précisément nous allons maintenant montrer que différentes transactions symboliques opérées par le prophète Jérémie ont été interprétées très tôt par la première communauté chrétienne comme des préfigurations de l'économie du salut qui s'opère dans le Christ. C'est ce qu'on voit spécialement dans le récit que fait l'*Évangile de Matthieu* de la trahison de Judas. Voici les quatre passages concernés.

Matthieu (T.O.B.) 26[14] : *Alors l'un des Douze, qui s'appelait Judas Iscariote, se rendit chez les grands prêtres* [15] *et leur dit : « Que voulez-vous me donner, et je vous le livrerai ? » Ceux-ci lui fixèrent trente pièces d'argent.* [16] *Dès lors il cherchait une occasion favorable pour le livrer.* (…) 20[25] *Le soir venu, [Jésus] était à table avec les Douze.* [21] *Pendant qu'ils mangeaient, il dit : « En vérité, je vous le déclare, l'un de vous va me livrer. »* [22] *Profondément attristés, ils se mirent chacun à lui dire : « Serait-ce moi, Seigneur ? »* [23] *En réponse, il dit : « Il a plongé la main avec moi dans le plat, celui qui va me livrer.* [24] *Le Fils de l'homme s'en va selon ce qui est écrit de lui ; mais malheureux l'homme par qui le Fils de l'homme est livré ! Il aurait mieux valu pour lui qu'il ne fût pas né, cet homme-là ! »* [25] *Judas, qui le livrait, prit la parole et dit : « Serait-ce moi, rabbi ? »*

Il lui répond : « Tu l'as dit ! » (…) 20[45] *Alors [Jésus] vient vers les disciples et leur dit : « « Continuez à dormir et reposez-vous ! Voici que l'heure s'est approchée où le Fils de l'homme est livré aux mains des pécheurs.* [46] *Levez-vous ! Allons ! Voici qu'est arrivé celui qui me livre. »* [47] *Il parlait encore quand arriva Judas, l'un des Douze, avec toute une troupe armée d'épées et de bâtons, envoyée par les grands prêtres et les anciens du peuple.* [48] *Celui qui le livrait leur avait donné un signe : « Celui à qui je donnerai un baiser, avait-il dit, c'est lui, arrêtez-le ! »* [49] *Aussitôt il s'avança vers Jésus et dit : « Salut, rabbi ! » Et il lui donna un baiser.* [50] *Jésus lui dit : « Mon ami, fais ta besogne ! » S'avançant alors, ils mirent la main sur Jésus et l'arrêtèrent. (…) 27*[3] *Alors Judas, qui l'avait livré, voyant que Jésus avait été condamné, fut pris de remords et rapporta les trente pièces d'argent aux grands prêtres et aux anciens,* [4] *en disant : « J'ai péché en livrant un sang innocent. » Mais ils dirent : « Que nous importe ! C'est ton affaire ! »* [5] *Alors il se retira, en jetant l'argent du côté du sanctuaire, et alla se pendre.* [6] *Les grands prêtres prirent l'argent et dirent : « Il n'est pas permis de le verser au trésor, puisque c'est le prix du sang. »* [7] *Après avoir tenu conseil, ils achetèrent avec cette somme le champ du potier pour la sépulture des étrangers.* [8] *Voilà pourquoi jusqu'à maintenant ce champ est appelé : « Champ du sang ».* 9 *Alors s'accomplit ce qui avait été dit par le prophète Jérémie : « Et ils prirent les trente pièces d'argent : c'est le prix de celui qui fut évalué, de celui qu'ont évalué les fils d'Israël.* [10] *Et ils les donnèrent pour le champ du potier, ainsi que le Seigneur me l'avait ordonné. »*

Arrêtons-nous sur cette prétendue citation du *Livre de Jérémie*, qui conclut tout ce récit à la manière d'un point d'orgue. Elle est tout à fait énigmatique, notamment parce qu'en réalité notre évangile cite après cela un verset du *Livre de Zacharie*, où l'on est bien en peine de trouver quelque chose qui vienne de celui de *Jérémie*. Voici comment par exemple ce que note ici la T.O.B. : « Citation libre de *Zacharie* 11[12-13] combiné avec des éléments de *Jérémie* 18[2-3], 19[1-2], 32[6-15]. » Cette citation prétendue de *Jérémie*, telle qu'elle est formulée, a suscité la perplexité de bien des commentateurs[679].

On est en fait dans le même cas qu'au début de l'*Évangile de Marc*, qui annonce un passage du *Livre d'Isaïe* mais commence en réalité par citer un verset du *Livre de Malachie*, avec d'ailleurs, en arrière-plan commun à *Malachie* et *Isaïe*, le deuxième verset du *Livre de la Genèse*. Ici aussi nous paraissons donc bien en présence d'une de ces réminiscences scripturaires complexes que nous avons proposé d'appeler *triangles scripturaires*.

Voyons cela plus précisément.

Matthieu 27[9] : *Alors s'accomplit ce qui a été dit par le prophète Jérémie : Et il prirent les trente pièces d'argent, la valeur (τιμὴν, timèn) de l'évalué (τετιμημένου, tétimèménou) qu'ils évaluèrent (ἐτιμήσαντο, étimèsanto) par les fils d'Israël,* [10] *et ils les ont données pour le champ du potier, comme me l'avait ordonné le Seigneur.*[680]

Zacharie 11[4] *Ainsi parle le Seigneur mon Dieu : « Fais paître ces brebis vouées à l'abattoir. » (…)* [7] *Je fis donc paître le troupeau que les trafiquants vouaient à l'abattoir. (…)* [8] *Je perdis patience avec elles et elles, de leur côté, se lassèrent de moi.* [9] *Alors je leur déclarai : « Je ne vous mènerai plus paître ! (…)* [10] *Je saisis ma houlette « Faveur » et la brisai pour rompre l'accord auquel j'avais soumis tous*

---

[679] Par exemple D. A. Hagner, *Matthew 14-28* (Dallas, 1995) 813 : « Matthew's last fulfillment quotation is fraught with difficulties. » — C. H. Talbert, *Matthew* (Grand Rapids, 2010) 300 : « The form of the prophecy cited is perplexing. » — Un ouvrage ancient reste important sur cette question: Christoph Schlegel, *Hakeldama sive, Ager Sanguinis* (Schleswig, 1617) 98 p.

[680] *Matthieu* 27[9-10] : τότε ἐπληρώθ τὸ ῥηθὲν διὰ Ἰερεμίου τοῦ προφήτου λέγοντος Καὶ ἔλαβον τὰ τριάκοντα ἀργύρια, τὴν τιμὴν τοῦ τετιμημένου ὃν ἐτιμήσαντο ἀπὸ υἱῶν Ἰσραήλ, καὶ ἔδωκαν αὐτὰ εἰς τὸν ἀγρὸν τοῦ κεραμέως, καθὰ συνέταξέν μοι Κύριος.

les peuples. [11] *Il fut donc dénoncé (l'accord), en ce jour-là, et les trafiquants du troupeau qui m'observaient reconnurent que c'était là une parole du Seigneur.* [12] *Alors je leur déclarai : « Si bon vous semble, donnez-moi mon salaire, sinon, laissez-le. » De fait, ils pesèrent (*ישקלו*, ishkelou) mon salaire : trente pièces d'argent (τριάκοντα ἀργυροῦς, triakonta argurous).* [13] *Le Seigneur me dit : « Jette-le au potier (*יקר*, yotzer)*[681]*, cette magnifique valeur (*יקר*, yekar) à laquelle il m'ont évalué (*יקר*, yakar) pour leur part. » Et je pris les trente pièces d'argent (τριάκοντα ἀργυροῦς, triakonta argurous) et les jetai au potier (*יקר*, yotzer), dans la Maison de Yahweh (*בית יהוה*, bet Yahweh, εἰς τὸν οἶκον κυρίου, eïs ton oïkon Kuriou).*

On voit que ce passage de Zacharie est lui-même d'interprétation difficile. Il a donné de fait du fil à retordre à tous ses commentateurs. Mais pour ce qui nous concerne, il est assez clair, sans qu'on puisse en démêler chaque détail, que les premiers chrétiens l'ont globalement appliqué à Juda, qui se lasse de sa mission, abandonne le troupeau voué à l'abattoir par des trafiquants, trafiquants dont il reçoit pour salaire trente pièces d'argent, somme qu'il finit par jeter quelque part dans le Temple en direction d'un mystérieux potier.

96. Qui est ce Potier ?

Il est spécialement important de déterminer à qui Zacharie se voit ordonner de jeter ses trente pièces d'argent. En effet,

---

[681] La Septante, Symmaque et certains modernes comprennent εἰς τὸ χωνευτήριον, *eïs to khôneutèrion*, « à la fonderie » ; Aquila, πρὸς τὸν πλάστην, « au façonneur », et la Vulgate ad statuarium, « au statuaire », mais ce n'était visiblement pas le cas des premiers chrétiens. C'est en fait le même mot qui en *Jérémie* 18³ caractérise très clairement d'après le contexte un *potier* auquel Dieu lui-même se compare, comme le comprend la même Septante, εἰς τὸν οἶκον τοῦ κεραμέως, *eïs ton oïkon tou kéraméos*, « dans la maison du potier ».

la Septante, Symmaque et certains modernes comprennent, εἰς τὸ χωνευτήριον, *eïs to khôneutèrion*, « à la fonderie ». La T.O.B. comprend de même : « au fondeur ». Mais cette spécification est en réalité arbitraire et purement conjecturale, car le texte ne parle pas spécialement d'un artisan travaillant le métal. Le mot hébreu est en fait ici יקר, *yotzer*, qui en *Jérémie* 18[3] caractérise très clairement d'après le contexte un *potier*, comme le comprend alors la même Septante : εἰς τὸν οἶκον τοῦ κεραμέως, *eïs ton oïkon tou kéraméôs,* « dans la maison du potier ». Aquila, connu pour son littéralisme, comprenait que ces trente pièces d'argent était jetées πρὸς τὸν πλάστην, *pros ton plastèn*, « au façonneur »[682].

Ceci considéré, la question essentielle qui se pose à nous est de comprendre quel rapport tout cela entretient avec le *Livre de Jérémie*. Pourquoi *Jérémie* est-il cité par *Matthieu* comme sa source principale, en dépit des apparences[683] ? C'est que le texte de *Zacharie* que nous venons de citer et qui est allégué en conclusion, est en réalité purement secondaire du point de vue de *Matthieu*. Il est ici considéré comme une simple actualisation et explication de différentes prophéties de son prédécesseur Jérémie.

En l'occurrence on est ici évidemment renvoyé à un passage célèbre du *Livre de Jérémie* où ce prophète doit se rendre sur ordre de Dieu dans la maison du façonneur, en hébreu בית היוצר, *bet ha-yotzer*, en grec εἰς τὸν οἶκον τοῦ κεραμέως, *eïs ton oïkon tou kéraméôs,* autrement dit « dans la maison du potier ».

Jérémie 18[1] *La parole qui s'adressa à Jérémie de la part de Yahweh.* [2] *« Lève-toi et descends à la maison du façonneur*

---

[682] Ce que la Vulgate rend très maladroitement par *ad statuarium*, « au statuaire », alors que Jérôme aurait été mieux avisé de porter a*d figulum*, « au potier », comme il reconnaît plus tard dans son *Commentaire sur Zacharie* 11, 38 : Pro πλάστῃ atque *fictore*, *statuarium* olim interpretatus sum, verbi ambiguitate compulsus.

[683] Augustin d'Hippone s'en pose déjà longuement la question, *De consensu evangelistarum* 7, 29-31.

(בית היוצר, bet ha-yotzer), et là je te ferai entendre mes paroles. » [3] *Et je descendis à la maison du façonneur (בית היוצר, bet ha-yotzer), et là il était en train de fabriquer un objet au tour.* [4] *Et fut raté ce qu'il fabriquait avec de l'argile et alors il en fabriquait un autre objet, selon ce que le façonneur (היוצר, ha-yotzer) avait envie de fabriquer.* [5] *Et vint à moi la parole de Yahweh qui disait :* [6] *« Comme ce façonneur (היוצר, ha-yotzer) est-ce que je n'agis pas avec vous, maison d'Israël ? », dit Yahweh. « Voici que c'est comme l'argile dans la main du façonneur (היוצר, ha-yotzer) que vous êtes dans ma main, maison d'Israël. (…)* [11] *Maintenant donc parle aux hommes de Juda et aux habitants de Jérusalem, en disant : Ainsi parle Yahweh : Voici que je façonne (יוצר, yotzer) en vue d'un désastre et que je médite contre vous un plan. Que chacun maintenant se détourne de son mauvais chemin, et améliorez vos chemins et vos actes ! »*

Maintenant, nous pouvons comprendre comment *Matthieu* entend ce passage de *Zacharie* 11[13] : *Et je pris les trente pièces d'argent et les jetai au potier (יוצר, yotzer), dans la Maison de Yahweh (בית יהוה, bet Yahweh, εἰς τὸν οἶκον κυρίου, eïs ton oïkon Kuriou).* Le potier en question, c'est tout simplement Dieu lui-même, qui réside dans le Temple de Jérusalem, comme on le comprend en lisant *Jérémie* 18[684].

---

[684] Le lecteur pourra comparer notre raisonnement à celui de saint Augustin, qui est déjà celui d'un exégète de cabinet, coupé comme nous de la tradition orale, *De consensu evangelistarum* 7, 31 : « Il y a une autre raison (…) au fait que l'autorité du Saint-Esprit ait permis ou plutôt prescrit de porter ici le nom de *Jérémie* au lieu de celui de *Zacharie* comme source. Il est dit dans *Jérémie* qu'il a acheté un champ au fils de son frère, et qu'il lui a donné une somme d'argent, d'un montant il est vrai différent de celui qui est indiqué dans *Zacharie*, qui est trente pièces d'argent. Mais d'un autre côté, dans *Zacharie*, il n'est pas question de l'achat d'un champ. Par ailleurs, il est évident que l'évangéliste a interprété la prophétie qui parle de ces trente pièces d'argent comme quelque chose qui n'a reçu son

Dieu, Jérémie et le potier
Manuscrit de la mairie de Saint-Victor-sur-Rhins, folio 62 verso, vers 1300)

D'ailleurs Jérémie n'était pas le premier prophète d'Israël à comparer Dieu à un potier, si l'on considère ce qu'en écrivait déjà Isaïe.

---

accomplissement que dans le cas du Seigneur, et que cela représente le prix auquel il a été évalué. Mais il a pu vouloir faire comprendre que, au sens mystique, ce que Jérémie avait dit de l'achat de ce champ s'y rapporte aussi, de sorte qu'il a porté ici non pas le nom de *Zacharie*, qui avait parlé de ces trente pièces d'argent mais celui de *Jérémie*, qui avait parlé de l'achat de ce champ. Ainsi, lorsque le lecteur (*lector*) a lu l'Évangile et qu'il y a trouvé le nom de *Jérémie*, mais qu'en parcourant *Jérémie* il n'y trouve pas mention de ces trente pièces d'argent, mais seulement de l'achat d'un champ, il est averti de comparer ces deux textes et de dénoyauter ainsi le sens de cette prophétie, pour comprendre de quelle manière elle se rapporte à ce qui s'est accompli dans la personne du Seigneur. »

Isaïe 64⁵ Et tous nous sommes comme une chose impure, et nos vertus comme des chiffons souillés, et nous tous sommes fanés comme une feuille et nos perversités comme le vent nous emportent. ⁶ Et il n'y a personne pour invoquer ton nom, qui se bouge pour obtenir ta faveur, car tu nous as caché ton visage et tu nous as fait nous consumer à cause de nos iniquités. ⁷ Et maintenant, Yahweh, notre père c'est toi. Nous, nous sommes l'argile, et toi, tu es notre potier (יצרנו, yotzer-énou[685], fictor noster) et l'ouvrage de ta main, c'est nous tous. ⁸ Ne t'irrite pas, Yahweh, jusqu'à l'excès, et ne te rappelle pas pour toujours l'iniquité. Regarde donc : ton peuple, c'est nous tous.

97. La sépulture des étrangers

Il reste à comprendre pourquoi Zacharie et Juda jettent cet argent dans le Temple où réside le divin façonneur. C'est manifestement pour lui acheter un champ, s'il faut en croire *Matthieu.*

Car, là où Zacharie disait : *Et je les jetai au potier dans la Maison de Yahweh*, Matthieu écrit pour sa part : *Et ils les donnèrent pour le champ du potier. Matthieu* précise avant cela qu'il s'agit d'un champ qu'on destine à la sépulture des étrangers, 27[7] : *ils achetèrent le champ du potier (τοῦ κεραμέως, tou kéraméôs) pour la sépulture (εἰς ταφὴν, eïs taphèn) pour les étrangers (τοῖς ξένοις, toïs xénoïs).*

Nous avons vu que Jérémie s'était vu par ailleurs lui aussi prescrire par Dieu d'acheter un champ. Il l'avait acquis pour le prix de dix-sept pièces d'argent, rituellement pesées devant témoins sur une balance. Vu le caractère visiblement central de ce texte prophétique, il nous faut nous demander à quel texte de la Torah il renvoie lui-même.

---

[685] La Septante ne porte curieusement pas cette métaphore de l'argile et du potier.

À cet égard, il n'y a aucun doute possible. Ce n'est qu'au *Livre de la Genèse* 23[3-18] que nous trouvons une transaction analogue. Abraham achète de la même façon un champ à Ephrôn le Hittite, en pesant solennellement lui aussi quatre cents sicles d'argent, *Genèse* 23[16] : *Et Abraham s'entendit avec Éphrôn et Abraham pesa (ישקל, ishqol) pour Éphrôn l'argent qu'il avait mentionné aux oreilles des fils de Heth, quatre cents sicles d'argent.*

Et pourquoi Abraham avait-il acheté ce champ ? Précisément pour y ensevelir quelqu'un, à savoir primitivement sa femme Sarah. 23[4b] : *Donnez-moi donc la propriété d'une sépulture (τάφου, taphou) parmi vous et j'y ensevelirai (θάψω, thapsô) mon mort.* Première coïncidence, et deuxième accrochage verbal entre ces deux passages.

Mais ce n'est pas tout. Le champ qui, selon *Matthieu*, fut acheté au bénéfice du Potier qui est dans le Temple est acheté, non pas pour en ensevelir n'importe qui, mais, nous est-il précisé très spécifiquement des étrangers : τοῖς ξένοις, *toïs xénoïs*, « pour les étrangers ».

Or, comment Abraham se présente-t-il lui-même lorsqu'il demande aux fils de Heth de bien vouloir lui vendre un lieu de sépulture ? *Genèse* 23[4] : *Je suis un étranger (גר, guèr, πάροικος, paroïkos) et un hôte (תושב, toshab, παρεπίδημος, parépidèmos) parmi vous. Donnez-moi donc la propriété d'une sépulture (τάφου, taphou) parmi vous et j'y ensevelirai (θάψω, thapsô) mon mort.*

Dans le *Premier livre des chroniques* on entend le roi David reprendre cette formule lorsqu'il envisage la construction du Temple qui sera réalisé par son fils Solomon, pour en relativiser la signification et pour rappeler que les vrais descendants d'Abraham restent ce qu'il était : *1 Chroniques* (T.O.B.) 29[14] *Car qui suis-je et qui est mon peuple pour que nous ayons le pouvoir d'offrir des dons volontaires comme celui-ci ? Tout vient de toi, et ce que nous t'avons donné vient de ta main.* [15] *Car nous sommes des étrangers (גרים, gerim, πάροικοί, paroïkoï) devant toi, des hôtes (תושבים, toshabim,*

422

παροικοῦντες, paroïkountés) comme nos pères ; nos jours sur la terre sont comme l'ombre, sans espoir.

Ce verset de la Genèse, déjà repris en son temps et à son compte par le roi David, était de première importance pour les premiers chrétiens, puisqu'il est cité expressément par la *Lettre aux Hébreux*, pour qualifier les trois premiers patriarches, Abraham, Isaac et Jacob et pour exprimer de quelle manière ils avaient préfiguré ce que doit être l'existence chrétienne : *Hébreux* 11[8] *C'est par la foi qu'Abraham, lors de sa vocation, obéit et partit pour un lieu qu'il devait recevoir en héritage, et qu'il partit sans savoir où il allait.* [9] *C'est par la foi qu'il vint s'établir dans la terre promise comme dans une terre étrangère, habitant sous des tentes, ainsi qu'Isaac et Jacob, les cohéritiers de la même promesse.* [10] *Car il attendait la cité qui a de solides fondements, celle dont Dieu est l'architecte et le constructeur.* [11] *C'est par la foi que Sara elle-même, malgré son âge avancé, fut rendue capable d'avoir une postérité, parce qu'elle crut à la fidélité de celui qui avait fait la promesse.* [12] *C'est pourquoi d'un seul homme, déjà usé de corps, naquit une postérité nombreuse comme les étoiles du ciel, comme le sable qui est sur le bord de la mer et qu'on ne peut compter.* [13] *C'est dans la foi qu'ils sont tous morts, sans avoir obtenu les choses promises ; mais ils les ont vues et saluées de loin, reconnaissant qu'ils étaient étrangers (ξένοι, xénoï) et voyageurs (παρεπίδημοί, parépidèmoï) sur la terre.*

Pierre parle aussi de la même manière aux nouveaux chrétiens, qui tous doivent être de nouveaux Abraham et de nouveau David, *1 Pierre* 2[11] : *Bien-aimés, je vous exhorte, comme des gens de passage (παροίκους, paroïkous) et des étrangers (παρεπιδήμους, parépidèmous), à vous abstenir des convoitises charnelles qui font la guerre à l'âme.*

Nous voyons bien ici la profonde continuité du monothéisme, qui est continuellement soulignée par les écrits du Nouveau Testament. Les étrangers en question, en effet, ne sont pas ici les non-juifs en tant que tels. Ce sont tous les enfants d'Abraham qui sont véritablement descendants d'Abraham, quelle que soit leur origine ethnique. Ce sont ceux qui comme lui n'ont de véritable patrie que céleste.

Quoi qu'il en soit, l'épisode matthéen du Champ du Potier est un nouvel exemple de triangle scripturaire. *Matthieu* nous renvoie au *Livre de Jérémie*, avant de citer un texte composite emprunté essentiellement au *Livre de Zacharie*, et ceci alors que le texte sous-jacent le plus important de ce bouquet de réminiscences est emprunté au *Livre de la Genèse*. Pourquoi ne cite-t-il pas plutôt ces deux autres livres ? C'est que la Torah, étant toujours à la base de ces bouquets de réminiscences n'a pas besoin d'être citée, ni non plus le texte de *Zacharie*, qui, même s'il est plus long, n'est pas central ici. Si donc *Matthieu* nous renvoie ici explicitement au seul *Jérémie*, c'est parce qu'il est la clé de ce triangle dont il relie les deux autres extrémités. Ce sont deux textes de *Jérémie* en effet qui expliquent les deux autres et non l'inverse. L'achat par Jérémie, en argent bien pesé, du champ de son cousin, renvoie à celui du champ d'Éphrôn par Abraham, également en argent bien pesé, et la pesée de ce même argent de Jérémie renvoie à la pesée du salaire de Zacharie qui est ensuite jeté au Potier dans le Temple, ce qui nous renvoie à nouveau à *Jérémie* à qui Dieu explique qu'il est lui-même le véritable potier. Il y avait en effet d'évidence un lien targoumique préexistant entre *le potier dans la maison de Yahweh* de *Zacharie*, et *la maison du potier* de *Jérémie*.

L'écheveau complexe des références scripturaires agglomérées dans cette citation récapitulative, où se mêlent différents passages de *Zacharie*, de *Jérémie* et de la *Genèse*, est préparé par le récit qui la précède. Reprenons-en le fil brièvement. Nous y avons vu tout d'abord Judas rémunéré pour sa trahison à hauteur de trente pièces d'argent (ce qui renvoyait déjà à *Zacharie* 11) ; puis nous l'avons vu jeter cet argent dans le Temple (ce qui nous renvoie toujours à *Zacharie* 11, en lien targoumique avec *Jérémie* 18 qui explique que le *potier* situé dans le *Maison de Yahweh* par

Zacharie est Dieu lui-même dans *la maison du potier*) ; puis cet argent est utilisé pour acheter un champ (ce qui nous renvoie maintenant à *Jérémie* 32, mais aussi par contrecoup à *Genèse* 23), et enfin nous apprenons que ce champ était destiné à ensevelir des étrangers (ce qui nous qui renvoie maintenant expressément au texte fondamental de *Genèse* 23). On voit que tout ce récit commence par *Zacharie* et remonte pour finir à la *Genèse*, en passant par l'intermédiaire de *Jérémie*, dont deux passages jouent un rôle clef dans la constitution de cet extraordinaire midrash chrétien du Champ du Potier.

Maintenant quel est le sens profond de ce *midrash*[686] ? Les grands-prêtres à qui Jésus est livré y jouent malgré eux, et même à leur insu, un rôle prophétique tout à fait indépendant de leurs mérites. Il se passe ici exactement la même chose que dans l'*Évangile de Jean*.

Jean 11[47] *Alors se réunirent les sacrificateurs-en-chef et les pharisiens en conseil, et ils dirent : « Que ferons-nous ? Car cet homme fait beaucoup de miracles.* [48] *Si nous le laissons agir ainsi, tous croiront en lui, et viendront les Romains et ils détruiront tant notre (saint) lieu que notre nation. »* [49] *Or l'un qui était le premier d'entre eux, Caïphe, qui était le sacrificateur-en-chef (ἀρχιερεὺς, arkhhiéreus) cette année-là, leur dit : « Vous n'y comprenez rien.* [50] *Vous ne réalisez pas qu'il nous importe qu'un seul homme meure à la place de tout le peuple, et que la nation ne périsse pas. »* [51] *Cela, il ne le dit pas de lui-même, mais c'est parce qu'il était sacrificateur-en-chef (ἀρχιερεὺς, arkhhiéreus) cette année-là qu'il prophétisa (ἐπροφήτευσεν, éprophèteusén) qu'il fallait que Jésus meure pour la nation,* [52] *et non pas pour la nation seulement mais pour que tous les enfants de Dieu aussi qui*

---

[686] P. Benoit, « The Death of Judas », in *Jesus and the Gospel* (New York, 1973) 189-207 spéc. 206 : « midrashic interpretation ». — J. Gnilka, *Das Matthäusevangelium* (Fribourg, 1988) II, ad. loc : « Haggaga ». — D. A. Hagner, *Matthew 14-28* (Dallas, 1995) 811 : « another example of haggadic midrash. »

étaient éparpillés soient assemblés en un seul corps. [53] *C'est donc de ce jour-là qu'ils décidèrent de le tuer.*

Exactement de la même manière, voici ce qu'on lit chez *Matthieu,* 26[6] *Les sacrificateurs-en-chef, ayant reçu ces pièces d'argents, dirent : « Il n'est pas permis de les verser au korban* (c'est-à-dire au trésor du Temple) *puisque c'est le prix du sang. »* [7] *Alors, après avoir tenu conseil, ils en achetèrent le champ du Potier pour la sépulture des étrangers. C'est pourquoi ce champ s'appelle champ du Sang jusqu'à aujourd'hui.*

Ce que prophétisent ici involontairement les sacrificateurs-en-chef de *Matthieu*, comme le Caïphe de l'*Évangile de Jean*, c'est que le sang du Christ a servi à acheter, au bénéfice du divin Créateur, ou bien des mains du dit Créateur, ou bien de ces deux façons, un mystérieux cimetière dans lequel puissent être ensevelis aussi les non-juifs à Jérusalem.

Autrement dit, nous retrouvons ici clairement la doctrine de Paul, selon laquelle lorsque l'on est baptisé en Christ, même quand on n'est pas juif, on est enseveli avec lui de manière à ressusciter avec lui[687]. Et nous apprenons que cette doctrine, loin d'être une création particulière de Paul, était commune à ce qu'il semble à toutes les Assemblées messianiques du premier siècle, puisqu'elle est aussi sous-jacente à l'*Évangile de Matthieu* et à l'*Apocalypse de Jean*.

Quant au concept alternatif, ou à la dénomination alternative de *Champ du Sang*, on en trouvera aussi un écho un peu plus loin dans l'*Apocalypse*, où il sera question d'une immense mare de sang baptismal répandu devant Jérusalem, *Apocalypse* 14[19-20] : *L'ange alors jeta sa faucille sur la terre*

---

[687] *Romains* 6[4] : *Nous avons donc été ensevelis (συνετάφημεν, sunétaphèmén) avec lui par le baptême dans la mort, afin que, comme Christ est ressuscité des morts par la gloire du Père, de même nous aussi nous marchions en nouveauté de vie.* — *Colossiens* 2[12] : *ayant été ensevelis (συνταφέντες, suntaphéntés) avec lui par le baptême, vous êtes aussi ressuscités en lui et avec lui, par la foi en la puissance de Dieu, qui l'a ressuscité des morts.*

il en vendangea la vigne et versa le tout dans la cuve de la colère de Dieu, cuve immense ! Puis on la foula hors de la ville, et il en coula du sang qui monta jusqu'au mors des chevaux sur une étendue de mille six cents stades. Là aussi il s'agit du génocide baptismal de toutes les nations.

98. Le Champ du Potier, l'Église

Ainsi l'ont d'ailleurs spontanément compris plusieurs pères de l'Église, comme Hilaire de Poitiers vers 355, au sujet du Champ du Potier de *Matthieu* : « Voilà une importante révélation prophétique, et, en plein milieu d'actes d'impiété, l'annonce d'une réalité merveilleuse. Le travail d'un *potier* consiste à façonner des vases avec de l'argile, et il est en son pouvoir, en reprenant la même argile, de façonner à nouveau un vase soit à l'identique ou bien en mieux. Quant à ce *champ*, il désigne ce monde, comme le portent les paroles mêmes du Seigneur (cf. *Matthieu* 13^{38}). Ce dont le Christ est le prix d'achat, c'est donc ce monde. C'est dire qu'il est acquis dans son entièreté et qu'il est voué à la sépulture des étrangers et des pauvres. Rien ne se rapporte ici à Israël[688], et l'utilisation du monde ainsi acheté est entièrement réservée aux *étrangers*, c'est-à-dire à ceux qui y sont ensevelis au prix du sang du Christ, sang au moyen duquel toutes choses ont été achetées. Il a reçu du Père en effet tout ce qui se trouve aux cieux et sur la terre (cf. *Matthieu* 28^{18}). Et si on l'appelle le champ du potier, c'est que toutes choses sont entre les mains de Dieu, qui a le pouvoir de nous refaçonner à sa guise à la manière d'un potier. C'est donc dans ce champ que, morts et ensevelis

---

[688] C'est-à-dire : rien aux descendants charnels d'Abraham en tant que tels s'il en est, et tout à sa seule progéniture réelle, c'est-à-dire adoptive et spirituelle, sans aucune considération ethnique, constituée de ceux qui sont comme lui des étrangers sur la terre, sans autre patrie que céleste.

avec le Christ nous obtiendrons au terme de notre présent voyage le repos éternel. »[689]

De même Jérôme, sur le même texte, écrit vers 398 : « Quant à nous, qui étions étrangers à la Loi et aux Prophètes, nous recevons le salut des suites de leur mauvais zèle, et nous trouvons le repos au prix de son sang. Quant à cette appellation de *Champ du Potier*, c'est parce que le Christ est notre Potier. »[690]

Seize ans plus tard, vers 414, le même Jérôme est un peu plus disert dans son *Commentaire sur Zacharie*, au sujet des trente pièces d'argent jetées dans le Temple. Il s'aperçoit en remontant à l'hébreu qu'il n'y est pas question de la « fonderie » dont parle le grec, mais bien d'un *potier* comme dans l'*Évangile de Matthieu* : « On lit dans le texte hébraïque, יוצר (*ioser*), c'est-à-dire τὸν πλαστὴν *(ton plastèn)*, ce que nous pouvons dire en notre langue par le *potier (figulus)*. Et voici ce que cela signifie : *Jette mon prix au potier* qui est le créateur et le *façonneur (fictor)* de toutes choses. (…) *Et*, dit le Seigneur par l'intermédiaire du prophète, *comme cela m'avait été ordonné par Dieu j'ai pris les trente pièces d'argent, et je les ai*, non pas déposées, mais bien *jetées dans la Maison du Seigneur au façonneur (Zacharie 11[13])*. (…) Mais eux, parce que c'était *le prix du sang*, ne voulurent pas le déposer dans le *corban*, c'est-à-dire dans le trésor, mais *il en achetèrent le champ du potier pour la sépulture des étrangers (Matthieu 25[5-7])*. Et en effet nous tous qui étions *des étrangers et des hôtes (peregrini et advenae)* par rapport à la Loi, maintenant que nous avons été rachetés par son sang très précieux, c'est dans la maison du Potier, du Créateur de toutes

---

[689] *In Matthaeum* 32, 6, ici traduit sur le texte édité par J. Doignon (Paris, 1979) II 246.

[690] Jérôme, *Commentaire sur Matthieu* 4, 7, ici traduit sur le texte édité par É. Bonnard (Paris, 1979) II 276 : Ceterum nos, qui peregrini eramus a lege et prophetis, prava eorum studia suscepimus in salutem, et in pretio sanguinis ejus requiescimus. Figuli autem ager appellatur, quia figulus noster est Christus.

428

choses que nous sommes ensevelis et que nous trouvons le repos. »[691]

De même Augustin, vers l'an 400 : « et cela *en vue de la sépulture des étrangers*, comme pour exprimer la durabilité du repos de ceux qui, voyageurs en ce monde, sont ensevelis avec le Christ par le baptême »[692].

La *Glose ordinaire*, cette paraphrase anonyme des Écritures qui remonte au Haut Moyen Âge, poursuit cette tradition interprétative, non sans appuyer allusivement sur des arguments exégétique très précis : « *Ils en achetèrent le champ du Potier pour la sépultures des voyageurs.* Une importante révélation s'opère à travers les méfaits de l'impiété. Le *Potier*, c'est Dieu, qui a le pouvoir, avec la même argile, de façonner tel vase qui s'attire l'éloge et tel vase qui s'attire le blâme (cf. *Romains* 9[21-22]). Son *champ*, c'est ce monde qu'il a acheté tout entier à son prix, pour qu'y soient *ensevelis* les *voyageurs* qui meurent avec lui (cf. *Romains* 6[4], *2 Timothée* 2[11], *Colossiens* 2[12]), non pas du tout Israël, mais les *étrangers*, qui une fois ensevelis obtiennent *au prix du sang* du Christ l'éternel repos. »[693]

Cette exégèse survit à l'époque moderne au moins jusqu'au XVIIe siècle, par exemple chez Sebastião Baradas[694] et

---

[691] *In Zachariam* 11, 35-37.

[692] *De consensu evangelistarum* 7, 31 : et hoc ad sepulturam peregrinorum tamquam ad permansionem quietis eorum qui in hoc saeculo peregrinantes consepeliuntur Christo per baptismum.

[693] Allegorice. Magnum mysterium est in factis iniquitatis. *Figulus* est Deus in cuius manu est ex eodem luto facere aliud vas in honorem aliud in contumeliam. *Ager* eius seculum quod universum *pretio* eius emitur ut ei commortui *sepeliantur peregrini*, non utique Israel, sed alieni qui in *pretio sanguinis* Christi sepulti aeternam requiem sortientur. Illi quidem fecerunt alia voluntate, ut aeternum relinquerent sue nequitie monimentum. Sed nos qui peregrini eramus a lege et prophetis, prava eorum studia suscepimus in salutem, et in pretio sanguinis Christi requiescimus.

[694] *Commentariorum in concordiam et historiam quatuor Euangelistarum, tomus quartus et ultimus* (Brescia, 1612) 523-524.

Cornelissen van den Steen, dit Cornelius a Lapide[695]. Mais elle est alors rangée dans la catégorie des interprétations tropologiques, voire allégoriques, autrement dit symboliques, et finalement, si l'on peut dire, facultatives, sinon même totalement arbitraires. Elle semble ainsi, en effet, se trouver sur le même plan que la plupart des lectures allégoriques qu'on fait alors de l'Ancien Testament, et qui ne sont bien souvent que des jeux de l'esprit plus ou moins capillotractés qui n'étaient clairement pas dans la pensée de l'auteur inspiré, ni de près ni de loin.

Ensuite elle tombe en désuétude, par un effet du dédain général que rencontrent progressivement toutes les interprétations symboliques de ce genre. En l'occurrence, c'est bien à tort. Car c'est ne pas voir que Matthieu partage ici le même univers intellectuel allégorique que Paul, que l'auteur de l'*Apocalypse* et que les autres auteurs du Nouveau Testament.

Tous ces gens-là se connaissaient de près, et ils étaient les disciples du même maître. Il existait entre eux de très profondes convergences de pensée, non seulement sur le fond, mais encore dans la forme.

---

[695] *Commentarii in quatuor Evangelia tomus primus* (Lyon, 1638[1], Anvers, 1735) 517-518 : « Tropologice, *Haceldama*, id est, ager pretio sanguinis Christi pro peregrinis comparatus, est Ecclesia, ait Sanctus Chrysostomus et Augustinus sermone 114 de Tempore ac praesertim status Religiosorum, qui se peregrinos aestimant in terra, ac cives caeli et domesticos Dei, ideoque Christi sanguinis fructum, id est gratiam et gloriam, participant : de quibus ait Sanctus Petrus epistula 1 c. 2, *Obsecro vos tamquam advenas et peregrinos, abstinere vos à carnalibus desideriis.* Ubi Sanctus Chrysostomus (7e sermon sur la Lettre aux Colossiens) *Nihil,* ait, *beatius hac sepultura, super qua gaudent omnes, et angeli, et homines, et angelorum Dominus. Si haec vita non est vita, sed abscondita est vita nostra, tamquam mortui vita ista vivere debemus.* Et Sanctus Paulus Colossensibus 3. *Mortui estis et vita vestra abscondita est cum Christo in Deo.* »

99. Conclusion

Revenons donc maintenant à l'*Apocalypse* et à ses mystérieux versets 6[5-6]. Ils nous apparaissent maintenant sous un jour nouveau. Le cavalier à la *balance* qui s'entend indiquer à quel prix élevé il doit payer le blé et l'orge, c'est bien ce même Agneau qui vient d'être acclamé par tous les prophètes pour avoir acheté pour Dieu, au prix de son sang, des gens de tous les peuples (5[9]).

Comme Jérémie, il rachète en deniers bien pesés un champ de blé et d'orge pour de futures moissons. Comme Zacharie il en verse le prix au divin créateur, dans le temple du divin potier : c'est le sang versé de son sacrifice à venir. Et comme Abraham il s'assure la jouissance de ce champ pour y ensevelir bientôt avec lui-même tous les siens.

C'est aussi ce que le Messie lui-même enseigne juste avant sa Passion, selon l'*Évangile de Jean* (T.O.B.) 12[24] *Amen, amen, je vous le dis, si le grain de blé tombé en terre ne trépasse (ἀποθάνῃ, apothanè), il reste seul, mais s'il trépasse (ἀποθάνῃ, apothanè) il porte un fruit abondant.* [25] *Celui qui aime sa vie la perd, et qui méprise sa vie en ce monde la conserve pour une vie sans fin.* [26] *Si quelqu'un me sert, qu'il me suive (ἀκολουθείτω) et, là où je suis, mon serviteur y sera aussi.*

De fait le Messie, dès sa course suivante et ultime sur le cheval verdâtre, est identifié à la Mort, et il est alors suivi de la Fosse, le Shéol des Hébreux et l'Hadès des Grecs, où séjournent les morts, ses disciples, ensevelis mystiquement avec lui par le baptême.

Apocalypse 6[8] *Et je vis, et voici un cheval verdâtre et celui qui siégeait sur lui, son nom, le Trépas (ὁ θάνατος, ho thanatos), et le Séjour des morts suivait (ἠκολούθει, èkoloutheï) avec lui.*

Le blé et l'orge, comme nous l'avons montré, ce sont précisément les juifs et les samaritains auxquels il a lui-même porté la bonne nouvelle de l'avènement du règne de Dieu, en semant partout la Parole de Dieu, dans le champ dont parlent tant de ses paraboles. *L'huile et le vin* représentent pour leur part les conquêtes encore à venir du Saint Esprit, c'est-à-dire l'évangélisation de toute l'humanité, par ceux qui, dans la suite, suivront l'Agneau ressuscité parti à la conquête du monde.

Ils formeront bientôt l'immense armée des sauterelles réchappées des ténèbres, la cohorte des lions qui vomissent des flammes et la blanche cavalerie de l'Agneau. Nous reprendrons plus tard le fil de cette histoire rétrospective des origines chrétiennes, telle qu'elle est racontée par l'*Apocalypse de Jean*.

Cependant, le prochain volume de nos *Origines chrétiennes* sera consacré à la *Lettre de Barnabé*, dont nous avons cité dans cet ouvrage-ci deux extraits importants. Il s'agit là en effet d'un document extrêmement ancien qui a beaucoup à nous apprendre, lui aussi, sur les tout premiers commencements du christianisme, quelques années seulement après la mort du Messie.

EXPLICIT FELICITER

100. Annexe : Table des triangles

On donne ci-après le résumé des *triangles scripturaires* les plus nettement constitués que nous avons rencontrés au fil de notre enquête sur l'*Apocalypse* et les *Actes des apôtres*. La première ligne de chaque triangle se rapporte à la Torah, la deuxième aux Prophètes et/ou aux Autres écrits, et la dernière au Nouveau Testament.

01. Triangle du pays à préparer

$$\textit{Genèse } 1^{2a} \qquad \textit{Exode } 23^{20}$$
$$\textit{Isaïe } 40^3 \qquad\qquad\qquad \textit{Malachie } 3^1$$
$$\textit{Marc } 1^2$$

02. Triangle de l'approvisionnement en céréales

$$\textit{Genèse } 1^{29}$$
$$\textit{2 Rois } 4^{42\text{-}44} \qquad\qquad\qquad \textit{2 Chroniques } 2^{10}$$
$$\textit{Apocalypse } 6^6$$

03. Triangle du divin potier

$$\textit{Genèse } 2^7$$
$$\textit{Isaïe } 64^7 \qquad \textit{Jérémie } 18^{1\text{-}5} \qquad \textit{Zacharie } 11^{13}$$
$$\textit{Romains } 9^{21\text{-}22} \quad \textit{Matthieu } 27^7$$

04. Triangle de l'alliance avec Noé et les animaux

$$\textit{Genèse } 7^{1\text{-}16} \ 8^{20}\text{-}9^{17}$$
$$\textit{Osée } 2^{18\text{-}19} \qquad\qquad\qquad \textit{Isaïe } 54^{9\text{-}10}$$
$$\textit{Actes } 10^{11\text{-}16} \ 15^{20.29}$$

05. Triangle de la greffe arboricole

Genèse 12^3

Ézéchiel 37$^{15\text{-}28}$ *Zacharie* 4$^{1\text{-}14}$

Romains 11$^{1\text{-}29}$

06. Triangle du règlement en pièces d'argent

Genèse 23^{16}

Jérémie 32^{10} *Zacharie* 11$^{12\text{-}13}$

Matthieu 27^7

07. Triangle du voile et de la tente des épousailles

Genèse 24$^{65.67}$

Osée 2^{11} *Isaïe* 54$^{2\text{-}4}$ *Isaïe* 61^{10}

Actes 11^5 *Apocalypse* 21^2

08 Triangle du char de triomphe

Genèse 41^{43}

2 Rois 2$^{11\text{-}12}$ *Zacharie* 6$^{1\text{-}8}$

Actes 8$^{26\text{-}40}$

09. Triangle du Rejeton

Genèse 49^{10}

Isaïe 11$^{1.4.10}$ *Isaïe* 53^2

Apocalypse 5^5

10. Triangle des vendanges sanglantes

Genèse 49^{11}

Joël 4^{12} *Isaïe* 63$^{1\text{-}4}$

Apocalypse 14$^{19\text{-}20}$

11. Triangle de l'Agneau immolé

Exode 12$^{5\text{-}6}$

Jérémie 11^{19} *Isaïe* 53^{7}

Apocalypse 5^{9}

12. Triangle du bois de construction

Exode 25$^{2.5}$

1 Rois 5$^{22\text{-}23}$ *Esdras* 3^{7} *2 Chroniques* 2^{16}

Actes 10$^{5.8.32}$ 11^{13}

13. Triangle des quatre points d'appui du véhicule divin

Exode 25$^{10\text{-}15}$

Ézéchiel 10$^{1\text{-}22}$ *Zacharie* 6$^{6\text{-}7}$

Apocalypse 4$^{6\text{-}9}$, 6$^{1\text{-}8}$

14. Triangle du cuir de mammifères marins

Exode 26^{14} *Nombres* 4$^{6.8.10.11.12.14}$

Ézéchiel 16^{10}

Actes 9^{43}, 10$^{6.32}$

15. Triangle des filandières et tisseuses

Exode 35$^{25\text{-}26}$

Proverbes 31$^{10\text{-}31}$ *Cantique* 3^{10}

Actes 9^{39}

16. Triangle des lépreux

Lévitique 13$^{1\text{-}45}$

2 Rois 7$^{3\text{-}11}$ *Isaïe* 53^{4}

Apocalypse 6$^{1\text{-}8}$

17. Triangle des quatre couleurs

Lévitique $13^{3.19.31.49}$

Zacharie 6^{1-8} .... *Cantique* 5^{10-12}

Apocalypse 6^{1-8}

18. Triangle du fracas des armées

Lévitique 26^{36-37}

Joël 2^4 .... *2 Rois* 7^6

Apocalypse $9^{7.9}$

19. Triangle de la sextuple escorte

Nombres 7^3

Ézéchiel 9^{1-11} .... *Cantique* 3^7

Actes 11^{12}

20. Triangle des gazelles

Deutéronome $12^{15.22}$ 15^{22}.

1 Rois 5^3 .... *Cantique* $2^{5.9}$

Actes 9^{36} .... 3^5 $8^{4.14}$.

21. Triangle des deux témoins

Deutéronome 19^{15}

Isaïe 8^2 .... *Zacharie* 4^{14}

Apocalypse 11^{3-12}

TABLE DES MATIÈRES

1. Introduction

I. Les quatre étapes de l'explosion chrétienne

2. Bref résumé de notre ouvrage précédent
3. Ce que signifie *Préhistoires du cheval noir*
4. L'ouverture aux non-juifs selon les *Actes des apôtres*.
5. Première section : Philippe va vers le nord, en Samarie
6. Deuxième section : Pierre et Jean suivent Philippe en Samarie
7. Troisième section : Philippe vire vers le sud
8. Philippe comme nouvel Élie.
9. Quatrième section : Pierre circule à travers le pays
10. Structure parallèle à celle de *Zacharie* 6^{6-7}
11. Signification originelle de *Zacharie* 6
12. Un *pesher* chrétien de *Zacharie* 6

II. Le présage de Lydda

13. Pierre à Lydda et la guérison d'Énée
14. Notoriété de la figure d'Énée
15. Énée, une figure respectable
16. La guérison d'Énée comme présage
17. La figure d'Énée comme outil symbolique
18. De la guérison de Lydda au rêve de Troas
19. Paralysé depuis huit ans
20. Une controverse latente contre le polythéisme romain

III. Le présage de la Gazelle

21. Le miracle de Joppé
22. Le nom de Tabitha
23. Tabitha et le *Cantique des cantiques*
24. Le Saron

25. Tabitha et le bourgeonnement du monde à venir
26. Le chœur des veuves de Joppé
27. Tabitha filandière, tisserande et couturière
28. Arrière-plan symbolique du filage et du tissage
29. Les filles de Jérusalem comme brodeuses
30. Signification traditionnelle du palanquin de Salomon
31. Identification traditionnelle des *Filles de Jérusalem*
32. Incohérence de l'exégèse traditionnelle
33. Sens de ce deuxième présage

IV. Encore des présages

34. Le port de Joppé, troisième présage
35. Simon le tanneur, quatrième présage
36. Le rêve de Pierre, cinquième présage
37. Visions de linges
38. Fauves, reptiles et volatiles
39. Une méditation sous-jacente du *Livre d'Osée*
40. *Osée* 2, un chapitre longuement médité par Pierre et par Paul
41. Le voile retiré révèle Dieu, et volatilise le péché
42. Excursus : ce qu'Origène disait de ce voile
43. *Osée* 2^{18} et Genèse 9^{8-13}
44. *Osée* 2 et *Nombres* 4 dans la liturgie synagogale
45. La résurrection de Tabitha

V. Portraits croisés de Philippe et de Pierre

46. Pierre comme nouvel Élisée
47. Pierre et Simon dit le Mage
48. Pierre était déjà un nouvel Élisée en Samarie
49. Supériorité d'Élisée sur Élie
50. Le thème de la double puissance d'Élisée
51. Deux ans environ, ou bien trois ans et demi ?
52. Élisée, serviteur supérieur à son maître ?
53. Cornélius, nouveau Naaman
54. Retour sur l'évangélisation de la ville de Samarie
55. Quelques lectures allégoriques du siège de Samarie
56. Qui sont les quatre lépreux ?
57. Simon le Mage et Guéhazi comme disciples

58. Guéhazi comme prototype du disciple chrétien
59. Guéhazi au nombre des quatre lépreux de Samarie
60. La cavalerie invisible
61. Élie et Élisée comme cochers
62. Désuétude de la métaphore du char de guerre
63. Philippe comme cocher
64. En arrière-plan, le char de Joseph le patriarche
65. Philippe en nouveau Joseph
66. Le char de Joseph, son intendance et son épouse
67. De l'exaltation de Joseph à celle de Jésus
68. Pierre, l'Arche, l'Homme vêtu de lin et le Palanquin
69. L'épée comme parole de Dieu qui circoncit les cœurs
70. Pierre et l'édification du nouveau Tabernacle
71. Unanimité des premiers chrétiens sur cette question
72. Pierre comme nouveau Moïse
73. Le nom de Philippe
74. Les *testimonia* équestres

VI. Le verset 6^6 de l'*Apocalypse*

75. Retour au cheval noir de l'*Apocalypse*
76. L'impasse littéraliste
77. L'impasse astrologique
78. Une parabole agraire ?
79. Un calendrier allégorique
80. Que signifie « *causer du tort* » à l'huile et au vin ?
81. Remarque de botanique biblique
82. Triple arrière-plan scripturaire du verset 6^6
83. Ce que représentent le blé et l'orge
84. Ce que représente le vin
85. Ce que représente l'huile, c'est-à-dire l'olivier
86. Le thème scripturaire de la greffe et de l'adoption
87. Deux oliviers et un chandelier
88. Démultiplication du chandelier originel
89. Foisonnement mondial de l'arbre monothéiste
90. Métamorphose chrétienne de l'olivier monothéiste
91. Conclusion sur le verset 6^6

VII. Le verset 6⁵ de l'*Apocalypse*

92. Le Messie à la balance
93. Jérémie comme figure christique
94. Jérémie comme figure apocalyptique
95. Jérémie, le prix du sang et le champ du Potier
96. Qui est ce Potier ?
97. La sépulture des étrangers
98. Le Champ du Potier, l'Église
99. Conclusion
100. Annexe : Table des triangles

*
*   *

Origines chrétiennes

Le présent ouvrage continue une collection consacrée à la vie et aux écrits des tout premiers chrétiens.

01. *Les quatre chevaux du Messie.* — *Apocalypse* 5-6, un conte initiatique. — par Bernard Gineste (2019)

02. *Préhistoires du cheval noir.* — *Apocalypse* 6⁵⁻⁶ et le printemps du Christianisme. — par Bernard Gineste (2022)

03. *La lettre authentique de Barnabé.* — Texte, traduction et notes. — par Bernard Gineste (à paraître)